삼국시대 불교신앙사 연구

삼국시대 불교신앙사 연구

김두진 지음

일조각

머리말

이순耳順을 지난 지가 엊그제 같은데 벌써 망팔望八의 나이가 되었다. 정년을 맞은 지도 6년이 되어간다. 요즘은 가능한 더디게 발걸음을 옮기려고 한다. 지난날을 굳이 돌아보지 않지만 애써 앞을 내다보지도 않는다. 가는 세월을 잡아 두고픈 심사인지 모르지만, 앞만 보고 달려온 삶에 늦게나마 여유를 되찾고 싶었다. 직장을 떠나면서 전공 서적보다는 경전이나 고전을 두루 읽고자 하였는데, 마음먹은 대로 되지는 않았다. 체계화하지 못한 남은 원고가 발목을 잡는다. 얽힌 인연을 하나하나 풀다 보면 진정한 자유인으로 돌아가리라고 기대하면서, 재직 당시에 쌓였던 묵은 원고를 쉬엄쉬엄 정리해 왔다. 『삼국시대 불교신앙사 연구』도 그중의 하나이다.

이 책으로 필자의 불교사 연구가 일단락된 셈이다. 학부 때의 필자는 무불관계사에 관심을 가졌고, 석사학위논문으로 선종사상을 다룬 이후 줄곧 불교사상사를 전공하였다. 50년이라는 긴 세월을 불교사 연구에 전념해 왔다. 정년을 맞아 필자는 불교사상사 연구를 정리하려는 생각에서뿐만 아니라 홀가분하게 자유로이 독서하려는 생각에서 불교 관계 서적의 대부분을 학교에 기증하였다. 그리하여 이 책의 저술을 마무리하면서 생각하지 못한

애로를 겪은 것이 한두 가지가 아니다. 이 책에서 다룬 논문들은 필자의 정년 이전에 대체로 활자화되었지만, 체계를 갖추다 보니 새로 보충할 내용을 서술하기가 쉽지 않았다. 각주의 오식을 확인하는 데에도 어려움이 따를 수밖에 없었다.

필자는 한국고대 불교사를 사회사상사로 정립시키려고 노력해 왔다. 그러기 위해 한국고대 정치사회사에 대한 이해를 심화하면서, 실제로 한국고대사회의 구체적 사실에 대한 논문을 작성하였다. 그 연구 결실은 불교사상사를 밝히려는 목적을 가졌기에 필자의 남은 과제이기도 한, 한국고대 사회사상사 연구로 묶여질 수 있는 것들이다. 불교사상을 사회사상사로 정립하는 데에는 어려움이 따른다. 인류의 마음을 이끌면서 진리를 추구한 위대한 사상을 분석적으로 접근하는 것이 불교신자들에게는 불만이었다. 다만 어떠한 종교사상도 시대와 사회를 떠나 존재하지 않으므로, 사회와의 연관을 분석하는 것이 옳은 연구 방법이며 오히려 그 내용을 더 풍부하게 만들 것이다.

사상과는 달리 신앙은 종교와 사회 문제를 해결하려는 성격을 갖기 마련이어서, 불교신앙을 포용하는 비교적 뚜렷한 계층이 존재한다. 불교신앙사는 신앙 계층을 쉽게 밝힐 수 있어서인지 사회사상사로의 접근이 용이한 연구 분야이다. 『삼국시대 불교신앙사 연구』는 필자가 한국고대 사회사상사를 본격적으로 저작하기 이전에, 불교사상을 사회사상사로 정립하려는 목적에서 펴내는 저술이다. 한국고대의 불교 신앙계층으로 크게 보아 왕실과 귀족 및 서민대중을 들 수 있는데, 이 책에서는 왕실과 귀족이 수용한 불교신앙을 주로 다루었다. 불교가 대중화되면서 서민대중에게까지 본격적으로 넓게 수용되어 가는 시기는 신라중대이다.

이 책의 내용은 결론을 빼고 모두 5장으로 구성되어 있다. 곧 제1장 신라의 불교 전래와 공인, 제2장 고구려와 백제의 불교 수용, 제3장 신라의 공인불교신앙, 제4장 고구려와 백제의 귀족불교신앙, 제5장 신라 계율신앙의 대중화이다. 그 중 제1장과 제2장은 삼국에 불교가 전래하여 공인되는 과정을 논하였다면, 제3장과 제4장은 공인불교신앙의 여러 모습을 제시하였고 제5장은 이론불교가 성립하기 위한 공인불교의 변화를 다루었다. 삼국 중 불교는 고구려와 백제에 먼저 전해졌고 신라에는 뒤에 들어왔다. 이 책에서는 고구려와 백제보다는 신라 불교의 수용과 신앙의 양상을 먼저 다루었다. 그 이유는 사료가 많이 전하는 신라 불교신앙의 이해가 고구려나 백제 불교신앙을 밝히는 길잡이가 되기 때문이다.

삼국 사회에 처음 전래된 초전불교는 왕실불교이며, 국가불교로 정립된 공인불교는 귀족불교였다. 신라중대에 귀족불교는 철학적 논리 체계를 갖추고는, 이론불교를 발전시키면서 대중화되어 갔다. 왕실 중심의 초전불교는 홍포 과정에서 귀족의 반대에 부딪혔으나, 신앙 면에서 왕실과 귀족이 조화와 타협을 이룸으로써 공인불교가 성립되었다. 공인에 대한 반대 양상이나 선호하는 왕실 및 귀족의 불교신앙은 제1장과 제2장에 나와 있다. 제5장은 원광과 자장을 통해 불교가 대중화되기 위한 계율의 생활화를 다루었다. 삼국시대 공인불교신앙의 내용을 충실하게 정리한 것은 제3장과 제4장이다. 여기서는 주로 미륵이나 석가불신앙을 위시해서 법화영험신앙이나 불성신앙 등을 삼국 사회와 연관하여 밝혔다.

삼국시대 불교신앙사는 토착의 무교 사회에 불교신앙이 수용되는 과정을 다루기 때문에 무불융합사로 넓힐 수 있는 연구 분야이다. 공인불교신앙에서 중시된 관음신앙이나 특히 미륵신앙은 토착신앙과 융합한 면모를 보인다. 이론불교가 성숙한 속에서도 토착신앙은 물론, 주술불교나 밀교신앙이 함께 유행하고 있었다. 보편적 이론불교의 정립은 정통 밀교를 성립시키면서 오히려 토착신앙을 포용하지만, 주술불교를 배격하는 경향을 가졌다. 이 책은 무불융합이 아닌, 가능한 불교신앙을 근간으로 서술하였다. 무교신앙에 대한 지식이 부족한 것도 그 한 원인이다. 다만 불교신앙 논리를 끌어오기에 앞서 자료가 보여주는 역사적 사실을 먼저 체계화하려는 데에서 이 책의 특성을 찾을 수 있다.

불교사상사 연구를 마무리하면서 필자는 일관되게 객관성을 추구하려고 노력하였다. 역사적 사실을 정확하게 설정하는 것이 진실을 밝히는 길이다. 진실은 진리에 이르게 하는데, 실증적이고 객관적 접근으로서만이 추구될 수 있다. 이념사학이 일으킨 역사 논쟁은 진실을 알려주는 개별 사실을 덜 밝혔기 때문에 나타난 것이다. 역사적 사실을 해당 사회 속에서 파악해야 하며, 오늘날의 사회로 가져와 해석하면 진실은 외면당하게 된다. 적어도 당대 사회나 문화의 총체적 모습을 먼저 습득해야 한다. 이념에 앞서 역사적 사실을 객관적으로 설정하면서, 그 사회의 총체적 문화역량을 밝히려는 연구는 민족문화의 창달과 진리의 파수꾼이라는 역할을 충분히 감당할 것이다.

이 책의 출간으로 불교사상사에 관한 필자의 나머지 전문 연구 논문을 대체로 정리하였다. 연구 생활의 큰 고리를 풀고 보니 가뿐한 느낌이 든다. 한국사학사나 사회사상사 관계의 업적 정리가 남아 있기는 하지만, 마음 가는 대로 사색하면서 인문학적 가치를 음미해 보고자 한다. 시야를 확대하고 보면 도출한 결론은 인문학의 본분에 부응할 것이다. 정년 이후 친구들과 자주 만나고, 애써 가정에 충실하려고 하였다. 그러나 책상에 앉은 시간이 더 많았던 것 같다. 감내하면서 지켜본 가족에게 한편으로 미안하고, 고마운 마음을 전한다. 동료 교수나 제자들도 필자가 학문을 계속하는 데 도움을 주었다. 오직 감사할 뿐이다. 수요가 적은 전공 서적을 흔쾌히 출간해 준 일조각의 김시연金時姸 사장에게 감사를 드린다. 또한 꼼꼼한 교정으로 이 책을 반듯하게 꾸며준 편집부 이주연李周姸 씨에게도 고마움을 전한다.

2016년 5월 정릉골에서

김두진

차례

제1장
신라의 불교 전래와 공인

제1절 신라상고대 말 초전불교의 수용

1. 원시불교 출현의 사회적 의미

불교사상사에 대해 줄곧 관심을 가져오면서 항상 궁금해한 점이 있다면, 삼국시대에 처음 불교가 어떻게 전래되어 수용되었는가에 관한 문제이다. 불교의 전래와 수용에 대해서는 이미 괄목할 만한 연구 성과가 이루어져 왔다.[1] 신라 사회의 불교는 왕실에서 받아들였다. 왕실 중심으로 수용된 불교

---

1 末松保和,「新羅佛教傳來傳說考」,『新羅史の諸問題』, 東洋文庫, 1954.
江田俊雄,「新羅の佛教受容に關すろ諸問題」,『文化』 21-5, 1957.
李基白,「三國時代의 佛教傳來와 그 社會的 性格」,『歷史學報』 6, 1954 ;『新羅時代의 國家佛教와 儒教』, 韓國硏究院, 1978.
이기백,「新羅 初期佛教와 貴族勢力」,『震檀學報』 40, 1975 ;『新羅時代의 國家佛教와 儒教』, 韓國硏究院, 1978.
丁仲煥,「新羅의 佛教傳來와 그 現世思想」,『趙明基博士華甲紀念 佛教史論叢』, 中央圖書出版社, 1965.
李丙燾,「新羅佛教의 浸透過程과 異次頓殉教問題의 新考察」,『學術院論文集』 人文社會篇 14,

는 하등 귀족들이 반대할 대상이 될 수가 없었다. 그런데 초전불교初傳佛教의 전래 전설에 의하면 (아도 등이) 왕실의 허락을 받아 사원을 지으려는 데 대해, 귀족들이 한결같이 반대하였다. 그렇다면 사원의 창건은 왕실 중심으로 수용된 불교를 백성들에게 홍포하려는 것이고, 이에 대해 귀족들이 반대하였다고 생각한다.

신라 사회에 불교가 수용되는 과정을 살피고자 할 때, 새로운 사상이나 종교를 받아들이기 위해 신라국가 내부의 사회 상황이 어떻게 변모해 갔느냐를 살펴야 할 것이다. 그래서인지 기존의 연구들은 불교 전래 문제를 다루면서 삼국 사회가 그것을 어떻게 수용하였으며, 아울러 어느 계층이 포용해 간 것인지에 대해 초점을 맞추었다. 불교 수용을 신라 사회의 내부 구조 속에서 파악하려는 작업은 퍽 중요하지만, 이에 곁들여 새로 들어오는 불교가 어떤 성격을 가진 것인지, 다시 말해 인도에서 성립될 당시의 원시불교가 어떤 사상 경향을 가졌는가를 규명해야 한다.

불교 전래와 수용에 대해서는 원시불교의 성격과 그것을 포용하려는 사회 구조를 함께 추구해야, 그 분명한 모습을 밝힐 수 있을 것이다. 원시불교의 성격을 드러내기 위해 고대 인도 사회에서 불교가 어떻게 일어난 것인지를 이해하고자 한다. 기원전 6세기경에 가비라국迦毘羅國(Kapilavastu) 정반왕淨飯王의 태자인 석가釋迦가 불교를 창시하였다. 불교가 일어날 수 있었던 원인은 여러 가지로 생각되지만, 당시의 사상 경향이나 사회 상황 속에서 찾아야 한다. 먼저 사상 경향 면에서 불교 성립 이전 인도의 대표적인 사상가들을 일별하기로 하자.

기원전 6~7세기경에 인도에서는 물질적인 향락이 들끓으면서 많은 자유주의 사상가들이 등장하였다. 이들을 62현賢이라 부르는데, 그중 대표자

1975 ;『韓國古代史硏究』, 博英社, 1976.

辛鍾遠, 「新羅의 佛敎傳來와 그 受容過程에 대한 再檢討」, 『白山學報』 22, 1977.

로 육사외도六師外道를 꼽을 수 있다. 그들 중에는 도덕을 부정하려는 사상 경향을 가진 자도 있었다. 그 주창자인 가섭富蘭那迦葉(Puraṇa Kassapa)은 수드라Sudra 출신인데, 주인집의 외양간에서 태어났다고 한다. 그는 선악善惡도 업보業報도 없다고 주장하였다.[2]

그 외에도 그들은 세상이 지地·수水·화火·풍風·고苦·락樂·생명生命의 7원소元素나[3] 또는 영혼靈魂·지地·수水·화火·풍風·허공虛空·득得·실失·고苦·락樂·생生·사死의 12원소로[4] 결정되어 있다고 주장한다. 이것은 결정론 곧, 태어날 때부터 받은 원소로 말미암아 그 운명이 결정된다고 생각하게 함으로써 사람들로 하여금 세상에 순응順應해서 살아갈 것[5]을 요구했다.

그런가 하면 회의론적懷疑論的 사상도 퍼져 나가고 있었다. '내세來世가 존재하는가' 또는 '업보가 있는 것인가' 등의 의문들에 대해 명확한 답변을 구할 수 없게 되면서, 확실한 지식은 없다는 불가지론不可知論에 빠져들었다.[6] 이건타尼犍陀若提子(Nigantha Nataputta)가 개창한 자이나Jaina교는 이러한 회의론이 만연한 분위기 속에서 세상을 고苦로 보고, 거기에서 벗어날 수 없는 끊임없는 고행苦行을 강조하였다. 그리하여 죄의 덩어리인 육신을 없애기 위해 금욕을 단행斷行하고, 그 수행으로 단식하면서 죽는 것을 가장

---

2 中村元, 『インド思想史』, 『岩波全書』 213, 岩波書店, 1956, pp. 41~43.

3 迦據陀迦旃延(Pakudha kaccāyana)이 주장했다. 그러한 7元素는 만들어지는 것도 아니며 다른 것을 만들지도 않는다. 따라서 世上에는 죽이는 자도 죽는 자도 없으며 듣는 자도 들리는 자도 없다고 한다.

4 末伽梨瞿舍梨(Makkhali Gosāla)가 주장했다. 人間은 12元素 중 각각 가지고 나온 構成을 달리한다. 그러나 그 구성은 運命論的으로 결정되어 있다고 한다.

5 Ajita kesakambalin(無勝髮褐)도 Pakudha나 Makkhali와 같이 人間은 地·水·火·風의 4元素로 구성되었다고 주장하였다. 다만 Ajita는 人間이 物質만으로 구성되었다고 주장한 점이 이들의 주장과 다르다. 그 결과 그의 사상은 세상에는 부모도 없고 業報도 없다고 주장하여, 唯物論·快樂論的 경향을 지녔다. 이러한 사상을 順世派(Lokāyata)라 부른다(中村元, 『インド思想史』, pp. 39~40).

6 中村元, 『原始佛教 ―その思想と生活―』, NHKブックス, 日本放送出版協会, 1970, p. 23.

영광스럽게 생각하였다.[7]

불교가 출현하기 이전 인도에는 많은 자유주의 사상가가 있었는데, 그들은 대체로 회의론적이고 도덕을 부정할 뿐만 아니라, 숙명론적이고 끊임없는 고행을 강조하였다. 이러한 시대사조 속에서 불교는 인간으로 하여금 고苦로부터 해탈解脫할 수 있음을 강조하였다. 이는 운명론과 결정론을 배격하고, 당시의 인도 사람들에게 희망을 주면서 그들 생활에 활력을 불어넣었다.[8] 이리하여 불교는 대중의 지지를 받으면서 성립하였다.

그러나 불교 성립의 중요한 배경은 당대의 정치·사회적 면에서 찾아야 한다. 기원전 5세기경에 수많은 성읍국가城邑國家로 나뉘어져 있던 인도는 점차 강대국 중심으로 통합되어 나가면서 전제정치를 성립했다. 석가 당시의 인도에는 이미 16국國이 있었는데, 이들이 점차 서로 통합하여 4개의 강대한 전제왕국이 성립되어 그 세력을 확대해 나갔다.[9] 곧 마갈타국摩竭陀國·교살라국憍薩羅國·발차국跋蹉國·아반저국阿盤底國이 그것이다.

마갈타국은 빈파사라頻婆娑羅(Bimbisara)왕의 영도 아래 앙가鴦伽(Anga)·발기跋耆(Vaiji)·말라末羅(Mallā) 등의 군소 국가를 정복하였으며, 교살라국은 가시국迦尸國 등을 점령해 갔다. 우전왕于顚王(Udayana) 치하의 발차국과 찬다팟죠오타왕 치하의 아반제국阿盤提國도 강력한 형세를 떨치고 있었다.[10] 이러한 4개의 강대국을 중심으로 인도 전체를 통합하려는 기운이 일어났으며, 특히 마갈타국과 교살라국이 가장 강대한 나라로 등장하였다. 그런가 하면 석가족釋迦族의 나라는 마갈타국과 혼인을 맺으면서 교살라국의 보호령保護領으로 간신히 평화를 유지해 갔다.[11]

---

7 中村元, 『インド思想史』, 『岩波全書』 213, 岩波書店, 1956, pp. 44~48.

8 水野弘元, 『釋尊の生涯』, 春秋社, 1976, p. 17.

9 水野弘元, 위의 책, p. 19.

10 李箕永, 『석가』, 知文閣, 1967, pp. 13~14.

11 이기영, 위의 책, p. 14.

수많은 군소 국가로 나뉘어 있을 당시의 인도는 제정일치祭政一致 사회를 이루었기 때문에 제사祭祀를 중시하였으나, 석가 생존 당시에는 제사보다 군장君長 중심의 세속적 권력이 더 유력해졌다. 파라문婆羅門 계급이 쇠퇴하면서 제사의례는 형식화되어 가고, 반면 찰제리刹帝利 계급이 세력을 얻어 갔다.[12] 이러한 사회 분위기 속에서 불교가 일어났다. 원시불교의 성격은 찰제리 계급이 우세한 사회 상황과 연관시켜 파악할 수 있다.

우선 원시불교는 왕자王者 계급(刹帝利種) 중심의 종교였다. 인도에서는 전통적 계급으로 사성四姓이 존재하였다. 파라문·찰제리·비사毘舍·수타라首陀羅가 곧 그것이다. 그중 파라문은 제사를 담당한 가장 높은 계급이고 찰제리는 왕자 계급이며, 비사는 평민 계급이고 수타라는 노예 계급이다.[13] 4성 중심의 이러한 카스트제도는 매우 엄격한 신분제여서, 신분이 다르면 결혼은 물론 모든 사회 활동에 제한을 받았다. 인도에서 천지창조의 유일신唯一神인 원인原人(Purusha)에 관한 신앙은 엄격한 카스트제도를 뒷받침해 주었으며,[14] 브라만교 역시 이러한 신분제도 위에 성립된 종교이다.

그런데 석가는 4성四姓을 부정하여 세속의 종성種姓을 버리고 출가하면, 모두 다 사문沙門인 석자釋子가 된다고 하였다. 4성의 부정은 원시불교 경전 속에 누누이 나타나 있다. 다만 석가는 4성을 부정함으로써 당시 인도 사회에서 카스트제도를 부정하여 4성 간의 평등을 주장하였지만, 찰제리종인 국왕의 세속적 권능을 부정했는지는 확실하지 않다. 원시불교 경전에는 4성의 평등을 말하면서도 그 순서를 찰제리·파라문·비사·수타라로 표기

12 水野弘元, 『釋尊の生涯』, 春秋社, 1976, pp. 20~21.

13 Brahman의 'Brahma'라는 말은 守道·居眞·潔白의 뜻을 가시며, 祈禱하는 의미를 내포하고 있다. Kshatriya의 'ksi'라는 말은 奕世·君臨의 뜻을 가진다. Vaisya의 'Vis'라는 말은 人民이란 뜻인데, 貿遷·有無·逐利遠近의 의미를 내포하고 있다. Sūdra는 惡種·殺生種으로 번역된다.

14 Purusha는 天地創造의 唯一神이며 千手·千眼·千足을 가졌고, 四分의 三은 하늘에 있어 人間에게 보이지 않으며 不死라 한다. 그런데 Purusa의 입을 통해 Brahman이, 두 팔을 통해 Kshatriya가, 두 눈을 통해 Vaisya, 두 다리를 통해 Sūdra가 태어났다고 한다.

하고 있다.[15] 파라문과 찰제리의 순서를 바꾸어 기록하고 있는 셈이다. 이러한 4성의 바뀐 순서는 원시불교 내에서 인식되던 4성에 대한 계급관이라 할 수 있다.

원시불교가 주장한 4성의 부정은 파라문 계급의 우위를 인정하지 않으려는, 곧 찰제리 계급의 현실적 권능을 보다 내세우려는 의도를 담고 있었다. 그러면서 원시불교는 찰제리 계급의 정법正法통치를 강조하였다.[16] 말하자면 불교는 당시 인도 사회에서 파라문보다는 찰제리 계급의 세력이 더 강해지고 있는 여건 속에서 브라만교를 대신하여 찰제리종의 세속적 권능을 인정하려는 종교였다.

다음으로 원시불교는 정복국가征服國家의 이념에 합당한 면을 비교적 많이 가졌다. 원시불교 경전 속에 자주 나타나는 전륜성왕轉輪聖王 관념이 이를 알려 준다. 세속적 권능을 가진 전륜성왕은 무력으로 이웃 모든 나라를 정복하고 정법正法으로 통치하기 때문에,[17] 이 세상에는 평화가 온다고 한다. 이때 전륜성왕의 치세를 돕기 위해 미륵彌勒이 출세出世하여 교화한다.[18] 곧 전륜성왕 관념은 통일 국가에로의 지향이며, 강대국을 중심으로 통일 사업을 진척하려는 정치 이념을 사상적으로 뒷받침하는 것이다.

원시불교는 이런 성격으로 말미암아 주로 당시의 강대국인 마갈타국摩竭陀國과 교살라국憍薩羅國에서 수용되어, 그 각각의 수도인 왕사성王舍城이나 사위성舍衛城을 중심으로 성행하였다. 원시불교 경전 속에는 양대 강국인 마갈타국과 교살라국의 왕이 이웃 소국을 정복하고자 할 때, 그 뜻을 세

---

15 『長阿含經』 13, 『大般涅槃經』 23 등 參照.

16 『장아함경』 卷第六의 第二分 四姓經 第一에 "時彼一人 復以善言 慰勞衆人 衆人聞已 皆大歡喜 皆共稱言 善哉大王 善哉大王 於是世間 使有王命 以正法治民 故名刹利"라 하였다.

17 金煐泰, 「彌勒仙花攷」, 『佛教學報』 3·4合, 1966, p. 145.

18 『彌勒下生經』.
彌勒과 阿逸多가 부처 있는 곳에 이르러 阿羅漢果를 얻어서, 閻浮提에 下生하여 미륵은 성불하고 아일다는 轉輪聖王이 된다.

존世尊에게 타진한 내용이 전한다. 석가가 입적하기 전년인 기원전 487년에 마갈타국왕 아사세왕阿闍世王은 사신 우사禹舍를 세존에게 보내어 갠지스Ganges 강 건너 비사리毘舍離(Vaisàli)국을 정복해도 좋은지를 묻고 있다. 이때 석가는 우사에게 비사리국을 정벌해도 괜찮다고 대답하였다.

그런가 하면 석가 생존 시에 교살라국의 비유리왕毘瑠璃王이 가비라국을 공격하여 함락시킴으로써, 석가족釋迦族의 나라는 멸망하게 된다. 비유리왕이 등극하기 이전에도 석가는 "친족인 석종釋種이라 하더라도 역시 파사닉왕波斯匿王을 받들어야 한다"[19]고 하면서, 교살라국의 가비라국 지배를 묵인하였다. 석가의 친족이지만 약소국인 이상 강대국에 봉사해야 한다는 것이다. 이는 당시의 정치정세, 곧 마갈타·교살라 양국의 압박을 받아 날로 쇠운에 빠진 소국의 장래 운명에 대한 예언인 동시에, 강대국의 합병에 대해 정당성을 불어넣어 주는 것이었다.

석가가 만년에 자주 설법한 칠불쇠법七不衰法은 정복왕조의 윤리관을 제시한 것으로 생각한다. 마갈타국 아사세왕이 발기국跋耆國을 정복하려는 생각을 가지고, 가르침을 받았던 대신大臣 우행雨行을 세존에게 보내어 문안드릴 겸 은근히 그 뜻을 타진하게 하였다. 이때 석가는 그에게 발기국의 국내 사정에 대해 물었는데, 이것이 칠불쇠법이다.[20] 석가는 칠불쇠법이 지

19 『장아함경』 卷第六의 第二分 四姓經에 "今我親族釋種 亦奉波斯匿王"이라 하였다.

20 李箕永, 『석가』, 知文閣, 1967, pp. 253~254.
釋迦는 발기국 나라에 대해 다음과 같은 질문을 하였다.
① 밧지 사람들은 자주 會議를 열며, 그 會議에는 많은 사람이 參集하느냐?
② 밧지 사람들은 上下가 항상 和睦하게 같이 國事를 돌보고 있느냐?
③ 밧지 사람들은 先人이 정한 것을 깨뜨리지 않고 重視하며, 그것을 함부로 고치는 일을 하지 않느냐?
④ 밧지 사람들은 長幼의 序를 지켜 나이 많은 사람들을 존경하고 있느냐?
⑤ 밧지 사람들은 男女의 別이 있어 婦女子를 暴力으로 끌어내 掠奪하는 등 不法을 행하지 않느냐?
⑥ 밧지 사람들은 國內外의 宗廟를 崇尙하고 儀典을 廢하지 않고 지키고 있느냐?
⑦ 밧지 사람들은 道를 尊重하고 德을 敬愛하며 道人이 옴을 厚하게 맞이하느냐?

켜지고 있는 발기국에 대해서는 정복할 수 없다는 결론을 내렸다. 곧 칠불쇠법은 강대국이 이웃 소국을 합병해도 되는지 혹은 안 되는지의 기준을 제시해 준다고 보아 좋을 것이다.

불멸佛滅 이후 불교가 성행하여 왕성하게 전도한 것은 마우리아Maurya왕조의 아육왕阿育王이나, 그 후 가이색가왕迦膩色迦王·계일왕戒日王 등이 다스리는 때였다. 이들 왕의 치세는 분열되었던 인도가 다시 통합되어 가는 시기였다. 반대로 인도가 여러 나라로 분열되면서 불교도 따라 쇠퇴하였다. 이러한 현상 역시 원시불교가 정복왕조의 이념과 합치되었던 것을 방증한다.

정복 군주였던 아육왕이 불교의 전도나 홍포에 힘을 기울였던 까닭은, 스스로 불법에 의한 정복이 최승最勝의 것임을 자각하고 있었기 때문이다.[21] 말하자면 원시불교는 작은 성읍국가가 합쳐져서 중앙집권적 귀족국가 체제를 갖추면서, 왕권 중심의 고대 정복국가를 성립시키려는 사회변화 과정 속에서 확립되었다. 따라서 그것은 소국 내지 부족 사이의 통합 능력을 가졌는데, 삼국 사회 역시 이러한 성격의 불교를 받아들여야 할 정도로 국가 체제가 변화되고 있었다.

2. 불교의 전래 전설에 대한 검토

삼국 사회에서 불교는 공인되기 이전에 이미 전래되어 상당히 넓게 신앙되고 있었다. 『양고승전梁高僧傳』이나 『해동고승전海東高僧傳』의 석망명전

이 같은 질문을 七不衰法이라 한다.

21 伊與田圓止, 『南方民族の宗教』(寶雲舍, 1942, p. 113)에서 「阿育王刻文」의 내용으로 ① 信教의 自由를 존중하여 異教徒의 抗爭을 진압하는 것과 ② '카링카' 征服의 悲慘함을 痛悔하고 佛法에 歸依하여 스스로 불법에 의한 정복은 最勝의 것임을 確信하고 ③ Greece 人의 領土에 傳布하는 것 등이 있다.

釋亡名傳에는 고구려의 도인道人이 진晋나라 승려 지둔支遁 도림道林과 편지를 주고받았다고 기록하였다. 고구려의 도인은 물론 승려였을 것임은 분명하다. 도림은 중국 격의格義불교의 우두머리였으며[22] 366년에 입적한 고승이다. 고구려 망명亡名이 국내에 있었는지 혹은 당시 중국에 머물렀는지는 분명하지 않다. 그렇지만 도림과 서로 통할 수 있는 식견을 가진 고구려 망명은 불교사상에 상당한 조예를 가졌고, 공인 이전에 고승 망명을 배출한 고구려 불교의 높은 수준을 짐작하게 한다.

신라에도 초전불교의 전래 전설이 몇 가지 알려져 있다. 조금씩 내용을 달리하는 이러한 전래 전설은 고구려에서와 같이, 공인 이전에 이미 불교가 수용되었던 사실을 생각하게 한다. 불교 전래 전설의 내용은 다음과 같다.

① 제19대 訥祇王 時에 沙門 墨胡子가 고구려로부터 一善郡에 이르니, 郡人 毛禮(혹은 毛祿)가 집 가운데 堀室을 만들어 安置하였다. 이때에 梁나라가 사신을 보내어 衣著과 香物을 보내왔다(高得相의 詠史詩에 말하기를 梁이 보낸 승려는 元表라 하는데, 의당히 溟檀과 경전 및 불상을 보내왔다). 君臣이 그 香의 이름과 쓰이는 바를 몰랐다. 이에 사람을 보내어 향이 쓰이는 바를 나라 안에 물으니, 묵호자가 이를 보고 "이것은 香이라 부르는데, 불에 태우면 그 香氣가 忿馥하여 神聖에게 정성이 통하게 된다. 신성이란 三寶를 말한다. 만약 이것을 태우면서 발원하면 반드시 영응이 있을 것이다"라고 말했다(訥祇는 晋·宋 代에 재위했으므로 梁이 사신을 파견하였다는 것은 아마 잘못이다). 이때 王女가 병이 나서 위독하였는데, 묵호자를 불러 향을 피우면서 기도하니 왕녀의 병이 나았다. 왕이 기뻐하여 후하게 예물을 주었는데,

22 金煐泰, 「高句麗 佛教思想—初傳 性格을 중심으로—」, 『崇山朴吉眞華甲紀念 韓國佛教思想史』, 圓佛教思想硏究院, 1975, pp. 3~5.

갑자기 그의 간 곳을 알 수 없었다.[23]

② 제21대 毘盧王(炤知王) 때에 我道화상이 侍者 3人과 더불어 역시 毛禮의 집에 이르렀는데, 그 모양이 墨胡子와 비슷했다. 數年을 머물다가 그는 병도 없이 죽었다. 그의 시자 3人이 머물면서 經律을 강독하니 신봉하는 사람이 왕왕 있었다.[24]

③ 阿道가 불교를 가지고 고구려로부터 鷄林에 이르러 王城의 西里에 寓居하니 지금의 嚴莊寺이다. 未雛王 卽位 2년(263년) 癸未年에 이르러 아도가 대궐에 들어가서 佛法을 행하고자 請하니, 전에 보지 못하던 것이라 하여 꺼려하고 심지어 죽이려는 사람까지 있었다. 이에 續林(지금의 一善縣) 毛祿의 집으로 도망하여 숨었다(祿은 禮와 형태가 비슷하여 訛傳되었다. 古記에서는 "法師가 처음 毛祿家에 왔을 때 천지가 震驚했다. 時人이 僧名을 알지 못했는데 阿頭彡麽라 불렀다. 彡麽는 鄕言으로 僧을 지칭하므로 沙彌를 말함이다"라고 하였다). 3년에 成國公主가 병이 들었는데 巫醫의 효험이 없으므로 사람을 사방으로 보내어 의사를 구하였다. 아도법사가 문득 대궐로 들어가 그 병을 치료하니, 왕이 대단히 기뻐하고 소원을 물었다. 아도가 대답하되 "天鏡林에 佛寺를 창건하여 邦家의 복을 비는 것이 소원이라"하였는데, 왕이 이를 허락하여 공사를 시작하게 하였다. 그때에 나라의 풍속이 質儉하여 띠풀로 지붕을 덮고 거기에 居하여 강연하였으나 때때로 天花가 땅에 떨어지기도 했다. 이 절을 興輪寺라 하였다. 毛祿의 누이인 史氏는 법사에게 귀의하여 비구니가 되고 三川岐에 절을 창건하여 거주하였는데, 이름을 永興寺라 했다. 얼마 후에 미추왕이 별세하니 國人들이 법사를 해치려 함으로 법사가 모록의 집으로 돌아와 스스로 무덤을 만들고, 문을 잠가 다시 나타나

23 『三國遺事』 권3, 阿道基羅조 및 『三國史記』 권4, 法興王 15년조, 『海東高僧傳』 권1의 1, 阿道傳에 收錄되어 있는데, 모두 金大問의 『鷄林雜傳』에 실린 것을 轉載하고 있다.

24 위와 같음.

지 않았다. 이로 인해 大教가 폐하게 되었다.[25]

불교 전래 전설에 관한 『계림잡전鷄林雜傳』과 「아도본비阿道本碑」의 내용에는 공통점도 있지만 차이가 적지 않다. 우선 전래된 시기가 각각 달리 나타나 있다. 『계림잡전』에는 19대 눌지마립간과 21대 소지마립간 때에, 「아도본비」에는 미추니사금 때에 불교가 전래되었다고 기록하였다.

전래 전설의 시기에 차이가 남으로 해서, 신라에 불교가 실제로 전래된 시기에 대하여 각각 다른 주장이 나왔다. 주로 일본인 학자들이 주장한 것이지만 법흥왕 대에 비로소 불교가 전래되었고, 그 이전의 전래 전설을 모두 부인하려는 학설이 있다.[26] 한편 필자는 법흥왕 대의 공인이 국가불교로 성립된 것을 뜻하며, 이미 불교는 전해져서 홍포되었던 것으로 생각하였다. 그리하여 공인 이전 초전불교의 전래 전설을 주목해 보고자 한다.

초전불교의 전래 전설 중 가장 시기가 빠른 미추니사금 대에 불교가 전래되었다는 설은 이미 일연一然에 의해 다음과 같이 부정되었다.

> 만약 未雛尼師今 代에 있었던 일이라면 오히려 順道가 고구려에 왔던 甲戌年(374년)보다 百餘 年 앞서게 되니, 그때에 신라에는 아직 文物禮敎가 갖추어져 있지 않고 國號도 정해져 있지 않았는데, 어느 겨를에 阿道가 와서 奉佛하기를 청할 수 있었겠는가? 또 고구려에도 아직 (불교가 전해) 오지 않았는데 뛰어넘어 신라에 왔다는 것도 합당치 못하다(『三國遺事』 卷3, 阿道基羅조).

일연이 언급하였듯이 미추니사금 대에 불교가 전래되었다는 사실은 대체

25 『三國遺事』 권3, 阿道基羅조.
이 내용은 주로 金用行撰 「阿道本碑」에 의거한 것이고 『新羅殊異傳』 속에서도 傳하며, 앞에 나온 金大問의 『鷄林雜傳』에 실린 것과는 상당한 차이가 있다.

26 末松保和, 「新羅佛教傳來傳說考」, 『新羅史の諸問題』, 東洋文庫刊, 1954, pp. 224~225.

로 부정되었다. 그렇게 되면 불교의 전래 시기는 눌지마립간 대이거나 아니면 소지마립간 대라는 두 견해로 압축된다.[27] 그러나 신라 사회에 불교가 언제 전래되었는지를 분명히 하기는 어려울 것이며 또 사실 중요한 문제일 수도 없다. 어쩌면 불교는 서서히 신라 사회에 알려졌던 것이 분명하다. 때문에 상기한 전래 전설은 불교를 필요로 하는 어떤 계층이나 세력에 의해 공공연하게 표면화시키는 과정에 불과한 것이다.

일연이 불교의 수용을 논하면서 문물文物과 예교禮教가 갖추어져야 함을 말하고 있는 것은 중요하다. 이때의 문물과 예교는 제도의 정비와 연결시켜도 좋을 듯하다. '신라' 국호를 사용한 것도 국가 체제의 정비와 연관된다고 생각한다. 그런데 미추니사금 대와 연결된 불교의 전래 전설은 비록 부정되었을지라도, 그 뒤의 눌지나 소지 마립간 대의 전래 전설과 연관시키면 의미를 지닌다. 이들 왕들은 김씨왕실의 세습과 왕권 강화라는 성격을 가진 것으로 묶일 수 있다.

불교는 왕권 강화에 따른 국가 체제를 정비하는 과정에서 수용되었다. 곧 그것은 중앙집권적 귀족국가로의 체제 정비와 떼어 생각할 수 없다.[28] 그렇다면 상징적 의미에서 미추니사금 대에 불교가 전래되었다는 전설이 충분히 만들어질 수 있다. 초전불교 전설 가운데 묵호자墨胡子나 아도阿道(我道)는 고구려로부터 들어왔으며, 불교는 일선군一善郡 모례毛禮(毛祿)의 집을 중심으로 포교되었다는 내용들이 자주 보인다. 불교 전래 전설은 모두 불교가 일선군을 통해 들어와서 홍포되었다고 하는데, 그곳은 고구려에서 신라로 들어가는 관문이었다.[29]

---

27 신종원, 「신라의 불교전래와 그 수용과정에 대한 재검토」, 『白山學報』 22, 1977, p. 114.

28 이기백, 「삼국시대 佛教受容과 그 사회적 의의」, 『신라시대의 국가불교와 유교』, 韓國硏究院, 1978, pp. 51~52.

29 申瀅植, 「新羅 軍主考」, 『白山學報』 19, 1975, pp. 65~66.
당시 高句麗에서 新羅로 이르는 길은 坡州에서 麗州·忠州·鳥嶺·聞慶·尙州·善山으로 이어졌다.

모례가 어떤 역사적 성격을 갖는 인물인지는 초전불교의 홍포 과정을 이해하는 데 대단히 중요하다. 그러나 현재로서는 다른 자료에 나오지 않으므로, 모례에 대해 잘 알 수 없다. 다만 모례는 일선군에 거주하는 백성이나 평범한 귀족이었다기보다는 왕실과 연결된 세력이 아니었을까 추측해 본다.[30] 신라왕실은 대외교섭, 주로 고구려와의 접촉을 통하여 초전불교를 받아들였다. 초전불교는 처음에 왕실과 연결된 일부의 계층에 의해 수용되었을 것이다. 이와 연관하여 초전불교가 전래된 시기를 눌지마립간 대로 제시한 것을 음미해 보기로 하자.

신라 사회가 불교와 접하게 된 계기는 주로 사신의 왕래를 통해서였을 것이다.[31] 신라는 내물마립간 26년(381년)에 위두衛頭를 전진前秦에 파견하면서부터 중국과 직접 통하였다.[32] 일선군이 신라 영토로 편입된 것은 3세기 경이며, 내물마립간이 즉위한 4세기 후반이 되면 신라는 확실하게 이 지역

30 이러한 추측의 근거는 극히 막연하다. 毛禮는 毛祿이라 불렸는데, 그 名稱으로 보아 牟梁部와 어떤 연관이 있지 않을까 하는 의심을 가졌다. 그러한 의문을 가지고 보면 慶州의 西部 내지 西北部에 위치한 牟梁部와 一善郡은 그 位置로 보아 서로 연결이 가능해진다. 또 智證王 이후 朴氏 王妃族이 등장하면서 牟梁部 出身의 王妃가 등장하고 있다. 우선 智證王妃는 牟梁部 相公의 딸이었고(『삼국유사』 권1 智哲老王조) 眞興王의 어머니인 只召夫人은 牟梁里 朴英失 角干의 딸이다(『삼국유사』 王曆). 그런가 하면 眞平王의 后妃도 역시 牟梁部人이다(『삼국유사』 王曆). 그런데 毛禮의 누이는 比丘尼가 되어 永興寺를 創建하고 있다. 佛敎 公認 이후 出家하고 比丘尼가 되어 절을 創建할 수 있는 경우는, 처음에 주로 王妃였다. 그렇다면 毛禮의 누이는 평범한 귀족으로만 생각될 수는 없다. 앞에 나온 只召夫人 역시 출가하여 비구니가 되었다고 한다. 그런데 只召夫人에 대해 '非永興寺之創主也'(『삼국유사』 권3, 原宗興法조)라고 하였다. 그렇다면 只召夫人은 永興寺를 창건하지 않은 것은 분명하지만, 그 절을 毛禮의 누이가 아니라 只召夫人이 創建한 것으로, 와전된 경우도 있었음을 상정할 수 있다. 이러한 와전의 저변에는 혹시 只召夫人과 毛禮의 누이가 혼동될 수 있을 정도로 두 사람의 사회적 위치가 비슷했을지도 모른다.

31 이기백, 「삼국시대 佛敎受容과 그 사회적 의의」, 『신라시대의 국가불교와 유교』, 韓國硏究院, 1978, p. 10.

32 이때 秦王 符堅이 衛頭에게 新羅國의 사정을 지난날과 비교하여 어떤가라고 질문하니, 衛頭가 지금 신라는 中國의 시대가 變하고 名號를 改革하는 것과 같다고 대답하였다(『삼국사기』 권3, 奈勿麻立干 26年조).

을 점유하였다.[33] 내물마립간 이후 신라와 고구려의 국교는 더욱 빈번해졌다. 김씨왕실은 고구려의 도움을 받아, 석씨왕실을 제압하면서 왕위를 세습하였다.

내물마립간 37년(392년)에 신라는 실성을 고구려에 인질로 보냈는데, 그는 내물마립간 46년에 다시 돌아왔다. 뿐만 아니라 이때가 되면 동남 해변에 왜구가 출몰하여, 이를 격퇴하기 위해 신라는 고구려와 빈번한 외교 접촉을 가졌다. 그리하여 광개토대왕은 군사를 이끌고 신라 변경에 침입한 왜병을 격퇴시키기도 하였다.[34] 이러한 빈번한 외교 관계로 말미암아 내물마립간 이후 왕권이 강화되어 가는 시기에, 불교는 주로 고구려와의 사신 왕래를 통해 왕실에 알려졌다.

다음으로 초전불교의 전래 전설에서는 아도나 묵호자가 왕녀王女의 병을 낫게 해 줌으로써 왕실과 연결되었고, 이를 계기로 왕실이 그들에게 절 짓는 일을 맡겼다고 한다. 그런데 이는 불교가 처음으로 전래된 사실을 말하려는 것이라기보다는, 이미 들어와 믿어지고 있던 초전불교를 왕실의 입장에서 홍포하려는 것임을 간과해서는 안 된다. 눌지마립간과 소지마립간 대의 초전불교 전래 전설은 이미 알려져 있던 불교를 이때에 홍포하여, 국가불교로 인정하려는 것이라고 생각한다. 그러면 이 두 시기 중 왕실에서 불교를 홍포하려는 욕구가 더 강하게 나타난 것은 어느 쪽이었는지를 살펴보고자 한다.

눌지마립간과 소지마립간 대의 초전불교 전래 전설은 약간의 차이를 가졌을지라도 서로 보완하면 '남중국을 거쳐 시자侍者 3인을 데리고 일선군에 잠입한 인도 승려 아도가 모례의 집을 거점으로 포교 활동을 하다가 죽었으

33 千寬宇,「三韓의 國家形成(上)」,『韓國學報』2, 1976, p. 38.

34 廣開土大王陵碑에 "十年庚子 敎遣步騎五萬 往救新羅 從男居城 至新羅城 倭滿其中 官兵方至 倭賊退△……"라 하였다. 뿐만 아니라 壺杅銘 역시 廣開土大王의 군대가 新羅에 들어와 주둔했음을 알려 준다.

며, 그 시자들이 포교에 힘쓴 결과 마침 공주의 치병을 계기로 왕실과 인연을 맺었던 것'으로 해석하기도 한다.[35] 그러면서 아도의 입국을 소지마립간 대로 규정하였다.[36] 곧 초전불교의 전래 전설은 소지마립간 대에 이루어졌다는 것이다. 이미 언급했듯이 불교는 그 이전에 서서히 왕실 쪽으로 전래되어 알려졌겠지만, 초전불교의 전래 전설 중 특히 소지마립간 대를 주목하는 이러한 주장은 퍽 흥미로워 보인다.

이미 전래되어 있던 불교를 왕실이 홍포하려는 강한 의도를 드러낸 시기가 소지마립간 대이지 않았을까 생각되기 때문이다. 소지마립간 대에 이르면 불교는 왕실 내에 깊숙이 침투해 있었다. 이는 다음의 기록에서도 드러난다.

> 王이 天泉亭으로 가는 도중에 書出池에서 老翁으로부터 편지를 받았다. 겉봉에 "뜯어보지 않으면 1人이 죽고 뜯어보면 2人이 죽는다"라고 기록되었다. 日官이 奏言하기를 2인은 서민이고 1인은 왕이라 함으로, 뜯어보고 琴匣을 활로 쏴 內殿의 焚修僧과 潛通한 宮主를 죽였다(『삼국유사』 권1, 射琴匣조).

일설一說에는 이 기사가 신덕왕 대의 사실이라고도 전하지만, 여기서는 일연의 주장을 그대로 따라 소지마립간 10년의 사실로 생각하고자 한다.[37]

---

35 李丙燾「新羅佛敎의 浸透過程과 異次頓 殉敎問題의 新考察」,『學術院論集』人文社會篇 14, 1975, p. 11 ;『韓國古代史研究』, 博英社, 1976, p. 655.

36 이병도, 위의 논문,『韓國古代史研究』, 1976, p. 653.
그러나 이렇게 되면 막상 불교가 왕실과 인연을 맺게 되는 때는 炤知麻立干보다 후대의 일이 된다.

37 『삼국유사』 권1, 射琴匣조의 註에는 神德王 代의 사실이었다고 기록하고 있다. 그러나 그 근거를 제시하고 있지는 않으며, 一然은 이 說이 틀렸다고 분명하게 기록하였다. 다만 이 기사의 내용 속에는 忠을 강조하는 측면이 강하게 깔려 있다. 王인 1人은 살아야 하고 庶民인 2人은 죽어도 좋다는 논리가 바로 그것이다. 그런데 新羅中代 이후에는 오히려 孝가 강조된다. 景德王 代의 向得이나 興德王 代의 孫順은 부모에 대한 孝道를 극진히 하고 있다. 반면 奈勿麻立干에서부터 新羅中古代에 忠이 강조되었고, 朴提上의 행적은 이러한 忠節의 표본이 되었다. 이런 면은 이 기사를 炤知麻立干 代의 사실로 생각하는 데 유리하게 작용한다.

그렇게 되면 소지마립간 대에 궁내의 분수승焚修僧을 둘 정도로, 불교는 수용되어 왕실과 밀착되어 있었다.

소지마립간이 불교를 더욱 홍포하려는 저변의 사정은 일선군과의 관계에서도 막역하게나마 유추할 수 있다. 초전불교는 일선군을 중심으로 수용되고 있었는데, 소지마립간은 특별히 일선군을 중요하게 생각하였다. 다음 기록에서 이를 확인하기로 하자.

① 炤知麻立干 5년 冬 10월 一善界에 幸行하여 이재민을 위문하고 곡식을 差等있게 下賜하였다.

② 소지마립간 10년 2월 一善郡에 幸行하여 鰥寡와 孤兒를 위문하고 곡식을 차등 있게 下賜하였다(『삼국사기』 권3, 炤知麻立干조).

소지마립간 5년(483년)과 10년(488년) 2차에 걸쳐 왕은 일선군으로 순행巡行하였다. 이것은 일선군이 왕실의 입장에서 대단히 중시되었던 것을 알려 준다. 사실 신라상고대 말에 왕의 순행 기사는 소지마립간 대 외에는 보이지 않는다. 소지마립간이 일선군을 중시한 것은 고구려와의 관계에서 당연히 생각되어야 하겠지만, 이로 인해 그곳을 중심으로 수용되었던 불교 역시 왕실과 더 밀착될 가능성을 가졌다.

신라 초전불교의 전래 전설은 미추니사금·눌지마립간·소지마립간 대와 연결되었기 때문에, 그 시기가 서로 상이하게 나타나 있다. 미추니사금 대의 전래 전설은 일연에 의해 이미 부정되었다. 대체로 초전불교에 대해서는 눌지마립간이나 소지마립간 대와 연결시켜 이해하였다. 이들 왕과 초전불교의 전래 전설이 얽히는 것은 오히려 상징적인 의미를 가졌다. 불교는 사신의 왕래를 통하여 왕실 쪽으로 서서히 알려졌다. 불교가 언제 들어왔는지를 단정적으로 주장할 수는 없다. 고구려와의 교섭이 빈번하던 눌지마립간 대에 불교는 이미 왕실 중심으로 수용되어 있었다. 소지마립간은 이러한 불교를 의도적으로 홍포하려고 하였다.

3. 초전불교의 성격

신라 사회에 불교가 왕실 중심으로 받아들여진 이유는 이미 언급한 원시불교의 성격에서 비교적 분명하게 끌어낼 수 있다. 다만 신라상고대 말의 사회 양상이 불교가 성립될 당시 인도의 사회상과 다를 수 있으므로, 초전불교의 성격은 인도에서 일어날 당시의 그것과 꼭 같을 수 없다. 법흥왕 대 공인 이후의 불교는 원시불교에서와 마찬가지로 전륜성왕轉輪聖王 관념을 강하게 포용하였기 때문에, 정복국가 이념에 합치될 수 있는 요인을 많이 가졌으나, 초전불교에서 이러한 신앙은 비교적 약하게 나타났다.

인도 원시불교의 모습을 떠올리게 하는 초전불교는 왕실에 의해 수용되었으면서도, 신라 사회의 상황과 어울리는 독특한 성격을 가졌다. 초전불교의 성격을 제시하기 위해 먼저 공인 이전 불교의 전래 전설 중, 유념해야 할 공통되는 요소를 간략하게 제시하고자 한다. 일선군 모례毛禮의 집을 중심으로 포교하고 있던 아도나 묵호자는 공주의 치병을 계기로 왕실과 밀착되었다. 미추니사금 대 불교의 전래 전설에는 공주의 이름이 성국成國이라고 분명하게 나오는데, 성국공주가 구체적으로 누구이었는지는 잘 알 수 없다.

공주의 병을 고침으로 해서 왕실과 친밀해졌다고 하지만, 이전에 아도나 묵호자는 중국 사신이 가지고 온 물건과 향香을 설명함으로써 왕실과 연결되어 있었다.[38] 이리하여 왕실 쪽으로 수용된 불교는 창사創寺를 서둘렀다.

38 未雛王 代 阿道傳說에는 中國 使臣의 記事가 빠져 있다. 다만 『海東高僧傳』에서는 我道와 毛禮의 만남을 이 기록보다 조금 더 장황하게 說明하고 있으며, 역시 吳나라 使臣이 왔던 사실을 첨

사원의 건립은 묵호자나 아도의 청으로 이루어졌지만 막상 창사를 뒤에서 주도한 것은 왕, 즉 왕실이었다. 왕이 별세하자 국인國人들이 이들을 해치려 함으로써 불교가 폐하게 된 사실이 이를 알려 준다. 이러한 정황을 통해 초전불교의 모습을 이해할 수 있다.

우선 초전불교는 왕실에 합당한 성격을 가졌다. 원시불교가 왕자王者 계급에 유용한 성격을 가졌던 것은 이미 살핀 바와 같다. 원시불교는 북중국을 거쳐 우리나라로 전해졌는데, 당시 북중국의 불교사상은 '왕즉불王卽佛' 신앙을 강하게 띠는 것이었다.[39] 북방의 새외민족塞外民族이 세운 북조는 왕권이 강한 국가를 이루었기 때문에 왕을 부처와 같은 절대자로 숭배하였다. 이러한 성격의 불교신앙은 고구려를 통해 초기 신라 사회에 전해졌다. 공인되면서 왕즉불신앙은 변하지 않을 수 없었지만, 그 전통이 남아 뒤에 신라 왕실은 석가불신앙을 포용하면서 석가족釋迦族에 비견되었다.[40]

아울러 불교는 법法의 보편성을 강조한다. 불법의 '법' 역시 '권력權力의 권력'으로 생각되기 때문에,[41] 왕권과의 연결이 가능한 것이다. 왕실은 불교신앙을 홍포하는 과정에서 법의 보편성을 내세웠고, 이는 편입되어 들어온 여러 성읍국가나 부족을 묶어 중앙집권적 귀족국가를 형성시키는 데 능동적 역할을 담당하였다.[42] 원시불교의 이러한 성격 때문에 관심을 가진 신라 왕실은 불교를 적극적으로 수용하려고 하였다.

왕이 죽자 국인들은 아도나 묵호자를 박해함으로써 불교는 폐하게 되었

부하고 있다.

39 金哲埈, 「新羅 上代社會의 Dual Organization」(下), 『역사학보』 2, 1952, p. 92.

40 이기백, 「신라 초기 불교와 귀족세력」, 『신라시대의 국가불교와 유교』, 韓國研究院, 1978, pp. 87~88.

41 高埼直道, 「古代インドにおける身分と階級」, 『古代史講座』 7, 學生社, 1963, 第四章 古代 專制國家 成立期의 階層構造 참조.

42 이기백, 「삼국시대 불교수용과 그 사회적 의의」, 『신라시대의 국가불교와 유교』, 韓國研究院, 1978, pp. 51~52.

다. 여기의 국인들은 귀족임이 분명하다. 왜냐하면 국인들은 뒤에 이차돈異次頓이 순교할 때에 불교 공인을 반대하던 군신群臣과 같은 부류로 생각되기 때문이다. 그러면 불교의 홍포에 대해 왜 귀족이 반대하였는지가 궁금하게 된다. 불교 전래 이전의 신라 사회에서는 무교巫敎신앙을 신봉하였다. 왕이나 귀족은 모두 토착의 무교신앙에서 받들었던 조선祖先에게 제사를 드리는 제사장이라는 성격을 지녔다. 제사장적 성격은 그들이 본래 가졌던 성읍국가의 지배자나 부족장의 기반 위에서 갖추어졌던 것이다.

연맹왕국이 성립되면서 주위의 성읍국가나 읍락邑落은 그 내로 편입되었다. 그 결과 성읍국가의 지배자나 부족장들은 연맹국왕의 신하로 등장하여 귀족으로 편입되고 왕경王京에 거주하게 되었다. 말하자면 성읍국가로서의 동등한 기반을 가졌던 연맹국왕과 귀족은 상하의 종속관계가 되었다. 연맹왕국이 정복국가 체제를 갖추면서 왕권이 점차로 강대해져 중앙집권적 귀족국가를 형성하게 되자, 왕과 귀족의 상하 관계는 보다 확고해져 갔다.

이러한 시기에 불교는 왕실을 통하여 받아들여졌다. 왕실이 불교를 수용하는 의도는 바로 원시불교의 성격에서 찾아진다. 현실적으로 상하의 지배질서를 성립시킨 왕실이 관념적으로도 귀족보다는 우월하다는 점을 드러내기 위해서, 불교신앙의 홍포를 단행하였다. 당연히 귀족은 이러한 불교에 대해 반대하는 입장에 서 있었을 것임은 분명하다. 오히려 그들은 종래의 무교신앙을 고수함으로써, 비록 현실적인 사회 여건으로서는 왕실과 상하의 신분질서를 인정하더라도, 신앙이나 제사를 담당하면서 그들의 전통을 견지하고자 하였다.

왕실 중심으로 받아들인 초전불교는 무교신앙을 대치하는 성격을 지녔다. 성국공주가 병이 나자 무의巫醫가 그것을 고치려 하였으나 효험이 없었는데, 아도가 병을 고쳤다고 한다. 곧 불교가 받아들여지기 위해 무교신앙은 효험이 없는 것으로 부정되지 않으면 안 되었다. 공주의 병을 치유한 아도는 왕의 허락을 받아 천경림天鏡林에 절을 창건하려고 하였다. 이와 곁들여 다음 기록을 검토해 보기로 하자.

이 나라에 지금은 佛法이 알려져 있지 못하나 이후 三千餘月이 지나면, 鷄林에 聖王이 출현하여 불교를 크게 일으키게 된다. 그 수도에는 七處에 伽藍터가 있는데, 一은 金橋의 동쪽 天鏡林이고, 二는 三川岐이고, 三은 龍宮의 남쪽이고, 四는 龍宮의 북쪽이며, 五는 沙川尾이고, 六은 神遊林이며, 七은 婿請田이다. 모두 前佛時代 가람터로 法水가 오랫동안 흘러갈 땅이다. 네가 그곳으로 가서 大敎를 전파시키면, 마땅히 이 땅 불교의 開祖者가 될 것이다(『삼국유사』 권3 阿道基羅조).

전불前佛시대 7가람터인 천경림天鏡林과 삼천기三川岐·용궁龍宮 남쪽과 북쪽·사천미沙川尾·신유림神遊林·서청전婿請田 등의 지역은 본래 무교에서 제의가 행해지던 곳으로 시림始林, 즉 소도蘇塗와 같은 곳으로 이해된다.[43]

시림은 김씨족 시조인 알지閼智의 강림 장소인 동시에 조상신에 대한 제사를 드리는 곳이다.[44] 천경림이나 신유림은 시림과 같은 성격을 가졌을 것으로 이해된다. 그 외 제의가 행해지던 곳은 천변川邊이나 정변井邊이었으므로 삼천이나 사천 및 용궁의 주변이 제장이었을 법하다. 또 신라 사영지四靈地 속에 피전皮田이 있는 것으로 보아 서청전 역시 제의가 행해지던 곳으로 보아 좋을 듯하다.

전통적으로 무교의 제의가 행해지던 곳에 불교 사원을 건립하는 것은 단

43 이기백, 「삼국시대 불교수용과 그 사회적 의의」, 『신라시대의 국가불교와 유교』, 韓國硏究院, 1978, p. 30.

44 三品彰英, 「古代朝鮮における王者出現の神話と儀禮について」, 『古代祭政と穀靈信仰』, 『三品彰英論文集』 권5, 古代祭政と穀靈信仰, 平凡社, 1973, pp. 562~563.

순히 무불巫佛의 융합 현상으로 간단하게 파악할 수는[45] 없을 것이다. 천경림에 대한 다음 기록을 통하여 절을 창건하는 과정에 대한 이해를 돕기로 하자.

> 지금의 興輪寺이다. 金橋는 西川의 다리를 말함인데 世俗에서 와전되어 松橋라 한다. 이 절은 我道가 처음 터를 잡았으나 중간에 廢하여졌다. 法興王 14년(丁未年, 527년)에 처음 창건되었고 同王 22년(乙卯年, 535년)에 크게 開創하여 眞興王 代에 마쳤다(『삼국유사』 권3, 아도기라조).

천경림에 세운 절이 흥륜사興輪寺인데 아도我道가 터를 닦았으나 중간에 공사를 그만두었으며, 초창初創은 법흥왕 대에 이루어졌다.

아도가 처음 천경림에 세우려는 절은 완성되지 못한 채 폐기된 것이 분명하다. 흥륜사를 창건하는 비슷한 시기에 영흥사永興寺를 개창開創하였다. 다만 「아도본비阿道本碑」에는 아도가 흥륜사를 창건하였으며, 모례毛禮의 누이인 사씨史氏가 삼천기三川岐에 영흥사를 창건하여 거주하였다고 한다. 그렇다면 혹시 불교 공인 이전 소지마립간 대에 천경림이나 삼천기에 세우려는 절은 터만 닦은 것이 아니라, 완성되었지 않았을까 하는 의심을 일으킨다. 이로 보면 천경림이나 삼천기와 같은 무교의 의례가 행해지던 곳에 지으려는 절은 귀족들의 반대에 부딪혀 이루어지지 못하였거나 아니면, 완성되었다 하더라도 곧 폐사廢寺되었던 것이 분명하다. 하필이면 이런 곳을 절터로 정하였기 때문에 귀족들의 반대에 부딪히게 되는 것은 자명했다.

불교 공인 이전에 왕실은 무교신앙의 제의가 행해지던 곳에 절을 세우고

---

45 절을 세우기 위해 天鏡林의 많은 나무를 잘라야만 하였을 것이다. 곧 鄕傳에는 "實法興王十四年 丁未始開 二十一年 乙卯 大伐天鏡林 始興工"(『삼국유사』 권3, 原宗興法조)라 하였다. 巫教信仰의 祭儀가 행해지던 곳의 나무가 쉽게 잘릴 수 있는 것은 아니다. 그렇다면 천경림의 佛事는 왕실에 의해 강행된 것이고, 결코 巫佛의 融合으로만 파악하여서는 안 될 듯하다.

자 하였다. 이는 불교로 하여금 무교신앙이 차지하였던 기반을 그대로 흡수하게 하려는 의도를 지닌 것이다.[46] 그래서인지 왕실은 무격신앙의 방식으로 불교를 받아들이고 있는 것이 흥미롭다. 양나라 사신이 가지고 온 향을 불에 태우면 그 향기로 말미암아 정성이 신성神聖에 통하게 되므로, 이를 태우면서 발원하면 반드시 영응靈應이 있다고 믿었다. 이러한 신앙의 모습은 무교신앙과 크게 구별되지 않는다. 그런데 여기서의 신성은 삼보三寶로 설명되어졌다. 곧 무격신앙의 논리로 받들어지던 신성이 삼보로 대치된 셈이다.

불교 공인 이전에 왕실은 부족장인 제사장 중심으로 받들어 온 무교신앙을 그보다 우월하게 보이는 불교신앙으로 대치하려 하였고, 그러기 위해 무교신앙을 효험이 없는 무력한 것으로 만들었다. 그리하여 무교신앙의 제의가 행해지는 장소에 바로 절을 건립하였다. 그렇지만 왕실의 불교사상에 대한 이해가 깊지 못해 불교는 사상적으로 발전하는 과정을 밟기보다는 무교신앙의 방식으로, 그것이 행해지는 그 자리에 대신 들어가게 되었다.

소지마립간 대의 궁궐 내에 분수승焚修僧이 상주할 정도로 불교신앙은 성행하였다. 분수승의 임무는 불교를 통해 종래 무교신앙의 제의가 행하던 기능을 주로 담당하였을 것으로 생각한다. 불교 공인 이전 신라왕실은 비록 무교신앙을 대치하려는 의도에서 불교신앙을 무교신앙의 방식으로 이해하려는 경향을 가졌으나, 바로 이 점이 공인 이후 불교가 귀족들에게도 호감을 주면서 신라 사회에 뿌리를 내리게 하는 데에 다소 도움을 주었다.

---

46 李基白, 「삼국시대 불교수용과 그 사회적 의의」, 『신라시대의 국가불교와 유교』, 韓國硏究院, 1978, pp. 31~32.
이러한 성격이 공인 이후 불교에 남아 있다. 곧 승려들이 呪術的인 鄕歌를 짓는 것이나, 初傳佛敎에 있어서 여성이 차지하는 지위가 높은 점, 승려를 부르는 '중'이라는 말이 원래 巫를 뜻하는 古語인 次次雄이나 慈充에서 나왔다는 점 등은 巫佛交代를 알려 준다고 하였다.

4. 왕실의 불교 수용에 대한 배경

신라국가는 김씨왕실의 세습과 함께 중앙집권적 귀족국가로의 체제 정비를 단행하였다. 이러한 시기에 불교는 왕실 중심으로 수용되고 있었다. 김씨왕실의 세습은 왜병倭兵을 무찌르기 위해 신라국가 깊숙이 진입한 고구려 군사력을 배경으로 이루어졌다. 국내에 침투해 있는 고구려 군사력은 신라의 정변에 깊숙이 개입하였다. 내물마립간은 군사력의 도움을 받는 대신, 사촌동생인 실성實聖을 고구려에 인질로 보내야만 하였다.

실성은 돌아와서 왕이 되자 내물마립간의 태자인 눌지訥祗가 덕망이 있음을 싫어하여, 장차 그를 해치고자 고구려 병사들에게 청하여 거짓으로 모셔가게 하였다. 고구려인은 눌지가 현명하게 행하는 것을 보고, 창을 거꾸로 하여 실성마립간을 살해하였다. 이에 눌지를 왕으로 세우고 돌아갔다. 실성마립간과 눌지마립간의 갈등은 크게 보아 석씨와 김씨 왕실의 대립에서 석씨세력이 거세되는 사정을 알려 준다.[47]

신라의 왕위계승에 고구려 군사력이 크게 작용하였다. 왕을 마음대로 내쫓거나 새로 세울 정도로 군사력을 상주시킨 고구려는 신라를 보호 국가로 예속시켜 가려 하였다. 내물마립간 이후 상고대 말에 신라는 왕권을 안정시키기 위한 제도 개편에 관심을 두었다. 그러나 고구려 군사력의 개입으로 인해 신라는 현실적으로 많은 제약을 받았던 것도 분명하다. 곧 이 시기의 신라는 고구려의 군사력을 배제하면서, 왕권을 강화하기 위한 제도의 개편을 성공적으로 달성시켜야 하는 두 가지의 어려움을 해결해야만 하였다.

---

47 實聖이나 訥祗痲立干은 모두 金氏이지만 그 어머니가 각각 昔氏 伊利夫人과 金氏 內禮夫人이다. 이로 말미암아 당시 왕위를 둘러싼 昔氏와 金氏세력의 暗闘가 전개되고 있었다. 그리하여 實聖痲立干의 죽음은 昔氏세력의 沒落을 상징적으로 의미한다. 그래서인지 『삼국사기』에는 實聖痲立干이 죽는 해에 昔氏세력의 근거지인 吐含山이 崩壞되었다고 표현하고 있다. 이후 新羅史에는 昔氏王은 물론 석씨를 부인으로 하거나 어머니로 한 왕도 등장하지 않는다.

신라중고대 초인 법흥왕 대가 되면 신라는 율령 체제를 완비하면서, 진흥왕 대 이후 비약적인 발전을 이루어 나갔다. 이렇듯 신라국가가 도약하는 저력은 상고대 말의 여러 가지 제도 개편을 충실하게 이룬 데에서도 찾아야 할 것이다. 그리하여 소지마립간 대의 불교 홍포정책은 이러한 집권적인 제도 개편과 연관시켜 이해할 수 있을 것이다. 내물마립간, 특히 눌지마립간 이후 신라왕실이 주도한 제도 개혁은 육부六部 체제의 개편이었다.

연맹왕국이 성립되어서까지도 6부는 종래 성읍국가城邑國家의 기반을 상당히 강하게 유지하고 있었다.[48] 본래 6부의 장長은 신라 연맹왕국의 귀족으로 등장하였겠지만, 이전 6부 지역에 대한 상당한 지배권을 함께 행사하였다. 따라서 신라왕실은 이들의 지배를 점차 배제시키는 방향에서 6부의 개편을 서둘렀을 것이다. 내물마립간 18년에 백제의 독산성주禿山城主가 300여 인을 거느리고 투항해 오자, 왕은 이들을 6부에 분산하여 거주시켰다. 이러한 처사가 바로 6부의 개편을 의미하지는 않는다 하더라도, 그 공동체적 기반을 상당히 흔들어 놓았다.

6부에 유이민流移民 집단을 이주시키는 왕실의 의도는 부락공동체部落共同體를 해체시키면서, 국가 체제를 새롭게 개편하려는 것이다. 눌지마립간 이후 소지마립간에 이르기까지 다음과 같은 제도 개편이 이루어졌다.

① 訥祇痲立干 22년 百姓들에게 牛車의 法을 가르쳤다.

② 慈悲痲立干 12년에 京都의 坊里名을 정하였다.

③ 炤知痲立干 9년 3월에 비로소 四方에 郵驛을 두고, 所司에 命하여 官道를

48 婆娑尼師今 당시의 六部에는 각각 部主가 있었으며 漢祇部主 保齊는 首露王과 독자적인 전쟁을 수행할 정도로 독립적 세력을 구축하였다. 그런데 그 이전 儒理尼師今 9년에 六部의 이름을 고치고 있다. 이때 단순히 六部名을 고치는 정도에 그쳤을 것 같지는 않다. 그렇지만 六部가 완전히 지역의 행정적인 단위로 바뀌었는지에 대해서는 의심의 여지가 없지 않다. 儒理尼師今 9년에 六部의 改編은 오히려 신라가 聯盟王國 體制로 바뀐 사실을 의미하며, 여전히 六部는 王權의 직접적인 管割 내에 완전히 들어오지 않았다.

수리하게 하였다.

④ 소지마립간 12년 처음으로 京師에 市肆를 열어 사방의 貨幣가 통하게 하였다(『삼국사기』 권3).

이러한 제도의 정비는 지방에까지 철저하게 미친 것은 아니라 하더라도, 우선 경도京都를 중심한 지역의 구획 정리와 그에 상응한 교통 체제의 개편이라 할 수 있다. 경도의 방리명坊里名을 정할 때 6부는 어떤 형태로든지 간에 개편되었을 가능성이 크다. 6부의 공동체적 성격을 격감시키려는 것은 내물마립간 이후 일관된 정책이었다.

경도에 새로 정해진 방리는 통치 질서가 왕실로부터 직접 미칠 수 있는 체제로 개편된 행정 구역이었을 것이다. 그리하여 왕실과 경도의 여러 지역을 신속하게 연결시켰다. 우거법牛車法이나 우역郵驛을 설치하는 목적은 바로 이러한 데에서 찾아진다. 사실 이전 이 지역에서는 우마牛馬를 탈 줄 몰랐다고 한다(『三國志』 東夷傳 韓傳). 성읍국가 단위로 생활이 영위되어 온 삼한 사회에는 아마 축력畜力을 교통에 이용할 필요가 절실하지 못하였을지도 모른다.

연맹왕국이 성립된 이후 왕실이 권력을 집중해 가면서 연맹권역 내에 편입된 지역을 확실하게 지배하려 할 때, 왕실의 행정 명령이 곧바로 전달될 수 있는 교통망을 정비해야 한다. 소지마립간 대가 되면 소가 끄는 수레의 등장과 함께 이에 따른 우편 역을 설치하였고, 이를 원활히 운영하기 위한 관도官道를 정비하였다. 관도의 정비는 읍락 단위의 공동체를 급격하게 변화시킬 요인으로 작용하였다.

소지마립간 대에 경도의 행정 구역을 정비하는 이러한 분위기 속에서 6부 자체도 아울러 개편되어 갔다.[49] 소지마립간 12년(490년)에 처음으로 경

49 炤知麻立干 10년에 "東陽에서 六眼龜를 바쳤는데, 그 배 아래에 文字가 있었다"라고 한다(『삼

사京師에 시장市場을 설치하였던 사실은 유념된다. 시장의 설치로 인하여 사방의 물자가 서로 통하게 되었다. 시장의 설치는 교통망의 정비로써만 가능해지는 것은 아니다. 그것은 적어도 자급자족의 읍락공동체가 무너지고, 이전 성읍국가 규모의 지역을 초월하는 보다 큰 단위의 결속력이 이루어지면서, 각 지역을 쉽게 연결시키는 교통의 정비가 함께 뒤따라야 가능하게 된다.

신라상고대 말 국가 체제의 정비에 부응하여 왕실은 이미 수용된 불교를 귀족들에게까지 홍포하려 하였다. 왜냐하면 불교는 왕자王者 계급을 중심으로 부족 간의 통합 능력을 지녔기 때문이다. 이후 경도에 다시 시장이 설치되는 때는 20여 년이 지난 지증마립간 10년(509년)이다. 지증마립간은 '신라新羅'라는 국호를 사용하는 이유로 "덕업德業이 날로 새로워져서 사방四方을 망라網羅하기 때문이다"라고 하였다(『삼국사기』 권4, 智證麻立干 4년). 곧 왕권을 안정시키면서 사방을 망라하게 된 기반 위에서 시장을 열고 있는 셈이다.

소지마립간 대에 이르기까지 신라왕실은 왕권을 강화하면서 6부 등 수도권을 중심한 행정 구역을 정비해 갔고,[50] 이러한 개혁이 결실을 맺으면서 고구려 군사력을 점차로 배제시킬 수 있었다. 소지마립간 15년(493년)에 백제왕 모대牟大와 신라왕족 이벌찬伊伐飡 비지比智의 딸을 혼인시킴으로써 신

국사기』 권3). 六眼龜는 呪術的 성격을 지녔다. 배 아래에 문자가 있었던 것이 그러한 의미를 내포한다. 곧 6개의 눈을 가진 거북은 상징적인 뜻을 가진 것이 분명하다. 단정할 수는 없을지라도 그것은 6개가 하나로 뭉쳐지는 의미를 가졌다고 생각한다. 그렇다면 이 기록은 炤知麻立干 代에 京都의 구역 정비 및 교통 체제를 갖추어 가는 상황과 연결시켜 이해할 때, 六部의 개편을 알려 주는 것이 아닌가 생각한다.

50 이때에 斷行된 改編은 中央集權的 貴族國家를 형성시키는 과정이다. 李基白은 중앙집권적 귀족국가의 특징으로 共同體的 氏族社會의 분해에 따르는 사회계층의 분화와 이러한 분화를 토대로 한 왕권의 성장, 그 위에 다시 국가 공권력의 증대를 들었고, 이것은 역시 왕권 중심의 中央集權化를 가능하게 하였다(「삼국시대 불교수용과 그 사회적 의의」, 『신라시대의 국가불교와 유교』, 韓國硏究院, 1978, pp. 52~53).

라는 백제와 결혼동맹結婚同盟을 맺었다. 이것은 신라가 고구려세력을 견제하기 위한 조처였다. 백제와의 동맹이 가능했던 것 중의 하나를 당시 신라국가의 제도 개혁이 뿌리를 내린 데서 찾아야 한다.

다만 소지마립간 대에 이르기까지의 이러한 제도 개혁에도 한계성을 찾을 수 있다. 우선 고구려 군사력을 배제하기 위해서라면 신라국가의 군사적 기반을 튼튼히 할 필요가 있었다. 그러나 이에 대해서는 자비마립간 10년(467년)에 전함戰艦을 수리했다는 사실 외에, 더 이상의 직접적인 기록을 찾아볼 수 없다.

오히려 신라국가의 군사적 기반은 지증마립간 대에 튼튼하게 이루어졌다. 지증마립간 3년(502년)에 농사를 권하면서 비로소 우경법牛耕法을 실시하고, 지증마립간 6년에 군주軍主를 두었다. 철제농구인 쟁기를 사용하거나 축력畜力을 이용한 농경으로[51] 농업 생산력이 급격하게 증가하였다. 농업 생산력의 증가로 인한 잉여 농산물은 군대를 양성할 수 있는 기반이 되었다. 왕의 명령에 따라 움직일 수 있는 직속 부대의 창설은 왕권을 보다 강화시키는 요인이 되었다.

지증마립간은 군주의 설치와 아울러 국내의 주군현州郡縣을 정하였다. 이러한 조치는 왕의 군대가 지방까지 비교적 확실하게 장악할 수 있었기 때문에 가능해졌다. 지증마립간 13년(512년)에 이사부異斯夫의 우산국于山國 정복은 당시에 점점 기반을 다진 군사력을 배경으로 이루어졌을 것이며, 다음 대인 법흥왕 4년(517년)에는 이러한 군사력을 보다 효율적이고 조직적으로 통어하기 위해 병부兵部를 설치하였다.

---

51 李春寧, 「韓國農業技術史」, 『韓國文化史大系』 III, 科學·技術史, 高大 民族文化硏究所, 1970, p. 36.

〈표 1〉 新羅 上古末의 王室世系

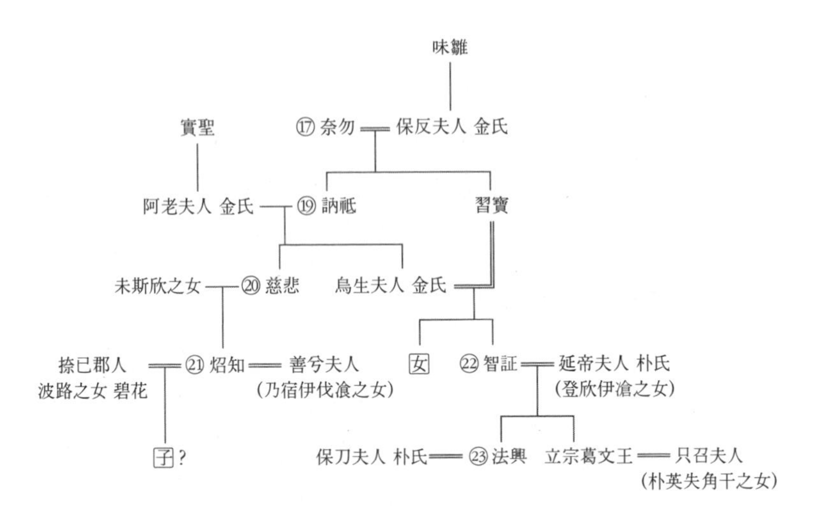

다음으로 소지마립간 대에 이르기까지 신라국가의 왕권은 강화되어 가지만, 왕실이 국내 다른 귀족세력의 확실한 지지 기반을 가졌던 것 같지 않다. 신라왕실은 고구려 군사력을 등에 업고 왕권을 강화하였기 때문에, 오히려 그것을 배제하기 위해 백제왕실과의 제휴를 모색하였다. 위의 〈표 1〉에서 소지마립간을 전후한 왕실 세계를 참고해 보기로 하자.

내물마립간 이후 신라왕실은 오히려 족내혼族內婚을 강화하여 김씨 부인을 맞아들였다. 이러한 현상은 소지마립간 대에까지 그대로 계속되었다. 그러다가 지증마립간 이후 박씨족이 왕비족으로 등장하고 있다. 뿐만 아니라 지증마립간은 눌지왕의 동생인 습보習寶 갈문왕葛文王의 아들이고 보면 소지마립간 대까지 눌지계訥祇系로 내려온 왕실이 습보계로 바뀌었다. 따라서 소지마립간에서 지증마립간으로 왕위가 이어지면서 왕실 내에 세력 변화가 나타났을 것으로 추측된다. 소지마립간 대에는 왕실 내에 눌지계와 습보계의 대립이 나타났다.

눌지마립간 이후 왕실이 족내혼을 강행하면서까지 왕권을 강화해 나가는 데 대한 귀족세력 일반의 반발이 발생하는 것은 불가피하다. 이러한 예상된 반발을 받으면서 왕실은 소지마립간 대에 이르러 보다 강경한 자세로 권력을 집중하여 갔다. 당시 불교의 홍포정책 역시 왕실에서 일방적으로 강행한 것이다. 소지마립간은 즉위한 뒤 8년이 지나면서 왕비 선회부인善會夫人의 아버지인 내숙乃宿에게 국정을 참지參知하게 하였다. 내숙이 습보 갈문왕인지는 알 수 없으나[52] 분명 왕의 가까운 친척임에는 틀림없다.

친척을 임명하는 이러한 왕의 정치에 대한 비판이 따랐다. 날이군인捺已郡人 파로波路가 딸을 바치자, 소지마립간은 사사로이 그곳으로 미행微行하고 다녔다. 어느 날 왕은 날이군으로 가던 도중 날이 저물어, 고타군古陁郡 노구老嫗의 집에 머물렀다.[53] 이때 노구는 소지마립간이 만승萬乘의 자리에 있으면서 자중할 줄 모른다고 비난하였다. 이러한 비난은 왕이 미복을 입고 경솔히 날이군 사람의 딸을 만나려고 다니는 데에 대한 것이겠지만, 어쩌면 국정 전반에 걸친 것일 수도 있다.

왕정을 비난한 노구는 무교의 전통을 지녔을 것이다.[54] 노구는 종래의 부족장인 귀족세력과 맥이 닿는 위치에 있었던 것이 분명하다. 노구로부터 비난을 받은 소지마립간은 그로부터 몇 개월을 넘기지 못하고 승하昇遐하였다. 이와 연관시켜 이미 언급한 분수승과 궁주宮主에 관한 기사를 상기할 필요가 있다. 왕은 일관日官의 청을 받아들여 편지의 겉봉을 뜯어보고는,

---

52 『삼국유사』 王曆에 炤知麻立干의 왕비는 期寶(즉 習寶) 葛文王의 딸이라 하였다. 그렇다면 乃宿이 習寶 葛文王일 가능성도 전혀 없지 않다. 그러나 乃宿은 國政에 참여하였으며 분명히 갈문왕으로 나와 있지는 않다. 그렇다면 내숙과 습보 갈문왕은 다른 사람이 되고, 炤知麻立干의 왕비는 2人이 있게 된다.

53 『삼국사기』 권3, 炤知麻立干 22년조에 "王幸捺已郡 郡人波路有女子 名曰碧花 年十六歲 眞國色也 其父衣之以錦繡 置轝 冪以色絹 獻王 王以爲饋食 開見之 歛然幼女 怪而不納 及還宮 思念不已 再三微行 往其家幸之 路經古陁郡 宿於老嫗之家 因問曰 今之人以國王爲何如主乎 嫗對曰 衆以爲聖人 妾獨疑之 何者 竊聞王幸 捺已之女 屢微服而來 夫龍爲魚服 爲於漁者所制 今王以萬乘之位 不自愼重 此而爲聖 孰非聖乎 王聞之大慙 則潛逆其女 置於別室 至生一子"라고 하였다.

54 김두진, 「古代人의 信仰과 佛敎受容」, 『한국사』 2, 고대 민족의 성장, 국사편찬위, 1977, p. 293.

그 결과 분수승과 궁주를 살해하였다. 이 사건 이후로 불교에 대한 박해가 있었을 것으로 추측하기도 한다.[55]

일관 역시 노구와 비슷한 정치 성향을 가졌다고 생각한다. 그렇다면 불교에 대한 박해가 일반 귀족들에 의해 획책되었다고 보아 무방할 것이다. 소지마립간의 죽음이 정치적 거세로 인한 것인지는 분명하지 않다. 다만 그는 왕권을 강화해 가려는 제도 개혁을 추진하는 과정에서, 그 성공적인 실현을 위해 사상적으로 불교의 도움을 받고자 하였다.

이미 들어와 왕실 중심으로 수용되고 있던 불교는 소지마립간 대에 표면화되어, 국가의 정책과 표리를 이루면서 홍포되는 과정을 밟았다. 그러나 소지마립간 대의 정책이 스스로의 튼튼한 군사적 기반을 확보한 것도 아니요, 그렇다고 귀족 일반의 협조를 얻으면서 행해진 것도 아니었다. 오히려 그것은 귀족들의 반발을 받았다. 소지마립간 대에 강한 왕실 중심의 불교 홍포 정책은 실패로 끝나게 되었다.

불교가 왕실 중심으로 수용되면서도 인도 원시불교사상 내에 반드시 들어 있는 전륜성왕 관념을 포용하지 못한 것도, 소지마립간 대의 왕실이 정복왕조로 성립된 지증마립간이나 법흥왕 대와 비교하여 군사적 기반을 확보하지 못한 데서 찾아야 한다. 지증마립간 대 이후에도 여전히 왕실의 관심사는 불교의 홍포에 두었다. 다만 왕정에 협조하고 있는 귀족세력의 의사를 완전 무시하면서까지, 왕실이 불교를 내세울 수는 없었다. 법흥왕 때의 불교 공인은 왕실과 귀족이 불교사상의 수용을 둘러싸고 어느 정도의 타협을 모색하면서[56] 이루어졌다.

---

55 辛鍾遠, 「新羅의 佛教傳來와 그 受容過程에 대한 再檢討」, 『白山學報』 22, 1977, p. 163.

56 이기백, 「신라 초기 불교와 귀족세력」, 『신라시대의 국가불교와 유교』, 韓國硏究院, 1978, p. 86.

제2절 신라 공인불교의 신앙과 그 정치사적 의미

1. 법흥왕 대 불교의 공인

한국 불교사를 이해하려 할 때, 불교가 우리나라에 전래되어 수용되는 과정을 분명히 하는 작업은 중요하다. 왜냐하면 수용하여 공인된 불교의 성격은 이후 불교사상의 전개 과정에 대단한 영향을 주기 때문이다. 초전불교初傳佛敎의 전래 전설이나 그 공인 과정에 대한 기록은 신라국가의 경우 비교적 자세하게 전한다. 자연히 신라의 불교 수용에 대해서 수준 높은 연구가 행해져 왔다.[1]

다만 지금까지의 연구는 초전불교의 전래 전설과 공인 과정을 뚜렷하게 구별하지 않은 채 행해졌다. 왕실 중심으로 수용된 초전불교는 홍포弘布 과정에서 귀족들의 반대를 받았고, 공인 과정을 통하여 불교는 귀족의 입장에서도 이해할 수 있게끔 변모되었다. 따라서 필자는 공인 이전과 그 이후 불교의 성격을 구별할 필요를 느꼈다. 그리하여 초전불교의 성격과 그것을 홍포하려는 왕실의 의도를 구체적으로 추구하였으며, 그 후편으로 이 글을 구

---

1 이병도, 「신라 불교의 침투과정과 異次頓 순교문제의 신고찰」, 『學術院論文集』 人文社會篇 14, 1975 ; 『한국고대사연구』, 박영사, 1976.
이 논문에서는 불교의 전래 시기에 관한 합리적인 고찰을 행하면서, 異次頓의 순교가 왕권 강화 측면과 연관되어 있음을 밝혔다.
이기백, 「삼국시대 불교전래와 그 사회적 성격」, 『역사학보』 6, 1954 ; 『新羅時代의 國家佛敎와 儒敎』, 韓國硏究院, 1978.
이기백, 「신라 초기 불교와 귀족세력」, 『진단학보』 40, 1975 ; 『신라시대의 국가불교와 유교』, 韓國硏究院, 1978.
이 두 논문 가운데 前者는 불교신앙이 中央集權的 貴族國家 형성의 관념 형태로 작용하였다는 면을 밝혔으며, 後者는 보다 더 귀족들이 불교를 적극적으로 수용해 갈 수 있었던 사상적 특징을 제시하려 했다.

상하였다.

초전불교의 수용과는 달리 그 공인 과정은 왕실과 귀족이 불교사상 면에서 조화를 이루는 것이라고 생각함으로써, 공인불교사상은 귀족의 입장에서도 유용한 것이라 한다.[2] 다만 불교 공인은 왕실에 의해 기도된 것이기 때문에 그것을 추진하는 주체는 왕실이었다. 그러므로 공인불교는 일단 왕실의 정치적 의도에 부합하는 요소를 많이 갖추고 있었을 것이다. 그러한 것으로 구세보살救世菩薩신앙이나 전륜성왕轉輪聖王 관념 등을 강조해서 그 성격을 부각시키고, 당시 귀족불교를 정립시키는 데 기여한 미륵彌勒신앙이나 윤회전생輪廻轉生신앙 등에 대해서도 살피고자 한다.

고구려와 외교 교섭이 잦아지는 내물마립간 대 이후 신라 사회에 불교는 이미 알려져 있었다. 공인 이전의 전래 전설에는 아도阿道나 묵호자黑胡子가 미추니사금 대 또는 눌지·소지마립간 대에 불교를 전한 것으로 기록하였다. 이 가운데 미추니사금 대에 불교가 전래되었는지에 대해서는 일연一然도 의심하였을 정도이기 때문에 확언할 수가 없으나, 눌지마립간 대 이후 신라 사회에 불교가 전래되어 왕실 중심으로 수용되고 있었던 것은 분명하다.

초전불교의 전래 전설은 한결같이 아도나 묵호자가 공주의 병을 고치는 등의 활동으로 인하여 왕실과 인연을 맺었고, 창사創寺를 서두르다가 국인國人, 즉 귀족들의 반대로 그것이 실패로 끝난 사실을 알려 준다. 전래된 후 왕실에서 수용되었던 불교라면, 귀족들이 그것을 반드시 거부할 필요가 있었을까? 이런 점이 궁금할 만하다.

신라상고대 말에 이르면 불교는 왕실만의 문제로 남아 있을 수 없게 될 정도로 성장하였다.[3] 불교 사원의 창건에 대한 귀족들의 반대는 왕실이 불

2 이기백,「신라 초기 불교와 귀족세력」,『신라시대의 국가불교와 유교』, 韓國硏究院, 1978, pp. 89~101.

3 신종원,「신라의 불교전래와 그 수용과정에 대한 재검토」(『白山學報』 22, 1977, p. 163)에서, 『삼국유사』 所載의 射琴匣조를 해석하여, 炤知痲立干 代에 불교세력이 박해를 받게 되었다고

교를 홍포하려는 데 대한 반발로 말미암아 나온 것이다. 이리하여 초전불교의 홍포는 실패로 돌아갔고, 법흥왕 대에 이르러서야 불교 공인이 이루어졌다. 다음 기록에서 공인될 당시의 사정을 살펴보기로 하자.

> 이에 이르러 왕(法興王)도 역시 불교를 興起시키려 하였으나, 群臣이 不信하며 말썽을 부리니 난처하게 여겼다. 近臣인 異次頓(혹은 處道라고도 함)이 아뢰기를 "小臣을 베어 衆議를 정하십시오"라 하였다. 왕이 "道를 일으킴은 근본인데 무죄한 사람을 죽일 수야 없다"라고 하자, 이차돈은 "만일 도만 행하게 된다면 臣은 죽어도 유감이 없습니다"라고 대답하였다. 이에 왕은 군신을 불러 이를 물으니 모두 "요새 僧徒들은 머리를 깎고 이상한 복장을 하니, 議論이 이를 奇詭하여 常道가 아니라 합니다. 지금 만약 이를 따른다면 후회할 것 같으니, 臣等은 비록 重罪를 받을지언정 감히 詔를 받들지 못하겠읍니다"라고 하였는데, 이차돈만이 "지금 群臣들의 말은 옳지 못합니다. 무릇 非常한 사람이 있은 연후에 비상한 일도 있는 것이거늘, 듣건대 불교의 연원이 깊으니 아마 不可不 믿어야 될 줄 압니다"라고 하였다. 왕은 "여러 衆人의 말이 일치되어 깨뜨릴 수 없는데, 그대 홀로 달리 말하니 兩便을 다 들어 줄 수는 없다"라고 하고, 드디어 刑吏를 시켜 목을 베게 하였다. 이차돈이 죽음에 임해서 "法을 위해 刑을 받으니 佛에 神이 있다면, 내가 죽은 뒤에 반드시 異事가 있으리라"고 하였다. 급기야 목을 배자 피가 솟는데, 白色이어서 마치 젖과 같았으므로, 衆人이 이를 괴이하게 여겨 다시는 불교를 비방하지 않았다.(『삼국사기』 권4, 法興王 15년조).[4]

한다. 불교가 박해를 받을 정도라면 그 세력이 상당히 성장되어 있었다고 보아야 할 것이다.

4 이 記事는 金大問의 『鷄林雜傳』에 실린 내용이다. 한편 『삼국유사』에서는 南澗寺의 僧 一念이 撰한 「髑香墳佛結社文」의 내용이 전하는데,『계림잡전』의 그것과 약간 차이가 있다. 그런 부분은 본문에서 인용될 것이다. 그 외 『삼국유사』의 註로 인용된 鄕傳의 기록이나 「栢栗寺石幢記」·『해동고승전』 法空전에도 異次頓에 관해 언급하고 있지만 앞의 두 기록과 大同小異하다.

우선 불교 공인을 강행하려는 주체는 왕실이었다. 왕실은 불교를 공인하여 흥기시키려는 뜻을 가지고 있었다. 불교 공인에 대한 왕실의 입장은 이차돈異次頓에 대한 다음과 같은 다른 기록에서도 나타나 있다.

> 다만 公認 과정에서 죽임을 당한 異次頓의 입장에 대해서는 기록에 따라 약간 달리 생각할 수도 있다. 여기서는 왕과 이차돈이 密約을 맺은 것으로 나타나 있다. 그러나 鄕傳에는 "이차돈이 工事를 일으켜 創寺하기 위한 왕명을 傳하였으므로 群臣들이 와서 諫言하니, 왕이 怒하여 왕명을 거짓으로 전하였다고 하여 이차돈을 처형하였다"라고 하였다(『삼국유사』 권3, 原宗興法조).

이차돈은 거짓 왕명으로 절을 창건하려 했다는 책임을 물어 처형되었다. 왕명을 어겼기 때문에 그의 처형은 반역죄에 해당되므로, 반드시 사전에 왕과 더불어 밀약을 맺었는지에 대해서는 의심이 생길 수 있다. 「백률사석당기栢栗寺石幢記」에는 이차돈이 반역의 의사가 없었음을 말하고 있다.[5] 그러나 이것은 그가 오히려 반역죄로 처형되었음을 짐작할 수 있게 한다.

다만 「촉향분불결사문髑香墳佛結社文」에서도 이차돈이 불교 공인을 위해 왕과 밀약을 맺고 있었는데, 그 내용은 "사령辭令이 잘못 전해졌다고 하여 신臣(異次頓)의 머리를 베면, 즉 만민萬民이 모두 복종하여 감히 교령敎令을 어기지 못할 것입니다"(『삼국유사』 권3, 원종흥법조)라고 하였다. 그렇다면 이차돈이 잘못 전한 것이라는 왕명은 무엇이었을까? 향전鄕傳의 기록과 함께 생각한다면 왕명은 분명 절을 건립하는 것이라고 생각한다. 이차돈은 왕과 더불어 불교를 공인하려고 밀약을 맺었으며, 그 결과 천경림天鏡林에 절을 건립하려는 공사를 담당하였을 법하다. 불교를 공인하려는 면에서 이차

5 미상, 「慶州栢栗寺石幢記」(『朝鮮金石總覽』 上, 朝鮮總督府, 1919, p. 51)에 "日臣等絶無如△逆意 若有△△△△△盟"이라 하였다.

돈은 왕과 전혀 입장을 달리하지 않았다.

이차돈이 불교 공인과정에서 다른 귀족과는 달리 왜 왕실을 지지하였는지가 궁금해진다. 이런 의문을 풀기 위해 다음 기록에서 이차돈의 신분에 대해 일별해 보고자 한다.

> 일찍이 內養한 자가 있어 姓을 朴이라 하고 字를 厭髑이라 했다. 그의 아버지는 未詳이나 할아버지는 阿珍宗이며 習寶葛文王의 아들이다. 竹柏과 같은 氣質을 갖추고 水鏡과 같은 뜻을 품었으며, 積善한 자의 曾孫으로 宮內의 爪牙로 촉망되었다(『삼국유사』 권3, 원종흥법조).

이차돈은 왕손이었다. 습보習寶갈문왕의 손자라면 그는 법흥왕과는 사촌 이내의 가까운 친척일 수도 있다. 그렇지 않다 하더라도 김용행金用行이 찬술한 「아도비문阿道碑文」에는 그가 걸해대왕乞解大王의 증손이라고 하였다.[6] 이 기록도 이차돈은 왕손이었음을 알려 준다.

위에서 이차돈은 '내양內養한 자'로 기록되어 있다. 일찍부터 궁내에서 길러졌던 것이 분명하다. 왕손으로서 궁내에서 자란 이차돈은 왕실과 이해를 달리 할 수 없는 인물이었음 직하다. 그는 궁내의 조아爪牙, 즉 왕정을 보좌하는 자로 표현되었다. 이차돈의 성이 박씨였다는 것은 확실한 것 같지 않다.[7] 이차돈은 왕의 지친이거나 친지로서 왕정의 철저한 협조자였으므로, 정책의 입안에 이르기까지 줄곧 왕실의 동조자였을 것이다. 법흥왕 14년(527년)에 강행된 불교 공인은 비록 귀족들의 반발로 실패했을지라도, 이미

6 『삼국유사』 권3, 原宗興法조의 註에 "又接金用行撰阿道碑 舍人時年二十六 父吉升 祖功漢 曾祖乞解大王"이라 하였다.

7 習寶葛文王系가 朴氏세력과 연합하여 智證麻立干 이후 왕위를 이어갈 수 있었다. 朴氏세력은 왕위가 訥祗系에서 習寶葛文王系로 바뀌는 과정에서 王妃族으로 등장한다. 異次頓의 姓이 朴氏였다는 것은 어쩌면 당시 왕실 내에 강하게 부식되어 있는 朴氏세력의 반영일 수도 있다.

사전에 왕과 이차돈의 충분한 상의로 이루어졌을 것이다.

불교의 공인 과정에서 반대 입장을 취하였던 자들은 귀족이다. 그들은 승려가 머리를 깎고 이상한 복장을 한다는 이유로, 불교를 상도常道가 아니라고 비판하였다. 꼭 복장 때문에서만은 아니겠지만, 귀족들의 입장에서 불교는 상도가 되기 어려운 성격을 내포하였음 직하다. 귀족들이 불교를 반대하는 입장은 공인 이전 초전불교의 홍포 과정 속에서도 나타나 있었다. 다음의 천경림天鏡林에 대한 기록을 참고하기로 하자.

> 지금의 興輪寺이다. 金橋는 西川의 다리를 말함인데 世俗에 와전되어 松橋라 한다. 이 절은 阿道가 처음 터를 잡았으나 중간에 廢하여졌다. 법흥왕 14년(丁未年, 527년)에 처음 창건되었고 同王 22년(乙卯年, 535년)에 크게 開創하여 眞興王 代에 마쳤다(『삼국유사』 권3, 아도기라조).

어머니 고도녕高道寧이 아들인 아도에게 일러 준 신라국가 내 전불시대 7가람터 가운데 첫 번째인 금교金橋 동쪽의 천경림에는 홍륜사興輪寺를 창건하였다. 그런데 불교의 홍포 내지 공인과 천경림에 절을 세우는 것은 상당한 연관을 가졌다.

초전불교의 전래 전설에는 아도가 천경림에 절을 세우려 했으나 국인, 즉 귀족들의 반대로[8] 뜻을 이루지 못하였다고 한다. 아도가 절을 세우려는 시기는 비록 미추니사금 3년(264년)으로 나와 있으나 확실하지 않다. 오히려 그것은 눌지마립간이거나 어쩌면 소지마립간 대일 가능성이 더 크다.[9] 초전

---

8 初傳傳說에 나타난 불교에 대한 國人들의 반대는 귀족들이 반대하는 것으로 이해될 수 있다. 왜냐하면 法興王 代 佛教公認 과정에서는 분명히 신하, 즉 귀족들이 불교를 반대하였기 때문이다. 그 외에도 國人들이 王을 廢하였거나 국사에 관여하였다는 기록 등은 和白會議의 권능을 떠올리게 하는 것으로, 國人들은 바로 귀족들로 이해될 수 있다.

9 이병도, 「신라 불교의 침투과정과 이차돈 순교문제의 신고찰」(『한국고대사연구』, 1976, p. 653)에서 炤知麻立干 代에 불교가 전래되었을 것으로 생각하였다. 金大問의 『鷄林雜傳』에는

불교는 사신 왕래 등 주로 고구려와의 외교교섭 과정에서 왕실 중심으로 수용되었다. 그 경우 불교는 왕실 내에 한정해서 믿어졌기 때문에 크게 문제될 수 없었을 것이다.

그러나 왕실이 불교를 홍포하려는 과정 속에, 귀족들은 자신들에게까지 신앙을 강요하는 불교를 반대하였을 것이다. 아도에 의한 절의 건립은 불교의 홍포 과정 속에서 추진된 셈이다. 이때 건립하고자 한 절은 중간에 폐하여졌다.[10] 이는 초전불교의 전래 전설에서 묵호자 또는 아도가 왕실과 연결되었다가, 국인國人들의 반발로 박해를 받아 다시 은거했음을 알려 준다. 법흥왕 14년에는 아도가 창건하려다 실패한 절을 다시 세우려 하였다.

상기한 기록은 이때 지으려던 절이 법흥왕 22년(535년)에 비로소 개창開創되고, 진흥왕 대에 완성되어 흥륜사가 된 것처럼 생각하게 한다. 그러나 법흥왕 14년에는 사실상 흥륜사를 창건하려는 공사가 시작된 것 같지 않다. 다음 기록에서 이를 알 수 있다.

> 國史 및 鄕傳에 의하면 사실 法興王 14년 丁未에 비로소 터를 열었으나 법흥왕 21년 乙卯에 天鏡林을 크게 베고 工事를 일으키기 시작하였는데, … 眞興王 5년(544년) 甲子에 절이 이루어졌다(『삼국유사』 권3, 原宗興法조).

初傳佛教가 訥祇麻立干 代의 墨胡子나 또는 炤知麻立干 代의 阿道에 의해 전래되었다고 한다. 그 가운데 訥祇麻立干 代에 불교가 전래되었을 것으로 생각한다. 다만 필자는 別稿에서 初傳佛教는 일찍 전래되어 이미 왕실 중심으로 수용되고 있었을 것이며, 왕실이 그것을 귀족들에게까지 홍포하려는 데 대하여, 귀족이 반대한 사건이 炤知麻立干 代에 일어났다고 생각하였다. 그렇다면 初傳佛教를 홍포하기 위해 절을 건립한 때는 炤知麻立干 代이었을 가능성이 크다.

10 公認 이전 天鏡林에 건립하려던 절이 중간에 廢하여졌음은 다음 기록으로도 짐작할 수 있다. 鄕傳에 "梁棟之林 皆於其林中取足 而階礎石龕皆有之"(『삼국유사』 권3, 原宗興法조)라고 되어 있으나 『해동고승전』 권1, 釋法空전에는 "二十一年 伐木天鏡林 欲立精舍 掃地得柱礎 石龕及階陛 果是往昔招提舊基 棟樑之用 皆此村"이라 하였다. 곧 興輪寺를 세울 棟樑村나 礎石 등을 모두 천경림 속에서 충분하게 구할 수 있었던 것은 그곳이 이전에 佛寺를 건립하려던 舊基였기 때문이다.

홍륜사의 공사가 처음 시작된 것은 법흥왕 21년이다. 이때 천경림을 베고 목재와 돌을 다듬으면서 본격적으로 절을 건립하였던 듯하다. 말하자면 법흥왕 14년에 절을 건립하려는 공사는 7년 동안이나 실행에 옮겨지지 않았다. 그렇다면 이때 절을 건립하려는 계획은 귀족의 반대에 부닥쳐 사실상 수포로 돌아갈 수밖에 없었을 것이다. 법흥왕 14년에 절을 건립하려던 계획은 불교의 공인 과정과 연관을 가졌다. 그것은 사전에 법흥왕과 이차돈 사이에 은밀하게 모의되었으며, 불교 공인의 일환으로 추진되었다.

그러나 이때의 불교 공인은 귀족의 반대로 실패하였으며, 절 창건에 책임을 맡은 이차돈이 순교하게 된다. 불교는 그보다 8년 뒤인 법흥왕 22년에 공인되었다.[11] 홍륜사興輪寺는 법흥왕 14년에 세워질 것으로 계획을 수립하였으나, 이는 귀족의 강한 반대에 부딪쳐 실현되지 못하였다.[12] 법흥왕 21년에 이르러 홍륜사의 건립이 시공되었는데, 그것은 다음 해의 불교 공인과 깊은 연관이 있다고 생각한다. 그런 의미에서 이차돈 순교 이후 공인되기까지의 시기에 이미 불교의 홍포를 어느 정도 용납할 수 있는 분위기가 무르익어 갔던 듯하다.[13]

다음으로 불교 공인에 반대하는 귀족들이 어떤 정치적 입장에 서 있었는지를 이해하고자 한다. 향전鄕傳에는 당시 불교 공인을 반대하던 인물로 공목工目·알공謁恭 등을 들고 있다.[14] 이들의 신분을 직접적으로 알려 주는 자세한 기록을 찾기는 힘들다. 공목과 알공은 불교 공인에 대해서는 물론이거

11 이기백, 「신라 초기 불교와 귀족세력」, 『신라시대의 국가불교와 유교』, 韓國硏究院, 1978, p. 82.

12 이기백, 위의 논문, p. 84.

13 法興王 14년에 불교 공인이 실패한 것으로 보인다면, 법흥왕 16년에 殺生을 금하는 下敎는 어떻게 해석해야 하는지가 문제될 수 있다. 아마 異次頓 殉敎 이후 얼마 안 되어 불교가 암암리에 묵인되는 분위기가 만들어져 갔을 듯하며, 살생을 금하는 下敎는 이러한 분위기 속에서 이해해야 할 것이다.

14 『삼국유사』 권3, 原宗興法조.
다만 『해동고승전』에 나오는 恭謁은 謁恭과 同一人으로 생각된다.

니와 왕의 정책을 옆에서 간언諫言하는 위치에 있었음이 분명하다.[15] 이와 곁들여 공인 이전 초전불교의 홍포에 대해 반대한 귀족들의 입장을 생각해 보고자 한다. 그들은 무교신앙을 통해서 왕과 더불어 제사장으로서의 동등한 신앙 기반을 가졌다.

중앙집권적 귀족국가가 성립되어 가는 과정에서 전제권을 강화해 나가는 왕실은 이전 성읍국가의 지배자였던 귀족들보다 우월한 관념 체계를 모색하면서 불교를 공인하려 하였다.[16] 왕즉불王卽佛신앙으로 이어질 수 있는 불교는 왕실의 구미에 어울릴 수 있었다.[17] 불교의 홍포와 공인은 이전에 성읍국가의 기반을 가졌으나 정치적으로 왕의 밑에 신하로 등장한 귀족들이 관념적으로도 왕에게 종속되는 결과를 가져왔다. 불교 공인에 반대하였던 귀족은 이전 성읍국가의 지배자이거나 부족장 신분으로 부족의 대표자이다.

불교 공인을 직접 반대한 알공과 공목 등의 귀족이 부족의 대표자라면 화백회의和白會議의 구성원이었을 것이다.[18] 따라서 화백회의의 의장인 상대등上大等이 법흥왕 18년(531년)에 설치되는 것은 불교를 공인하기 위한 주목할 만한 조처이다.[19] 왜냐하면 귀족세력의 대변자로서 화백회의를 조정하는 상대등의 설치는 왕권을 더 전제화시키면서도, 귀족세력에 의하여 왕

15 覺訓, 『海東高僧傳』 권1, 流通 1의 1, 석법공전에 "大臣恭謁等諫曰 近者年不登 民不安 加以隣兵犯境 師旅未息 奚暇勞民作役 作無用之屋哉"라고 하였다. 곧 謁恭 등이 創寺를 반대하는 이유는 兇年과 外敵의 침입 등으로 인해 役事를 일으킬 수 없다는 것이다. 물론 이 사료가 당대의 사실을 정확하게 알려 주는 것인지는 의심의 여지가 있다. 그렇지만 謁恭 등이 王政의 정책 결정에 깊이 관여하는 위치에 있었다는 것을 알려 준다고 생각된다.

16 김두진, 「古代人의 신앙과 불교수용」, 『한국사』 2, 국사편찬위원회, 1978, p. 305.

17 이기백, 「삼국시대 불교전래와 그 사회적 성격」, 『新羅時代의 國家佛敎와 儒敎』, 韓國硏究院, 1978. p. 52.

18 『해동고승전』에는 謁恭이 大臣으로 기록되었다. 이때의 대신은 고급 신료라는 막연한 표현으로 쓰였을 것이지만, 혹시 알공이 大等이었던 사실을 표현한 것일 수도 있다. 왜냐하면 大臣이 大等의 후신으로 생각되기 때문이다(이기백, 「大等考」, 『역사학보』 17·18合, 1962 ; 『신라정치사회사연구』, 일조각, 1974, p. 85), 그런데 大等은 역시 和白會議의 구성원으로 이해된다.

19 이기백, 「신라 초기 불교와 귀족세력」, 『신라시대의 국가불교와 유교』, 韓國硏究院, 1978, pp. 84~85.

권에 상당한 제약을 가할 수 있기 때문이다.[20] 법흥왕 14년의 불교 공인 과정에서 왕의 측근인 이차돈이 사형되지 않으면 안 될 정도로 귀족의 반발은 거센 것이었다. 공인을 거치면서 신라 불교는 귀족에게도 유리한 면을 지니면서 왕실의 입장을 관철시키는 성격을 지니게 되었다.

2. 공인불교의 신앙

(1) 구세보살신앙

귀족들에 의해 거부되어 온 불교를 공인하는 까닭은 그 사상이 귀족들의 입장에서도 용납되는 면을 지닌 데에서 찾아야 한다. 그것이 구세보살救世菩薩신앙이거나 미륵신앙 및 윤회전생輪廻轉生신앙이다.[21] 왕실 중심으로 수용된 불교는 공인 이후에 서서히 귀족불교로 성숙되어 갔다. 다만 이론적 기반의 마련과 동시에 대중화를 모색해 가는 신라 불교의 특성은 일시에 나타난 것이라기보다, 시일을 두면서 천천히 갖추어져 간 듯하다. 따라서 일단 공인 당시로 한정해서 불교가 갖는 성격을 추출하는 작업 역시 중요하리라 생각된다.

불교 공인은 비록 귀족의 협조를 얻어 이루어졌지만 왕실에 의해 주도

---

20 이기백, 「上大等考」, 『역사학보』 19, 1962 ; 『신라정치사회사연구』, 일조각, 1974, pp. 94~96.

21 이기백, 「신라 초기 불교와 귀족세력」, 『신라시대의 국가불교와 유교』, 韓國硏究院, 1978, pp. 86~101.
불교 공인 이후 彌勒信仰이 유행하면서 미륵과 轉輪聖王 내지 미륵보살과 釋迦佛을 같이 받들었다. 그리하여 왕은 전륜성왕 내지 석가불로 여겨졌다면 귀족은 미륵보살을 선호하여, 불교 신앙 면에서 왕권과 귀족세력이 조화와 타협을 이루었다. 다음으로 귀족의 입장에서도 적극적으로 받아들여질 수 있는 불교의 教理나 신앙이 輪廻轉生신앙이다. 윤회전생신앙은 現世와 來世 및 現世와 前世를 연결시켜 현세에서 벌어지는 모든 사실들은 전생에서의 業報의 결과로 보기 때문에 귀족들은 모두 전생에서의 어떤 그럴만한 功德의 應報로 태어났다고 믿었다. 그리하여 그것은 骨品制라는 엄격한 身分制에 의해 뒷받침된 귀족의 특권을 정당화시켜 주었다.

되었다. 그러나 그것은 귀족보다 왕실의 일방적인 승리라고만 해석할 수도 없다. 불교 공인 이후에도 왕권이 크게 신장되지 않았을 뿐만 아니라 진지왕은 화백회의和白會議에 의해 폐위되기도 하였기 때문이다. 이런 면에서 공인불교의 성격을 논하는 어려움이 따른다. 공인 이후 불교신앙이 왕실의 의도한 바대로 흘러갔는지에 대해서는 회의적이라 하더라도, 공인 당시 왕실의 입장에서 표방한 불교신앙을 이해한다는 것은 충분한 의미를 갖는다.

공인불교는 귀족의 입장이 배제된 것이 아니기 때문에 왕법王法과 불법을 일치하려는 경향을 강하게 지녔다. 본래 왕법과 불법의 문제는 중국 남북조시대에 제기되었다. 중국에 전해진 불교는 이미 오호五胡나 동진東晋시대에 제왕불교帝王佛敎로 성립되었다.[22] 이때에 왕법과 불법을 동일시하려는 사상 경향이 나타났다. 그렇지만 호국胡國의 북중국과 동진의 남중국은 사회 체제 면에서 상당한 차이를 가졌다. 북중국에서는 주로 집권적 군주의 전제정치가 행해졌다면 남중국의 동진에서는 할거적割據的 귀족정치가 행해졌다.

북중국의 불교는 왕즉불王卽佛, 곧 왕자王者를 여래로 인식함으로써 절대군주에 의한 중앙집권적 일통一統정치를 구가하였다.[23] 반면 동진에서는 사문의 예경禮敬 문제가 등장하였으며, 승려가 제왕을 공경하여야 한다는 데 대해 반대 입장을 취하는 귀족들이 있었다. 성제成帝 때의 상서尙書 하충何充은 그 대표자였다.[24] 그러다가 시대가 내려오면서 불교계에 국가중심주의 사상이 점차로 성행하였다. 왕법과 불법의 일치사상은 주로 중국 남조, 특히 동진 사회의 불교에서 문제되었다.

22 山崎宏, 『支那中世佛教の展開』, 清水書店, 1942, p. 129.
23 山崎宏, 위의 책, pp. 130～131.
24 山崎宏, 위의 책, p. 130.

신라에 초전된 불교는 북중국으로부터 고구려를 거쳐 들어온 왕즉불신앙에 입각한 제왕불교의 경향을 지녔다. 그것은 왕자王者 중심의 계급의식이 강하게 담긴 종교였다. 그렇지만 공인을 거치면서 불교는 남중국의 불교계로부터 상당한 영향을 받았다. 다음 기록에서 이를 확인하기로 하자.

① 梁이 入學僧 覺德과 함께 사신을 보내어 佛舍利를 송부하니, 왕이 百官으로 하여금 興輪寺의 앞길에서 맞이했다(『삼국사기』 권4, 진흥왕 10년조).

② 陳이 사신 劉思와 入學僧 明觀을 보내어 修好하고 佛經 1,700餘 卷을 송부하였다(『삼국사기』 권4, 진흥왕 26년조).

공인 이후 신라는 주로 양梁이나 진陳나라와 교류하면서 불교를 받아들였다. 신라 승려 각덕覺德이나 명관明觀 등이 각각 양이나 진나라로부터 사리와 경전을 가지고 돌아왔다.

남중국, 곧 양나라 때의 불교는 이미 국가불교의 색채를 강하게 지니고 있었다. 북중국의 왕즉불인 제왕즉여래설帝王卽如來說에 대해, 당대의 고승인 도안道安은 "왕에 의하지 않은 즉 불사佛事를 세우기 어렵다"라고 주장하였다.[25] 특히 양 무제武帝 때에는 황제는 바로 진불眞佛이 되는, 황제보살皇帝菩薩 내지 구세보살救世普薩신앙이 퍼져 있었으며, 이러한 신앙은 진의 무제에게 대부분 습용되었다.[26]

구세보살신앙은 신라의 공인불교에 그대로 나타나고 있음이 홍미롭다. 불교 공인 이후 법흥왕과 진흥왕은 머리를 깎고 승려가 되었다고 한다.[27] 이

25 山崎宏, 『支那中世佛教の展開』, 淸水書店, 1942, p. 133.

26 山崎宏, 위의 책, p. 133.

27 다만 『삼국사기』에는 法興王이 出家하였는지에 대해서는 明記되어 있지 않으나 진흥왕과 그 왕비가 출가한 사실을 분명히 기록하였다(『삼국사기』 권4, 진흥왕 37년 秋8월조). 그런데 『삼국유사』 권3, 原宗興法조에는 "二興捨位出家 史不書 非經世之訓也"라고 하여, 『삼국사기』가 법흥왕과 진흥왕 두 왕의 출가를 기록하지 않았다고 하였다.

에 대한 다음 기록을 참고하기로 하자.

> 法興王이 이미 廢해진 절을 세웠는데 절이 낙성되자 晩旒冠을 벗고 方袍를 입었으며, 宮戚을 시주하여 寺隷를 삼고 그 절에 主住하면서 몸소 강화하기를 자임하였다. 眞興大王이 重聖의 德을 이어 왕위에 나아가 백료를 거느리면서 法令이 구비되었다. 因하여 大王興輪寺라 賜額하였다(『삼국유사』 권3, 原宗興法조).

법흥왕·진흥왕뿐만 아니라 이들의 왕비도 각각 출가하여 승니가 되었다. 면류관을 벗고 방포를 입었다고 했으나, 이들 왕이 왕위를 버렸는지는 분명하지 않다. 다만 왕과 왕비가 비구나 비구니가 되는 것은 구세보살신앙에 기초하고 있다. 구세보살은 앞으로 진불이 될지라도 현재는 결코 부처가 아니다.

황제가 바로 여래인 북중국 불교에서는 황제를 완전무결한 절대적 존재인 과인불타果人佛陀와 동격으로 생각한다. 이에 반해 구세보살신앙은 황제를 수도 과정에 있는 인인보살因人菩薩로 보려는 것이다.[28] 법흥왕이나 진흥왕 및 두 왕비의 출가는 인인보살신앙에 입각한 것이다. 그들은 출가하여 앞으로 여래행을 터득하기 위해 수도하고 있는 셈이다. 이런 면은 법흥왕이 친척을 사예寺隷로 삼고 있는 것에서도[29] 더욱 분명히 나타난다. 법흥왕은 왕실이 인인보살의 수행을 솔선수범하게 하였다.

인도에서 석가가 일으킬 당시의 불교는 왕자王者 계급의 우월을 내세우

28 山崎宏, 『支那中世佛教の展開』, 清水書店, 1942, p. 133.

29 『삼국유사』 권3, 原宗興法조에 "寺隷至今稱王孫 後至太宗王時 宰輔金良圖信向佛法 有二女曰 花寶蓮寶 捨身爲此寺婢 又以逆臣毛尺之族 沒寺爲隷 二族之裔 至今不絶"이라 하였다. 적어도 太宗武烈王 이전 興王寺의 寺隷는 왕족이었으며 그들은 후대의 寺奴와는 분명히 달랐을 것이다. 그렇다면 이들 寺隷의 존재는 역시 菩薩行의 수행과 연관이 있을 법하다.

는 성격을 지녔는데[30] 그것은 당시 인도의 정치·사회상과 밀접한 관련을 가졌다. 인도의 모든 지역이 강대국 중심으로 통일되어 가는 과정에서 성립한 불교는 정복 전쟁을 수행하는 과정에서, 파라문婆羅門 계급보다 우월한 세력으로 등장한 찰제리刹帝利 계급을 옹호하는 성격을 지녔다.[31] 원시불교의 이러한 성격은 왕권을 강화하면서, 성립된 중앙집권적 귀족국가가 주위의 소국이나 성읍국가를 흡수 통합해 가던 삼국 사회에 어울릴 수 있는 것이었다. 신라의 초전불교에서 주로 강조하였던 것은 바로 이런 면이었다.

신라상고대 말에 김씨족으로 세습된 왕실은 다른 씨족보다 우월한 지위와 그에 맞는 관념 체계를 모색하면서 불교를 수용하고, 그것을 다른 귀족에게까지 홍포하려 하였다. 내물마립간 이후 소지마립간에 이르기까지, 특히 눌지마립간계가 중심이 된 왕실은 엄격한 족내혼을 단행하여 김씨족 출신의 왕비를 맞이하였다.[32] 이러한 왕실의 혼인정책은 간단히 언급될 수 없을 정도로 복잡한 정치적 배경을 가지겠지만, 불교를 수용·홍포하면서 왕실의 우월한 지위를 내세우려는 의도와도 부합한 것으로 생각한다.

신라상고대 말에 왕실 중심으로 수용된 초전불교의 홍포가 실패로 끝맺게 되는 것은 박씨 왕비족의 등장과도 연관될 수 있다. 바로 이런 점이 초전불교의 왕즉불신앙을 인인보살신앙으로 변질시켰으며, 그리하여 불교가 공인되었다. 눌지계訥祗系인 소지마립간 때에는 왕실에 대한 비판적 입장을 취하는 습보계習寶系가 온존하였고, 이들은 박씨족과 연합하여 왕위를

30 『長阿含經』 13, 『大般涅槃經』 23 등 참조.
原始佛教에서는 四姓의 평등을 말하고 있지만, 실제 이것은 婆羅門 계급의 優位를 부정하려는 의도를 가졌다. 왜냐하면 『阿含經』 등 原始佛教 경전에서는 四姓의 순서를 剎利·婆羅門·毘舍·首陀羅로 표기하고 있기 때문이다.

31 水野弘元, 『釋尊の生涯』, 春秋社, 1976, pp. 20~21.

32 李基東, 「新羅奈勿王系의 血緣意識」, 『역사학보』 53·54合, 1972 ; 『新羅骨品制社會와 花郎徒』, 韓國硏究院, 1980, p. 67.

획득할 수 있었다.[33]

지증왕 이후 법흥왕·진흥왕으로 이어지는 습보계는 그 전의 눌지계와는 달리, 귀족 특히 박씨족과 연합한 세력 집단을 이루었다. 법흥왕 대 불교의 공인은 이러한 정치세력 집단의 등장과 연관시켜 살펴야 한다. 눌지마립간부터 소지마립간까지의 어느 시기, 특히 소지마립간 때에 있었던 것으로 생각되는 초전불교의 홍포 과정과는 달리, 불교 공인은 어차피 왕실과 귀족의 입장을 고려하는 가운데 추진되었다.

(2) 전륜성왕 관념

불교 공인 이후 왕실의 주관으로 천경림에 세운 절은 대왕흥륜사大王興輪寺로 사액되었다. 이는 법흥왕이 그곳에 거주하였기 때문이다.[34] 대왕흥륜사란 왕법王法과 불법의 일치를 생각하게 하는 명칭이며, 인인보살因人菩薩 신앙을 실천하려는 의미를 담고 있다. 다만 중요한 것은 '흥륜興輪'이란 이름이 전륜성왕轉輪聖王 관념의 발흥을 의미한다는 점이다.[35] 왕법과 불법을 일치시키려는 이른바 구세보살신앙도 호법 및 불교의 홍포를 왕법보다 앞세우는 것이 아님을 유의해야 한다.[36] 구세보살신앙이 바로 전륜성왕 관념으로 이어질 수 있는 것이 이를 알려 준다.

신라의 공인불교도 이와 같은 성격을 지니는 것이어서, 왕법을 중심으로 불법과의 일치를 모색하였다. 진흥왕 대에 이르면 흥륜사에서뿐만 아니라 공공연하게 전륜성왕 관념을 표명하였다. 진흥왕은 장자를 동륜銅輪, 차자

---

33 이기동, 「신라 중고시대 혈족집단의 特質에 관한 諸問題」(『진단학보』 40, 1975 ; 『신라골품제 사회와 화랑도』, 한국연구원, 1980, pp. 91~94).

34 覺訓, 『海東高僧傳』 권1, 流通 1의 1, 釋法空전에 "王遜位爲僧 改名法空 念三衣瓦鉢 志行高遠 慈悲一切 因名其寺曰 大王興輪寺 以大王所住故也"라고 하였다.

35 高翊晋, 「韓國 佛教思想의 전개」, 『한국의 사상』, 열음사, 1984, p. 13.

36 慧皎, 『(梁)高僧傳』 권7, 釋僧導전에서 宋의 孝武帝에 대해 "君方當爲萬人法主"라 하면서도 "護法弘道 莫先帝王"이라 論하였다(『新修大正藏』 50, p. 371, 상~중).

를 사륜舍輪 혹은 철륜鐵輪이라 불렀다. 동륜·철륜 등은 전륜성왕의 윤보輪寶를 뜻한다. 그 윤보는 금金·은銀·동銅·철륜鐵輪의 4종이 있다. 이러한 4개의 윤보 사이에는 차별이 있다. 그 가운데 가장 수승한 것이 금륜이며, 그 다음이 은륜·동륜의 순서이고, 가장 열등한 것이 철륜이다.[37]

전륜성왕 관념을 내세우면서 진흥왕은 태자나 차자에게 비교적 열등한 윤보를 지칭하게 한 셈이다. 그렇다면 신라에 불교가 공인된 이후 금륜이나 은륜과 같은 수승한 윤보를 표방하지 않았을까? 그럴 가능성은 있지만, 왕실이 공공연하게 표방한 것 같지는 않다. 어쩌면 그것은 법흥왕 및 진흥왕과 관련이 있을 법하다. 특히 진흥왕은 전륜성왕 관념을 포용하는 장본인이기 때문에 스스로 전륜성왕임을 의식하고 있었을 것이며, 모르긴 해도 은륜보를 염두에 두었을 법하다.[38]

전륜성왕 관념이 정복왕조를 정당화하는 성격을 지니고 있어서, 공인불교는 정복국가의 이념에 합당한 군국불교軍國佛敎로 발전하여 갔다. 인도에서 성립될 당시의 원시불교는 인도의 모든 지역을 통합해 가는 데 중심이 된 마갈타摩竭陀·교살라憍薩羅 양국이 주위의 소국이나 성읍국가를 정복해 가는 것을 합리화하였다. 석가는 만년의 설법에서 발기국 나라의 사정을 질문한 칠불쇠법七不衰法에 대해 자주 언급하였는데, 이는 정복왕조의 윤리관

37 『大毘婆沙論』 권30 혹은 『毘舍論』 제10 등에 의하면 金輪王은 四洲를 다스리고 銀輪王은 三洲를, 銅輪王은 二洲를, 鐵輪王은 一洲를 다스린다고 한다. 또 이를 菩薩行에 配定하여 鐵輪王은 十信位, 銅輪王은 十住位, 銀輪王은 十行位, 金輪王은 十廻向位로 比定하였다.

38 진흥왕이 銀輪王으로 자칭했을 가능성은 막연한 추측에 지나지 않는다. 그 이유는 전륜성왕 관념이 法興王 代에서부터 포용된 것으로 생각하기 때문이다. 이럴 경우 법흥왕은 진흥왕보다 殊勝한 輪寶를 가졌을 것이다. 그러나 실제 轉輪聖王 관념은 眞興王 代에 본격적으로 표명되었다. 그럴 경우라도 오히려 진흥왕은 金輪王의 칭호를 스스로 피했을 가능성이 있다. 금륜왕은 人壽인 八萬歲 이전에 출현하는 것으로 정해져 있으나 銀輪王·銅輪王·鐵輪王은 不定期的으로 出世하기 때문이다. 그렇지만 역사상에서 금륜왕을 실제로 표방한 사례를 쉽게 찾기 어렵기 때문에, 금륜왕과 은륜왕에 대한 관념을 가졌을지라도 진흥왕이 공식적으로 표방하였는지는 의문이다.

을 제시한 것으로 생각한다.[39]

석가는 칠불쇠법이 지켜지고 있는 발기국에 대해서는 정복할 수 없다는 결론을 내려 주었지만, 실제 그것이 그대로 지켜지지 않은 많은 성읍국가들은 석가의 허락을 얻어낸 강대국에 의해 병합되어 갔다.[40] 원시불교의 이러한 측면이 전륜성왕 관념으로 체계화된 셈이다. 원시불교가 성립된 이후 인도 사회에서 전륜성왕을 표방한 자는 아육왕阿育王이다. 그는 철륜왕鐵輪王으로 불렸다고 한다. 이로 보아 인도에서 전륜성왕 관념이 퍼진 사실을 알 수 있다.

인도에서 전륜성왕 관념이 포용되면서 아육왕은 그 가운데 가장 열등한 철륜왕을 자칭하였다. 이는 아육왕 등 세속의 제왕이 군륜왕軍輪王으로 관념되는 것과 표리 관계에 있다. 금륜왕이 관후寬厚·안락安樂·부락富樂을 표방하였다면, 은륜왕은 위엄을 갖추었고, 동륜왕은 위덕威德을 갖추었음에 비해, 철륜왕은 진렬陣列·극승剋勝한 왕으로 나타나 있다.[41] 따라서 세속의 정복군주들은 철륜왕으로 자칭하면서 군륜왕으로 관념한 셈이다. 그리하여 군륜왕의 관념이 군국불교를 성립시키는 데 능동적으로 작용하였다.

철륜으로 불린 진지왕은 물론이거니와 정복군주인 진흥왕 역시 군륜왕으로 불릴 수 있었다. 법흥왕 대의 공인 직후 불교는 군국적 성격을 지녔다. 불교 공인 이후 전장戰場에서 승려들의 활동이 두드러지게 나타나고 있다. 한강 유역을 공략할 때의 총지휘관이었던 거칠부居柒夫는 일찍이 승려였다. 이 전장에서 그는 고구려 승려 혜량惠亮과 함께 돌아왔다. 신라왕실은 혜량을 승통僧統에 임명하고, 백좌강회百座講會나 팔관회八關會와 같은 호국법회를 주관하게 하였다.

39 李箕永,『釋迦』, 知文閣, 1967, pp. 253~254.

40 실제 釋迦는 憍薩羅國의 比留璃王이 가비라국을 공격하여 멸망시키는 데 동의하고 있으며, 摩竭陀國의 阿闍世王이 바이살리국을 정복하는 것을 인정하였다.

41 『具舍論』 제12.

국통國統 등의 승관僧官은 정복 전쟁과 연관하여 설치되었던 듯하다. 우선 그것은 『삼국사기三國史記』 직관지職官志의 무관武官조에 기록되어 있다. 또 진흥왕 때에는 국통 밑에 도유나랑都唯那娘과 대도유나大都唯那를 두었으며 각각 아니阿尼와[42] 보량寶良이 이를 맡았다. 그 외에 대서성大書省을 설치하여 거기에 안장安藏법사를 임명하였다.[43] 혜량 밑의 아니와 보량·안장이 중앙에서 승관을 통할하고 있었다. 반면 지방에는 주통州統 9인과 군통郡統 18인을 두었다.

주통과 군통이 언제 설치되었는지는 분명하지 않다. 지방의 승관제가 완전히 갖추어지는 것은 구주九州가 정해지는 통일신라시대 이후이겠으나, 부분적으로 진흥왕 대에 생겼을 가능성이 있다.[44] 이와 연관하여 비약적인 대외 발전으로 인해, 진흥왕이 영토를 순경巡境하였을 때 따라갔던 사문도인沙門道人인 법장法藏과 혜인慧忍을 유념하고자 한다.[45] 그들은 최고의 귀족인 대등大等의 앞에 먼저 기재되어 있다. 곧 사문이 호종 신하로서 제일의 지위를 차지하였던 셈이다.[46] 이것은 진흥왕의 순경에 사문이 중요한 역

42 이기백, 「삼국시대 불교수용과 그 사회적 성격」(『신라시대의 국가불교와 유교』, 1978, p. 32)에서는 阿尼를 都唯那娘에 임명된 女性 僧官의 이름으로 파악하였다. 이에 대해 阿尼大都唯那로 해석하여 그것을 僧官名으로 보려는 견해도 있다(三品彰英, 「新羅花郎の研究」, 『朝鮮古代研究』 제1집, 三省堂, 1943, p. 272).

43 『삼국유사』 권4, 慈藏定律조에 의하면 惠亮이 國統에 임명되기 이전에 이미 安藏法師가 大書省에 임명되어 있었는데, 아마 眞興王 11년에는 安藏이 분명히 전국 승려를 統割하는 위치에 있었던 듯하다. 그렇다면 國統이 성립되기 이전에도 僧官을 統割하는 기구가 있었으며, 國統의 설치와 함께 그것이 더 체계화되었던 듯하다.

44 李弘稙, 「新羅 僧官制와 佛教政策의 諸問題」, 『白性郁博士頌壽紀念 佛教學論文集』, 1959 ; 『韓國古代史의 硏究』, 新丘文化社, 1971, p. 490.
또 『삼국유사』 권4, 慈藏定律조에는 "寶良法師爲大都唯那一人 及州統九人 郡統十八人等 至藏更置大國統一人 蓋非常職也"라고 하였다. 곧 慈藏法師 이전에 州統 9人과 郡統 18人이 있었던 것으로 기록되었다.

45 眞興王巡狩碑 가운데 黃草嶺碑 및 磨雲嶺碑.

46 이기백, 「삼국시대 불교수용과 그 사회적 성격」, 『新羅時代의 國家佛教와 儒教』, 韓國硏究院, 1978, p. 37.

할을 수행하였다고 생각하게 한다.

그러면 이때의 법장·혜인은 왕의 측근에서 수가隨駕할 정도로 높은 지위를 가졌던 승려였는지가 궁금해진다. 만약 그들이 높은 지위를 가졌다면 고승이거나 중앙의 승직을 가진 자들이어야 한다. 당시 고승으로 안홍安弘·각덕·명관 등을 들 수 있다. 또 중앙의 승직에는 진흥왕 12년(551년) 이후 혜량과 보량·안장 등이 임명되어 있었으므로, 황초령비黃草嶺碑와 마운령비磨雲嶺碑를 건립하던 진흥왕 29년에 법장·혜인이 특별히 중앙의 승직을 보유하였던 것 같지는 않다. 그렇다면 법장과 혜인은 당시 왕이 순경하려던 지역의 주통이나 군통에 임명된 승려여야 한다.

진흥왕의 순경비巡境碑 가운데 유독 황초령비와 마운령비에 같은 승려가 수가하고 있다. 한주漢州나 창녕昌寧 지역으로 순경하였을 때에도 승려가 따라갔는지는 분명하지 않으나, 그럴 경우 그들은 적어도 법장이나 혜인은 아니었을 것이다.[47] 법장과 혜인은 진흥왕이 동북 지역을 순경하였을 때에만 같이 갔던 승려라면, 이 지역과 관련된 승려로 보아 좋을 듯하다. 그럴 경우 그들이 주통이나 군통의 지위를 가졌을 것이다. 그렇다면 주통이나 군통의 지위에 있었던 승려가 호종 신하의 가장 중요한 위치에 머물렀다는 것은 공인 이후 신라 불교의 성격을 이해하는 데 시사성을 준다. 군국불교로 형성되면서 승려들은 주술가呪術家·전략가戰略家 내지 무사로서 국가적 기대를 받았다.[48]

공인불교의 군국적 성격은 이후 신라 불교의 발전 방향에 상당한 영향을 주었다.[49] 안홍이 편찬한 『동도성립기東都成立記』에는

---

47 다만 眞興王巡狩碑 가운데 昌寧碑나 北韓山碑에는 碑文의 마멸로 沙門의 隨駕를 확실하게 알려 줄 내용을 찾기 어렵다. 그러나 이때에도 사문이 隨駕하였을 듯하며, 만약 그렇지 않았다면 이 지역의 州統이나 郡統이 임명되지 않아서였기 때문일 수 있다.

48 이기백, 「삼국시대 불교수용과 그 사회적 성격」, 『新羅時代의 國家佛教와 儒教』, 韓國研究院, 1978, p. 39.

49 예를 들어 圓光法師가 貴山과 箒項에게 내린 世俗五戒 가운데 '臨戰無退'라는 교훈은 실제로

> 신라 제27대에 여왕이 세워지자, 비록 道가 있으나 위엄이 없어 九韓이 侵勞하므로, 만약 龍宮의 남쪽 皇龍寺에 九層塔을 세운 즉 隣國을 鎭壓할 수 있다(『삼국유사』 권3, 皇龍寺九層塔조).

라고 기록하였다. 이웃 나라의 침임을 막아 그들을 진압하고자 황룡사에 구층탑을 건립한다는 것이다. 이후 탑을 건립함으로 인하여 국난을 극복하려는 것이 신라 불교 속에 누누이 나타나 있다. 아울러 『동도성립기』에는 황룡사 구층탑을 구체적으로 일본日本·중화中華·오월吳越·임나拒羅·응유鷹遊·말갈靺鞨·단국丹國·여적女狄·예맥穢貊 등을 제압하려는 의도에서 세웠다고 하였다.

황룡사 구층탑은 선덕여왕 14년(645년)에 건립되었다. 그러나 그것이 건립되는 사상적 배경은 이미 오래 전부터 형성되어 있었다고 생각한다. 특히 황룡사 구층탑의 건립에 관한 연기설화가 진흥왕 대 말의 고승인 안홍과 연결되었던 것은 유념된다.[50] 진흥왕 대 말 국가불교의 정착에 중요한 역할을 담당한 인물임을 생각할 때, 안홍은 적어도 군국불교의 전통과 연결되어 있었을 것이다. 황룡사 구층탑이 건립되는 데에는 공인 이래 군국불교로서의 전통이 작용하였다.

戰爭 정신을 선양하게 만들었다. 또 圓光은 眞平王의 요구로 乞師表를 짓기도 하였다.

50 安弘은 576년에 中國으로부터 귀국하기 때문에 皇龍寺 九層塔이 건립되는 645년까지 살아 있었을 가능성은 희박하다. 따라서 『東都成立記』에 所載되어 있는 皇龍寺 九層塔의 建立說話는 충분한 사료 비판을 거쳐야 한다. 또 이때의 安弘이 진흥왕 당시의 安弘과 다른 인물일 가능성도 없지 않다. 다만 비슷한 시기에 安含이 興輪寺에 住錫하고 있었는데, 『해동고승전』에는 安含이 眞興王 代 末에 중국으로부터 귀국한 것으로 되어 있어(권1, 釋法雲전), 安含과 安弘이 혼동되고 있다. 그렇지만 『동도성립기』를 저술한 자는 安含이 아닌 安弘이기 때문에 황룡사 구층탑의 건립설화를 安含과 연결시켜 이해할 수는 없을 것이다. 만약의 경우 『동도성립기』의 저자가 安含이라 하더라도 安含은 興輪寺金堂十聖 속에 포함되는 인물이기 때문에(『삼국유사』 권3, 東京興輪寺金堂十聖조), 皇龍寺 九層塔의 建立說話를 公認佛教의 성격과 연결시켜 파악하려는 本稿의 취지가 크게 잘못될 수는 없을 것이다.

전륜성왕 관념을 기반으로 군국불교가 형성되었기 때문에 공인불교에서는 미륵신앙이 강하게 나타났다. 전륜성왕은 이웃 소국을 모두 정복하고, 정법正法으로 세상을 통치하는 대제왕大帝王이다.[51] 전륜성왕은 사병四兵을 거느리고 사방을 정복하였다. 점령된 땅에는 미륵이 출현하여 그의 치세를 도움으로써,[52] 세상은 부유하고 안락하게 되어 평화가 온다는 것이다. 전생에 소년 아일다阿逸多와 미륵은 본래 부처 앞에서 같이 수도하고는, 각각 전륜성왕과 미륵불로 태어나기를 염원하였다.[53] 그 소원이 이루어져 아일다는 전륜성왕으로 태어났으며, 소년 미륵은 전륜성왕의 치세에 미륵보살로 출현하여 불법통치를 도우는 중요한 역할을 담당하였다. 신라 공인불교에서 미륵신앙이 중요하게 되는 이유는 이러한 데에서 찾아진다.

우선 신라 최초로 창건된 사찰인 흥륜사에는 미륵불을 안치하였다. 진지왕 때의 흥륜사 승 진자眞慈는 매일 당주堂主인 미륵상 앞에서 대성이 화랑으로 출현하기를 발원하였고, 그 후 그는 실제로 미시未尸를 미륵선화彌勒仙花로서 받들어 모셨다. 당주인 미륵상은 흥륜사의 주존불이었으며 혹은 반가상半跏像인 보살로 나타나 있었을 것이다.[54] 공인불교의 상징으로 건립된 흥륜사에 미륵상을 주존으로 모셨다. 미륵상은 왕정의 교화를 위해 편리한 모습의 보살상으로 안치되었다는 점에서, 불교를 공인하려는 왕실의 뜻을 헤아리게 한다.

출현한 미륵을 받들어 모셨기 때문에 화랑을 미륵선화라 불렀다. 진흥왕 37년(576년)에 화랑도를 개창改創하는 것은 공인 이후 군국불교의 성격과 밀접한 관련을 가졌다. 『삼국유사』는 화랑도의 개창에 관한 사실을 미륵선화와 연관시켜 기술하였다. 흥륜사의 주존불을 미륵상으로 모셨거나 화랑

51 『長阿含經』 제18, 轉輪聖王品.

52 『장아함경』 권제6, 轉輪聖王修行經.

53 『大毘婆沙論』 제178.

54 이기백, 「신라 초기 불교와 귀족세력」, 『신라시대의 국가불교와 유교』, 韓國研究院, 1978, p. 91.

도를 개창함으로써, 왕실은 전륜성왕으로 자처하였다. 전륜성왕과 미륵신앙의 조화는 정치적 현실세계와 이상세계를 조화시키고는, 불교적 이상국가를 지향하면서 나타난 것이다.

화랑은 귀족의 자제로 귀족의 상징적 존재였다.[55] 또한 미륵은 염부제閻浮提에 하생下生하여 석가세존 다음으로 성불한 보살인데, 석가세존과는 달리 파라문가婆羅門家에 태어났다.[56] 찰리종刹利種이 아닌 파라문 출신 설화는 귀족이 미륵에게 호감을 느끼게 하였다. 신라 불교의 공인은 애초에 왕실뿐만 아니라 귀족과의 문제로 거론되었으며, 공인불교는 전륜성왕 관념과 같은 비록 왕실의 입장을 강하게 펴려는 성격을 지니면서도, 귀족들에게 수용될 수 있는 요인을 지녔다.

3. 공인불교의 정치사적 의미

불교 공인은 법흥왕 7년(520년)에 율령이 반포되어 제도가 정비되어 가는 과정과 분리하여 생각할 수 없다. 법흥왕 대 율령 반포의 성격에 대한 해명이 불교 공인의 정치·사회적 의미를 이해하는 데 도움을 준다. 불교 공인정책과 연결된 국가 체제는 왕실 내지 왕권의 강화는 물론이거니와 귀족과 왕실과의 타협 내지 연합 면을 고려하면서 정비되었다. 일단 이러한 방향을 설정하고는 율령 반포를 전후한 시기의 국가 체제 정비를 보다 상세하게 부각하고자 한다.

우선 법흥왕 대에 국가 체제를 정비하였다는 데 대해 부정적이거나[57] 또

55 이기백, 「신라 초기 불교와 귀족세력」, 『신라시대의 국가불교와 유교』, 韓國硏究院, 1978, pp. 89~90.

56 『觀彌勒菩薩下生兜率天經』. 그 외 『註維摩詰經』 제1 참조.

57 井上秀雄, 「朝鮮·日本における國家の成立」, 岩波講座 『世界歷史』 6, 1974, p. 21.

는 그것이 이루어졌다 하더라도 반포된 율령의 내용은 백관의 공복公服을 정하는 데 그쳤다고[58] 주장하기도 한다. 이에 비해 법흥왕 대의 국가 체제는 중앙집권적 귀족국가의 성립과 함께 왕권을 강화시키는 성격을 지녔던 만큼, 율령뿐만 아니라 격식格式에 이르기까지 광범위하고 전면적인 정비가 이루어졌다고 주장하기도 한다.[59]

진흥왕 대 초기에 건립한 단양丹陽 적성비赤城碑에는 '전사법佃舍法' 등 토지 경작에 관한 구체적인 법이 나타나 있다. 이는 적어도 법흥왕 대의 율령 반포로 인한 국가 체제 정비가 보다 확실하고 광범위하게 이루어졌을 것으로 생각하게 한다.[60] 따라서 비록 사료가 부족하더라도 법흥왕 대의 국가 체제 정비 내용을 가능한 한 검출해 봄으로써 그 성격을 규명하려는 작업은 대단히 중요한 것이다.

신라국가의 체제 정비는 법흥왕 대에 집중적으로 이루어졌지만 이미 그 이전부터 서서히 진행되어 왔다. 편의상 지증왕 이후 진흥왕 대에 이르는 국가 체제의 정비 과정을 다음과 같이 정리해 그 성격을 부각시키고자 한다.

① 智證王 3년 殉葬을 禁하고 州郡에 命하여 勸農하게 하며 비로소 牛耕하였다.

② 지증왕 4년 국호를 新羅로 고쳤다.

③ 지증왕 6년 국내의 州郡縣을 정하고 비로소 軍主를 두었다.

④ 지증왕 15년 阿尸村에 小京을 두었다.

⑤ 法興王 4년 비로소 兵部를 두었다.

⑥ 법흥왕 7년 律令을 반포하였다.

58 武田幸男, 「新羅法興王代の律令と衣冠制」, 『古代朝鮮と日本』, 竜渓書舍, 1974, pp. 85~113.

59 金龍善, 「新羅 法興王代의 律令頒布를 둘러싼 몇가지 문제」, 『加羅文化』1, 경남대학교박물관 가라문화연구소 , 1982, pp. 126~127.

60 김용선, 위의 논문, p. 128.

⑦ 법흥왕 18년 堤防을 수리하고 비로소 上大等을 설치하였다.

⑧ 법흥왕 25년 外官으로 하여금 携家함을 허락했다.

⑨ 眞興王 6년 國史를 編纂했다.

⑩ 진흥왕 37년 花郞徒를 改創하였다.

우선 소지마립간 대 말에는 눌지계訥祗系와 습보계習寶系가 서로 대립하고 있었다. 그 대립에서 습보계가 승리하면서 지증왕이 등극하였다. 그런데 내물마립간 이후 김씨왕실은 왜적을 격퇴하기 위해 신라 국내에 깊숙이 침투해 있는 고구려 군사력의 뒷받침을 받아 왕권을 세습시켜 갔다. 말하자면 김씨왕실은 고구려 군사력과 야합하면서 왕권을 세습할 수 있었다.

눌지마립간 이후 신라왕실은 고구려 군사력을 배제하면서 왕권을 강화하였다. 눌지계가 엄격한 족내혼을 단행한 것은 이러한 왕권강화책과 연관시켜 생각해야 한다. 그런가 하면 소지마립간은 비지比智의 딸을 백제왕 모대牟大(東城王)와 결혼시킴으로써, 고구려에 대항할 수 있는 나제羅濟동맹을 결성하였다. 이러한 눌지계의 왕권강화책은 다른 귀족들이 참여한, 그리하여 그들의 협조 아래 이루어진 것은 아니다.

소지마립간은 말년에 날이군捺已郡 파로波路의 딸인 벽화碧花를 별실別室로 삼아 그 집에 미복으로 다녔는데, 고타군古陁郡의 노구老嫗로부터 이에 대한 심한 비판을 받고는 바로 세상을 떠났다. 노구의 비판은 눌지계가 귀족으로부터 지지를 받지 못하였던 사정을 추측하게 한다. 소지마립간은 벽화와의 사이에 왕자를 두었으나 왕위는 반대파인 습보계의 지증에게로 넘어갔으며, 이때 소지마립간의 왕자는 거세되었을 것이다.

습보계는 우선 왕실의 협조세력으로 박씨족 왕비를 등장시켰다. 말하자면 박씨 왕비족과의 귀족연합이 왕권강화책의 일환으로 모색된 셈이다. 한편 왕권강화를 위한 6부의 개편 작업은 이미 소지마립간 대에 진행되고 있었다. 그 전에 시행된 서울의 방리명坊里名을 정하는 작업 역시 이러한 정책과 연결시켜 이해하여야 한다. 그런데 지증왕 대에서부터 신라국가는 서울과 지방을 확고하게 장악해 가는 중앙집권적 귀족국가 체제로의 개편을 단행해 갔다.[61] 적어도 법흥왕 대의 체제 정비는 이러한 개편 작업이 순조롭게 마무리되어 가는 것을 뜻한다고 생각한다.

지방제도가 정비되어 가는 과정에서 주州의 장관으로 군사를 통할하는 의미를 지닌 군주軍主가 임명된 것은 퍽 흥미로워 보인다. 지증왕 6년(505년)에 이사부異斯夫가 실직주悉直州의 군주로 임명되면서, 설치된 주의 수는 진흥왕 대까지 계속 증가되어 갔다.[62] 군주는 문무왕 1년(661년)에 총관摠管으로 바뀌고, 다시 원성왕 1년(785년)에는 도독都督으로 바뀌었다. 군주가 총관을 거쳐 도독으로 바뀌면서, 주의 장관은 군대를 관할하는 업무에서 바뀌어 행정을 관할하는 업무를 가졌다. 그렇다면 군주는 지방 행정조직이 갖추어져 가는 과정에서 성립되었겠지만, 군사조직의 정비 과정과도 밀접하게 연관하여 설치되었다.

지방이 중앙왕실의 통치 질서 속에 편입되는 과정이 군사조직의 정비와 병행하여 진척되었던 것을 유의해야 한다. 지증왕 대에 우경牛耕을 실시하는 등, 농경 기술의 향상은 군사조직의 정비와 연결시켜 중요하게 생각된다. 그런가 하면 법흥왕 18년(531년)에는 제방을 수리하였다. 농경 기술의 향상으로 인한 생산력의 증가는 잉여 농산물을 비축할 수 있게 하며, 이러

---

61 智證麻立干은 국호를 新羅로 고쳤는데, 그것은 "德業日新 網羅四方"의 의미이다. 말하자면 智證王 代에는 그 前代와는 달리 중앙왕실이 지방의 소국이나 읍락까지를 비교적 확실하게 편입함으로써, 신라 연맹왕국을 성립시켰다.

62 智證麻立干 6년 悉直州에 軍主가 설치된 이후 眞興王 代에까지 설치된 州는 다음과 같다.
何瑟羅州(지증마립간 13년)·沙伐州(법흥왕 12년)·新州(진흥왕 14년)·完山州(진흥왕 16년)·比列忽州(진흥왕 17년)·甘文州(진흥왕 18년, 이때 沙伐州를 廢함)·北漢山州(진흥왕 18년, 이때 新州를 廢함)·大耶州(진흥왕 26년, 이때 完山州를 廢함)·南川州(진흥왕 29년, 이때 北漢山州를 廢함)·達忽州(진흥왕 2년, 이때 比列忽州를 廢함).

한 농산물의 비축이 군대를 양성하거나 왕정에 적극 협조하는 관료군을 양성시켰다. 법흥왕 4년에 병부兵部의 설치는 그동안 신라국가가 추진해 온 군사조직이 거의 마무리되었음을 의미하는 것이다.

주의 장관이 군주였다는 것과 함께 비슷한 시기에 갖추어져가는 지방제도가 군사조직을 정비하는 기반 위에서 이루어졌다는 점도 중요하다. 지증왕 15년(514년)에 소경小京을 설치하였다. 그것은 신라국가 내에 정복당해 들어온 지역의 백성들을 회유할 목적으로 설치되었다.[63] 정복국가로 발전해 가는 과정에서 중앙왕실은 지방에 외관外官을 파견하였는데, 그들은 대체로 군사적 임무를 함께 띠고 있었다.

외관휴가법外官携家法은 병부 설치 이후 군사조직이 상당히 정비된 기반 위에 지방통치가 점차 안정되어 감을 의미해 주는 동시에, 이전 외관은 행정적이라기보다는 군사적 임무를 수행하였던 것으로 추측하게 한다. 왜냐하면 군사적 임무를 수행해야 하는 외관이라면 사실상 가족을 데리고 임지로 떠나기 어려웠을 것이며, 부임할 지역이 신라국가 속에 확실하게 편입되어 있지 않아도 그러한 사정은 마찬가지로 나타났을 것이기 때문이다. 지증왕 대 이후 진흥왕 대에는 군사조직과 아울러 지방제도를 갖추어 가는 방향에서 국가 체제를 정비하였고, 적어도 법흥왕 대의 율령반포는 이러한 체제 정비가 마무리되는 것으로 이해하여야 한다.

다만 지방제도를 정비하는 작업은 왕실이 귀족연합을 도모하면서 왕권을 강화해 가려는 목적을 가졌다. 강력한 중앙집권적 귀족국가가 성립되기까지의 신라 정복왕조는 편입된 성읍국가의 기반을 완전히 해체시키지 못하였던 셈이다. 편입된 성읍국가의 지배자는 신라의 중앙 귀족으로 등장하였으면서도, 본래 가졌던 지역에 대한 연고권을 행사하고 있었다. 그러한 연고권을 강하게 유지시키는 것 가운데 하나가 귀족이 본래 가졌던 군사력이

63 林炳泰, 「新羅 小京考」, 『歷史學報』 35·36合, 1967, pp. 94~97.

었다. 그것은 가문별로 유지되었다. 법흥왕 대의 체제 정비는 가문별로 흩어진 군사력을 중앙으로 흡수하려는 성격을 지녔다.[64]

진흥왕 대 전륜성왕 관념과 연관된 화랑도는 넓게는 귀족연합을 모색하는 중에 개창改創된 것이지만, 좁게는 가문별로 흩어진 군사력을 중앙으로 통합해 가려는 체제 정비를 마무리하기 위해 조직된 것이다. 화랑 집단은 본래 가문별로 존재해 오던 청년조직青年組織을[65]교육 집단 내지 군사 집단의 성격을 강화시키면서, 중앙의 군사적 통제 속에 일률적으로 편제한 것이다. 말하자면 주군제州郡制에 상응하는 지방의 군사조직이 정비되어 가는 과정에서, 종전 가문별로 흩어져 있던 청년조직을 중앙으로 일괄 흡수하면서 화랑도를 개편하였다.[66]

화랑도의 개창에 의한 군사 기반의 확대로 말미암아 신라국가는 강력한 정복국가로 등장하였으며, 이후 삼국을 통일해 가는 저력을 비축해 갔다. 한편 신라의 화랑은 귀족의 꽃과 같은 존재로, 모두 한 가문을 대변하면서 낭도郎徒를 거느리고 있었다. 낭도 속에는 육두품六頭品귀족은 물론 진골 출신의 국외 망명자를 포함하였으므로, 화랑도가 엄격한 골품제적 신분제를 완화해 주는 완충제 역할을 담당하였다.[67] 이렇듯 화랑도의 개창은 정복국가 체제를 완성시킨다는 목적 외에, 왕실이 귀족세력과 연합 정권을 이루면서 왕권을 강화하려는 의도를 드러낸 것이다.

---

64 이때에 家門別로 유지되어 온 軍事力이 완전히 중앙으로 흡수되었다고는 생각하지 않는다. 신라중대 이후 중앙 귀족들이 私兵 집단을 가지고 있었는데, 그것이 가능했던 이유는 역시 귀족들의 경제적 또는 군사적 기반이 강했기 때문이라 생각한다(이기백, 「新羅 私兵考」, 『역사학보』 9, 1957 ; 『신라정치사연구』, 일조각, 1974, 참조). 다만 중앙왕실은 이들을 효율적으로 통어할 수 있는 제도적 장치를 마련해 갔을 것으로 생각한다. 또 그들 가운데 일부는 중앙왕실에 완전히 흡수된 경우도 있었다.

65 이기동, 「신라 화랑도의 기원에 대한 일고찰」, 『역사학보』 69, 1976 ; 『신라 골품제사회와 화랑도』, 한국연구원, 1980, p. 309.

66 이기동, 위의 논문, 1980, p. 326.

67 이기동, 위의 논문, 1980, pp. 358~359.

불교는 정복국가로의 체제 정비가 순조롭게 진행되어 나가는 과정에서 공인되었다. 공인불교가 전륜성왕 관념을 강하게 표방하면서 군국불교軍國佛敎로 성립되는 것은 당시에 행해진 체제 정비의 성격과 연관시켜 이해할 수 있다. 공인불교의 전륜성왕 관념은 정복국가를 성립하면서도 일방적으로 왕권을 강화시키려는 면만을 추구하지는 않는다. 그것은 왕실 중심의 신앙이지만 다른 귀족세력과의 연합을 외면하지 않았다. 구세보살救世菩薩신앙도 왕즉불신앙과는 달리 왕법王法과 불법의 조화를 모색하면서, 동시에 왕실과 다른 귀족세력과의 연합을 도모하려는 것이다.

구세보살인 왕은 여래가 아닌 수도자여서 불법 교화의 대상으로 생각되었다. 때문에 구세보살은 귀족에게도 호감을 주었다. 그런데 법흥왕을 전후한 시기에 행해진 국가 체제 정비가 왕실과 귀족의 연합을 의도하는 것이고, 그러한 귀족연합 위에 중앙집권적인 군사조직이 확립되어 갔다. 곧 불교 공인은 법흥왕 대에 행해진 국가 체제 정비의 일환으로, 국가불교의 관념 체계를 확립하려는 것이다. 그렇다면 당시의 국가 체제 정비가 순조롭게 진행되어 가는 데 비해, 불교는 왜 공인 과정에서 왕실의 측근이 거세되지 않으면 안 될 정도로 강한 반발을 받았는지가 궁금해진다.

공인불교가 왕권을 강화하면서도 귀족연합적인 성격을 가졌던 것이라면 굳이 왜 이차돈異次頓이 순교해야 하는 지경에 이르렀을까? 공인 이전 초전불교初傳佛敎는 중국 북조 불교를 수용한 고구려를 통해 받아들여졌고, 왕즉불신앙을 강하게 지닌 것이었다. 때문에 왕실 중심으로 수용된 초전불교는 홍포 과정에서 귀족들의 강한 반발을 받았다. 그리하여 아도阿道나 묵호자墨胡子가 귀족들의 박해를 받아, 절을 창건하려던 뜻을 이루지 못하고 결국 은둔하고 말았다.

초전불교의 홍포 과정에서 귀족의 반대로 말미암아 불사佛事가 실패한 경험을 알고 있었다고는 하지만, 이차돈의 창사創寺는 오히려 왕즉불신앙에 기반을 두고 추진되었던 듯하다.[68] 그랬을 경우 법흥왕 14년의 불교 공인이 귀족들에 의해 용납되었을 까닭이 없다. 그리하여 절을 창건하려는 책임이 이차돈에게로 돌아갔다. 이차돈 순교 이후 신라 불교는 중국 남조와의 교섭을 통하여 귀족의 입장을 강하게 반영하는 신앙을 지녀갔다.

신라 불교는 공인 과정을 통하여 왕실 중심의 왕즉불신앙에서 구세보살 신앙을 내세우는 것으로 바뀌어 갔다. 그리하여 왕실의 입장을 강화하면서도 귀족연합을 의도하는 전륜성왕 관념을 강조하였다. 이러한 성격의 불교 신앙은 법흥왕 대를 전후로 진행된 체제 정비에 부합되는 것이다. 불교 공인 이후 진흥왕 6년(545년)에는 국사國史를 편찬하였다. 국사의 편찬은 이전 시대와는 다른 체제를 성립시켜, 사회가 새롭게 변화되고 있다는 의식을 강하게 지니는 것이다.[69] 아울러 불교 공인 이후 신라왕실은 바로 불교왕명佛教王名을 사용하고 있다.[70]

그런데 삼국이 불교를 공인하는 과정에서 귀족들의 반발에 대한 기록을 남기고 있는 경우는 유독 신라국가에 한해서이다. 고구려나 백제의 경우 불교의 공인 과정에서 이차돈의 순교와 같은 귀족들의 심한 반발을 보여 주는 기록이 전하지 않는다. 그렇다면 신라와는 달리 고구려와 백제에서는 불교 공인에 따른 귀족의 반발이 없었던 것인가. 그렇지 않으면 단순히 그러한

68 鄕傳에는 "舍人誓曰 大聖法王欲興佛教不顧身命 多却結緣 天垂端祥"(『삼국유사』 권3, 元宗興法조)이라 하였다. 異次頓은 법흥왕을 大聖法王으로 불렀다. 따라서 佛教 公認은 왕실에서 강행하려 했으며, 그 사상의 근저에는 비록 귀족세력을 고려한다고는 하지만 王卽佛신앙을 강하게 지니고 있었던 듯하다.

69 三國이 중앙집권적 귀족국가를 성립시켜 가는 체제정비 과정에서, 불교의 공인과 아울러 『國史』를 편찬하고 있음은 퍽 흥미롭게 생각한다. 최초의 『국사』 편찬은 왕실의 전통을 확립하려는 의도를 지녔을 것이다. 아울러 그러한 전통을 바탕으로 새로운 비약을 의도하고 있었다. 예를 들어 百濟의 경우 近肖古王 代에 편찬된 『書記』는 새로운 시대의식을 깔면서 저술되었다. 체제 정비와 함께 나타난 이러한 시대의식은 近肖古王의 즉위가 溫祖王의 開國으로부터 대체로 360년이 지났기 때문에 새로운 사회를 맞는다는 식이었다.

70 金哲俊, 「신라 上代社會의 Dual Organization (下)」, 『역사학보』 2, 1952, pp. 91~95.

반발이 기록으로 남겨지지 못했을 경우를 상정할 수도 있다. 이 두 경우 가운데 현재로서는 어느 하나를 고집할 수 있을 정도로, 초전불교에 대한 연구가 진전된 것은 아니다.

삼국이 불교를 공인하는 과정의 구체적인 양상에 대해 일률적으로 추론하기는 어렵다. 또한 고구려와 백제의 불교 공인과정을 단순하게 같이 취급할 수 있는 것도 아니다. 중국 남조 불교의 영향을 받았던 백제 불교에 비해 왕즉불신앙을 강하게 지녔던 고구려 불교는 공인 과정에서 오히려 귀족들의 반대를 받았을 가능성이 있다. 고구려나 백제의 불교 공인 과정에서도 정도의 차이는 있으나 귀족들의 반대가 나타났다.

삼국 가운데 신라가 지방에 뿌리를 둔 토착적인 귀족세력이 가장 강한 사회를 형성했다.[71] 이에 비해 백제 불교 공인의 경우 귀족들의 반대가 없었던 것은 아니나 삼국 중 가장 미약하게 나타났을 것이다. 신라와는 달리 백제는 오히려 왕권이 강하였고, 지방에 기반을 두었다고는 하지만 귀족세력은 왕권에 기생하여 권력을 행사하는 형국을 이루었다. 그런가 하면 고구려 불교 공인의 경우 신라에서와 같은 정도는 아니라 하더라도, 귀족세력의 반대가 어느 정도 강하게 나타났을 것으로 생각한다.

71 신라국가의 경우 王族인 朴·昔·金氏 세력은 어디로부터 왔는지 出自가 분명하지 않다. 따라서 그들은 流移民이지만 오히려 土着化된 모습을 보여 준다. 또 신라국가는 東南으로 바다와, 西北으로 산맥이 가로막힌 지역에 위치해서, 민족 대이동의 물결이 미치기 어려운 곳이었다. 중국으로부터 들어오는 민족은 대체로 大同江·漢江 유역에서 머물렀고 太白山脈을 넘어 신라국가로 들어오는 민족은 극소수로, 곧 그들은 토착민세력에 의해 흡수·통합되어 갔다.

제2장
고구려와 백제의 불교 수용

제1절 고구려 초전불교의 공인과 그 의미

1. 고구려의 초전 격의불교

삼국 중 고구려는 일찍부터 북방의 새외塞外민족은 물론 남방의 중국민족과도 부단하게 접촉하면서 그 문화를 수용하였다. 불교가 고구려에 처음으로 전래된 시기는 소수림왕 때라고는 하지만, 이미 그 이전에 왕실 중심으로 수용되어 있었다. 전연前燕과의 전쟁이나 후조後趙와의 교섭 과정을 통해 불교는 고구려에 충분히 알려졌다. 당시 중국에 유행한 청담적인 격의格義불교가 고구려에 전해졌다. 고구려왕실 중심으로 수용된 초전불교는 공인 과정을 거쳐 귀족에게까지 홍포되면서 국가불교로 성립되었다. 고구려 불교의 전래 과정에 대해서는 순도順道나 담시曇始의 활동뿐만 아니라 신라 불교의 초전 설화와 연관된 묵호자墨胡子나 아도阿道의 행적을 통해서도 이해할 수 있다.

고구려의 경우 신라와는 달리 초전불교와 공인불교의 모습이 확연하게 구별하여 기록되지 않았다. 이 글은 아도나 담시 또는 순도나 묵호자의 전래 전승 속에서 고구려의 초전불교와 공인불교의 모습을 구별하여 찾아내려고 한다. 이를 위해 『삼국유사』나 『해동고승전』 외에 고구려 불상의 조상명문造像銘文을 참조할 것이다. 그리하여 왕실이 호감을 가진 왕즉불王卽佛신앙은 물론, 격의불교에서 벗어나 미륵이나 전륜성왕 또는 석가불신앙과의 관계를 이끌어내고자 한다. 다만 고구려 공인불교가 신라의 그것과 비교하여 달리 나타난 모습을 국가 체제의 정비 과정과 연결시켜 이해하고자 한다.

고구려에 처음으로 불교가 전해진 때는 소수림왕 2년(372년)이라 한다. 전진前秦의 왕 부견符堅이 사신 및 순도를 고구려에 보내 온 것이 우리나라 불교의 시원始原으로 알려져 있다. 『삼국유사』에는 소수림왕 때에 처음으로 불교가 전래된 것을 마치 신라 눌지왕 때 아도阿道 또는 묵호자나 백제 침류왕 때 마라난타摩羅難陀가 불교를 전한 사실과 같이 기록하였다. 신라의 경우 눌지마립간이나 소지마립간 때 전해진 초전불교는 법흥왕 때에 이차돈異次頓의 순교로 말미암아 공인되는 것으로 이해된다. 즉 중앙집권적 귀족국가 체제가 정비되는 법흥왕 때에 불교가 공인되었다.

신라에서 초전불교 이후 시간이 흐른 법흥왕 때의 불교 공인은 고구려나 백제의 경우에도 각각 소수림왕이나 침류왕 때에 불교가 처음 전래되었다기보다는 공인되었을 것으로 생각하게 한다. 삼국 사회에 이미 불교는 일찍 전래되었다. 고구려 승려 망명亡名은 중국 진晋나라 승려인 지둔支遁법사 도림道林(314~366년)과 서신을 주고받았다. 다음 기록을 참고해 보기로 하자.

> 晋나라 支遁법사가 편지를 보내어 이르기를 "上座 竺法深은 中州 劉公(劉元眞)의 제자로서 성품이 곧고 고상하여 道俗을 모두 통솔하였으며, 지난 날 수도에 있을 때에는 내외가 모두 우러러 보았으니, 도를 알리는 큰 스승입니다"

라고 하였다.[1]

도림은 동진東晋 때의 학승으로 격의불교의 우두머리로 알려져 있다. 그는 하남성河南省 진류현陳留縣 혹은 임려현林慮縣 출신이어서 중국 남방 불교의 전통에 밝았을 뿐만 아니라 당시 남쪽에 유행하였던 도교에도 정통하였다.

일찍이 지둔은 백마사白馬寺에 머물면서 유계지劉系之 등과 『장자莊子』 소요유편逍遙遊篇에 대해 담론하였으며, 이를 계기로 그것에 대한 주해註解를 저술하였다. 이후 그는 오吳나라로 돌아와 지산사支山寺를 세웠고, 만년에 섬산剡山 지역으로 들어갈 때에 회계會稽에 머물고 있던 왕희지王羲之와 교류하였다. 동진 애제哀帝 때에 조정에 나아간 도림은 동안사東安寺에 머물면서 도행반야道行般若를 강론하였다. 이렇듯 저명한 도림과 서신을 교류하였던 고구려의 망명은 불교에 조예가 깊은 승려였을 것이다.

지둔과 망명의 서신 왕래에 대해 각훈은 "지둔공은 중국에서 덕망이 높은 분으로 그와 더불어 말이 통하고 사귀는 자들은 반드시 훌륭한 인재로 특출한 인물이었을진대, 하물며 외국의 인사일지라도 뛰어난 사람이 아니고서야 어떻게 그와 같은 편지를 보내었겠는가?"라고[2] 하였다. 지둔이 강론한 도행반야는 『반야경』의 공空사상에 관한 것이지만, 이를 도교적으로 해석한 이른바 격의불교의 내용을 담았을 것이다. 『장자』 소요유편을 주석한 지둔은 도교사상에 밝았고, 도교의 '무위無爲'로써 불교의 공관空觀을 이해하였다.

지둔은 366년에 입적하였기 때문에 고구려 망명은 그 이전에 국내뿐만

1 覺訓, 『海東高僧傳』 권1, 流通 1의 1, 釋亡名전에 "晋支遁法師 貽書于云 上座竺法沈 中州劉公之弟子 體性貞峙 道俗綸綜 往在京邑 維持法網 內外具瞻 弘道之匠也"라고 하였다.

2 覺訓, 『海東高僧傳』 권1, 流通 1의 1, 釋亡名전에 "遁公中朝重望 其所與寄聲 交好必宏材巨擘 況外國之士 非其勝人 寧有若斯之報耶"라고 하였다.

아니라 중국에까지 알려진 승려였음이 분명하다. 이렇게 되면 고구려에는 소수림왕 이전에 이미 불교가 전래되어 있었으며, 그러한 초전불교는 중국 불교계와 교류할 정도로 신앙 면에서 성숙하였던 것이 분명하다. 고구려에 초전初傳된 불교는 당시 중국에서 유행하던 격의불교를 충분히 이해하고 있었을 것으로 생각한다. 지둔이 망명에게 보낸 편지의 내용은 유원진劉元眞의 제자인 축법심竺法深이 도속道俗에 모두 통달하여 도를 알릴 큰 스님이라는 것이다.

지둔이나 축법심은 모두 격의불교의 대표적 고승인 동시에 청담淸談의 태두로 알려져 있다.[3] 중국 삼국시대부터 위진魏晋시대에 이르기까지 노장의 청담적 사상 경향이 귀족 사회를 풍미하였고, 불교계도 이러한 영향을 강하게 받았다.[4] 도교적 청담불교의 경향을 격의불교라고 한다. 격의格義는 본래 격물치의格物致義를 뜻하는 말이었는데, 중국 고전 특히 노장의 경전에 의해 불교 경전을 해석하려는 방법으로 사용되었다.[5] 격의불교는 노장사상과 비슷하게 보이는 불교의 반야般若사상을 연구의 중심 대상으로 삼았다.

지둔이 망명에게 축법심의 도풍道風을 권면하는 서신으로 보아 소수림왕 이전 초전불교가 격의불교를 강조하는 것임은 분명하지만, 얼마나 광범하게 믿어지고 있었는지에 대해서는 정확하게 제시하기가 어렵다. 우선 초전불교가 왕실과 연결된 흔적을 남기지도 않았다. 때문에 그것은 고구려에서 광범하게 믿어졌다기보다는 중국과 가까운 지역에 퍼져 있었던 데에 그쳤다고 추측하기도 한다.[6] 그러나 격의불교 종파의 우두머리와 교류하였던 망

3 孫綽의 『道賢論』에는 竺法護·帛法祖·于法蘭·支道林·竺法深·于道邃·竺法乘 등 7인을 청담의 竹林七賢과 같은 뜻에서 七賢이라 불렀는데, 모두 노장사상에 밝은 고승이었다.

4 支遁과 竺法深이 『노자』나 『장자』를 강의하였지만, 이러한 풍조는 당시 불교계 일반의 모습으로 나타나 있었다. 羅什은 『注老子』를 저술하였는가 하면, 僧肇는 『老子注』를, 慧觀은 『老子義疏』를 저술하였다. 또한 慧嚴과 慧琳은 『老子道德經注』를 저술하였다.

5 金煐泰, 「고구려 佛敎傳來의 諸問題」, 『불교학보』 23, 동국대학교 불교문화연구원, 1986, p. 33.

6 金煐泰, 위의 논문, 1986, p. 9.

명은 중국 청담적 불교사상 경향에 대한 조예를 가진 고승이었다. 이런 사정은 고구려의 초전불교가 일부의 국경 지역에만 들어와 있었을 것으로 생각할 수 없게 한다.

본래 원시불교는 왕실이나 정복국가에 유용한 성격을 가졌기 때문에 고구려에 초전된 불교도 왕실과 연관을 가졌을 것이라고 생각한다. 이런 면은 비록 망명에게서는 찾아 볼 수 없을지라도, 순도順道가 불법을 전하는 과정으로 미루어 유추할 수 있다. 다음 기록을 참고해 보기로 하자.

> 혹은 순도는 東晋에서 와서 처음으로 佛法을 전했다고 하는데, 秦과 晋은 구별되지 않으니 어느 것이 옳고 어느 것이 그른가? 스님은 일찍이 異國에서 와서 西域의 자비의 등불을 전하고 東瓞의 慧日을 매달아, 因果로 보여 주고 禍福으로써 유인하니, 난초의 향기가 풍기고 안개가 스며들듯이 불교는 점차로 펴져 친숙하게 되었다. 그러나 세상이 질박하고 사람들이 순박하여 그 교화하는 방식을 알지 못하였으므로, 스님이 비록 아는 것이 많고 학문이 넓다고 하더라도 아직은 많은 것을 펴지 못하였다.[7]

『해동고승전』은 물론 『삼국유사』에도 고구려에 불교가 처음으로 전래된 시기는 공히 소수림왕 2년이며, 순도가 전한 것으로 기록하였다. 그러나 이 때에는 고구려에 초전된 불교가 국가불교로 공인된 것으로 생각되는데, 그 내용은 초전불교의 성격을 이해하는 데 다소 도움을 준다.

순도 외에 담시曇始가 고구려에 처음으로 불교를 전하였다는 주장이 있다. 담시의 불교 전래 전승도 순도에서처럼, 초전불교와 공인불교의 모습을

7 覺訓, 『海東高僧傳』 권1, 流通 1의 1, 釋順道전에 "或說順道 從東晋來 始傳佛法 則秦晋莫辨 何是何非 師旣來異國 傳西域之慈燈 懸東暆之慧日 亦以因果 誘以禍福 蘭薰霧潤 漸漬成習 然世質民淳 不知所以裁之 師雖蘊湙解廣 未多宣暢"이라 하였다.

다소 섞은 모습으로 기록되었다. 다음 내용을 참고해 보기로 하자.

> 曇始는 關中사람으로 출가한 뒤에 많은 이적을 행하였다. 발이 얼굴보다 희고 비록 진흙탕물을 밟고 건너가도 젖은 적이 없으므로, 天下가 모두 白足和尙이라고 불렀다. (東)晋 泰元(376~396년) 말년에 經律 수십 부를 가지고 遼東으로 와서 敎化하였는데, 根機에 맞게 불법을 펴고 三乘으로 가르쳐서 歸戒의 법을 세웠다. 『梁高僧傳』은 이로써 고구려가 불법을 듣게 된 처음으로 삼았다.[8]

위의 기록 외에도 최치원은 이미 담시가 고구려에 불법을 처음으로 전하였다고 언급하였다. 지증대사비智證大師碑의 서두에는 우리나라의 간략한 불교사가 기록되었는데, 그 속에 "삼국이 나뉘어 있을 때에 백제에서 소도蘇塗의례를 행한 것은 마치 한漢나라 때에 감천궁甘泉宮에서 금인金人(부처)을 제사한 것과 같고, 그 후 서진西晋의 담시가 고구려〔貊〕에 불법을 처음으로 전한 것은 서역의 가섭마등迦葉摩騰이 동쪽으로 들어온 것과 같으며, 고구려의 아도阿道가 신라로 들어온 것은 강회康會가 남쪽에 이른 것과 같다"라고 하였다.[9]

고구려에 불교를 전한 담시 전승은 마치 백제의 소도의례나 신라 아도의 초전 전설과 같은 것으로 파악하였다. 때문에 담시의 전래 전승에서 고구려 초전불교의 모습을 찾으려는 것은 타당하게 생각된다.[10] 다만 순도와 담시

---

8 覺訓, 『海東高僧傳』 권1, 流通 1의 1, 曇始전에 "曇始關中人也 自出家多有異跡 足白於面 雖涉泥水 未嘗沾濕 天下咸稱 白足和尚 以晋大元末年 賫持經律數十部 往化遼東 乘機宣化 顯授三乘 立以歸戒 梁僧傳以此 爲高句麗聞法之始"라고 하였다.

9 崔致遠, 『聞慶鳳巖寺 智證大師寂照塔碑』(『朝鮮金石總覽』 권상, 朝鮮總督府, 1919, P. 89)에 "昔當東表鼎峙之秋 有百濟蘇塗之儀 若甘泉金人之祀 厥後西晋曇始 始之貊 如攝騰東入 句麗阿度 度于我 如康會南行"이라 하였다.

10 金煐泰, 「고구려 佛教傳來의 諸問題」, 『불교학보』 23, 동국대학교 불교문화연구원, 1986, pp. 20~22.

의 전교傳教 사실 사이에는 다소의 차이가 보인다. 순도가 전진, 즉 중국 북방 불교를 전하였다면, 담시는 남방 불교와 연관을 가진 인물이다. 전자가 전진왕 부견을 통해 고구려왕실로 불상과 경전을 전하였다면, 후자의 경우 왕실과의 연관이 잘 나타나 있지 않다.

공인불교의 모습은 순도의 전래 전승에서 유추할 수 있는 반면, 담시의 전교 전승은 초전불교의 모습을 보다 강하게 풍겨 준다. 그러므로 순도와 담시의 초전 전승을 통해 초전불교와 공인불교의 신앙 모습을 정밀하게 나누어 고찰하는 것이 중요하다. 순도나 담시의 불교신앙에서 이런 면을 유추하여 끌어낼 수 있다. 고구려 초전불교와 분명하게 연결된 망명이 격의불교 신앙을 가졌던 사실을 이미 언급하였다. 일반적으로 초전불교신앙에 대해서는 왕실이 관심을 표방하였다. 남쪽의 귀족화된 도교보다는 황제 만만세萬萬歲를 주창하는 도교와 융섭된 북방의 격의불교가 왕실의 관심에 합당한 모습을 가졌다.

격의불교가 고구려왕실 중심으로도 수용되었을 가능성이 있다. 전진왕 부견이 순도를 시켜 불상과 경전을 전하자, 고구려왕실과 신하들이 예의를 갖추어 성문省門까지 나아가 그를 맞았다. 이에 정성을 다해 믿고 공경하니 국내에 감격과 경사가 넘쳤다고 한다. 뿐만 아니라 고구려왕은 감사의 뜻으로 전진에 사신을 파견하였다.[11] 이는 처음 불교가 왕실 중심으로 수용되었을 것으로 생각하게 한다.[12] 담시가 전한 불교는 격의불교의 성격을 풍기는 것으로 이해된다. 그는 근기에 따라 삼승법三乘法으로 교화하였으며, 특히

11 覺訓, 『海東高僧傳』 권1, 流通 1의 1, 順道傳에 "於是君臣 以會遇之禮 奉迎于省門 投誠敬信 感慶流行 尋遣使廻 謝以貢方物"이라 하였다.

12 覺訓, 위의 책, 권1, 流通 1의 1, 順道傳에는 "애석하다! 그 사람과 그 德은 마땅히 竹帛에 써서 아름다운 공적을 찬양했어야 했는데, 그 글조차 대강이라도 보이지 않게 되었다"고 하여, 순도의 전교가 넓게 퍼지지 않았음을 시사해 준다. 그러나 "사람들이 四方에 사신으로 가서 왕의 명령을 욕되지 않게 하는 것은 반드시 현자(순도)를 기다려 능히 이루어졌다"라고 하였다. 이는 순도의 전교가 왕실 중심으로 수용되었던 사실을 알려 주는 것이다.

귀계법歸戒法을 세워 삼귀오계三歸五戒를 지니게 하였다. 이는 소승에 관심을 가지면서 계율을 강조한 것으로 볼 수 있다.

담시가 가지고 온 경율 수십 부는 율부律部에 관한 경전이 주류를 이룬 것이다. 엄격한 소승 계율을 내세우는 면에서 그의 불교신앙은 당시 대승불교와 아울러 소승경론을 연구하면서, 계율과 실천을 내세우는 중국 도안道安의 사상과 연관을 가졌다. 도안은 지율持律과 함께 일상육시육례日常六時六禮의 제정과 보시법布施法의 시행 등 불교계의 규율을 확립하였다.[13] 도안은 노장사상의 영향으로 이루어진 청담적인 중국 불교 경향에서 불교 본연의 사상을 찾고자 노력한 것은 사실이지만 그는 어디까지나 격의불교신앙을 이끌었던 인물이었다.

담시의 초전불교 역시 소승적인 계율을 강조하면서 격의불교신앙을 지닌 것이었다. 왕실 중심으로 수용되다 보니, 고구려에 초전된 불교가 넓게 퍼져 있었던 것은 아니었다. 순도는 아무리 학식이 깊고 박식할지라도 불교를 넓게 펴지 못하였다고 한다. 그 이유는 아직도 세상이 질박하고 사람들이 소박하여 불교신앙의 이치나 그 교화하는 뜻을 알 수 없기 때문이라고 하였다. 초전불교는 인과법칙이나 화복禍福을 내세웠으며, 신이한 성격을 포함하고 있었다. 격의불교 속에 포용된 이러한 성격은 불교신앙을 보다 넓게 펴려는 의도를 지닌 것이었다. 초전불교가 왕실 이외에 귀족들에 의해 환영을 받았는지는 불분명하다.

고구려 초전불교가 넓게 수용되지 않았던 것은 한편으로 불교 수용에 반대하는 사람들이 있었던 사실을 추측하게 한다. 왕실과는 달리 초전불교의 홍포에 대해 귀족들은 대체로 반대하였다. 인도에서 일어난 원시불교는 왕자王者, 즉 찰제리刹帝利 계급에 유용하였고 정복국가의 이념에 합치하는

13 金煐泰, 「고구려 불교사상－初傳性格을 중심으로－」, 『崇山朴吉眞博士華甲記念 韓國佛教思想史』, 圓佛教思想研究院, 1975, pp. 30～33.

성격을 지녔다. 반면 족장인 귀족들은 토착신앙의 제사장으로서는 왕과 동등한 기반을 가졌기 때문에 불교 수용에 반대하는 입장을 취하였다.[14] 오히려 귀족들은 불교보다 토착신앙을 고수하고 있었다. 초전불교신앙 속에 포함된 인과 원리나 화복신앙 또는 신이신앙 등은 이후 공인불교신앙과 연결시켜 해석해야 한다.

2. 불교의 공인과 그 신앙

왕실 중심으로 수용되었던 초전불교를 귀족에게까지 홍포하면서 국가불교로 성립시킨 것이 불교 공인이다. 담시의 전래 전승에서는 비록 왕실과의 관련이 잘 드러나 있지 않을지라도 순도가 왕실과 연결되었던 것은 바로 초전불교의 모습으로 보아야 한다. 순도와 담시의 전래 전승 속에는 공인불교의 모습도 나타나 있다. 담시가 중국 남방 불교신앙과 연결되었던 점은 아무래도 공인불교신앙의 모습을 생각하게 한다. 왕실과는 달리 불교 수용에 반대한 귀족들은 신이한 성격의 토착신앙에 익숙하였다. 초전불교를 수용하려던 왕실이기에 토착신앙을 애써 고수하지는 않았다. 따라서 초전불교는 토착신앙을 대체하려는 성격을 지녔다.[15]

공인불교는 귀족에게까지도 만족스러울 만한 신앙을 홍포하기 위해 귀족의 구미에 어울리는 성격을 갖추어 갔다. 담시의 전래전승 속에 포함된 신이신앙은 토착신앙이 불교 공인 과정을 거치면서 바뀌는 모습을 유추하게 한다. 이런 면을 유념하면서 순도와 담시의 전래전승 속에서 공인불교신앙

14 김두진, 「新羅上古代末 初傳佛敎의 受容」, 『千寬宇先生還曆記念 韓國史學論叢』, 正音文化社 1986, p. 277.

15 김두진, 위의 논문, p. 278.

으로 연결될 수 있는 것을 이끌어내고자 한다. 다음 기록을 참고해 보기로 하자.

① 그후 4년(374년)에 神僧 阿度가 魏로부터 들어왔으며(古文에 있음), 처음으로 省門寺를 창건하여 順道를 머물게 하였다. 古記에는 "省門을 절로 만들었다"고 하였으니, 지금의 興國寺가 이것인데 뒤에는 訛傳되어 성문이라 하였다. 또한 伊弗蘭寺를 창건하여 아도를 머물게 하였으니, 고기에 말하는 興福寺가 이것이다. 이가 해동불교의 시작이다.[16]

② 고구려 遼東城 傍塔에 대해서는 高老들이 말하는 傳承이 있다. 옛날 고구려 聖王이 국경을 순행하다가 이 城에 이르러 오색구름이 땅을 덮는 것을 보고, 가서 그 구름 속을 찾아보았더니 어떤 스님이 지팡이를 짚고 서 있었다. 그런데 가까이 가면 문득 없어지고 멀리서 보면 다시 나타나는 것이었다. 그 곁에는 3층土塔이 있었고 위에는 솥을 둘러썼는데, 그것이 무엇인지를 알 수 없었다. 다시 가서 스님을 찾아보았으나 오직 거친 풀만 있을 뿐이었다. 한 丈정도 땅을 파서 지팡이와 신발을 얻었고, 또 파서 위에 梵書로 적힌 銘文을 얻었다. 侍臣이 이를 알아보고는 "이것은 佛塔입니다"라고 하였다. 왕이 연유를 자세히 물으니, 대답하기를 "이것은 漢나라 때부터 있었는데, 그 이름은 蒲圖(본래는 休屠라고 하는데 祭天金人이다)라고 합니다"라고 하였다. 왕은 이로 인하여 信心이 생겨 7층木塔을 세웠는데, 후에 불법이 비로소 전해오자 그 시말을 자세히 알게 되었다. 지금은 다시 높이가 줄고, 목탑이 무너졌다. 阿育王이 통일한 閻浮提洲에는 곳곳에 탑을 세웠으니, 기이할 것이 없다(『삼국유사』 권4, 遼東城育王塔조).

---

16 覺訓, 『海東高僧傳』 권1, 流通 1의 1, 順道傳에 "後四年 神僧阿道 至自魏(存古文) 始創省門寺 以置順道 古記云 以省門爲寺 今興國寺是也 後訛寫爲省門 又刱伊弗蘭寺 以置阿度 古記云 興福寺是也 此海東佛敎之始"라고 하였다.

고구려 불교 전래 설화 중에서 국가적 사원의 건립이나 전륜성왕 관념의 수용 등은 불교 공인과 연관된 것이다. 사원의 건립이 불교신앙의 홍포 과정과 직결되었을 뿐만 아니라 전륜성왕의 치세도 미륵을 매개로 한 불교신앙의 홍포와 연결되어 있다.

초전불교가 왕실 중심으로 수용되었을 경우 반드시 사원이 창건되어 있어야 하는 것은 아니다. 불교가 공인되기 이전 초전불교가 믿어지던 소지마립간 때의 분수승焚修僧은 일정한 사원에 주지한 것 같지는 않다. 그는 궁중에서 분향을 담당하였던 승려였다.[17] 초전불교는 궁중에서 분수하는 모습으로 받아들여지거나 또는 왕실과 연결된 인물에 의해 수용되었다. 공인을 거치면서 불교가 귀족들에게까지 홍포되는 과정에서 사원을 창건하였다. 신라 초전불교 전승에서 아도가 천경림天鏡林에 절을 지어 흥륜사興輪寺라고 불렀다. 그러나 흥륜사는 불교 공인 과정에서 창건되었으며, 실제로 초전불교 당시에 아도의 창건은 실패로 끝났다.

아도의 전교 활동은 국인國人, 곧 귀족들의 반대로 실패함으로써, 불교 또한 폐한 것으로 기록하였다.[18] 신라의 흥륜사는 불교가 공인된 후에 짓기 시작하여 진흥왕 대에 완성되었다. 고구려 소수림왕 대에 초문사肖門寺(省門寺)나 이불란사伊弗蘭寺는 초전불교가 공인을 거쳐 국가불교로 이루어지면서 창건되었다. 그것은 신라의 흥륜사를 연상시키게 한다. 초문사는 흥국사興國寺이며 이불란사는 흥복사興福寺라고 하였다. 『해동고승전』의 이런 기록은 부정적으로 보려는 주장도 있지만,[19] 국가불교의 면모를 생각할 수 있는 부분이다.

흥국이나 흥복이라는 사명寺名 자체는 불교와 국가와의 연관을 짐작하게

17 辛種遠, 「신라의 佛敎傳來와 그 受容過程에 대한 再檢討」, 『白山學報』 22, 1977, p. 163.
18 『三國遺事』 권3, 阿道基羅조.
19 『三國遺事』 권3, 順道肇麗조.

한다. 신라의 흥륜사를 연상하게 하는 초문사나 이불란사의 창건은 불교 공인과정에서 전륜성왕의 존재를 암시해 준다. 그러나 엄밀히 말해 흥국사나 흥복사는 불법에 의해 크게 나라를 일으키고 왕실의 복록을 구하려고 하지만, 법륜을 일으킨다는 의미를 직접적으로 나타내는 것은 아니다. 그런 면에서 소수림왕, 곧 불교를 공인한 고구려의 왕이 전륜성왕을 표방한 것으로 비춰지지는 않는다.

요동성遼東城 육왕탑育王塔의 존재는 공인불교를 주도한 고구려왕이 신라의 법흥왕이나 진흥왕과 같은 전륜성왕을 표방하였으며, 따라서 초문사나 이불란사는 흥륜사와 같은 목적으로 창건되었을 것임을 짐작하게 한다. 『삼국유사』에서는 초문사나 이불란사가 흥국사나 흥복사로 불린 것이 잘못이라고 지적하였지만, 오히려 『해동고승전』에서는 본래 흥국사로 창건되었는데, 뒤에 와전되어 초문사(성문사)로 불렸다고 하였다. 요동성 육왕탑을 건립한 성왕聖王이 어느 왕을 가리킨 것인지는 분명하지 않다. 동명성제東明聖帝, 즉 주몽왕朱蒙王이라고 추정하기도 하지만,[20] 이는 믿을 수 있는 것이 아니다.

다만 성왕은 이름으로 미루어 전륜성왕으로 유추된다.[21] 불교 공인을 주도하고 국가불교를 표방하면서 정복국가 체제를 확립시킨 전륜성왕이 광개토왕이라는 주장도 있는데 이는 시사하는 바가 있다.[22] 성왕이 7층목탑을 세우고는 이를 육왕탑이라 불렀던 사실 자체도, 고구려에 불교가 공인되는 과정에서 전륜성왕의 존재를 분명하게 알려준다. 강력한 정복국가 체제를 갖추고는 인도의 모든 지역을 통일하여 불법으로 통치하였던 아육왕은 전륜성왕으로 자처하였다. 아육왕은 귀신의 무리에게 명하여 인구 9억 명이

20 『三國遺事』 권3, 遼東城育王塔조.

21 金善淑, 「三國遺事 遼東城育王塔條의 '聖王'에 대한 一考」, 『新羅史學報』 창간호, 2004, pp. 259~260.

22 鄭善如, 『고구려 불교사연구』, 서경문화사, 2007, p. 23.

사는 곳마다 탑 하나씩을 세우라고 하였다. 그리하여 염부제주閻浮提洲 내에 8만 4천 개의 탑을 세워 곳곳에 감추어 두었다고 한다.[23]

상서로운 조짐을 갖는 육왕탑은 진신사리眞身舍利신앙과 얽혀, 전륜성왕 관념을 표방한다. 흥미롭게도 고구려 성왕이 세운 요동성 육왕탑은 감추어 둔 아육왕의 3층토탑土塔이 나타난 것이라고 기록하였다. 성왕이 국경을 순행하던 중에 스님과 그 옆에 마치 솥을 덮어 쓰고 있는 3층토탑의 환상을 보고, 그 자리를 파서 스님의 지팡이와 신발 및 범서로 적힌 명문을 얻었다. 이에 아육왕의 불탑이 나타난 것이라 하여, 그곳에 7층목탑을 건립하였다.

땅속에서 솥을 머리에 쓴 모습으로 나타난 육왕탑의 연기설화는 신이한 토착신앙을 떠올리게 한다. 솥은 고구려 부정씨負鼎氏 부족의 제기祭器였는데, 만물을 양육시키는 지모신신앙을 상징적으로 보여 준다.[24] 대무신왕大武神王이 부여를 공격할 때에 종군한 부정씨가 지고 온 솥은 불을 지피지도 않았는데, 스스로 데워져 밥을 짓고는, 온 군사를 배부르게 먹인다는 신앙 전승을 가졌다.[25]

공인불교 속에는 신이한 토착신앙이 다소 흡수되었다. 이런 면은 순도에게서보다 담시의 불교 전래전승에서 뚜렷하게 나타나 있다. 다음 기록을 참고해 보기로 하자.

① 이에 拓跋燾(北魏 太武帝, 재위 424~452년)는 불교의 위력과 신통력이 黃帝나 老子보다 못하지 않음을 깨달았으며, 곧 스님(담시)을 上殿에 받들어 모시고 그 발에 예배하면서 허물과 죄과를 뉘우치고 자책하였다. 스님은 그를 위해 因果應報가 어긋남이 없음을 설명하고, 손바닥을 펴서 약간의 神異

23 『삼국유사』 권3, 遼東城育王塔조.

24 김두진, 「고구려초기 東明祭儀의 蘇塗信仰的 요소」, 『한국학논총』 18, 1966 ; 『韓國古代의 建國神話와 祭儀』, 일조각, 1999, p. 112.

25 『三國史記』 권14, 大武神王 4년, 冬 12月조.

를 나타내 보이었다. 탁발도는 매우 부끄럽고 두려워하면서 과거의 잘못을 뉘우치고 앞으로는 착하게 행동하고자 하였다.[26]

② 그러나 (탁발도는) 이미 저지른 禍惡이 쌓여 마침내 몹쓸 병에 걸렸었으며, 崔皓와 寇謙之도 또한 모진 병에 걸려 드디어 죽었다. 탁발도는 재앙이 그들의 죄로 말미암아 나타났기 때문에 용서할 수 없다고 하여 두 집을 滅族시키고, 국내에 영을 내리어 불교를 회복시키게 하니 종소리와 梵唄가 사방에서 들렸다.[27]

중국에서 신선술을 가미한 도교는 태평도太平道와 천사도天師道로 나뉘어 발전하였다. 오두미교五斗米教인 천사도가 동진東晋을 따라 남조에서 유행하자, 화북지역에서는 구겸지寇謙之가 신천사도를 만들어 탁발규拓拔珪의 북위정권 수립에 협조하였다.

북위의 태무제 탁발도는 처음에 최호崔皓와 당시의 천사天師인 구겸지 가문의 권유로 도교를 숭상하고 불교를 박해하였다. 탁발도는 군사를 보내어 사찰을 불지르고 승려를 핍박하였다. 담시는 이러한 사회 분위기 속에서 호법을 행하면서 신이한 행적을 보였다. 탁발도는 담시가 궁중에 이르렀다는 말을 듣자, 날쌘 군사를 시켜 베게 하였으나 그를 상하게 하지 못하였다. 탁발도는 크게 노하여 자기가 차고 있던 날카로운 칼로 담시를 베었으나, 오직 칼날이 닿은 곳에 붉은 줄과 같은 흔적을 남겼으며 그의 몸에는 아무런 이상이 없었다.

그때에 북원北園에 호랑이 새끼를 기르는 우리가 있었다. 탁발도가 담시를 끌고 가서 그 속에 들여보냈으나, 호랑이들은 모두 잠자코 엎드린 채 끝

26 覺訓,『海東高僧傳』권1, 流通 1의 1, 曇始전에 "於是燾乃知佛教威神 非黃老所及 即奉師上殿 頂禮其足 悔責愆咎 師爲說因果報應不差 指掌開示 畧現神異 燾生大慙懼 改往修來"라고 하였다.

27 각훈,『해동고승전』권1, 流通 1의 1, 曇始전에 "然禍惡已稔 遂感厲疾 而崔寇亦發惡病 將入死門 燾以爲禍 由彼作罪 不可赦 因族滅二家 宣令國內 光復竺教 鐘梵相聞"이라 하였다.

내 감히 접근하지 않았다. 탁발도는 시험 삼아 천사를 우리 가까이 보내었더니, 호랑이가 갑자기 으르렁거리며 달려들어 물어뜯으려고 하였다.[28] 이를 본 탁발도는 노자나 도교보다도 불교신앙의 위력이 더 강한 것을 깨달았다.

탁발도에게 나아간 담시는 불교의 인과응보에 의거한 신이한 영험신앙을 보여 주었다. 이에 탁발도는 최호와 구겸지의 죄를 물어 그들 집안을 멸족시키고는 다시 불교를 크게 일으켰다. 담시가 전한 불교는 인과응보를 강조한 신이신앙을 흡수하였으며, 아울러 도교에 대항하기 위해 초전의 격의불교에서 벗어나려는 성격을 지녔다. 이는 공인 이후 고구려 불교가 공관空觀에 대해 깊이 이해하게 만들었다. 공인불교는 전륜성왕 관념이나 토착의 신이신앙을 포용하였을 뿐만 아니라 선악의 업보에 의한 인과응보신앙을 가졌다.

3. 공인불교의 전개와 역사적 의미

(1) 공인불교의 전개

고구려 초전불교는 국가불교로 공인되면서 왕실로부터 귀족에게까지 홍포되는 계기를 마련하였다. 그러는 동안 중국 불교는 도교 신봉으로 인한 법난法難을 겪었다. 실제로 최호를 신임한 탁발도는 446년에 불법을 금지시키고는, 군사를 보내어 사찰을 불사르고 약탈하였으며 승려들을 사원에서 쫒아내었다. 담시가 전한 초전불교에는 도교를 타파하기 위한 신이신앙의 모습이 많이 나타나 있다. 일반적으로 이러한 신이신앙은 왕실에서보다

---

28 覺訓, 『海東高僧傳』 권1, 流通 1의 1, 曇始전에 "燾聞已 卽令猛卒斬之不傷 燾大怒 自以所佩利劍斫焉 惟劍所著處 有痕如紅線 體無餘異 時有北園 養虎子檻 燾驅令貽之 虎皆潛伏 終不敢近 燾試遣天師近檻 猛虎輒鳴吼 直欲搏噬"라고 하였다.

는 귀족들과 잘 어울리는 토착적 전통과의 연결이 가능한 것이다. 이와는 달리 왕실 중심으로 수용된 초전불교는 격의불교에 머물지라도 신이신앙을 애써 내세우지는 않았다.

공인불교에서 신이신앙이 나타나는 모습은 귀족불교의 양상을 예견하게 하지만, 한편으로 이는 업보業報신앙과 깊이 연관된 것이라는 점을 유의해야 한다. 다음에서 이런 면을 읽을 수 있다.

> 長安 사람 王胡의 叔父인 아무개가 죽은 지 이미 몇 년이 되었다. 어느 날 꿈에 (숙부가) 홀연히 생전의 모습으로 찾아와서, 왕호를 데리고 지옥을 두루 돌아다니면서 여러 果報를 보여 주었다. 왕호가 하직하고 돌아오려 하자, 숙부가 왕호에게 "이미 因果를 알았으니 마땅히 白足阿練을 받들어 섬겨 百業을 닦아야만 한다"라고 하였다. 왕호는 삼가 승낙하였다. 잠을 깬 후 (그에 대해) 두루 여러 스님에게 물었는데, 유독 담시가 발이 얼굴보다 흰 것을 보고 인하여 그를 섬겼다.[29]

진晋나라 의희義熙(405~418년) 초에 담시는 요동으로부터 다시 관중關中으로 돌아와 장안 근처에서 불교를 크게 일으키고 있었다. 마침 그는 장안 사람인 왕호王胡의 귀의를 받았다. 당시 담시가 결사한 불교는 인과응보에 의한 영험을 곁들인 신이신앙을 내세웠다. 왕호는 꿈에 죽은 숙부를 따라다니면서 지옥의 갖가지 과보를 경험하였다.

숙부의 당부 때문이라고는 하지만, 왕호는 인과응보신앙을 알게 됨으로 해서 애써 담시를 찾아 모셨다. 이는 담시가 업보신앙을 가졌던 것을 알려

29 각훈, 『해동고승전』 권1, 流通 1의 1, 曇始전에 "長安人王胡之叔父某 死已數年矣 一日夢中 忽來現形 接引王胡 遊避地獄 示諸果報 胡辭還 叔謂胡曰 旣已知其因果 要當奉事白足阿練 用修白(원문에는 曰)業 胡敬諾寤己 遍詢衆僧 惟見始足白於面 因卽事之"라고 하였다.

준다. 지옥을 두루 다니면서 체험한 인과응보신앙은 선악에 기인한 윤회전생신앙으로 이어진다. 고구려 불교 공인 이후 구복求福신앙의 구현도 이런 면에서 이해된다. 고국양왕故國壤王 8년(391년)에는 교서를 내려 불교를 믿고 복을 구하게 하면서, 아울러 담당 관청에 명하여 국사國社를 세우고 종묘宗廟를 수리하게 하였다.

다음 해인 광개토왕 2년(392년)에는 백제가 남쪽 변경을 침략해 왔으므로, 장수에게 명하여 막게 하면서 9개의 절을 평양平壤에 창건하였다. 복을 구하는 불교신앙의 홍포가 사직社稷이나 종묘 등 토착신앙 제장의 정비와 관련되었는지 또는, 평양에 9개의 절을 창건한 사실이 백제의 침략과 연관되는 것인지는 잘 알 수 없다. 다만 불교 공인 이후에 강조된 구복신앙은 선악에 바탕을 둔 인과응보신앙과 짝하여 퍼져 나갔다. 고구려 불교의 공인 이후에 윤회전생신앙이 나타나는 것은 분명하다. 다만 신라에서와 같이 전생의 선한 업보로 말미암아 귀족 신분으로 태어났다는 윤회전생신앙을 강하게 표방하였는지는 분명하지 않다.

고구려 공인불교에서 미륵과 석가불이 정토신앙과 연관하여 나타나고 있는 점은 유념할 만하다. 왜냐하면 이는 불교 공인과정에서 나타난 전륜성왕 관념과 연결되어 시사성을 띠기 때문이다. 다음 명문銘文을 참고해 보기로 하자.

① 永康 7년(551년, 陽原王 7년) 辛△에
　돌아가신 어머니의 冥福을 빌고자 彌勒尊像을 조성하였다.
　원하옵건대 亡者의 神靈이 兜率天으로 올라가
　彌勒三會의 설법을 만나,
　처음에는 無生 究竟을 깨닫고 念함으로써 반드시 菩提를 이루게 하소서.
　만약에 罪業이 있으면 일시에 소멸하기를 원합니다.

같이 하는 모든 이들도 같은 발원을 이루소서.[30]

② △景 4년(571년, 平原王 13년) 辛卯年에 比丘 道(須)와

함께 여러 善知識인 那婁

·賤奴·阿王·阿琚 등 5인이

같이 无量壽像 1軀를 만듭니다.

바라건대 돌아가신 스승 및 부모가 다시 태어날 때마다 마음속에 항상

여러 부처를 만나고, 善知識 등이

彌勒을 만나게 하소서. 원하는 바가 이와 같으니,

바라건대 함께 같은 곳에 태어나 부처를 보고 法을 듣게 하소서.[31]

③ 建興 5년(596년, 嬰陽王 7년) 丙辰에

佛弟子 淸信女 上部

兒奄이 釋迦文像을 만드니

바라건대 나고 다시 나는 세상마다 부처를 만나 佛法을 들어,

30 永康七年銘佛像光背에
"永康七年歲次辛
爲亡母造彌勒尊像(祈)
福 願令亡者 神昇兜(率)
慈氏三會
之初 悟无生(念)究竟 必昇(菩)
提 若有罪右 願一時消滅
隨喜者等 同此願"이라 하였다.

31 辛卯銘金銅三尊佛光背에
"景四年在辛卯比丘道(須)
共諸善知識那婁
賤奴阿王阿琚五人
共造无量壽像一軀
願亡師父母生生心中常
値諸佛善知識等値
遇彌勒所願如是
願共生一處見佛聞法"이라 하였다.

일체 중생이 이 서원을 함께 이루게 하소서.[32]

상기한 불상의 명문은 고구려에 불교가 공인되었던 때보다 많이 내려간 시기에 작성된 것이기 때문에, 이로써 공인불교의 성격을 끌어내는 데에는 어려움이 따른다. 다만 종교신앙은 본래의 모습을 간직하면서 비교적 오랫동안 전승하는 속성을 가졌다.

특별히 다른 자료를 찾기 어려운 상황에서 정토신앙에 비록 더 무게를 둔 것이기는 하지만, 여기에 나타난 미륵과 석가불 신앙은 공인불교의 모습을 유추하는 데 도움을 준다. 양원왕 7년(551년)에는 돌아가신 어머니의 명복을 빌고자 미륵존상을 조성하였다. 평원왕 13년(571년)에는 나루那婁·천노賤奴·아왕阿王·아거阿琚 등 5인이 비구 도(수)道(須)와 함께 돌아가신 스승과 부모를 위해 아미타불상을 조성하였다. 또한 영양왕 7년(596년)에는 청신녀淸信女 아엄兒奄 등이 석가문상釋迦文像을 만들었다.

죽은 사람을 위한 정토신앙과 연관하여 미륵뿐만 아니라 아미타불이나 석가불상을 조상造像하였다. 그렇지만 서방정토나 미래의 현실 정토로의 신앙이 뚜렷하게 나타나 있지 않기 때문에, 고구려의 정토신앙에는 미륵과 아미타의 두 정토가 명확하게 분화되지 않았다고 주장하기도 한다.[33] 이렇듯 고구려 사람들은 정토에 대해 모호하게 인식하기 때문에, 이를 굳이 정토신앙으로 파악하기보다는 미륵이나 석가불 신앙과 연결시켜 이해할 필요가 있다.

고구려 사람들은 망자를 위해 미륵불상이나 아미타불상 또는 석가불상을

---

32 建興五年銘金銅佛光背에
"建興五年歲丙辰
佛弟子淸信女上部
(兒)奄造釋迦文像△
願生生世世(値)佛聞
法一切衆生同此願"라고 하였다.

33 安啓賢, 「한국불교사상 - 고대편」, 『한국문화사대계』 권4, 고려대 민족문화연구소, 1970, p. 190.

조상하였지만, 이를 정토로의 왕생에 초점을 맞추지는 않았다. 오히려 이 시기의 불교가 윤회전생신앙을 깔고 있는 점이 더 흥미롭다. 다음 세계에 다시 태어나기 위한 선연善緣을 쌓기 위한 목적에서 불상을 조상한다는 신앙이 더 강하게 나타났다. 죽은 스승과 부모가 다시 태어날 때마다 여러 부처를 만나서, 불법을 듣고 서원을 이루기 원하였다. 나루나 천노 등 5인은 아미타불을 조상하면서도 현실적으로는 미륵을 만나려고 하였다. 이는 미륵정토와는 구별되는 모습을 보여 준다.

청신녀나 아엄 등은 정토신앙이라기보다는 윤회전생신앙에서의 선연을 쌓기 위해 석가불상을 조상하였다. 어머니의 명복을 빌기 위해 미륵상을 조상하였지만, 그 진정한 뜻을 도솔천에 왕생하는 데에만 두지 않았다. 어머니가 도솔천에서 미륵의 삼회三會설법에 참가함으로써, 무생無生을 깨달아 구경究竟의 보리를 반드시 이루기를 기원하는 것이다. 죽은 후 어머니가 도솔천에 올라간 것은 미륵정토에 왕생하기보다는 선연을 쌓기 위해 미륵의 설법에 참가하려는 의미를 지녔다.

망자를 위해 아미타불을 조상하고는 미륵을 만나게 하려는 것도 바로 선연을 쌓으려는 의도를 가졌다. 곧 선악의 업보를 바탕에 깐 윤회전생신앙의 모습을 보여 준다. 때문에 이들은 만약 죄업罪業이 있으면 일시에 소멸하기를 바랐다. 이는 공인 이후에 전개된 국가불교의 신앙 모습을 떠올리게 한다. 공인 이후 고구려 불교에 나타난 전륜성왕 관념이나 석가불 및 미륵신앙은 왕실과 귀족이 모두 불교신앙을 받아들였다는 결론을 이끌게 한다. 석가불신앙과 전륜성왕 관념이 왕실 중심으로 수용되었다면, 미륵신앙은 귀족에게 보다 가깝게 다가갔다.

공인불교를 성립시키면서 왕실과 귀족이 불교신앙 면에서 서로 타협함으로써, 고구려는 귀족연합 정권을 창출했고 정복국가 체제를 갖추면서 밖으로 뻗어 나갔다. 소수림왕 대에 불교를 공인하면서 중앙집권적 귀족국가 체제를 정비하였고, 이가 바탕이 되어 광개토왕 대의 정복사업을 순조롭게 진척시켰다. 고구려 공인불교는 초전불교에서 배척된 토착적 신이신앙을 흡수한 반면, 청담적인 격의불교의 모습에서 점차로 벗어나고 있었다.

(2) 불교 공인의 역사적 의미

고구려에는 일찍이 북방 불교가 왕실 중심으로 전래되어 있었다. 전연前燕의 모용씨慕容氏가 침입하였을 때에 이미 불교는 알려져 있었다. 당시 전연에서는 왕실이 자유롭게 원찰을 조성할 정도로 불교가 성행하였다.[34] 전연의 위협에서 벗어나려는 고구려는 남으로 동진과 교섭을 시도하면서 새로 일어나는 후조後趙와 적극적으로 교류하였다. 도망쳐 온 진晋의 평주자사 최비崔毖를 받아들였을 뿐만 아니라 미천왕 31년(330년)에는 후조 석륵石勒에게 사신을 보냈다.

마침 이때에는 석륵이 불도징佛圖澄을 중용하여 불교를 크게 일으키고 있었으므로, 북조 불교가 자연스럽게 고구려로 유입되었다. 한편으로 청담적인 격의불교의 수용이나 동진과의 교류는 남방 불교와의 연관을 생각하게 한다. 공인 이전 고구려의 초전불교는 남방 불교와도 다소 연관을 가졌지만 북방 불교가 주류를 이루었다. 중국의 북방 불교가 왕즉불王卽佛신앙을 내세웠다면 남방 불교는 왕즉보살王卽菩薩, 즉 구세보살신앙을 포용하였다. 왜냐하면 새외민족이 세운 북조의 국가들은 왕권이 강한 사회를 이루었다면, 남조의 국가들은 농경을 기반으로 토착 귀족의 권한이 강한 사회를 이루었기 때문이다.

초전불교는 연맹왕국이 중앙집권적 귀족국가 체제를 갖추면서 정복국가로 발돋움하여 갈 때에 수용되었다. 왕실은 왕즉불신앙에 더 호감을 가졌다. 초전불교는 왕을 여래로 인식함으로써 절대군주에 의한 중앙집권적 일

---

34 박윤선, 「고구려의 불교 수용」, 『한국고대사연구』 35, 한국고대사학회, 2004, p. 204.

통一統 정치를 내세우려고 하였다.[35] 자연히 왕실 중심으로 수용된 초전불교에서는 왕즉불신앙이 강하게 나타났다. 반면 구세보살신앙은 왕도 수행 중에 있는 보살이라는 관념을 가졌기 때문에 동진에서는 사문의 예경禮敬 문제가 등장하였는데, 승려가 왕을 공경하여야 한다는 데 대해 귀족들이 대체로 반대하였다.

불교 수용 이전에 귀족은 연맹왕국 속에 흡수되어 있었다고는 하지만, 토착신앙에서 받드는 제사장으로서 왕과는 대등한 지위를 누렸다. 그러나 초전불교는 정복국가 체제를 갖추면서 서서히 성립되어 가는 국왕과 귀족의 현실적인 상하 관계를 인정하였으므로, 귀족은 불교 공인에 대해 반대하였다.[36] 불교가 공인되기 위해서는 귀족의 반대를 무마하는 것이 중요했다. 그러므로 귀족들에게까지 홍포하려는 공인불교에서는 귀족의 입장에서도 호의적인 불교신앙이 모색될 수밖에 없다.

귀족들이 호감을 가졌던 불교신앙으로 윤회전생신앙이나 미륵신앙을 들 수 있다. 인과응보에 의한 공덕功德신앙은 귀족의 신분적 특권을 인정하려는 것이다.[37] 전생에서의 선한 업보로 말미암아 현세에서의 귀족으로 태어났다는 이야기다. 미륵은 본래 브라만 출신 설화를 가졌을 뿐만 아니라 전륜성왕의 치세를 도우는 등, 귀족의 입장에서도 호감을 주는 신앙의 대상이 되었다. 반면 전륜성왕 관념은 정복군주의 상징으로 비쳐졌고, 석가 역시 찰제리刹帝利 계급 출신이다. 왕즉불신앙을 강조한 초전불교에서 왕실은 전륜성왕 관념과 석가불신앙을 포용하면서, 점차적으로 귀족에게까지 불교신앙을 홍포하였다.

---

35 山崎宏, 『支那中世佛教の展開』, 清水書店, 1942, pp. 130～131.

36 김두진, 「新羅上古代末 初傳佛教의 受容」, 『千寬宇先生還曆記念 韓國史學論叢』, 正音文化社 1986, pp. 277～278.

37 이기백, 「新羅 初期 불교와 귀족세력」, 『진단학보』 40, 1975 ; 『新羅思想史研究』, 일조각, 1986, p. 93.

불교는 직접적으로는 국왕의 주동적인 추진에 의해서 공인되었지만, 일반적으로는 귀족세력과의 일정한 타협 기반 위에서 공인되었다.[38] 전륜성왕과 미륵 내지 석가불과 미륵불은 불교신앙 면에서 국왕과 귀족세력이 조화와 타협을 이루게 하였다. 이러한 모습은 신라 불교의 공인 과정에서 비교적 뚜렷하게 나타나 있다. 신라의 경우 귀족의 협조를 이끌어내는 과정에서 국왕의 측근인 이차돈異次頓이 순교하지 않으면 안 될 정도로 귀족세력의 불교 공인에 대한 반발은 거세게 나타났다.

왕즉불이 아닌 왕즉보살의 구세보살신앙을 수용함으로써, 신라 초전불교는 공인되기에 이르렀다.[39] 다만 고구려 초전불교의 공인 과정에서 신라에서와 같은 귀족의 반발이 뚜렷하게 나타나지 않는다. 또한 국왕은 석가불신앙을 상징적으로 받든 것인지도 명확하지 않다. 광개토왕 18년(408년)에 축조한 덕흥리 고분의 묘주 진鎭은 석가문불제자釋迦文佛弟子로 자처하였다.[40] 후기의 석가불신앙에서도 국왕과의 연관은 미약하게 나타나 있다.

영양왕 때에 상부上部 출신의 여신도 아엄兒奄이 내세에서도 불법을 듣기를 바라면서, 아울러 일체 중생이 모두 이러한 소원을 이룰 수 있도록 석가불상을 조상하였다. 이는 석가불신앙이 오히려 귀족과도 연결되었던 것을 시사해 준다. 본존불인 석가불을 '석가문상釋迦文像'으로 기록한 것은 미륵과의 연관을 생각하게 한다. 『미륵하생경彌勒下生經』에는 석가불이나 석가모니釋迦牟尼 또는 석가여래가 '석가문불釋迦文佛'로 기록되었다. 그러므로

38 이기백, 「新羅 初期 불교와 귀족세력」, 『진단학보』 40, 1975 ; 『新羅思想史研究』, 일조각, 1986, p. 80.

39 김두진, 「신라 公認佛教의 사상과 그 정치사적 의미」, 『斗溪李丙燾博士九旬記念 韓國史學論叢』, 지식산업사, 1987, pp. 85~87.

40 77세에 죽었기 때문에 鎭은 장년에 초전불교를 접하였을 가능성이 많다. 당시에 중앙집권적 귀족국가로의 체제정비가 완비되지 않아, 그는 대동강유역에서 독자세력을 형성하고 있었다. 때문에 진의 석가불신앙을 귀족세력과 연관시켜 이해할 수는 없다. 오히려 그의 석가불신앙은 초전불교의 성격과 연관하여 이해하는 것이 바람직하다.

아엄이 조성한 건흥명금동석가불상建興銘金銅釋迦佛像의 협시불이 미륵보살로 추정되며,[41] 석가문불 제자인 진도 미륵을 받들었던 것으로 추측된다. 이는 석가불이 미륵신앙과 연관된 흔적을 보여 준다.[42]

고구려 공인불교에서 전륜성왕 관념과 미륵신앙과의 연관도 밀접하게 나타난 것은 아니다. 고구려 국왕은 전륜성왕 관념을 강하게 견지하였고, 귀족세력도 윤회전생과 연결하여 미륵신앙을 포용하였다. 이 점은 공인불교의 사상적 특성으로 이해할 수 있다. 다만 고구려가 신라에서와 같은 구세보살신앙을 분명하게 내세우지는 않았다. 때문에 고구려 공인불교는 왕즉보살신앙을 추구하면서도 여전히 왕즉불신앙을 고수하였다. 공인불교에서 내세운 전륜성왕 관념은 구세보살신앙에 초점을 둔 것이라기보다는 전제왕권이 정복 전쟁을 수행해 나가는 면을 강조하려는 의도를 지녔다.

고구려 공인불교는 신라에 전해져, 오히려 그곳의 초전불교신앙을 성립시키는 데 영향을 주었다. 묵호자墨胡子나 아도阿道(我道)가 전한 불교신앙은 신라왕실 중심으로 수용되었다. 다음 사실을 참고해 보기로 하자.

① 고구려 승려 아도는 그의 어머니 高道寧으로부터 장차 신라에 聖王이 출현하여 佛法을 크게 일으킬 것이며, 그 나라 수도에는 前佛시대의 7伽藍터가 있다는 말을 들었다.

② 신라에 온 아도는 대궐에 나아가 불법을 펴기 원하였고, 巫醫가 못 고친 成國공주의 병을 치료하는 것을 계기로 天鏡林에 興輪寺를 지어 나라의 복을 구하고자 하였다.

③ 沙門 墨胡子가 고구려로부터 一善郡 毛禮의 집에 와서 머물렀다. 그는 梁나라 사신이 전한 香의 용도를 알려 주고 왕실에 나아가 王女의 병을 낫게 하

41 鄭善如, 『고구려 불교사연구』, 서경문화사, 2007, pp. 44~45.

42 田村圓澄, 『古代朝鮮佛教と日本佛教』, 吉川弘文館, 1980, pp. 96~97.

였다.(『삼국유사』 권3, 阿道基羅조에서 요약)

위의 내용은 신라 초전불교의 모습을 알려주는데, 소지마립간이나 눌지마립간 또는 미추니사금 때의 사실로 기록되어 있다. 그 각 전승의 강조점은 일관된 모습을 보여 준다. 묵호자나 아도는 왕실에 불법을 전하였고, 국왕의 비호 아래 천경림에 절을 창건하고자 하였다. 그러나 국왕의 승하로 말미암아 귀족세력의 배척을 받게 되어 절을 짓는 불사가 중단되었다.

묵호자나 아도가 전한 고구려의 공인불교는 신라왕실 중심으로 수용되었고, 그러한 초전불교가 다시 공인되는 과정에서 귀족세력의 반대에 부딪쳤다. 말하자면 신라의 초전불교는 고구려의 공인불교를 수용한 셈이다. 때문에 고구려 공인불교는 구세보살신앙을 가졌을지라도 왕즉불신앙을 보다 강하게 내포한 것이었다. 아도가 신라에 초전한 불교에는 성왕의 홍법이나 흥륜사의 창건 등, 전륜성왕 관념이 흡수되어 있었다. 이는 왕즉보살신앙을 내세우려기보다는 정복군주의 전제주의에 더 비중을 둔 것이었다.

고도령은 성왕의 통치와 함께 전불시대 7가람터를 언급하였다. 신라 불국토설은 이를 기반으로 하여 선덕여왕 대에 체계화되었다. 이런 모습은 공인 이후 고구려 국가불교에서도 왕즉불의 북방 불교신앙이 유지되었던 것을 알려 주기에 충분하다. 양원왕陽原王 때에 혜량惠亮법사는 한강 유역을 회복하려고 출정한 거칠부居柒夫를 따라 신라로 갔다. 그는 국통國統이 되어 승관을 관할하였을 뿐만 아니라 백좌강회百座講會와 팔관회八關會를 처음으로 실시하였다. 고구려 불교의 전통은 공인 이후 신라 국가불교의 전개와 연결시켜 이해해야 한다.

신라의 승관제는 혜량이 승통에 임명되면서 본격적으로 실시되었다. 그는 이미 북위 불교의 영향을 받아 성립된 고구려 승관제에 대해 정통하였다.[43]

---

43 鄭善如, 『고구려 불교사연구』, 서경문화사, 2007, pp. 51~54.

혜량이 실시한 백좌강회는 『인왕경仁王經』을 강해하는 인왕도량이라고 하는데, 그 내용은 대외적 전쟁을 승리로 이끌거나 반란의 진압 및 국왕 축수祝壽 등 호국적 성격을 갖는 것이다.[44] 팔관회 역시 전몰장병의 넋을 위로하기 위한 제의이다. 혜량으로 상징되는 고구려 불교는 6세기경까지 외적의 침입을 물리치면서 국왕을 축수하는 등 호국적 성격을 지녔다. 이는 공인 이후 고구려 국가불교가 북방 불교 전통인, 왕즉불신앙과 연결되어 있었음을 짐작케 한다.

신라와 비교하여 고구려 공인불교가 북방 불교의 전통을 더 강하게 지녔던 것은 귀족세력의 성격이 달랐던 데에서 찾을 수 있다. 신라에서는 유이流移해 들어 온 왕실에 비해 토착 귀족이 상대적으로 강한 세력을 유지하였다. 반면 고구려는 토착 귀족이나 왕실이 새외민족의 유목문화나 중국민족의 농경문화에 모두 접함으로써, 문화 경험을 같이 하면서 비슷한 세력을 이루었다. 때문에 중앙집권적 귀족국가 체제를 성립시키는 과정에서 큰 마찰을 일으키지 않고, 왕실은 귀족을 비교적 순조롭게 편제함으로써 단조로운 신분제 사회를 이루었다.

고구려 연맹왕국은 험한 산간에 의지한 읍락이나 성읍국가로 편성됨으로써, 소규모의 전쟁에서는 패한 경험을 가지고 있지 않았다. 그리하여 연맹왕국으로까지는 순조로운 발전을 거듭해 왔다. 그러나 진을 치고 장기적으로 대치하는 대규모의 전쟁에서 고구려는 실패할 수밖에 없었다. 험한 지리는 방어에 유리할지라도 중앙의 행정력을 원활하게 만들지는 못하였다. 초전불교가 전래되었던 고국원왕故國原王 때의 고구려는 전연 모용황慕容皝의 침입으로, 수도가 함락되었을 뿐만 아니라 왕비와 왕의 어머니가 사로잡혀 가는 수모를 겪었다. 그 이전 동천왕東川王 때에도 유주자사幽州刺史 관구검毌丘儉의 침입으로 수도가 함락되고 국왕은 옥저 지역으로 피난을 갔다.

---

44 이기백, 「皇龍寺와 그 창건」, 『신라사상사연구』, 일조각, 1986, p. 54.

이렇듯 실패를 경험한 고구려는 그 원인을 분석하면서 국가 체제를 정비하여 갔다. 연맹왕국이 중앙집권 체제를 강화하면서 산간에 흩어져 있던 부족 세력을 중앙 귀족으로 흡수하고, 그들이 거느린 군사력을 중앙의 직접적인 통제 아래에 두려고 하였다.[45] 이에 수반하여 초전불교가 공인되었다. 고국원왕 때에 처참하게 무너진 고구려는 소수림왕 때의 불교 공인과 중앙집권적 귀족국가 체제의 정비를 거치면서, 광개토왕 대에는 막강한 정복국가로 부활하였다. 공인 이후 고구려 국가불교는 비록 구세보살신앙을 다소 포용하였을지라도 여전히 정복국가의 성격과 잘 어울릴 수 있는 요소를 지녔다.

45 김두진, 「고구려초기의 沛者와 국가 체제」, 『한국학논총』 31, 2009, p. 58.

제2절 백제 초전불교의 공인과 그 의미

1. 백제의 초전불교

백제에 불교가 전래되어 국가불교로 공인되는 과정에 대한 기록은 매우 소략하게 전한다. 『해동고승전海東高僧傳』의 마라난타摩羅難陀전에 전하는 전교傳敎에 관한 내용이 거의 유일한 편인데, 이로써 불교가 수용되는 사실적인 양상을 구체적으로 끌어 내기는 어렵다. 한성시대 백제 불교에 대한 기록도 거의 전하지 않는다. 반면 웅진熊津시대 이후 백제의 불교신앙을 알려 주는 자료는 다소 남아 있다. 그 외 중국의 승전류僧傳類나 일본의 불교 관계 자료 속에 백제 불교신앙을 알려 주는 내용이 나온다. 물론 그 대부분이 웅진시대 이후의 것이기는 하지만, 그중 일본 측 자료는 백제 불교신앙을 밝히는 데 많은 도움을 준다.

백제 초전初傳불교의 수용 문제는 대륙으로 들어온 북방 불교뿐만 아니라 해양으로 유입된 남방 불교에 대해 이해하여야 밝혀질 수 있다. 해양 불교는 한국고대사에서 해양교류의 중요성을 제고하게 한다. 삼국 중 백제는 지정학적으로 가장 빈번하게 해상 활동을 전개하였다. 따라서 필자는 남방 불교가 해양을 통해 유입되었다는 면에서 지금껏 회의적으로만 접근했던 가야의 불교 전래 기사나 동축사東竺寺 관계 자료의 가치를 재음미하고자 한다. 북방의 대륙으로 전해진 중국 불교도 일부 고구려를 통해 받아들였으나 대부분은 남조를 통해 해양으로 들어왔으므로, 백제 초전불교를 격의格義불교와 연관하여 밝히고자 한다.

백제 초전불교가 공인되어 국가불교로 성립하는 과정에 대해서는, 우선 마라난타의 전교 설화를 초전불교와 공인불교를 알려 주는 내용으로 나누는 작업을 통해 이해하고자 한다. 비교적 자세하게 전개된 신라 불교의 공인 과정에 대한 이해를 통해 공백으로 남는 백제 공인불교의 성격을 끌어낼 수 있다. 그리하여 석가불과 전륜성왕轉輪聖王 및 미륵과 계율 관계에서 백제 공인불교의 전개 양상을 제시할 것이다. 아울러 침류왕 때의 불교 공인은 당시 중앙집권적 귀족국가 체제를 정비하는 백제 사회와 연관시켜 밝혀야 한다. 공인불교에서 내세워진 계율은 한성시대 백제의 뻗어나가는 패기와 함께 사회 통합을 염원하는 의도를 지닌 것이었다.

백제 침류왕 원년(384년)에 호승胡僧 마라난타摩羅難陀가 동진東晋으로부터 불교를 전래하였다고 기록하였다. 이 기사는 신라 법흥왕 대 이차돈異次頓의 순교나 고구려 소수림왕 대 순도順道의 전교 사실과 비견될 수 있으며, 백제에 불교가 공인되는 사실을 알려 준다. 침류왕 이전에 이미 불교는 백제 사회에 유입되어 있었지만, 초전불교의 모습을 찾아내기는 쉽지 않다. 다만 공인 이전 고구려와 신라의 불교 관계 기록은 백제 초전불교를 이해하는 데 도움이 된다. 그러므로 고구려 승려 망명亡名이나 신라 초전불교의 전래 설화를 참고하고자 한다.

백제에 불교는 북방을 통해 대륙으로 전래될 수도 있었지만, 주로 남중국이나 해양을 통해 유입되었다. 백제 사회에는 해양교류가 활발하게 전개되었다. 일찍이 많은 문물을 받아들여 훨씬 세련된 제도를 정비한 백제가 고구려나 신라에 비해, 불교를 늦게 접하지는 않았을 것임은 분명하다. 다음 내용은 백제에 불교가 해양을 통해 유입된 사정을 추측하게 한다.

삼한의 동남쪽 귀퉁이의 바다 가운데 倭國이 있으니 즉 일본국이다. 왜국의 동북쪽에 毛人國이 있으며, 그 나라의 동북쪽에 文身國이 있다. 그 나라 동쪽 2천리 밖에 大漢國이 있으며, 그 나라 동쪽 2만여 리에 扶桑國이 있다. 송나라 때에 天竺의 다섯 승려가 돌아다니다가 이곳에 이르러 처음으로 불법을 전하

> 였다. 그 나라들은 다 바다 가운데 있고, 오직 일본국 승려가 가끔 바다를 건너 왔을 뿐이며, 그 나머지 나라들은 모두 자세히 알 수 없다.[1]

왜국 외에 모인국이나 문신국·대한국·부상국이 어디에 있는지를 정확하게 알기는 어렵다. 삼한에서 일본이나 북해도北海島를 포함한 남해나 동해안 일대의 섬에 건립된 국가였을 것으로 추측된다.

남조의 송宋나라 때에 이들 국가에 인도의 다섯 승려가 해양을 통해 불교를 전하였다. 불교는 대륙을 통해 전해져 이미 중국 삼국시대의 위魏나 오吳나라에서 성행하였고, 남북조시대에 들어서면서는 우리나라로 전해졌다. 불교는 우선 중국 북조를 통해 고구려로 들어왔겠지만, 송이나 제齊나라에 전해진 불교는 바다를 통해 우리나라에 알려졌다.[2] 송의 주령기朱靈期가 고구려에 사신으로 왔다가 돌아갈 때에 풍파를 만나 섬에 상륙하였는데, 거기서 부처의 발우鉢盂를 얻었다고 한다. 제나라 때에도 고구려와 불교 교류가 있었던 듯한데, 이는 해양을 통해 이루어진 것이었다.

남조의 불교가 백제나 우리나라로 들어온 사실은 관련 서적이 전하지 않아, 기록으로 남지 못했을 뿐이다.[3] 각훈覺訓은 이를 한탄하여 특별히 불교가 해양을 통해 전해진 사실을 명기하였다. 해양을 통해 백제로 전해진 불교로는 우선 인도에서 해로를 따라 들어오는 남방 불교라고 생각할 수 있다. 대륙으로 전래된 남조 불교도 대부분 해양으로 들어왔다. 바다를 통해 전해진 불교는 백제에 비교적 일찍부터 알려졌다. 한성시대 백제 사회에 불

1 覺訓, 『海東高僧傳』 권1, 流通 1의 1, 釋摩羅難陀전에 "三韓東南隅 海內有倭國 卽日本國也 倭之東北 有毛人國 其國東北 有文身國 其國東二千餘里 有大漢國 其國東二萬里 有扶桑國 宋時有天竺五僧 遊行至此 始行佛法 此皆海中在 唯日本國僧 往往渡海而來 餘皆未詳"이라 하였다.

2 김두진, 『백제의 정신세계』, 주류성, 2006, p. 132.

3 각훈, 『해동고승전』 권1, 流通 1의 1, 釋亡名전에 "且佛教既從晋 行乎海東 則宋齊之間 應有豪傑之輩 與時而奮 而無載籍 悲夫 … 則高人烈士 西笑於中國 諮取綱要者 固不少矣 時無良史 羅縷厥緖爲恨耳"라고 하였다.

교는 처음 전남 영광 지역으로 전래되었다고 한다.[4] 이는 마라난타 이전 초전불교의 존재를 상정하게 한다.

1798년에 작성된 것으로 추정되는 자료여서 신빙성이 다소 의심되긴 하지만, 나주 불회사佛會寺 대법당의 상량문上樑文에는 마라난타가 마한의 고승으로 백제 불교의 초조初祖이며 불회사를 창건하였다고 기록하였다. 이외에도 마라난타가 마한에 온 승려라는 기록을 다소 찾을 수 있다.[5] 다만 마라난타가 바로 영광 지역으로 들어왔는지는 의문이다. 불회사의 초창주가 마라난타라거나 또는 불갑사佛甲寺나 영광이 마라난타와 연관되는 모습은 백제 사회에 초전불교가 대체로 바다를 통해 전해졌을 것으로 생각하게 한다.[6]

마한 때에 불교가 바다로 전해졌다는 것은 백제에 남방 불교가 해로를 따라 유입되었을 가능성을 시사해 준다. 백제의 해변에 관세음불의 정토淨土를 설정한 연기설화가 이를 알려 준다. 마한에 있다는 성주산聖住山은 실리모달리實利母怛梨라고 부른다. 험준한 봉우리가 높이 솟아 있는 이 산의 정상이 월악月岳인데, 거기에 관세음보살觀世音菩薩의 궁전이 존재한다고 하였다.[7] 성주산이나 월악이 어느 곳인지를 정확하게 지적하기는 어렵다. 다만 각훈은 다 쓰기 어렵다고 할 정도로 성주산에 관한 많은 연기설화가 고려 말까지 전승되고 있다고 하였다.

관음의 정토인 보타낙가산補陀洛迦山은 일반적으로 해변에 위치하고 있는데, 그 지역은 해상교류가 활발하게 전개된 곳이다. 백제의 관음정토로 성주산의 월악을 설정한 것은 해양을 통해 불교가 전래된 사실과 연관시켜

4 조경철, 「백제 한성시기 영광 불법초전 전설의 비판적 검토」, 『향토서울』 65, 2005, pp. 82~84.

5 栢庵 性聰, 「江南潭陽法雲山玉泉寺事蹟」(『한국불교전서』 권8, 동국대학교, 1987, p. 479)에 "又胡僧摩羅難陀 自晋來馬韓"이라 하였다.

6 김두진, 『백제의 정신세계』, 주류성, 2006, pp. 134~135.

7 覺訓, 『海東高僧傳』 권1, 流通 1의 1, 釋摩羅難陀전에 "然則三韓在閻浮提東北邊 非海島矣 佛涅槃後 六百餘年乃興 中有聖住山 名實利母怛梨(唐言三印山) 峻峰高聳 觀世音菩薩宮殿 在彼山頂 卽月岳也 此處未任未易殫書 然百濟乃馬韓之謂矣"라고 하였다.

이해해야 한다. 파사석탑婆娑石塔에 관한 다음 설화를 참고해 보기로 하자.

> 金官 虎溪寺의 파사석탑은 옛날 이 고을이 금관국이었을 때에 世祖인 首露王의 妃인 許黃玉이 東漢 建武 24년 戊申(48년)에 西域 阿踰陁國에서 싣고 온 것이다. 처음에 공주가 부모의 명령을 받들어 바다를 건너서 동쪽으로 가려고 하였다. 그런데 (공주는) 波神의 노여움을 사 가지 못하고 돌아가서 부모에게 아뢰니, 부왕은 이 탑을 싣고 가라고 하였다. 그제야 순조로이 바다를 건너 남쪽 해안에 닿아 정박하였다(『삼국유사』 권3, 金官城 婆娑石塔조).

금관국 호계사에 세워진 파사석탑은 수로왕비 허황옥許黃玉이 48년에 인도의 아유타국阿踰陁國으로부터 싣고 온 것이라 한다. 그 연대나 기록 자체는 믿을 수 있는 것이 아니다. 금관국의 제8대 질지왕銍知王 2년(452년)에 창건한 왕후사王后寺는 일찍이 김해 지역에 불교가 전래되었던 사실을 짐작하게 한다. 가야 지역에 들어온 불교는 공인 이전 백제 사회에 유포되었던 불교와 연결시켜 이해할 수 있다.[8]

그 외에도 신라 울주蔚州 하곡현河曲縣의 동축사東竺寺는 서천축西天竺의 아육왕阿育王이 보낸 불상과 두 보살상의 모형을 모시기 위해 세운 절이다. 동축사의 창건 설화도 아육왕이 해외로 불탑佛塔을 띄워 보낸 불교의 전교 전설과 연결되어 있어서[9] 사실로 믿기는 어렵지만, 초기 백제시대에 불교가 해양으로 전래되었던 것을 추측하게 한다. 파사석탑의 전래 과정은 백제 초전불교의 성격을 이해하는 데 도움을 준다. 허왕후는 바다신의 노여움을 사

---

8 김두진, 『백제의 정신세계』, 주류성, 2006, p. 135.

9 『삼국유사』 권3, 皇龍寺丈六조 참조.
장육상을 주조하는 데 실패한 阿育王은 인연이 있는 곳에 이르러 이루어지기를 축원하면서, 세 불상과 함께 黃鐵 5만 7천 斤과 황금 3만 分을 모아 배에 실어 바다에 띄웠다. 아육왕이 띄운 배가 울주에 다다랐으며, 세 불상을 모시기 위해 東竺寺가 창건되었고, 철과 금은 서울로 옮겨 주조하여 황룡사의 장육존상으로 모셔졌다.

서 동쪽으로 항해할 수 없는 처지에 이르렀다. 파사석탑의 조성은 바다신의 노여움을 제압하려는 의미를 지녔다.

초전불교신앙은 토착신앙을 대체하려는 성격을 지녔다.[10] 수로왕과 연관된 다음 내용은 이를 이해하는 데 도움을 준다.

> 萬魚山에 다섯 羅刹女가 있어 (毒龍과) 서로 왕래하면서 交通하였기 때문에 때로 번개와 비를 내려 4년 동안 오곡이 익지 않았다. (수로)왕이 呪術로 이를 금하려 하였으나 할 수 없게 되자, 머리를 조아리고 부처께 청하였다. 설법을 들은 연후에 나찰녀가 5계를 받자 이후에 재해가 없어졌다. 이로 인하여 동해의 魚龍이 마침내 골짜기에 가득한 돌로 변하여 각기 종과 경쇠의 소리를 내었다(『삼국유사』 권3, 魚山佛影조).

수로왕 때의 불교에 관한 고기古記의 기록이 믿을 수 있는 것은 아니지만, 해양으로 전래된 초전불교신앙을 이해하는 데 실마리를 제공해 준다. 수로왕은 처음에 나찰녀와 독룡으로 인한 재해를 주술로 물리치려 하였다. 그러나 주술이 실패로 끝나자, 수로왕은 부처에게 부탁한 설법으로 그들의 재해를 없앨 수 있었다.

불교 전래 이전 토착신앙의 중심에는 타부나 주술이 자리하고 있었다. 타부 역시 주술의 역기능을 가진 것에 불과하다. 토착신앙에서 가장 중시되던 주술을 대치하고 있는 것이 부처의 설법이다. 파사석탑의 조성은 바로 이런 면으로 이해된다. 그러나 허왕후가 아유타국에서 해로를 이용하여 금관국으로 들어오는 모습은 토착신앙의 전통에서 나온 것이라는 인상을 강하게 풍긴다. 허왕후는 긴 항해 끝에 마침내 별포別浦 나루에 배를 정박하고는,

10 김두진, 「新羅上古代末 初傳佛敎의 수용」, 『千寬宇先生還曆紀念 韓國史學論叢』, 正音文化史, 1986, p. 278.

육지로 올라 높은 언덕에서 쉬었다. 이어 입었던 치마를 벗어서 예물로 삼아 산신령에게 보냈다고 한다(『삼국유사』 권2, 駕洛國記조).

여성의 치마는 풍요의 상징으로 종종 제의에 사용되었다. 신라 아달라阿達羅니사금 때에 연오랑延烏郞과 세오녀細烏女가 일본으로 가서 왕과 왕비가 되자, 해와 달이 광채를 잃었다. 이에 신라는 왕비인 세오녀가 짠 비단을 구해다가 제사를 지냈더니, 해와 달이 전과 같아졌다(『삼국유사』 권1, 延烏郞細烏女조). 허왕후가 벗어 준 치마는 세오녀가 짠 비단을 연상하게 한다. 허왕후가 치마를 벗어 산신령에게 건네는 행위는 토착신앙의 제의를 생각하게 한다. 허왕후는 토착신앙에서 제사를 주제하였을 것이다.

수로왕은 부처의 설법을 구하였을 뿐만 아니라 파사석탑의 전래 전설은 허왕후와 연결되었다. 이 이야기들의 저변에는 토착신앙으로써 해결될 수 없는 한계를 극복하려는 의도가 깔려 있었다. 백제의 초전불교는 해양은 물론 중국 남조나 고구려를 통해서도 일부 전해졌다. 중국 남조나 고구려를 통해 전해진 백제의 초전불교는 격의불교의 성격을 지녔다. 이미 고구려에는 승려 망명亡名이 동진東晋 때에 격의불교의 우두머리인 지둔支遁 도림道林과 서신을 주고받을 정도로 불교를 이해하고 있었다. 지둔은 하남성河南省 진유현陳留縣(혹은 임려현林慮縣) 출신으로 중국 강남의 청담淸談과 현학적인 귀족불교의 발전에 공헌한 인물이다.

서진西晋 때에 성행한 노장학老莊學은 중국 남방에서 성행하고 있었다. 그것은 북방의 전란을 피해 산수山水간에 묻혀 고요히 도道를 즐기려는 명사들 사이에서 퍼져 나갔다. 북방 불교가 불도징佛圖澄의 문하인 도안道安과 나집羅什을 중심으로 성행한 반면, 남방 불교는 혜원慧遠을 중심으로 발전하였다. 혜원의 문하에는 고답일사高踏逸士가 모여들어 무위담론無爲談論하는 학풍을 이루었다.[11] 노장사상을 빌려서 불경을 이해하려는 격의불교

11 張元圭, 『中國佛敎史』, 동국역경원, 1976, pp. 49~50.

가 남방을 중심으로 중국 불교계를 풍미하였다. 고구려 불교는 물론 중국의 남방 불교가 전해지면서, 백제의 초전불교는 격의불교의 성격을 다분히 포함하고 있었다.

2. 백제의 불교 공인

인도에서 일어난 원시불교는 왕자王者계급에 유용한 성격을 지녔다. 석가가 생존할 당시의 인도 사회에는 수많은 성읍국가를 통합하면서, 넓은 영역을 지배하는 통일 왕국이 성립되어 갔다. 통일의 주체세력은 찰제리刹帝利계급의 왕실이었고, 이들의 세속적 권력은 종교적 지배자인 브라만계급을 압도하였다. 브라만교에서 불교로의 종교개혁은 왕자계급의 지지를 받으면서 이루어졌다.[12] 원시불교 속에 등장한 전륜성왕 관념은 세속적 왕권을 배경으로 나타났으며, 당시 소국가를 통합하면서 인도 사회의 통일을 염원하던 정복왕조의 이념에 합당한 것이었다. 그러므로 원시불교는 왕실 중심으로 수용되었다.

백제에 초전初傳된 불교는 일부 서민이나 지배층에게도 알려졌겠지만, 주로 왕실에 수용되었다. 그러다가 왕실이 불교신앙을 귀족이나 서민들에게까지 믿게끔 홍포하는 과정이 국가불교로의 공인이다. 마라난타의 전교 사실은 이런 면을 알려 준다. 다음 내용을 참고해 보기로 하자.

> 백제 제14대(제15대) 枕流王이 즉위한 원년 9월에 摩羅難陀가 진나라에서 들어왔다. 왕은 교외에까지 나아가 그를 맞이하였으며, 궁중에 모시고 공경히

12 김두진, 「新羅上古代末 初傳佛敎의 수용」, 『千寬宇先生還曆紀念 韓國史學論叢』, 正音文化史, 1986, pp. 266~299.

받들어 공양하면서 그의 설법을 들었다. 上下가 교화되어 佛事를 크게 일으켜 함께 칭송하고 奉行하니, 불법은 마치 파발을 두어 명령을 전하는 것같이 빠르게 전파되었다. 2년(385년) 봄 漢山에 절을 창건하고는 승려 10인을 출가시키니, 이는 (왕이) 法師를 존경하기 때문이다. 이로 말미암아 (백제는) 高句麗 다음으로 불교를 일으켰으니, 거슬러 환산하면 馬騰이 後漢에 들어온 후 280여 년이 되는 셈이다.[13]

초전불교는 왕실에 의해 임의로 수용되었을지라도 국가불교로 공인되는 데에는 귀족의 호응을 얻지 않으면 안 된다. 상기한 마라난타의 전교 기록은 공인불교의 모습을 보이면서도 초전불교의 잔영을 포함하고 있다.

침류왕 원년(384년)에 마라난타가 동진으로부터 들어오자, 왕은 그를 극진히 맞아 궁중에 모시고 경배했으며, 이로 말미암아 상하가 교화되어 크게 불사를 일으킨 사실이 기록되었다. 그중 처음에 왕실이 마라난타를 극히 공경하는 모습은 초전불교가 왕실 중심으로 수용된 과정의 실마리를 생각하게 한다. 반면 상하의 신하들이 불교 수용으로 말미암아 교화되는 사실은 공인불교의 사정을 기록한 것이다. 다음 해(385년)에 10명의 승려를 출가시키면서 한산에 절을 창건하는 내용은 공인 이후 국가불교가 정착되는 사정을 알려 준다.

불교가 들어오기 이전 백제 사회는 조상숭배를 근간으로 하는 무교巫教의 제천祭天의례를 빈번하게 거행하였다. 조상신祖上神에 대한 제의가 중심을 이룬 무교신앙은 부족 단위의 제사를 중시하였고, 그것을 주관하는 제사장은 부족장이었다. 그런 면에서 왕실이나 귀족은 각각 자기 부족에 대한

13 覺訓, 『海東高僧傳』 권1, 流通 1의 1, 釋摩羅難陀傳에 "百濟第十四枕流王 卽位元年九月 從晋乃來 王出郊迎之 邀致宮中 敬奉供養 禀受其說 上下化 大弘佛事 共贊奉行 如置郵而傳命 二年春 刱寺於漢山 度僧十人 尊法師故也 由是次高麗而興佛教焉 逆數至摩騰入漢 後二百八十有年矣" 라고 하였다.

조상신에게 제사를 드렸고, 왕이나 귀족인 부족장은 제사장으로서 서로 독립된 지위와 신앙권을 가졌다. 부족이나 읍락공동체邑落共同體 등 신앙권별로 무교신앙은 독자적인 이해 체계를 가졌다.[14] 그리하여 왕이나 부족장인 귀족은 무교신앙 면에서 서로 평등한 지위를 지녔다.

원시불교는 왕실의 호감을 사는 성격을 가졌고, 불법佛法인 '다르마Dharma'는 인도가 통일왕국을 이루어 가는 과정에서 부족과 부족 사이의 통합 원리로 작용하였다.[15] 이런 면에서 왕실이 이미 수용하고 있던 초전불교를 귀족들에게까지 믿도록 강요하면서 국가불교로 공인하려던 이유를 찾을 수 있다. 침류왕 때의 백제는 중앙집권적 귀족국가로의 체제 정비를 단행하였다. 왕실은 연맹왕국 속에 들어온 성읍국가의 지배자들을 중앙의 귀족으로 편제하려는 의도에서 국가불교를 모색하였다.

중앙집권적 귀족국가 체제의 정비와 맞물려 진행된 왕실의 불교 공인은 으레 귀족들의 반대에 부딪히기 마련이었다. 왜냐하면 부족장인 귀족은 무교신앙에서 왕실과 대등한 조상숭배신앙을 가졌는데, 불교의 공인으로 왕실에 종속되는 결과를 수반하였기 때문이다.[16] 그러나 백제에서는 신라와는 달리 불교 공인과정에서 왕실의 측근인 이차돈異次頓이 희생되는 것과 같은 귀족의 극심한 반대가 행해진 것 같지는 않다. 오히려 불교로 말미암아 상하가 모두 교화된 것으로 말해진다. 불교 공인에 대한 귀족의 반대가 거의 없었던 것이 아닌가 하는 인상을 주기도 한다.

신라 사회에는 토착 귀족의 전통이 강인하게 전해졌다. 때문에 불교 공인에 대한 귀족들의 반대가 극심한 양상을 보여, 그것이 기록으로 남았다. 반면 고구려나 백제 사회에서는 왕실의 불교 공인에 대한 귀족들의 반발이 뚜

14 김두진, 『백제의 정신세계』, 주류성, 2006, p. 91.

15 김두진, 「新羅上古代末 初傳佛敎의 수용」, 『千寬宇先生還曆紀念 韓國史學論叢』, 正音文化史, 1986, p. 269.

16 김두진, 위의 논문, p. 277.

렷하게 기록으로 남아 있지 않다. 그러나 삼국 간에 정도의 차이는 있을지라도 고구려나 백제의 불교 공인 과정에서도 귀족들의 반발이 없었던 것은 아니다. 다음 내용을 참고해 보기로 하자.

> 세상의 流民들은 거스르는 성질이 아주 많아 왕의 명령에 복종하지 않기도 하며 나라의 법령에 따르지도 않는다. 그러나 일단 들어보지 못했던 일을 듣고 보지 못했던 일을 보았을 때에는, 즉 지금까지의 잘못된 것을 모두 고쳐 善으로 옮기고 眞을 닦아 내면으로 향하니, 이것은 機宜를 따른 때문이다. 傳에 이르기를 "말하였을 경우 그것이 善한 것인 즉, 千里 밖에 있는 사람까지도 그 말에 감동하여 호응한다"라고 하였으니, 어찌 이것을 이름이 아니겠는가? 그러나 根機를 포섭하는 道는 반드시 때를 잘 타야 한다. 그러므로 古人을 받들어 행하면 그 功은 또한 두 배가 되는 것이다.[17]

마라난타의 행적을 찬양하기 위한 위의 내용은 사실적인 면을 구체적으로 기록한 것은 아니라 하더라도, 백제가 불교를 공인할 당시의 사정을 짐작하게 한다.

초전된 불교를 공인하는 과정에서 백성들이 거스르는 경향을 많이 지녔기 때문에, 왕의 명령이나 국가의 법령에 복종하지 않았다. 그러나 불교가 전래되고 난 후 들어 보지 못했던 일을 듣고 보지 못했던 일을 보면서, 오히려 왕의 명령에 복종하고 나라의 법령에 따랐는데, 이는 지금까지의 잘못에서 벗어나 선善을 추구하고 진眞을 닦아 행하였기 때문이라 하였다.[18] 위의 내용은 불교의 수행을 통해 선을 행하는 모습을 보여 준다. 그러나 이를 불

---

17 覺訓,『海東高僧傳』 권1, 流通 1의 1, 釋摩羅難陀傳에 "世之流民 性多憷戾 王命所不從 國令有所不順 一旦聞所不聞 見所未見 卽皆革面遷善 修眞面內 以愼機宜故也 傳所謂出其言 善則千里之外應者 豈非是也 然攝機之道 要在乘時 故事 古人之功必培之"라고 하였다.

18 김두진,『백제의 정신세계』, 주류성, 2006, p. 138.

교신앙의 수행에 관한 것으로만 해석하기에는 아쉬움이 남는다. 불교 공인 과정에서 왕의 명령에 복종하지 않거나 국법을 따르지 않는 자는 왕실의 불교 공인을 반대하는 귀족세력이었을 것이다.

마라난타는 선하게 말하고 실행하면 천리 밖의 사람을 감동시켜 호응하게 만든다고 하였다. 아울러 여러 근기를 가진 사람을 포섭하는 데 따르는 도는 반드시 때를 잘 타야 함을 강조하였다. 이는 불교의 공인 과정에서 많은 사람을 설득할 수밖에 없었다는 느낌을 준다.[19] 백제 불교의 공인 과정에 귀족들이 반대한 모습을 쉽게 찾을 수 없지만, 여러 다양한 근기를 가진 사람들을 포섭하려는 노력을 기울였던 것은 주목된다. 백제의 불교 공인 과정에서도 귀족들의 반대는 다소 있었던 셈이다.

신라는 물론 고구려와 비교하여도 상대적으로 백제왕실은 귀족과의 사이에 큰 마찰을 일으키지 않으면서 불교를 공인하였다. 초전불교가 해양을 통해 전해진 사실 역시, 공인 이후 국가불교의 성립을 순조롭게 만들었다. 그 속에는 중국 남조 불교로 이어지는 구세보살救世菩薩신앙은 물론 인도로부터 해양을 통해 전해진 부파部派불교신앙도 다소 포함되어 있었다. 이러한 백제의 초전불교신앙은 귀족의 비위를 건드리지 않으면서, 왕실 중심의 계급 사회를 정립시키는 데 도움을 주었다.

3. 공인불교의 성격

백제의 초전불교는 물론 왕실 중심으로 수용되었다. 불교 공인은 초전불교를 귀족들에게까지 홍포하려는 것이었다. 일반적으로 귀족은 불교 공인에 대해 반대의 입장을 표방하였다. 그러나 토착 귀족세력이 약한 백제 사

19 김두진, 『백제의 정신세계』, 주류성, 2006, p. 144.

회는 큰 저항을 받지 않으면서, 왕실 주도로 불교를 공인할 수 있었다. 반면 신라의 경우 불교는 왕실과 귀족이 신앙 면에서 서로 조화와 타협을 이루면서 공인되었다. 초전불교신앙이 왕실에 유용한 점을 많이 가졌지만, 공인불교는 귀족에게도 수용될 수 있는 성격을 지녔다.

왕실이 특히 관심을 가졌던 불교신앙으로는 석가불신앙이나 또는 중국 북조를 통해 들어온 왕즉불王卽佛신앙 등을 들 수 있다. 반면 귀족들의 관심을 끌었던 불교신앙으로는 윤회전생輪廻轉生 관념이나 미륵신앙 등을 들 수 있다. 이러한 불교신앙이 어떤 모습으로 나타났는가를 살펴 백제 공인불교의 성격을 알아보고자 한다. 또한 초전불교는 격의불교의 성격을 지녔기 때문에, 공인불교는 우선 이에서 벗어나 이론불교로 성숙하는 계기를 만들었다. 백제 불교가 신이적 성격에서 점차로 탈피하는 모습은 중요하다.

해양으로 전래된 백제의 초전불교 속에는 신이신앙이 강하게 스며들어 있다. 『보장경寶藏經』을 인용하여 백제의 성주산聖住山에 관세음불의 정토를 설정하고는 이를 월악月岳이라고 부른 것 등이 이를 알려 준다. 백제 불교의 전래나 공인에 관여한 마라난타도 신이한 신앙을 보여 준다. 다음을 참고해 보기로 하자.

> 『송고승전』에 이르기를 "마라난타는 如幻三昧를 얻어서 물에 들어가도 젖지 않고 불에 들어가도 타지 않아, 능히 금이나 돌을 변화시키는 등 그 변화가 無窮하였다"고 한다. 이때는 建中(780~783년) 당시여서, 그 연대가 서로 어긋나 같지 않으니, 아마 한 사람의 행적은 아닌 듯하다.[20]

마라난타는 물에 들어가도 젖지 않고 불에 들어가도 타지 않으며, 금과

---

20 覺訓, 『海東高僧傳』 권1, 流通 1의 1, 釋摩羅難陀傳에 "宋高僧傳云 難陀得如幻三昧 入水不濡 投火無灼 能變金石現無窮 時當建中年代 相拒而不同 恐非一人之跡也"라고 하였다.

돌을 서로 변환시켰다고 한다. 그의 이런 모습은 초전불교가 신이한 성격을 띤 것과 연결해서 이해된다. 그런데 그의 전기는 관음불의 정토와 연관하여 기술되었다. 이 점은 백제 초전불교의 신이한 모습을 떠올리게 하지만, 한편으로 백제 불교가 격의불교신앙을 탈피하는 계기를 제시해 주기도 한다.

마라난타가 터득한 여환삼매如幻三昧는 워낙 소략하게 나타나 정확한 모습을 알려 주지는 않지만, 신이한 불교신앙만으로 이해할 수 있는 것은 아니다. 특히 그것이 관음정토신앙과 연관하여 기술된 점은 법화삼매法華三昧로 이어지는, 백제 이론불교의 토대를 발견하게 한다. 법화신앙은 대승불교 교리의 으뜸으로 자리하는 것이어서 불교의 전래와 함께 중국은 물론 일본에까지 크게 유행하였다. 유독 우리나라에서만 그것이 성행하지 않았지만, 백제 불교 속에 비교적 광범하게 전승되었다. 백제 법화신앙은 『법화경』의 안락행품安樂行品에 의거한 법화삼매와 함께 관음의 영험신앙을 추구하는 성향을 가졌다.[21]

마라난타의 여환삼매가 법화신앙으로 반드시 연결되는지를 제시하기는 어렵다. 백제 법화신앙을 주도한 현광玄光이나 혜현惠現 또는 발정發正 등은 모두 웅진이나 사비시대에 활동한 인물이며, 이들 이전의 법화신앙을 구체적으로 찾아낼 수 없다. 마라난타의 여환삼매가 관음영험신앙과 직접으로 연결된 것인지도 분명하지 않다.[22] 그러나 기록으로 남지는 않았을지라도, 공인 이후 국가불교가 법화신앙을 막연하게 수용하였을 것으로 생각한

---

21 백제 불교에 법화신앙을 받아들인 玄光은 천태종 남악조사인 慧思 문하에서 수학하며 『법화경』 安樂行品을 읽고는 법화삼매를 깨달았다. 그 외 修德寺에서 『법화경』을 염송하면서 수행한 惠現은 禪定을 닦았는데 신이신앙을 가졌으며, 發正도 신이신앙을 가졌다. 그들의 신이신앙은 관음의 법화영험신앙으로 이어지는 것이다.

22 玄光과 惠現 및 發正은 선정을 닦았을 뿐만 아니라 『법화경』을 염불하거나 중시하였으며, 특히 관음영험신앙을 펴고 있었다. 그런데 이들의 이러한 법화신앙의 전통은 공인불교 이후 한성시대에서부터 이어져 내려온 것이다. 격의불교를 탈피하려는 백제 공인불교에서 애써 법화신앙의 모습을 찾으려는 작업은 유념되어야 한다.

다.[23] 격의불교의 성격을 탈피하려던 백제 국가불교는 우선 석가불신앙을 강하게 내세웠다.

법화신앙은 석가불신앙을 중시하는데, 백제는 석가불상을 많이 조상하였다. 일본에 석가불상을 전해 준 다음 사실이 참고가 된다.

> 蘇稻目은 欽明帝의 寵臣이다. 13년(552년, 聖王 30년) 10월에 百濟國이 釋迦金像을 헌납하자, 群臣이 이를 막으려 했다. 稻目이 아뢰기를 "西藩의 여러 나라가 모두 (불교를) 믿으려 합니다. 만약 부처가 상서롭지 못하다면, 그들이 어찌 갖추어 (불상을) 바쳤겠습니까? 이미 의지하여 기대고 있으니 어찌 이를 거짓이라 하겠습니까?"라고 하였다. 帝가 석가상을 稻目에게 내리니, 이에 向原宅을 절로 만들어 불상을 안치하고는 崇敬하였다.[24]

위의 기사도 역시 일본에 불교가 전래되는 것이라기보다는 공인되는 과정과 연관시켜 이해해야 한다. 일본 국가불교의 상징으로 조성된 향원사向原寺에 백제가 보낸 석가불상을 모셨다. 이는 백제 공인불교에서 석가불을 중요하게 받들었을 것으로 추측케 한다. 또한 일본에서 불교가 공인되는 과정도 백제 공인불교의 성격을 이해하는 데 도움을 준다. 일본왕실과 총신인 소아도목蘇我稻目 가문이 중심이 되어 불교를 공인하려고 하였고, 반면 여러 신하들이 이를 반대하였다.

향원사가 창건되는 연기설화 속에는 이에 대한 사정을 조금 더 부연하여 설명하였다. 백제가 석가불상과 함께 불경 등을 전하자, 일본왕실은 불교를 믿을 것인지를 신하들에게 물었다. 그러자 소아도목이 불교 공인을 찬성한

---

23 김두진, 「백제 法華신앙 유행과 그 의미」, 『百濟論叢』 9, 百濟文化開發硏究院, 2010, p. 81.

24 師鍊, 『元亨釋書』 권17, 願雜 10의 2, 王臣 2에 "蘇稻目者 欽明帝之寵臣也 十三年十月 百濟國獻釋迦金像 群臣沮之 稻目奏曰 西藩諸國皆悉信嚮 若佛不祥彼豈備貢 已爲附庸 何懷欺罔 帝以像賜之稻目 乃捨向原宅爲寺 安佛像加崇敬"이라 하였다.

반면, 물미흥物尾輿·중겸자中鎌子 등은 분명하게 반대하였다.[25] 왕실과 총신寵臣인 소아도목 가문은 물미흥 등 여러 신하들의 반대를 누르고 불교를 공인하였으며, 국가불교의 상징으로 백제의 석가불을 존숭하였다. 일본 공인불교에서 받들어진 백제 석가불상은 백제 공인불교에서 숭상하였던 것임이 분명하다. 일본왕실이 받들고자 한 석가불신앙은 공인 이후 백제 불교에서도 왕실 중심으로 계속해서 수용되었음을 알 수 있게 한다.

백제 공인불교는 석가불신앙과 함께 전륜성왕 관념을 표방하였다. 일본에 석가불상을 전한 백제의 성왕聖王은 그 이름에서 우선 전륜성왕 관념을 떠올리게 한다. 성왕 때의 전륜성왕 관념은 직접적인 자료는 아니지만, 공인불교의 성격을 이해하는 데 다소 도움을 준다. 다음 내용을 참고해 보기로 하자.

① 明年 庚申에 度僧 30인을 두고, 당시 도성인 사비성에 王興寺를 창건하려 했는데 겨우 터만 닦고 돌아가니, 무왕이 즉위하여 아버지가 세운 사업을 계승하고 數紀를 지나 낙성하였다. 그 절을 미륵사라고 이름을 붙였는데, 산을 등지고 물을 내려다보며 花木이 秀麗하여 四時의 아름다운 경관을 갖추었다. 왕이 매양 배를 타고 河水를 따라 절에 와서 그 形勝의 壯麗함을 찬탄하였다(『삼국유사』 권3, 法王禁殺조).

② 백제 聖王 4년에 沙門 謙益은 계율을 구하고자 航海하여 中印度에 이르렀다. 일찍이 伽那 大律寺에서 5년 동안 梵文을 배워 天竺語에 밝았으며 律部를 깊이 전공하였다. 梵僧 倍達多三藏과 더불어 梵本 阿曇藏 五部律文을 싣고 귀국하니, 백제왕이 교외에서 그를 맞이하여 興輪寺에 머물게 하였으며,

25 師鍊, 『元亨釋書』 권28, 寺像志 6, 向原寺조에 "向原寺者 欽明十三年十月 百濟國聖明王貢獻釋迦銅像 天皇宣問群臣 可拜不 物尾輿中鎌子等皆沮之 唯蘇稻目贊成焉 天皇賜像于稻目 稻目大悅安小墾田家供養 後捨向原宅爲寺置像 是本朝寺院像設之權輿也"라고 하였다.

국내의 이름난 승려 28인을 불러 겸익과 더불어 율부 72권을 번역하게 하였다. 이에 曇旭·惠仁 두 법사가 律疏 36권을 저술하여 왕에게 올리니 왕은 新律의 서문을 지었다.[26]

법왕이 왕흥사王興寺를 창건하려다가 터만 닦고 돌아가니 아들인 무왕이 이를 완성하여 미륵사彌勒寺라고 불렀다. 미륵사는 바로 왕흥사였다. 왕흥사는 그 이름에서부터 왕실의 불교이념과 연결되었을 것으로 생각된다. 법왕이 왕흥사를 창건하려는 의도는 백제왕실이 전륜성왕 관념을 포용하려는 전통에서 나타난 것이다. 사료적 가치가 다소 떨어지기는 하지만 「미륵불광사사적彌勒佛光寺事蹟」에서 성왕 때에 흥륜사興輪寺의 존재를 분명하게 확인할 수 있다. 이는 성왕이 전륜성왕을 표방하고 있었던 사실을 알려 주기에 충분하다.

겸익이 인도로부터 범승 배달다삼장倍達多三藏과 함께 범본梵本 율부律部를 가지고 들어오자, 성왕은 그를 흥륜사에 머물게 하고는 국내의 이름난 승려와 더불어 그것을 번역하게 하였다. 겸익이 머무른 흥륜사가 미륵불광사와 연관된 사실은 유념된다. 이 점은 무왕 때에 창건된 왕흥사가 미륵사로 불리는 것과 관련해 시사성을 줄 뿐만 아니라 불교 공인 이후 백제왕실이 전륜성왕 관념을 표방하였고, 이와 함께 미륵신앙이 유행한 사실을 알려준다. 백제 공인불교에서는 미륵신앙이 유행하면서 한편으로 석가불신앙이 강조되었다.

공인으로 왕실과 귀족이 불교신앙 면에서 조화와 타협을 모색하였다. 토

---

26 李能和, 『朝鮮佛教通史』 권上(新文館, 1919, pp. 33~34)에 "彌勒佛光寺事蹟云 百濟聖王四年丙午 沙門謙益 矢心求律 航海以轉至中印度 常伽那大律寺 學梵文五載 洞曉竺語 深攻律部 莊嚴戒體 與梵僧倍達多三藏 齎梵本何曇藏 五部律文 歸國 百濟王以羽保鼓吹郊迎 安于興輪寺 召國內名釋二十八人 與謙益法師 譯律部七十二卷 是爲百濟律宗之鼻祖也 於是 曇旭惠仁兩法師 著律疏三十六卷 獻于王 王作毘曇新律序"이라 하였다.

착 귀족세력이 강한 신라의 경우 왕실이 석가불이나 전륜성왕 관념을 내세웠다면, 귀족은 미륵신앙을 포용하였다.[27] 공인불교에서는 석가불과 미륵 내지 전륜성왕과 미륵이 조화를 이루면서 받들어졌는데, 귀족들도 미륵신앙에 관심을 가지면서 불교를 호의적으로 받아들였다.[28] 다만 미륵신앙이 귀족 중심으로 수용되었는지는 분명하지 않으나 백제 사회에서는 광범하게 유행하였다.[29]

미륵사의 창건뿐만 아니라 진지왕 때에 홍륜사興輪寺의 승려 진자眞慈가 미륵대성彌勒大聖을 만나기 위해 웅천熊川의 수원사水源寺로 갔다는 이야기도 전한다. 진지왕 당시인 백제 위덕왕 대에는 한강 유역을 둘러싼 두 나라의 분쟁으로 인하여, 실제로 진자가 공주 지역으로 나아가지는 못하였을 것이다. 진자가 미륵선화彌勒仙花를 구한 연기설화는 백제 특히 공주 지역이, 삼국시대 미륵신앙의 성지로서의 상징적인 존재로 자리하였기 때문에 나타난 것이다.[30]

웅진시대 이후이긴 하지만 백제 불교에서 유행한 전륜성왕 관념과 미륵신앙은 공인 이후 국가불교에서도 어느 정도 나타나 있었다. 미륵신앙을 구하려 웅진 지역으로 간 진자가 진흥왕이 창건한 홍륜사의 승려였음은 유념된다. 실제로 신라의 경우 진자가 받든 미륵선화는 진흥왕 대를 전후한 왕실의 전륜성왕 관념과 표리를 이루는 것이었다.[31] 그러나 백제 공인불교에

27 이기백, 「신라 초기 불교와 귀족세력」, 『진단학보』 40, 1975 ; 『新羅思想史硏究』, 1986, 일조각, pp. 81~83.

28 이기백, 위의 논문, p. 87.

29 이기백, 위의 논문, pp. 85~86.
이기백은 백제의 彌勒半跏像이나 瑞山 磨崖三尊佛像 등을 들면서 백제에도 미륵을 받든 화랑도와 비슷한 靑年組織이 있었을 것으로 추론하였다. 이 점은 한편으로 백제 불교에서도 미륵신앙이 귀족에게 수용되었을 가능성을 시사한다. 다만 미륵신앙이 귀족 위주로 성행하였는지는 여전히 의문으로 남는다. 미륵사가 왕실 주도로 창건된 사실도 이러한 의문을 낳게 한다.

30 김두진, 「백제의 彌勒信仰과 戒律」, 『百濟硏究叢書』 제3집, 충남대학교 백제연구소, 1993, p. 67.

31 진흥왕 때의 花郎徒 改創은 공인 이후 국가불교가 성립되면서, 왕실과 귀족이 불교신앙 면에서

서 미륵신앙이 전륜성왕 관념과 연관을 가지면서 유행하였을지라도, 신라 불교에서와는 달리 그의 치세를 돕기보다는 엄격한 계율을 내세우는 성격을 가졌다.

4. 백제 불교 공인의 의의

공인 이후 백제 국가불교 속에 전륜성왕 관념이나 석가불 및 미륵신앙이 나타난 것은 분명하지만, 신라에서처럼 석가불과 미륵불 또는 전륜성왕 관념과 미륵신앙이 어우러져 조화를 이루는 모습은 비교적 약하게 나타나 있다. 석가나 전륜성왕이 찰제리 계급에 속하였다면, 미륵은 파라문婆羅門 출신이어서 귀족들에게 호감을 주는 신앙을 가졌다.[32] 왕실이 석가불신앙이나 전륜성왕 관념을 포용한 것은 분명하지만, 백제 사회에 미륵신앙이 귀족 중심으로 수용되었는지는 분명하지 않다.

신라 불교 공인 과정에서 귀족들은 윤회전생輪廻轉生신앙을 추구하였다. 곧 전생에서의 선한 공덕의 대가로 현세에서 귀족으로 태어났다는 것이다. 그것은 바로 불교신앙 면에서 귀족의 현실적인 지위를 인정해 준 결과를 초래하였다.[33] 공인 이후 백제 국가불교 속에 윤회전생신앙이 뚜렷하게 나타나 있는 것 같지는 않다. 즉 백제 공인불교에서 귀족이 불교신앙을 적극적으로 포용하는 모습은 분명하게 나타나 있지 않는 셈이다.

웅진 수원사의 미륵신앙이나 미륵사의 창건은 공인 이후 백제 국가불교

조화와 타협을 이루는 구체적인 모습을 보여 준다. 당시 왕실은 佛教王名시대를 열면서 전륜성왕 관념을 표방하였다. 반면 彌勒仙花인 花郎은 진골 귀족의 子弟여서 미륵신앙은 귀족 중심으로 포용되었다.

32 김두진, 「신라 公認佛教의 사상과 그 정치사적 의미」, 『斗溪李丙燾博士九旬紀念 韓國史學論叢』, 知識産業社, 1987, p. 93.

33 이기백, 「신라 초기 불교와 귀족세력」, 『新羅思想史研究』, 1986, 일조각, pp. 93~94.

에서도 미륵신앙이 유행하였을 것으로 추측하게 한다. 웅진시대 이후 백제 불교 속에는 계율이 매우 강조되었다. 이미 언급했듯이 성왕 때에 겸익은 인도로부터 율부를 가지고 돌아왔다. 미륵사의 창건을 발의한 법왕은 형식에 흐를 정도로 엄격한 계율을 내세웠다. 법왕 1년(599년) 12월에는 하교下敎하여 살생을 금했으며 민가에서 기르는 매를 놓아 주고, 고기잡이나 수렵도구를 불사르게 하였다.[34]

웅진시대 이후 강조한 계율은 미륵신앙과 밀착된 것이었다.[35] 백제 불교에서 포용한 계율은 이렇듯 엄격하여, 뒷날 진표의 계율사상으로 이어질 수 있는 『유가보살계瑜伽菩薩戒』에 포함된 것으로 생각한다. 『유가보살계』의 설주說主는 미륵이고, 그 내용은 『범망경梵網經』에서와는 달리 출가하여 깨달음에 이른 보살이 갖추어야 하는 계율을 설한 것이다. 이 점은 백제 공인불교 이후에도 미륵신앙이 상당히 유행하였을 것으로 짐작하게 한다. 아울러 그것은 뒤에 미륵보살계로 이어지는 강한 계율을 내세우는 경향을 지녔다.

미륵신앙 속에는 계율을 강조하는 면이 들어 있다. 소승경전인 『장아함경長阿含經』 등에는 미륵이 출현하기까지의 연기설화가 자세하게 전한다. 특히 『전륜성왕수행경轉輪聖王修行經』에는 전륜성왕의 치세에 미륵이 출현하여, 그의 통치를 돕는다고 기록하였다. 전륜성왕과 미륵신앙이 서로 조화를 이루는 모습을 보여 준다. 전륜성왕의 통치는 윤보輪寶가 바뀌어 가면서 끝없는 혼란으로 치닫게 된다.[36] 이러한 혼란한 시기에 미륵이 출현하여, 용

34 『삼국사기』 권27, 百濟本紀 제5, 법왕 원년조 및 『삼국유사』 권3, 法王禁殺조에 모두 나와 있다.

35 김두진, 「백제의 彌勒信仰과 戒律」, 『百濟硏究叢書』 제3집, 충남대학교 백제연구소, 1993, pp. 71~72.

36 전륜성왕은 너무나 賢君이기 때문에 그의 치세는 혼란으로 치닫는다. 잡혀 온 백성이 배가 고파서 도둑질을 하였다고 하자, 전륜성왕은 오히려 그에게 양식을 주어 돌려보낸다. 이로 말미암아 도둑질이 만연하게 일어나자, 어쩔 수 없어 도적질한 백성을 처단한다. 이후 전륜성왕 앞에 나아가 참말을 하면 죽게 되니, 온갖 거짓과 사기가 난무하고, 결국에 사회는 혼란의 구렁텅이로 빠진다.

화수龍華樹 아래에서 대중에게 설법하고는 계율을 강조한다.

미륵신앙은 말법末法 사회를 개혁하여 이상 사회를 건설하려는 것이기 때문에, 현실 사회의 모순을 타파하고자 계율을 중시한다. 혼탁한 사회에서 사람들을 제도하여 이상 사회로 이끌기 위한 계율은 엄격한 것일 수밖에 없다.[37] 미륵 설법에서는 계론戒論이 가장 중시되었다. 인간이 도솔천兜率天에 내왕하기 위해서는 오계五戒나 팔재계八齋戒 또는 구족계 등을 지녀야 한다고 했다. 또한 『미륵상생경彌勒上生經』과 『미륵하생경彌勒下生經』 및 『미륵성불경彌勒成佛經』, 곧 미륵삼부경의 대부분을 차지하는 내용은 계론에 관한 것이다. 전륜성왕의 치세를 돕는 미륵은 계율을 강조하는 모습을 지녔다.

미륵과 계율은 웅진시대 이후에 크게 강조되었겠지만, 공인 이후 백제 국가불교에서도 석가불이나 전륜성왕과 함께 중시되었던 것은 분명하다. 일본 공인불교와 연관하여 전해진 미륵상이나 계율에 대한 다음 내용이 그런 점을 시사한다.

① 敏達 13년(威德王 31년, 584년) 9월에 백제의 馬深臣이 彌勒石像을 가지고 오니 蘇馬子가 그것을 구하여 宅의 동쪽에 불전을 조성하여 안치하였다.[38]

② 用明 2년(위덕왕 34년, 587년)에 善信尼가 蘇馬子에게 아뢰기를 "出家한 사람으로서 이 땅에 戒를 펴고자 하니 백제에 나아가 戒를 배우기 원합니다"라고 하였다. 崇峻 원년(588년)에 소마자가 백제 사신에게 선신니를 부탁하여 法을 구하도록 파견하였다. 3년 봄에 선신니 등이 세 女僧과 함께 백제로부터 돌아와 崇櫻寺에 거주하였다.[39]

---

37 김두진, 「백제의 彌勒信仰과 戒律」, 『百濟硏究叢書』 제3집, 충남대학교 백제연구소, 1993, p. 76.

38 師鍊, 『元亨釋書』 권17, 願雜 10의 2, 王臣 2, 蘇馬子전에 "敏達十三年 九月 百濟馬深臣 有彌勒石像 馬子乞之於宅東營殿安之"라고 하였다.

39 사련, 『원형석서』 권18, 원잡 10의 3, 尼女 4, 善信尼전에 "用明二年 信白馬子曰 出家之人 以戒爲地 願赴百濟受戒學 崇峻元年 馬子付信百濟使 求法發遣 三年春 信等三尼自百濟歸 住崇櫻寺"라고 하였다.

소마자蘇馬子는 일본 흠명欽命천왕의 총신으로 불교를 공인하는 데 주동적인 역할을 담당하였던 소아도목蘇我稻目의 아들이다. 소아도목은 백제로부터 석가상을 받아들여 숭배한 인물이다. 소마자도 역시 불법을 숭상하면서 집의 동쪽에 사원을 조성하고, 거기에 백제에서 보낸 미륵석상을 안치하였다.

소마자가 미륵상을 모시는 것이 선신니善信尼의 출가와 연결하여 기술되었다. 백제로부터 미륵상을 받은 한 달 후에 선신니는 출가하였다. 미륵상을 모신 불전이 이루어지자 소마자는 선신니를 포함한 세 여승을 불러 도량을 배설하고 재회齋會를 열었다.[40] 일본 계율의 종조宗祖로 추앙되는 선신니의 구법이 미륵불과 연결된 점이 흥미롭다. 선신니 등은 백제로부터 계율은 물론, 수계의식受戒儀式까지 받아 일본으로 돌아갔다.

선신니가 유학한 위덕왕 때의 백제 불교에는 십계나 6법 및 구계具戒 등의 계율이 갖추어져 있었을 뿐만 아니라 승중僧衆이나 니중尼衆을 구별할 정도로 수계의식이 행해졌다.[41] 위덕왕 때 이후 백제 승려인 혜총惠聰과 관륵觀勒도 일본에 계율을 전하였다. 특히 관륵은 원흥사元興寺에 주석하면서 일본 승려들이 범법하지 않도록, 계법을 지니게 하는 조서를 내리는 데에 관여하였다.[42] 일본 국가불교의 형성과 연관된 미륵과 계율의 모습은 공인 이후 백제 국가불교의 전통과 연결시킬 수 있다. 미륵신앙에서 계율을 강조하는 점은 웅진시대 이후 더 강화되었겠지만, 한성시대의 국가불교 속에서

---

40 師鍊, 『元亨釋書』 권20, 資治表 1, 敏達皇帝조에 "十月 馬子令高麗惠便 度善信禪藏慧善三尼 於石宅精舍供給 一日設大齋會 善信之父司馬達等豫焉"라고 하였다. 또한 『佛法傳來次第』(『大日本仏教全書』제111책, 仏書刊行会, 1922, pp. 4下~5上)에도 "十三年甲辰九月 自百濟國彌勒石像一軀 送之 宗我大臣馬子宿禰 請取件像 營佛殿於宅東 屈三尼大設齋會"라고 하였다.

41 凝然, 『三國佛法傳通緣起』(권下, 律宗조)에 "于時 馬子宿禰 請百濟僧 問受戒儀式 彼僧答云 僧衆受戒 以十人五人行之 尼衆受戒 於彼尼寺 先行本法 … 禪藏等三尼 遂往百濟 十戒六法具戒二重 皆已成就"라고 하였다.

42 師蠻, 『本朝高僧傳』 권1, 法本 1의 1, 釋觀勒전에 "甲申年 有比丘殺害祖父 帝召群臣曰 從事戒法 何無慚愼 作此惡逆 朕甚愧之 僧尼犯法者 悉捕刑之"라고 하였다.

도 나타나 있었다.

북조를 통해 전해진 고구려 불교는 왕즉불신앙을 가졌고, 신라 초전불교는 주로 고구려를 통해 수용되었다. 반면 신라의 국가불교는 왕즉보살, 곧 남조의 구세보살신앙을 수용하면서 정립되었다. 백제는 남조를 통해서도 불교를 받아들였는데, 공인불교 속의 전륜성왕 관념은 왕도 절대자인 부처라기보다는 수도자인 보살이라는 신앙을 전제로 성립한 것이었다. 구세보살신앙으로 말미암아 전륜성왕을 표방한 신라의 법흥왕과 진흥왕은 출가하였다. 백제 공인불교에서 전륜성왕의 존재는 남조의 구세보살신앙을 다소 수용한 것으로 이해된다.[43] 그러나 백제왕이 출가한 것 같지는 않다.[44]

국가불교가 성립될 당시에 백제 사회는 왕실 중심의 정복국가 체제를 구축하였다. 불교 공인은 중앙집권적 귀족국가 체제의 정비와 짝하여 이루어졌다. 백제는 중앙집권적 귀족국가 체제를 침류왕 때에 정비하였지만, 그 이전에 이미 왕실은 강력한 집권 체제를 구축하면서 정복국가로 발돋움하였다. 고구려나 신라와의 잦은 싸움도 쉽게 정복국가 체제를 성립시키는 결과를 초래하였다.[45] 근초고왕 때의 백제는 정복왕조로서 이웃의 영토를 점

43 김두진, 『백제의 정신세계』, 주류성, 2006, p. 153.

44 威德王 餘昌은 죽은 아버지 聖王을 위하여 출가·수도하려고 하였다. 그러자 신하들이 왕의 출가·수도는 잠시 가르침을 받드는 것일 뿐, 충분히 고려하지 않았기 때문에 후에 큰 화를 부를 것이라고 하면서 반대하였다. 반면 이전의 과오를 뉘우치고 지켜야 할 도리를 분명히 가르쳐야 한다고 하였다. 대신 그는 신하 100사람을 출가시켰다(『日本書記』 欽明記 16년). 위덕왕의 출가 시도는 분명 구세보살신앙에 의한 것으로 남조불교의 영향을 받았던 것이다. 그러나 그는 끝내 출가하지 않고 대신 백성을 출가시켰다. 이 기사에서는 오히려 왕의 출가가 잘못된 것이라고 하였다. 이 점은 왕즉불신앙으로 회귀한 느낌을 준다.

45 近肖古王 24년(369년)에 백제는 전라남도의 해안지역까지를 거의 완전히 장악하였다. 근초고왕에서 침류왕 대를 지나기까지의 시기에 백제는 많은 정복전쟁을 수행하였다. 백제는 근초고왕 즉위년(346년)에 부여를 공격하였다. 이후 고구려와의 싸움은 369년과 371년(근초고왕 26년), 375년(近仇首王 1년), 376년 등 빈번하게 행해졌다. 특히 한반도에서 고구려와 패권을 다투는 모습이 진사왕 때에는 386년(辰斯王 2년), 387년(이때는 말갈과의 싸움), 389년, 390년, 391년(말갈과의 싸움) 등의 싸움으로 나타났다. 그 이후에 392년(阿莘王 1년), 393년, 395년, 396년에도 두 나라의 전쟁이 치열하게 전개되었다. 그 결과 백제는 한강유역을 상실하였다.

령하여 전성기를 누렸다. 그리하여 중국의 남북조를 비롯하여 주변국의 많은 문물과 문화를 능동적으로 받아들였다.

전성기를 거치고 난 뒤에 확장된 판도나 문화를 조직하고 유지하려는 목적에서 체제를 정비하려는 시기에 불교가 공인되었다. 신라나 고구려와는 달리 백제의 체제 정비는 영토팽창 야욕을 담지 않으면서, 넓어진 판도나 문화를 유지하려는 성격을 가졌다. 그리하여 중앙집권적 귀족국가 체제의 정비와 그에 따른 불교 공인이 왕실의 주도로 이루어졌다. 백제 사회에 왕실을 견제할 만한 토착 귀족세력이 지방에 근거하여 강인하게 뿌리를 내리고 있지 않은 점도 왕실 주도의 불교 공인을 용이하게 만들었다.

백제 사회에 왕비족세력으로 진씨眞氏가 있었고, 그 외에 해씨解氏가 유력한 귀족세력으로 등장하였다. 이들도 지방에 토착적 기반을 확고하게 가졌다기보다는 왕실에 기생하여 권력을 행사하였다. 질質이나 우복優福을 비롯하여 왕의 숙부나 동생 등 왕족이 비교적 빈번하게 조정에 나아갔다. 고이왕古爾王 때에는 연맹왕국 체제가 세련된 모습으로 정비되었지만, 연맹왕실 내부에 왕권쟁탈전이 끊임없이 이어졌다. 왕족 내의 고이왕계와 초고왕肖古王계에 의해 왕위는 서로 교립交立되었다. 이는 개루왕의 두 아들인 고이와 초고의 소혈족집단이 분지화分枝化한 결과로 말미암았지만, 근본적으로 온조-초고계溫祚-肖古系와 비류-고이계沸流-古爾系의 대립으로 나타난 것이다.[46]

백제 연맹왕국 내에서 왕실을 구성한 비류계와 온조계의 갈등은 최종적으로 온조-초고계가 승리함으로써 마무리되었다. 비류왕比流王의 옹립은 왕실 갈등을 마무리하는 계기를 마련하였고, 이어 등극한 비류-고이계의

46 김두진, 「百濟始祖 溫祚神話의 형성과 그 전승」, 『한국학논총』 13, 1991 ; 『한국고대의 건국신화와 제의』, 1999, 일조각, p. 216.

계왕契王이 2년여 만에 죽자 온조-초고계의 근초고왕이 즉위하였다.[47] 왕실 내의 왕위쟁탈전을 수습한 근초고왕은 전제왕권을 확립하고 정복국가 체제를 갖추어 갔다. 근초고왕 때부터 이후 침류왕 대에 이르기까지 중앙집권적 귀족국가의 체제 정비나 불교 공인은, 왕비족으로 흡수되어 연합 체제를 이루는 진씨 귀족세력의 이해를 고려하지 않은 것은 아니지만, 왕실 주도로 이루어졌다.

공인 이후 백제의 국가불교는 전륜성왕 관념과 석가불신앙을 다소 강하게 나타내었지만, 미륵신앙을 강조하였고 엄격한 계율을 내세우는 성격을 지녔다. 신라에서와는 달리 백제불교는 왕실과 귀족의 타협을 거치면서 공인되는 것 같지는 않았다. 백제 공인불교에서 미륵은 석가불 또는 전륜성왕과의 조화를 이루는 신앙 체계를 가졌다기보다는 엄격한 계율을 강조하는 성격을 보여 준다. 계율의 강조는 한성시대의 백제 사회에서 넓어진 판도나 문화 영역을 거느리는 데 매우 중요한 것이었다.

뒤에 백제 불교에서 계율은 고구려에 밀리는 과정에서 발생한 혼란을 극복하기 위해 더 강화되었을지라도, 초기 백제 사회의 통합을 바라는 염원을 함께 담고 있었다. 아울러 계율은 한성시대에 밖으로 뻗어나가려던 백제의 웅지를 내포한 것이기도 했다. 하지만 이런 면은 고구려의 남하에 밀려 웅진 지역으로 퇴각하면서 실제로 강조될 수 없었다. 웅진시대 이후 백제문화에서 망각되어 소홀히 다루어질 수밖에 없었던 통합과 패기를 초기의 공인불교 성격에서 더듬어 보려는 자세가 필요할 것이다.

47 즉위 2년 후 계왕의 죽음은 아무래도 자연스럽지 못하다. 그는 온조-초고계, 곧 근초고왕에 의해 거세되었을 것으로 추측된다. 아울러 형을 제치고 비류왕의 둘째 아들로서 왕위를 획득한 근초고왕은 왕실 내의 왕위쟁탈전에서 최후의 승자가 되었다. 이는 비류왕의 동생으로 내신좌평이 된 숙부 優福을 제거함으로써 가능하였을 것이다.

제3장
신라의 공인불교신앙

제1절 신라중고대의 미륵신앙

1. 공인불교의 수용형태

삼국시대 불교의 수용과 공인 문제는 불교사상뿐만 아니라 이전의 토착신앙인 무교신앙과의 관계를 고려하면서 풀어 가야 한다. 지금까지 이 분야에 대한 연구는 사회 계층의 이해관계를 따지면서 불교가 수용될 수 있었던 요인을 찾아내려는 것으로, 방법론상에 큰 진전을 가져왔다. 다만 새로운 종교가 들어와 정착하기까지 기존 토착신앙과의 교섭 과정을 겪게 되었다. 따라서 불교 공인 이후 무불관계사巫佛關係史의 연구는 앞으로 중요하게 취급되어야 할 것이다.

신라중고대에 불교가 왕실 및 귀족의 입장에서 모두 합당한 것으로 받아들여 공인되는 데는, 미륵彌勒신앙이 교묘하게 작용하였다. 후대로 가면서 미륵신앙은 궁예弓裔의 미륵불신앙으로, 또는 미륵도彌勒徒와 연결된 비밀

결사신앙으로도 전개되어 우리민족의 민간신앙과 밀착되었다. 그런 면에서 필자는 미륵신앙을 주목하면서, 그것이 처음 한국 사회에 어떻게 정착하는지에 대해 관심을 가졌다. 이러한 궁금증을 해결하고자 우선 신라중고대의 미륵신앙을 밝히고자 한다.

신라중고대의 미륵신앙에 대한 추구는 공인 이후 불교가 어떤 형태로 신앙되었는지를 이해하는 한 방편이 된다. 미륵이 파라문婆羅門 출생 설화를 가져서인지, 그 신앙은 주로 귀족 중심으로 수용되었다. 필자는 먼저, 귀족의 구미에 부합하는 미륵신앙이 유행하기 위한 사회적 기반을 살펴보고자 한다. 귀족연합 정권 내에서 왕권에 대항할 정도의 유력한 귀족세력이 존재했음을 밝히는 작업은 이런 문제의 해결을 위한 실마리를 제공할 것이다. 신라중고대의 미륵신앙과 이후 그것의 변화된 모습이나 밀교密教 및 법상종法相宗신앙과의 연관 문제에 대해서도 이해할 필요가 있다.

신라 사회에 미륵신앙은 법흥왕 대 불교의 공인과 더불어 유행하였겠지만, 이미 그 이전부터 불교는 왕실 중심으로 수용되어 믿어졌다. 불교가 신라 사회에 언제 들어왔는지를 분명히 밝히기는 어렵다. 초전불교初傳佛教 전래 전설은 미추니사금이나 눌지·소지마립간 때에 불교가 들어온 것으로 기록하였다. 내물마립간 대에 고구려 군사력을 등에 업고 김씨왕실을 세습시키면서, 신라는 고구려와 정치·사회적으로 빈번한 교섭을 가졌다. 그런 중에 불교는 고구려로부터 왕실을 통해 전래되었다. 법흥왕 대의 불교 공인은 왕실이 이미 수용한 불교를 귀족들에게까지 믿도록 홍포弘布하는 것이었다.

원시불교는 왕자王者 계급에 유리할 뿐만 아니라,[1] 정복국가의 성립을 위한 이념을 제공하였다.[2] 원시불교는 왕자 계급에 호감을 주었으며 귀족에게

1 水野弘元,『釋尊の生涯』, 春秋社, 1976, pp. 20~21.

2 『長阿含經』 등 원시불교 경전에 나타난 轉輪聖王 관념은 征服國家의 이념을 표현한 것이다.

수용되기는 힘들었다. 자연히 법흥왕 대의 불교 공인에 대해 귀족들은 반대하였다. 그렇지만 공인 과정이 아닌 초전불교의 전래 전설에서도 불교를 수용하는 데 귀족이 반대하고 있었다. 왕실에서 초전불교를 수용하는 데 대해 귀족이 꼭 반대할 이유는 없다. 사실 그것은 왕실 내의 문제에 지나지 않는다.

초전불교의 전래 전설에서 나타난 반대는 공인 과정에서와 마찬가지로, 왕실이 이미 받아들였던 불교를 귀족에게까지 홍포하려는 데에서 나타난 것이다.[3] 왕실에서 서두르는 창사創寺는 불교를 귀족에게까지 믿게 하려는 목적을 가졌다. 반대에도 불구하고 결국 초전불교는 공인 과정을 거쳐 귀족들에게까지 수용되어 갔다. 그 이유는 공인 과정을 거치면서, 왕실은 물론 귀족들도 불교에 대해 호감을 가질 수 있게 되었기 때문이다. 왕실이나 귀족은 불교신앙 면에서 조화와 타협을 모색하였다.[4]

처음 전래되었을 때에 왕실은 일방적으로 귀족에게 불교를 믿도록 강요하였다면, 공인 이후에는 귀족의 입장을 고려하면서 불교신앙을 넓게 펴려 하였다.[5] 공인 이후 귀족에게 수용되기 위해서 불교는 그들이 고수하려 한

---

3 김두진, 「新羅上古代末 初傳佛敎의 受容」, 『千寬宇先生還曆紀念 韓國史學論叢』, 正音文化社, 1986, p. 286.

4 李基白, 「新羅 初期 佛敎와 貴族勢力」, 『震檀學報』 40, 1975 ; 『新羅時代의 國家佛敎와 儒敎』, 韓國硏究院, 1978, p. 89~101.

5 법흥왕 14년에 불교의 공인은 실패로 끝났고, 그리하여 왕의 측근인 異次頓이 처형되기에 이르렀다. 그러다가 법흥왕 22년에 가서 비로소 불교를 공인하였다. 법흥왕 14년에는 왕실이 귀족에게 강요하는 성격을 벗어나지 못하였기 때문에 불교 공인이 실패하였다면, 법흥왕 22년에는 귀족의 입장을 고려하면서 추진하였기 때문에 그것이 성공하였다고 생각한다. 법흥왕 대 이후 신라중고대는 정치적으로 金氏 왕족과 朴氏 왕비족에 의한 귀족연합 정권이 이루어지면서, 그 전대와 비교하여 점점 왕권이 강화되어 갔다. 불교 공인도 이러한 시대적 추세 속에서 이루어졌다. 법흥왕 대 두 번에 걸친 불교 공인 문제는 비록 귀족의 입장을 강하게 고려하였느냐 또는 그렇지 못하였느냐의 정도의 차이를 가질지라도, 기본적으로 왕실과 귀족의 입장을 모두 고려한 것으로 보아도 좋을 듯하다. 다만 이전 初傳佛敎의 전래 전설에서 創寺를 단행한 소지마립간이나 자비마립간 대는 김씨 왕족이 폐쇄적인 族內婚을 행하고 있던 시기여서, 당시의 불교 수용이나 홍포는 오히려 왕실의 일방적 입장을 더 고려하였을 법하다.

토착신앙과의 관계가 정립되어야만 하였다. 귀족은 불교를 수용하려기보다는 무교 등 토착신앙을 고수하면서 제사장으로서의 지위를 그대로 유지하려고 하였다. 그런 면에서 불교 사원이 처음으로 창건되는 지역을 유념할 필요가 있다.

신라의 경도京都 내에는 전불前佛시대 7가람터가 있었는데, 1은 금교金橋의 동쪽 천경림天鏡林이며, 2는 삼천기三川岐이고, 3은 용궁龍宮 남쪽이며, 4는 용궁 북쪽이고, 5는 사천미沙川尾이며, 6은 신유림神遊林이요, 7은 서청전婿請田이다. 이들은 앞으로 모두 법수法水가 길게 흘러갈 곳이라 했다. 이 7가람터는 본래 무교나 토착신앙에서 제의를 행하던 곳으로 이해된다.[6] 토착신앙의 제장이었던 곳은 수림이거나 아니면 정변井邊이나 물가였다.[7]

천경림이나 신유림은 그 명칭에서 이미 토착신앙의 제의가 행해진 곳이란 인상을 주며, 시림始林과 같은 곳일 것이다. 그 외 삼천三川이나 사천沙川 및 용궁의 남쪽과 북쪽은 모두 천변川邊이며, 서청전은 사령지四靈地 속에 보이는 피전皮田과 비슷한 성격을 가졌을 것으로 생각한다. 7가람터에는 뒤에 모두 절이 창건되었다. 흥륜사興輪寺·영흥사永興寺·황룡사皇龍寺·분황사芬皇寺·영묘사靈妙寺·천왕사天王寺·담엄사曇嚴寺가 각각 거기에 세워졌다.

토착신앙의 신성 지역을 절터로 정하는 것은 단순히 무불교섭巫佛交涉의 의미로만 해석되지는 않는다. 이는 무불교대巫佛交代, 즉 불교로 하여금 무교신앙이 차지하던 같은 지위를 갖도록 하려는 것이다.[8] 그렇기 때문에 왕실은 불교 공인과정에서 흥륜사를 창건할 때, 천경림을 베고 공사를 시작하

6 이기백, 「三國時代 佛教受容과 그 社會的 意義」, 『역사학보』 6, 1954; 『新羅時代의 國家佛教와 儒教』, 韓國研究院, 1978, p. 30.

7 姜英卿, 「韓國古代의 市와 井에 대한 일연구－市場의 起源과 관련하여－」, 『원우논총』 2, 淑大大學院, 1984, pp. 98~105.

8 이기백, 「삼국시대 불교의 수용과 그 사회적 의의」, 『新羅時代의 國家佛教와 儒教』, 韓國研究院, 1978, pp. 31~32.

였다. 절을 창건하면서 토착신앙에서 신성시하던 천경림을 베었다는 것은 일단 무불교대의 성격을 강하게 지닌다고 생각한다. 다음 기록은 이런 면을 보다 더 뚜렷하게 해 준다.

未雛尼師今 3년에 成國公主가 아팠는데, 巫醫가 효험이 없자 사방으로 사신을 보내 의원을 구하였다. 師(我道)가 대궐에 나아가 그 병을 다스리니 왕이 크게 기뻐하여, 하고 싶은 바를 물었다. 이에 말하기를 "貧道는 구하는 바가 百無하나 단지, 天鏡林에 佛寺를 창건하여 불교를 크게 일으키고 邦家의 福을 빌기 원합니다"라고 하였다. 왕이 이를 許諾하였다(『삼국유사』 권3, 阿道基羅조).

아도我道는 성국成國공주의 병을 낳게 하는 계기로, 왕실에 흥륜사의 창건을 주청하였다. 성국공주의 병을 무의巫醫가 다스리지 못하였으나 아도가 치유하였다. 불교가 이전 무교신앙의 기능을 무력하게 만들어, 그것을 대치하는 성격을 가졌다. 적어도 왕실에 의해 귀족들에게까지 강요된 초전 불교는 무불교대의 성격을 지니고 있었던 셈이다. 왕실이 비록 무불교대의 성격이 강한 불교를 홍포하려 했지만, 바로 이런 점이 공인 이후 불교가 토착신앙과 쉽게 교섭하게 만들었다. 왜냐하면 무의가 못한 아도의 치병 행위는 무교신앙 형태와 크게 다른 것이 아니기 때문이다.

한편 왕실과는 달리 토착신앙을 강하게 고수하려는 귀족들이 불교를 받아들이려는 태도는 불교신앙 내에 무교적 전통을 오히려 농도 짙게 깔려는 것이었다. 그럴 경우 무불교대를 강행하기 위해 토착신앙과 같은 형태로 신앙된 불교의 모습은, 변형되어 오히려 귀족들에게 쉽게 수용될 수 있었을 것이다. 다음 기록을 참고해 보기로 하자.

때에 梁이 사신을 보내어 衣著와 香物을 보내왔다. 君臣이 香의 이름과 쓰이

> 는 바를 몰라, 國中에 사람을 보내어 향의 용도를 두루 물었다. 墨胡子가 이를 보고 "이것은 香이라 하며, 이를 태운 즉 향기가 芬馥하면서 성의가 神聖에게 전달되는데 신성은 三寶에 지나지 않습니다. 만약 이를 태우면서 발원하면 반드시 靈應이 있을 것입니다"라고 말하였다(『삼국유사』 권3, 아도기라조).

불교의 삼보三寶는 마치 토착신앙의 신성神聖처럼 비유되었다. 향香을 태우면서 발원하는 불교신앙의 모습은 무교의 제사의례와 크게 다를 바가 없다. 적어도 왕실에서 수용한 초전불교는 토착신앙의 제의 형태를 그대로 답습하면서 점차로 유행하였다.

공인 이전에 왕실은 이미 불교를 수용하였고, 소지마립간 때에는 왕실불교도 분향焚香을 중시하여 궁내에 분수승焚修僧을 두고 있었다.[9] 분수승의 존재는 초전불교가 영이신앙을 추구한 반면, 사상 면에서 심화되거나 보편적 가치를 추구하지 않았던 것을 생각하게 한다. 당시 소지마립간은 분수승을 활로 쏴 죽이지만, 이 사건과 연관된 서출지書出池는 남산南山 동쪽 기슭의 피촌避村에 있었고, 거기에는 언제 창건되었는지는 분명하게 알 수 없으나 양피사壤避寺가 세워져 있었다.

초전불교는 왕실 중심으로 수용되었다고는 하나, 소지마립간 때에는 그 폐단이 발생할 정도로 번성하였던 것을 짐작하게 한다. 소지마립간이 궁중의 분수승을 제거하는 데 협조한 세력이 서출지 부근에 거주하였는데, 혹시 그들도 불교와 인연이 닿았을지도 모른다. 봉서奉書를 전해 준 노옹老翁은 아마 그러한 세력에 속하였겠지만, 그들이 불교와 인연을 맺었는지는 확실

9 炤知麻立干이 書出池에서 老翁으로부터 奉書를 받았는데, 겉봉에 뜯어보면 2人이 죽고 뜯어보지 않으면 1인이 죽는다고 쓰여 있었다. 1인은 왕이라는 日官의 奏言에 따라 奉書를 뜯어보고는, 宮中에 돌아와 琴匣을 활로 쏘았다. 그리하여 焚修僧과 密通한 宮主를 모두 죽였다(『삼국유사』 권1, 射琴匣조). 물론 이 설화는 神德王 代의 사실을 가리킨다는 다른 說이 있으나, 『삼국유사』에서는 그것이 잘못되었음을 지적하고 있다.

하지 않다 하더라도, 토착신앙과는 상당히 깊게 연류緣紐되었을 것이다.[10] 이 설화는 당시 무불교대의 성격을 가진 왕실불교를 이해하는 데 도움을 준다.

왕실불교는 인도의 원시불교를 수용하면서도, 무불교대의 성격을 견지하기 위해 무교신앙의 제의 모습을 대체로 받아들였다. 이 점은 역설적이긴 하지만 뒤에 불교와 무교신앙의 교섭을 보다 쉽게 하는 계기로 작용하였다. 다음 기록을 참고해 보기로 하자.

① 眞興王 36년(575년)에 皇龍寺의 丈六像이 눈물을 흘려 발꿈치에까지 이르고 땅을 一尺 정도 적시었는데, 이것은 대왕이 昇遐할 징조였다(『삼국유사』 권3, 皇龍寺丈六조).

② 釋良志의 조상이나 鄕邑은 알려져 있지 않으나, 오직 그 行迹이 善德王 代에 나타났다. 錫杖 끝에 베주머니를 걸어 놓으면, 석장이 저절로 날아 보시하는 집에 가서 흔들어 소리를 내었다. 그 집에서 알고 공양미를 넣어서 자루에 차면, 석장이 날아 절로 돌아왔으므로 錫杖寺라 하였다(『삼국유사』 권4, 良志使錫조).

신라중고대의 불교가 신이한 영험신앙을 포용하고 있는 것은 무불교섭 과정에서 이해되어야 한다. 안홍安弘이 찬술한 『동도성립기東都成立記』에 의하면 황룡사 구층탑은 이웃 나라의 침입을 막기 위해 창건되었다고 한다. 그리하여 구층탑의 각 층에 복속시키려는 이웃 나라의 이름을 주술적으로 새겨 넣었다. 황룡사의 장육상丈六像이 흘린 눈물은 진흥왕의 승하昇遐를 알리는 징조로 이해되었다. 황룡사의 불교신앙이 이전 토착신앙의 모습을

10 老翁이 炤知麻立干에게 奉書를 건네줄 때에 "時有烏與鼠來鳴 鼠作人語云 此烏去處尋之 王命騎士追之 南至避村 兩猪相鬪 留連見之 忽失烏所在…"(『삼국유사』 권1, 射琴匣조)라고 했는데, 이것은 무교신앙 요소로 이해될 수 있는 것이다.

그대로 유지하였던 것을 보여 준다.

양지良志는 조상이나 향읍鄉邑이 알려져 있지 않음으로 미루어 높은 귀족 가문 출신이지는 않았다. 그와 왕실과의 연결 흔적을 찾을 수도 없다. 그는 대단히 신이한 능력을 가진 승려로 나타나 있다. 그의 불교신앙은 무교신앙과 융합한 성격을 가진 것으로 이해된다. 당시에는 이러한 경향을 가진 불교신앙이 유행하였고, 이는 뒤에 밀교를 성립시키는 데 밑거름이 되었을 것이다. 양지는 영묘사靈妙寺와 특별한 인연을 맺고 있었다.[11] 영묘사는 이미 지적한 전불시대 7가람터 중의 하나에 세운 절이다. 양지가 무불교섭의 신앙 경향을 강하게 지닌 것은 영묘사의 성격을 이해하는 데 시사성을 준다. 황룡사와 마찬가지로 영묘사도 무교신앙을 융합하는 신앙 경향을 가졌다.

왕실불교가 비록 무불교섭의 신앙 경향을 띠었다 할지라도, 그 추구하는 방향은 불교신앙이나 사상 체계를 정립하려는 것이었다. 무불교섭신앙은 귀족불교에서 더 강하게 나타났을 법하다. 자장慈藏은 중국에 들어가 오대산五臺山에서 문수로부터 불법을 전수받았다. 이때 문수가 그에게 말하기를

> 너희 나라 王은 天竺의 刹利種王으로서 이미 佛記를 받았던 故로 특별한 인연이 있으며, 東夷의 오랑캐족과는 같지 않다. 그러나 산천이 崎嶮하고 人性이 麤悖한 고로 邪見을 많이 믿어 때로는 天神이 禍를 내리기도 한다(『삼국유사』 권3, 皇龍寺九層塔조).

라고 하였다. 자장은 왕실불교를 이끌어 가는 장본인이다. 자장과 연관된 위의 기록 내용은 신라왕실의 진종설화眞種說話를 강하게 뒷받침한 것이

11 良志는 靈妙寺 丈六像을 塑造하였는데, "善德王創寺塑像因緣 具載良志法師傳"(『삼국유사』 권3, 靈妙寺丈六조)이라 한 것으로 보면, 양지는 장육상뿐만 아니고 영묘사의 창건에도 깊이 관여한 인물이라고 생각한다.

다.[12] 귀국한 이후 자장은 국통國統이 되어, 중앙에서 전국의 사찰을 통어通御하였다.

다만 신라 국내에서는 자장의 불교 이념과 다른 신앙이 상당히 퍼져 있었던 듯하다. 사견邪見을 믿는 것은 천신天神이 재화災禍를 내리게 하는 데 빌미가 되었다고 한다. 여기서의 사견은 구체적으로 무엇을 가리키는 것일까? 혹 그것은 무교나 토착신앙을 가리킨다고 볼 수도 있다. 그러나 이미 불교가 공인되어 널리 퍼져 나가는 선덕여왕 때에 지적된 사견은 오히려 자장의 교학 경향과 다른 성격을 갖는 불교신앙일 수 있다. 사견은 산천의 기험崎嶮과 인성人性의 추패麤悖로 말미암았다고 한다.

험준한 산악이나 정천井川 등에 대한 신앙이 불교신앙 내에 추가될 수 있는 사견이라면, 그것은 자장이 추구하는 불교신앙과는 달리 무불교섭의 성격을 가졌다. 자장이 왕실불교와 밀착된 인물이라면, 그와 대조적 입장의 불교신앙은 토착신앙을 융합하려는 경향을 가졌기 때문에 귀족 중심으로 수용되었던 듯하다. 앞에서 양지의 불교신앙이 귀족과 연결된 것인지를 분명히 제시할 수는 없었으나, 진평왕 대를 전후한 시기에 활동한 혜숙惠宿과 혜공惠空은 각각 구참공瞿昆公 및 천진공天眞公과 깊은 인연을 맺고 있었다.

혜숙과 혜공의 불교신앙은 당시 귀족불교의 성향을 알려 주며, 영이한 주술적 성격을 띠었다. 혜숙은 본래 호세好世의 낭도郎徒였는데 구참공과 더불어 고기를 구워 먹으면서 환담하고 즐겼다. 그러나 나중에 보니 그가 먹은 그릇에는 고기가 하나도 줄지 않았다. 또한 혜숙이 죽어 장례를 치렀으나, 그는 무덤에서 나와 타방他方으로 떠나고 있었다.

혜공은 천진공 집에서 고용살이를 하는 할미의 아들이었으며, 자주 영이한 행적을 행하였다. 이에 천진공은 그를 위해 부개사夫蓋寺를 지어 주었다. 혜공은 부개사에 머물면서 매번 우물 속에 들어가 수개월을 보냈는데, 나올

12 金哲埈, 「新羅 上代社會의 Dual Organization(下)」, 『역사학보』 2, 1952, p. 95.

때에는 푸른 옷을 입은 신동神童을 먼저 올려 보냈다고 한다. 우물 속에서 나와도 그의 옷이 젖지 않았다. 이러한 행위는 무교신앙의 그것과 다를 바 없다.

혜공은 신분이 미천하였으며, 혜숙 또한 낭도였으므로 높은 귀족 신분이 아닌 것은 분명하다. 이들도 신분상으로 양지와 비슷했을 법한데 모두 귀족과 인연을 맺고 있었으며, 특히 혜공은 천진공이 단월檀越인 절에 거주하였다. 이들로 이어지는 귀족불교는 무교신앙을 융합하려는 경향을 강하게 가진 셈이다.

불교는 처음 왕실 중심으로 수용되었고, 공인되면서 귀족에게도 호감을 주는 성격을 지녀갔다. 처음 왕실불교는 무교신앙의 제의 모습을 그대로 받아들였지만, 이후 무교신앙을 대치하려는 성격을 가졌다. 한편 이 점이 뒤에 귀족 중심으로 불교를 수용하면서 무교신앙과 쉽게 교섭할 수 있는 요소가 되었다. 하지만 신라중고대 말이 되면 토착의 무교신앙과 구별되는 불교사상 자체에 대해 깊이 이해하려고 하였다. 이런 과정을 빌어 신라 사회는 이론불교를 성숙시켰다. 그러나 이와는 대조적으로 토착신앙을 융합하려는 신앙 경향도 퍼져 나갔다. 적어도 초기에 귀족들은 바로 이런 경향의 불교신앙에 친숙하였다.

2. 미륵신앙의 내용

(1) 파라문 출신의 하생신앙

법흥왕 대 불교 공인과정을 통해 왕실과 귀족이 불교신앙 면에서 타협을 이루는 것은 전륜성왕轉輪聖王과 미륵彌勒 내지 석가불과 미륵불의 조화로 설명되었다. 왕실이 전륜성왕 내지 석가불로 상징되었다면 귀족은 미륵으로 상징되었다.[13] 공인 이후 불교가 귀족 중심으로 수용되는 데 중요한 역할을 담당한 것은 미륵신앙이다. 미륵신앙의 구체적인 모습을 부각하여 그 성격을 규명해 봄으로써, 그것이 귀족에게 호감을 줄 수 있었던 이유에 대해 접근해 보고자 한다.

신라 불교의 수용 및 공인 과정을 통해 처음으로 세운 절은 천경림에 창건된 흥륜사興輪寺이다. 흥륜사는 전륜성왕 관념과 관련된 절이름이다.[14] 실제로 진흥왕은 태자를 동륜銅輪, 차자인 진지왕을 사륜舍輪(또는 鐵輪)으로 불렀다. 왕실은 전륜성왕 관념을 포용한 셈이다. 전륜성왕의 치세에는 미륵이 출현하여 그의 불법佛法통치를 돕는다.[15] 그래서인지 흥륜사의 주존불은 바로 미륵이었다.[16] 왕실이 불교를 공인하여 국가불교로 성립시키는 과정에서 처음으로 창건하는 사원의 주존불이 미륵불이었던 것은 흥미롭다.

전륜성왕 관념을 포용한 왕실이 국정을 펴면서, 그 교화를 위해 마련한 미륵신앙은 『미륵상생경彌勒上生經』이 아닌 『미륵하생경彌勒下生經』을 기본으로 한 것이다. 석가가 현재불이라면 미륵은 당래불로서, 아직도 수행을 계속하고 있다. 석가와 미륵은 비슷한 수행 과정을 거친다. 미륵은 이 지상에서 죽은 후 도솔천兜率天에 올라가 그곳에서 수행하면서, 많은 천중天衆들을 위하여 설법한다. 석가는 보살로 있다가 성불할 때는, 도솔천에서 백상白象의 몸을 받는다. 그리고는 염부제閻浮提에 하생하는데, 마야부인摩耶夫人의 아들로 태어난다.[17]

석가와 미륵은 하생할 때에 어머니의 옆구리로 탄생하는 동일한 연기설화를 가진다. 그러나 석가는 찰제리종刹帝利種으로 태어나는 데 비해, 미륵

---

13 이기백, 「신라 초기 불교와 귀족세력」, 『新羅時代의 國家佛敎와 儒敎』, 韓國硏究院, 1978, pp. 86~94.

14 高翊晋, 「韓國 佛敎思想의 전개」, 『한국의 사상』, 열음사, 1984, p. 13.

15 『彌勒下生經』 참조.

16 이기백, 「신라 초기 불교와 귀족세력」, 『新羅時代의 國家佛敎와 儒敎』, 韓國硏究院, 1978, p. 91.

17 金三龍, 『韓國 彌勒信仰의 硏究』, 同和出版社, 1983, p. 32.

은 왕의 대신인 수범마修梵摩와 그의 아내인 범마월梵摩越 사이에서 태어난다.[18] 말하자면 미륵은 남천축南天竺 파라문婆羅門 가문의 아들로 태어났다.[19] 이런 면이 석가와 미륵의 가장 큰 차이점이다. 석가가 찰제리종 이념을 포용하였다면 미륵은 파라문의 상징으로 생각되었다.

공인불교에서 신라의 귀족들이 미륵신앙을 친근하게 받아들인 이유는, 바로 인도의 파라문을 그들의 처지와 비슷한 것으로 생각한 데에서 찾아진다. 그리하여 미륵이 신라 귀족의 자제로 태어났다는 신앙을 가졌다. 다음 기록을 통하여 이를 추측해 보기로 하자.

> 述宗公이 朔州都督使가 되어 장차 理所로 돌아가려 하였는데, 三韓에 兵亂이 일어난 때를 만나 騎兵 三千으로써 호송하게 하였다. 행차가 竹旨嶺에 이르렀는데 一居士가 있어 그 嶺路를 닦았다. 公이 보고 歎美하니 거사 역시 공의 위세가 赫甚함을 좋게 여겨, 서로 마음이 감동되었다. 공이 삭주에 부임하여 治理한 지 一朔이 되어, 꿈속에 거사가 방으로 들어오는 것을 보았는데 부인의 꿈과 똑같았다. 이상히 여겨 이튿날 사람을 시켜 거사의 안부를 물었더니, 거사가 죽은 지 며칠이 되었다. 돌아와 아뢰니 꿈꾸던 날과 같았다. 공이 거사는 우리 집에 태어날 것이라고 말하고, 군사를 보내어 嶺上 北峯에 장사하고 무덤 앞에 石彌勒 一軀를 세웠다. 그 아내가 꿈꾸던 날로부터 태기가 있어 아들을

18 西晋月氏 三藏 竺法護, 『佛說彌勒下生經』(『新修大正藏』 14, p. 421 中～下)에 "時閻浮地內 自然樹上生衣 極細柔輭 人取著之 如今優單越人 自然樹上生衣而無有異 爾時 彼王有大臣 名曰 修梵摩 是王少小同好 王甚愛敬 又且顏貌端正 不長不短 不肥不瘦 不白不黑 不老不少 是時 修梵摩有妻 名梵摩越 王女中最極為殊妙 女不帝妃 口作優鉢蓮華香 身作栴檀香 諸婦人八十四態 永無復有 亦無疾病 亂想之念 爾時 彌勒菩薩於兜率天 觀察父母 不老不少 便降神下應從右脅生 如我今日 右脅生無異"라고 하였다.

19 『彌勒菩薩上生兜率天經』에 彌勒은 波奈國 劫波利材 波婆利大婆羅門의 가문에 태어났다고 전하며, 『一切智光明仙人慈心因緣不食經』에도 加波利婆羅門의 아들이라고 하였다. 또 『舊華嚴經』 제16에도 미륵은 閻浮提南界 麻離國 내의 拘提聚落 婆羅門家種姓 중에 태어났다고 하였고, 『註維摩詰經』 제1에도 南天竺 婆羅門의 아들이라고 하였다.

낳으니, 이름을 竹旨라 하였다(『삼국유사』 권2, 孝昭王代 竹旨郎조).

죽지竹旨는 김유신金庾信과 같이 힘을 합하여 삼국을 통일하였으며, 진덕여왕·태종 무열왕·문무왕·신문왕의 4대를 총재冢宰로서 섬기면서, 국가를 안정시키는 데 크게 공헌한 인물이다. 그는 전생에 죽지령竹旨嶺의 거사였으나, 죽어 귀족인 술종공述宗公의 아들로 태어났다.

귀족의 탄생에 미륵신앙이 개재되어 있음은 흥미롭다. 여기서는 거사가 바로 미륵이었는지는 분명하지 않다. 설화의 분위기로 보아 거사는 미륵이었을 것으로 추측된다. 그렇지 않다 하더라도 거사가 죽지로 태어나는 것이 미륵신앙과 깊이 연관되어 있다. 때문에 죽지로 전생轉生한 거사의 무덤 앞에 미륵상을 안치하였다.[20] 사실 불교 공인과정에서 귀족이 윤회전생신앙을 보다 친근하게 수용하였다.

윤회전생신앙에서는 현세에 귀족으로 태어나는 것을 전세의 업보業報로 설명하였다. 곧 그들이 전생에서 선한 업보를 쌓았다는 이야기가 된다. 이러한 업보신앙은 귀족의 사회적 특권을 그대로 인정하는 것이다.[21] 귀족의 윤회전생신앙에 미륵신앙이 깊이 연관되어 있는 것은 흥미로운 사실이다. 본래 미륵은 파라문婆羅門 출생설화로 인해, 신라 귀족들에게 호감을 주었던 것이다. 그리하여 일반적으로 신라 귀족들은 돌아간 아버지나 어머니를 위해 미륵보살상을 조상하였다.[22]

---

20 金庠基, 「花郎과 彌勒信仰에 대하여」, 『李弘稙回甲紀念 韓國史學論叢』, 新丘文化社, 1969, p. 7.

21 이기백, 「신라 초기 불교와 귀족세력」, 『新羅時代의 國家佛敎와 儒敎』, 韓國研究院, 1978, pp. 95~101.

22 신라 성덕왕 때의 金志誠은 甘山寺에 彌勒菩薩과 阿彌陀佛을 造像했다. 『삼국유사』(권3, 南月山조)에서 彌勒菩薩과 阿彌陀佛造像記를 각각 다음과 같이 引用하고 있다.

① 重阿湌全忘誠 爲亡考仁章一吉干·亡妃觀肖里夫人 敬造甘山寺一所·石彌勒一軀(彌勒尊像火光後記)

② 重阿湌金志全 會以尙衣奉御 又執事侍郎年六十七 致仕閑居 奉爲國主大王 伊喰愷元 亡考仁章一吉干 亡妃亡弟小舍梁誠 沙門玄度 亡妻古路里 亡妹古巴里 又爲妻阿好里等 捨甘山莊田建

미륵은 파라문 출생의 연기설화를 가졌고, 신라 귀족의 윤회전생신앙은 미륵신앙과 깊은 연관을 가짐으로 해서, 미륵보살이 귀족의 자제, 곧 화랑花郞으로 태어나는 신앙을 형성하였다. 다음 기록을 참고해 보기로 하자.

> 眞智王 代 興輪寺에 僧 眞慈가 있어 매번 堂主인 彌勒像 앞에 나아가 誓言을 발원하면서 "大聖이 나를 위하여 花郞으로 세상에 출현하면, 나는 晬容한 모습을 항상 친근하게 받들어 모시고자 합니다"라고 하였다. 그 정성껏 비는 마음이 날로 깊어지더니 하루 저녁 꿈에 승려가 말하기를, "네가 熊川의 水源寺에 가면 彌勒仙花를 만나볼 수 있을 것이다"라고 하였다. 진자가 꿈에서 깨어나 기뻐하며 그 절을 찾아 떠났다. 꼭 열흘길이라 一步에 한 번씩 합장하며 그 절에 당도하였다. 문밖에 一郞이 있어 웃으며 (진자를) 반가이 맞아, 小門 안으로 인도하여 객실로 가게 하였다. 진자가 들어가며 묻기를 "郞君은 평소에 알지 못했는데 어찌 이처럼 은근하게 대하느냐"라고 했다. 郞이 말하기를 "나도 역시 京師 사람인데 스님이 멀리 오시기로 위로하는 것입니다"라고 하고, 조금 있다가 밖으로 나갔는데 간 곳을 알 수 없었다(『삼국유사』 권3, 彌勒仙花未尸郞 眞慈師조).

伽藍 仍造石彌陀一軀(彌陀佛火光後記)
이로 보면 金志誠은 돌아간 부모를 위해 미륵보살을, 國王·大臣 및 돌아간 부모를 위해 미타불을 造像하였던 듯하다. 다만 현전하는 甘山寺彌勒菩薩造像記(『朝鮮金石總覽』 권上, 1919, p. 34)에는 "開元七年己未二月十五日 重阿飡金志誠 奉爲亡考仁章一吉飡 亡妣觀肖里 敬造甘山寺一所 石阿彌陀像一軀 石彌勒像一軀"라고 하여, 미륵보살상 및 아미타불상을 돌아간 부모를 위해 조상한 것이라고 기록하였다. 미륵보살상이 돌아간 부모를 위해 조상된 것은 분명하다. 또 亡父와 亡母를 위해 미륵보살과 아미타불을 조상한다고 기록하였으나, 실제로 彌勒菩薩造像記에서 언급한 내용은 돌아가신 부모를 위한 조상이 미륵보살과 더 깊이 연관된 것이 아닌가 추측하게 한다. 그렇기 때문에 一然은 兩尊의 造像記를 언급하면서 아미타불의 경우 國王과 大臣 및 亡父·亡母를 기록하는 통일신라시대 造像記의 일반 형태를 그대로 답습하고 있지만, 미륵보살의 경우 특히 亡父·亡母를 위해 조상한 것임을 분명히 하였다.

미륵은 신라의 화랑으로 태어나게 되는데, 화랑은 귀족의 자제로서 귀족의 꽃과 같은 존재이다.[23] 진자眞慈가 받든 화랑은 경사京師 사람으로 되어 있으며, 당시 승려들이 낭도로서 받든 화랑은 모두 진골 귀족이었다. 이미 앞에서 본 죽지는 물론, 그 외 김유신이나 사다함斯多含·관창官昌 등이 모두 그러하다.

특히 김유신은 15세에 화랑이 되었는데, 그의 낭도를 용화향도龍華香徒라 불렀다. 김유신의 화랑도를 지칭한 용화향도는 미륵이 하생하여 용화보리수龍華菩提樹 아래에서 삼회三會의 설법으로 중생을 제도하는[24], 곧 미륵불을 예향禮香하는 종교 단체라는 성격을 갖는다.[25] 또한 진자는 그 명칭에서 바로 자씨慈氏인 미륵과 특별한 관계임을 보여 준다. 진자가 하생하기를 바라는 미륵은 흥륜사의 당주堂主였다.

불교 공인과 동시에 창건된 흥륜사의 주존불이 미륵불이었다. 미륵은 바로 화랑으로 태어났고, 승려 낭도인 진자는 그를 받들었다. 흥륜사의 미륵상은 귀족의 입장에서도 불교가 용납될 수 있게끔 배려한 것이기 때문에, 귀족의 자제인 화랑으로 태어나는 신앙을 갖게 되었다. 그러나 불교 공인과정에서 특히 흥륜사의 당주로 모신 미륵상은 귀족에게 불교가 포용되는 면만을 강조하는 것이 아님을 유의해야 한다. 그런 뜻에서 진자가 미륵선화彌勒仙花를 받들기 위해 웅천熊川의 수원사水源寺로 간다는 것은 시사성을 준다.

진지왕 대는 백제의 위덕왕 대에 해당된다. 신라가 한강 유역을 공취攻取한 지 얼마 되지 아니한 때여서, 신라 승려 진자가 백제의 공주 지역으로 미륵선화를 만나러 갈 수 있었던지는 의문이다. 그렇지만 신라의 미륵신앙이 백제, 특히 공주 지역과 관련을 가진 설화를 만들었다. 그 이유를 웅진시대

23 이기백, 「신라 초기 불교와 귀족세력」, 『新羅時代의 國家佛教와 儒教』, 韓國研究院, 1978, p. 89.
24 吳亨根, 「彌勒思想研究ー彌勒六部經을 中心으로ー」, 『佛教學報』 21, 1984, 동국대 불교문화연구소, p. 147.
25 金三龍, 『韓國彌勒信仰의 研究』, 同和出版社, 1983, p. 81.

의 백제 사회에 미륵신앙이 크게 유행하였던 점에서도 찾아야 하겠지만, 백제 미륵신앙의 성격과 연관시켜 생각해야 한다.

당시 공주公州·논산論山 지역에 미륵신앙이 유행하고 있었다.[26] 백제 미륵신앙은 미륵 계법戒法에 의한 말법 사회를 제도하려는 특성을 가졌는데, 이는 백제 불교의 계율주의와 연결된 것이다.[27] 미륵하생신앙은 전륜성왕 관념과 연관되어 왕실의 입장에서도 유용한 것이었다. 한편 그것은 파라문 출생 설화로 말미암아 귀족에게 수용되었고, 미륵이 화랑으로 전생轉生하는 신앙을 낳게 하였다.

미륵 계법은 율령제도 및 신분제도를 확립하기 위한 귀족 집단과 왕권과의 관계를 고려하는 신앙을 가졌다.[28] 진자가 계율을 강조하는 백제의 미륵신앙을 구하고자 공주로 나아간 연기설화는 공인 초기 귀족에게 수용되는 신라 불교의 성격을 이해하는 데 도움을 준다. 신라중고대의 미륵신앙은 비록 귀족에게 호감을 주었고 귀족신분을 합리화하는 윤회전생신앙을 심어 주었을지라도, 어디까지나 왕실에 협조적이어서 불법으로써 왕법王法을 펴는, 즉 세속적인 왕권의 교화를 펴려는 것이었다.

(2) 토착신앙과의 융합

귀족 중심으로 받아들여질 신앙을 지닌 미륵은 신라 사회에, 화랑인 미륵

26 김삼용, 『韓國彌勒信仰의 研究』, 同和出版社, 1983, pp. 82~90 참조.
公州의 水源寺뿐 아니라 益山 彌勒寺의 창건 등은 백제의 미륵신앙이 바로 彌勒三尊을 모시고 龍華世界를 구현시키려는 것임을 알려 준다. 통일신라시대 이후의 미륵신앙은 바로 이 지역 미륵신앙 전통의 맥을 많이 이었다. 金堤의 金山寺나 俗離山의 法住寺 및 高麗初 論山의 灌燭寺가 바로 백제 미륵신앙의 전통과 연결될 수 있을 것이다.

27 김삼용, 「백제 彌勒사상의 역사적 위치」, 『馬韓·百濟文化』 4·5 合, 1982, 원광대학교 마한·백제문화연구소, p. 6.
김삼용, 「백제 미륵신앙과 戒律思想」, 『韓國彌勒信仰의 研究』, 同和出版社, 1983, pp. 100~115.

28 洪潤植, 「新羅 皇龍寺 經營의 文化的 意味—百濟 彌勒寺 經營과의 比較論的 考察—」, 『馬韓·百濟文化』 7, 원광대학교 마한·백제문화연구소, 1984, p. 240.

선화彌勒仙花로 출현하였다. 그것은 왕실의 전륜성왕 관념과 조화를 이루면서, 화랑도 개창改創에 능동적으로 작용하였다. 미륵은 하생신앙을 통해 귀족 가문에 태어날 소지를 가졌고, 화랑으로 태어남으로써 귀족들의 불교 수용과 밀접하게 연관되었다. 불교가 공인되어 신라 사회에 수용되는 과정에서 처음 왕실은 이전의 토착적 무교신앙을 대치하는 것으로 불교신앙을 받아들였다.

시간이 지나면서 공인불교는 무불교대巫佛交代에서 점차 무불융합적인 경향을 지니게 되었고, 그러한 신앙 경향을 주도한 자는 주로 귀족이었다. 미륵신앙이 귀족 중심으로 수용되었는데, 미륵선화는 불교신앙뿐만 아니라 무불융합적인 신앙 경향을 가진 것으로 이해된다. 화랑도의 개창에 대한 다음 기록에서 이런 면을 읽을 수 있다.

① (眞興王은) 천성이 風味하고 神仙을 많이 숭상하여, 人家의 娘子로 美艶한 자를 택하여 原花로 받들었다. 選士하여 그 무리로 삼아 孝·悌·忠·信을 가르쳐 理國의 大要로 삼으니, 이에 南毛娘과 姣貞娘의 兩花가 3, 4백의 무리를 모았다. … 이에 왕이 명령을 내려 원화를 폐한 지 여러 해가 되었다. 왕이 또 邦國을 일으키고자 하여 먼저 風月道를 先揚하였다. 다시 명령을 내려 民家의 남자로 덕행이 있는 자를 뽑아 花郎으로 고쳤다(『삼국유사』 권3, 彌勒仙花未尸郎 眞慈師조).

② 崔致遠의 鸞郎碑序에 말하기를 "나라에 玄妙한 道가 있으니 風流라 한다. 그 說敎의 源泉은 仙史에 자세히 구비되어 있으니 실로 3교를 포함하여 군생을 接化한다. 마치 들어간 즉 가정에서 효도하고 나아온 즉 나라에 충성함은 魯司寇(孔子)의 뜻이며, 無爲한 일에 처하여 不信의 敎를 행한 즉 周柱史(老子)의 宗이요, 諸惡을 일으키지 않고 諸善을 봉행함은 竺乾太子(釋迦)의 교화이다"라고 하였다(『삼국사기』 권4, 眞興王 37년조).

최치원崔致遠이 찬술한 「난랑비서鸞郎碑序」에서 화랑도를 유儒·불佛·선仙 3교가 합해진 현묘玄妙한 도道, 즉 풍류風流라 하였다. 그렇지만 그 뿌리는 선사仙史에 있다는 것을 분명히 하였다. 진흥왕이 화랑의 전신인 원화原花를 창설하여 풍월도風月道라 하였는데, 그 정신은 신선을 숭상하는 데 두었다.

불교 공인과정에서 왕실의 전륜성왕 관념과 짝하여 성립한 화랑도가 불교신앙을 기반으로 하지 않은 것은 아니지만, 그 근본정신을 신선이나 선사에 두었던 것을 유의할 필요가 있다. 신선이나 선사仙史를 간단하게 도가적인 것으로 해석하고 지나갈 수는 없다. 그것은 옛날부터 내려오는 토착적 무교신앙과 연관하여 파악하는 것이 옳을 듯하다.[29] 삼한시대의 미성년 청년조직에서 화랑도의 기원을 구할 수 있다.[30] 그것은 부락공동체 조직과 연결되어, 특정한 신을 공동으로 숭배하고 혹은 어떤 종류의 의식을 공통으로 수행하는 단체였다.

미성년 청년집단에서 행해진 의식은 주술적 성격을 지닌 종교 행사이며,[31] 신라의 토착적 무교신앙과 연관을 가졌다. 이러한 전통을 이은 화랑도는 비록 불교 수용에 수반하여 개창되었을지라도, 그 근본정신은 토착신앙에 깊이 뿌리를 박고 있었다. 화랑의 수행 과정은 신비적이고 주술적 성격을 띠었다. 그들은 산악이나 산신을 숭배하지만, 대개 깊은 산에 들어가 신령스러운 체험을 통해 초인간적인 신통력을 몸에 익혔고, 그 결과 산신의 의사를 전해 듣기도 하였다.

김유신의 수행 과정은 이런 사실을 분명히 알려 준다. 초능력을 익히거나

29 李基東, 「新羅 花郎徒의 起源에 대한 一考察」, 『역사학보』 69, 1976 ; 『新羅骨品制社會와 花郎徒』, 韓國硏究院, 1980, pp. 309~314.

30 이기동, 위의 논문, 1980, p. 316.

31 이기동, 「신라 花郎徒의 사회학적 고찰」, 『역사학보』 82, 1979 ; 『新羅骨品制社會와 花郎徒』, 韓國硏究院, 1980, pp. 344~345.

영력靈力을 전해 받는 과정에서 화랑은 자기 변혁을 꾀하고 인격 전환을 이루게 된다. 화랑도의 정신적 기반이 토착적 무교신앙과 밀착되어 있었던 셈이다. 적어도 미륵이 동자인 화랑으로 출현한다는 신앙은 본래 청년조직으로서의 화랑도가 갖는 토착신앙과 불교신앙과의 융합 경향 속에서 이해될 수 있다. 화랑인 미륵선화는 그 명칭에서부터 미륵인 불교신앙과 선화仙花인 토착신앙을 아울러 갖춘, 무불융합신앙 경향을 가진 것이었다.

미륵신앙이 무불융합 경향으로 나타나는 구체적인 모습을 살펴보기로 하자. 진자眞慈는 공주지역의 수원사水源寺로 나아가 미륵의 화신을 만나 받들고자 하였으나 실패하였는데, 미륵선화가 스스로 경사 사람이라고 한 말을 상기하고는 다시 서울로 돌아와 그를 찾았다. 그러던 중 진자는 이목구비가 단아하고 수려한 어린 동자를 영묘사靈妙寺의 동북쪽 노방수路傍樹 아래에서 만났는데, 그가 바로 미륵선화였다. 놀랜 진자는 동자에게 이름을 물으니 미시未尸라고 대답하였다.

진자는 미시를 왕에게 보이니, 왕이 그를 경애하여 국선國仙으로 받들었다. 이와 같이 진자가 미륵을 화랑으로 받드는 과정에 대해서는 다음과 같이 설명하였다.

說者가 말하기를 '未'는 '彌'와 발음이 相近하고 '尸'는 '力'과 형태가 서로 비슷하다. 이에 그 근사함으로 말미암아 相謎하게 되었으며, 大聖이 眞慈의 성의에만 感應했으리오? 생각건대 玆土와 인연이 깊은 故로 처처에 그 모습을 드러내 보였다. 지금 國人이 神仙을 칭하여 彌勒仙花로 부르며, 무릇 사람과 媒係시키는 자를 未尸라 하는데, 모두 慈氏의 유풍이다. 路傍樹는 지금 見郞이라 이름하며 또는 俚言으로 似如樹 혹은 印如樹라 한다(『삼국유사』 권3, 彌勒仙花未尸郞 眞慈師조).

진자의 성의에만 감응하여 화생化生하였다기보다는 특별한 인연을 가졌기 때문에, 미륵은 신라중고대 사회에 공공연하게 모습을 드러내었다는 것이다. 화랑으로 하생한 미륵선화가 곧 신선神仙이었다. 여기에서의 신선은 토착적 무교신앙에서 받드는 신격神格의 의미로 사용되었다.

미륵존은 토착신앙 속에 나타난 여러 신격의 전화轉化에 불과하였다. 그러므로 그것은 반드시 불국토佛國土라는 관념에서가 아니라, 도처에 깃든 정령과 같아서 신라 사회의 곳곳에 나타났다. 다음 기록을 참고해 보기로 하자.

> 金庾信이 나이 18세가 되어 國仙이 되었다. 그때에 고구려의 諜者인 白石이 유신을 꾀어 고구려로 데려가려 하니, 奈林·穴禮·骨火 등 세 곳의 호국신이 낭자의 모습으로 나타나 이 사실을 그에게 알려 주었다. … 목숨을 구한 유신이 백석을 처형하고는, 百味를 갖추어 三神에게 제사를 드리니 모두 현신하여 제사를 받았다(『삼국유사』 권1, 金庾信조).

진덕여왕 대 화랑인 김유신은 내림奈林·혈례穴禮·골화骨火의 세 호국신護國神을 받들었다. 그가 이들에게 제사를 드리면, 그들은 현신하여 잔치에 참석하였다고 한다. 미륵신앙에서 나타난 신선은 바로 이러한 신라 토착 사회에서 받들어진 여러 호국신이나 산악신山岳神이었을 것이다. 진자가 수원사를 지나 미륵선화의 행방을 물을 때, 가르쳐 준 노인인 산령山靈도 역시 산악신이었던 것이 분명하며,[32] 신선으로 파악될 성격을 지녔다.

32 불교의 절을 창건하는데 山神靈이 그 터를 잡는 경우가 허다하다. 法相宗 승려인 心地가 桐華寺를 창건하는 데 대해 "岳神率二仙子 迎至山椒 引地坐於嵒上 歸伏嵒下 謹受正戒 地日 今將擇衣奉安聖簡 非吾輩所能指定 請與三君 憑高擲簡以卜之 乃與神等陟峯巓 向西擲之 簡乃風颺而飛 時神作歌日 礙嵒遠退砥平兮 落葉飛散生明兮 覓得佛骨簡子兮 邀於淨處投誠兮 旣唱而得簡於林泉中 卽其地構堂安之 今桐華寺籤堂北有小井是也"(『삼국유사』 권4, 心地繼祖조)라고 하였다. 동화사의 籤堂을 건립할 때, 심지는 山岳神 및 그가 거느린 두 仙子의 도움을 받았다.

진자는 미륵을 받들었지만, 미륵을 받드는 승려는 대체로 무교신앙에서의 신선에게 드리는 바와 같은 제사행위를 수행하고 있었다. 다소 시대가 내려가는 신라중대 말이긴 하지만, 충담사忠談師가 삼화령三花嶺의 미륵세존에게 차를 끓여 바치는 것 자체가 신선에 대한 제사행위와 구별되지 않는다.[33] 미륵을 받드는 진표眞表는 명주溟州 땅에 흉년이 들어 사람들이 모두 굶어 죽게 되어 이들을 위하여 계법을 설하자, 고성高城 해변에 무수한 어류가 저절로 죽어 나왔다. 사람들이 죽은 물고기를 팔아서 먹을 것을 마련하고 기아를 면하였다.

미륵을 받드는 승려는 종래 토착신앙의 제사를 주관하던 제사장과 같은 모습을 보여 준다. 그들은 승려이지만 토착신앙, 곧 무교신앙의 전통을 상당히 이었을 법하다. 진자는 받들고자 한 미륵선화를 영묘사의 동북쪽에 있던 노방수路傍樹 아래에서 발견하였다. 그렇기 때문에 이 나무를 특별히 주목하여 견랑見郞 또는 사여수似如樹라고 하였다. 사여수는 미륵의 하생과 깊이 연관되어 있는데, 미시未尸가 나무 아래에서 발견된 것은 혁거세나 알지閼智가 수림 또는 나뭇가지 아래에서 출현하는 모습과 동일하다.

수림은 조령祖靈의 탄생지로 생각되었다.[34] 미시를 발견한 곳이 영묘사靈妙寺인데, 이 절은 명칭으로 보아 토착신앙과 깊이 연관하여 창건되었을 법하다. 사여수는 토착신앙의 제의가 행해지던 수림, 곧 시림始林의 전통과 이어지며, 멀리는 신시神市를 연 신단수神壇樹나 소도蘇塗, 또는 오늘날 무격巫覡신앙의 손대와도 연결될 수 있는 성격을 지녔다.

---

33 三花嶺의 彌勒世尊은 본래 生義寺의 石彌勒이었는데, 善德王 때에 道中寺의 승려 生義가 땅속에서 파내어 모신 것이다. 이에 대해 "夢有僧引上南山而行 令結草爲標 至山之南洞 謂曰 我埋此處 講師出安嶺上"(『삼국유사』 권3, 生義寺石彌勒조)라고 기록되어 있다. 生義師가 꿈속에서 石彌勒을 出土하도록 引導한 승려는 미륵의 화신이겠지만, 불교신앙에서 종종 나타나는 이러한 불상을 모시는 행위는 토착적 무교신앙에서 생각할 수 있는 것이다.

34 三品彰英, 「古代朝鮮における王者出現の神話と儀禮について」, 『古代祭政と穀靈信仰』, 『三品彰英論文集』 5, 平凡社, 1973, pp. 544~545.

미륵선화인 미시는 바로 미륵을 의미하는 이름이지만, 신선과 사람 곧 제사장을 매개해 주는 역할을 담당하였다. 미륵신앙에서 미시의 역할을 보다 구체적으로 살피기 위해 다음 기록을 참고해 보기로 하자.

> 王이 가상히 여겨 品茶 一襲과 水精念珠 108箇를 주었다. 홀연 모습이 정결한 一童子가 있어 무릎을 꿇고 茶와 구슬을 바치면서 서쪽의 작은 문에서 나왔다. 月明師는 內宮의 使童이라 생각하고 王은 大師의 徒從이라 여겼으나, 玄徵해 보니 모두 아니었다. 王이 이상히 여겨 사람을 시켜 추적하게 하니 동자가 內院의 탑 속에 숨었는데, 茶와 구슬은 남쪽에 그려 놓은 彌勒菩薩像 앞에 놓여 있었다(『삼국유사』 권5, 月明師兜率歌조).

경덕왕 때의 월명사月明師는 해가 둘이 뜬 재난, 곧 일식을 물리치는 제의를 주관하였다. 이것은 미륵을 받드는 그의 행적과 바로 연관된다. 재해를 물리치는 제의를 주관하고 난 뒤에 바로 나타난 동자는 미륵의 화신이며, 진자가 받든 미시와 다를 바 없을 것으로 생각한다.

경덕왕이 내린 차와 구슬을 동자가 받아 미륵존에게 바쳤다. 동자는 신선과 같은 성격의 미륵존과 인간인 제사장, 곧 월명사를 매개하고 있다. 월명사는 동자의 중개로 재해를 물리치는 제의를 주관하였을 법하다. 미시도 진자와 미륵존 사이의 중개자였을 것이다. 그렇기 때문에 미시는 동자의 모습으로 나타나는 것이 흥미롭다. 미시뿐만 아니라 월명사가 받든 미륵은 물론이거니와, 미륵의 화신은 대체로 작은 동자의 모습으로 출현하고 있다.[35]

---

35 신라 미륵신앙의 경우 미륵의 化身은 대체로 小童의 모습으로 나타나고 있다. 그것은 물론 花郎과 연관되었기 때문이기도 하다. 그렇지 않다 하더라도 예를 들어, 溟州 㮈李郡에 있었던 世逵寺의 莊舍에 파견된 知莊 調信은 꿈에 죽은 15세된 자식을 땅에 파묻었는데, 꿈을 깨고는 그곳을 파서 彌勒尊을 얻었다(『삼국유사』 권3, 洛山二大聖 觀音正趣調信조). 또 彌勒像 앞에서 懺戒法을 구하던 眞表에게 나타난 靑衣童子 역시 미륵의 화신이었을 법하다(『삼국유사』 권4, 關東楓岳鉢淵藪石記조). 그렇다면 미륵은 신라 사회에서 대체로 小童의 모습으로 下生한 듯하다.

신선의 사자로서 동자의 모습으로 나타난 미시는 토착의 무교신앙에서 숭배된 조령祖靈의 모습을 상기시켜 준다. 지모신인 곡모穀母의 아들로 나타나는 조령은 대체로 곡령穀靈의 성격을 지니며 소동小童으로 나타난다.[36] 곡령의 성격을 지닌 알지도 소동으로 출현하였다.[37] 그런데 무교신앙에서 제사장은 동자의 모습으로 나타난다고 하는, 조령을 구현시키는 역할을 담당하였다. 미시가 미륵선화인 신선이면서 아울러 신선과 인간을 매개하는 사자로서 성격을 갖추고 있음은 무교신앙의 무당이 인격을 변화시키는 것과 흡사하다.

미륵을 받드는 승려 낭도는 토착신앙의 제사장으로서의 전통을 많이 간직하고 있었던 듯하다. 그가 미륵선화를 받드는 모습은 무교신앙의 제사 행위와 맥락을 같이 한다. 사여수 밑에서 미시를 발견하여 모시는 것은 시림에 조령이 강림하는 토착신앙의 재현에 불과하다. 이는 공인 이후 불교신앙이 신라 사회에 정착하는 모습을 보여 주는 사례이다. 미륵신앙은 내용 상으로 불교신앙이면서도, 미륵을 받드는 의례 형태는 토착신앙의 제의 모습을 거의 그대로 계승한 것으로 이해될 수 있다.

3. 미륵신앙 유행의 사회적 의미

인도에서 일어난 불교가 중국을 거쳐 신라 사회에 수용되는 문제는 어차피 불교신앙 자체는 물론 신라 사회의 토착신앙과의 관계에서 해명할 수밖에 없다. 새로운 문화가 들어와 정착하려면 당해 사회의 전통문화와 어떤

---

36 三品彰英,「穀靈信仰の民族學的基礎硏究」,『三品彰英論文集』5, 平凡社, 1973, pp. 70~77.

37 三品彰英, 위의 논문, p.64 참조. 또『孟子集註』의 告子章句上에 "尸祭祀所主 以象神 雖弟子爲之 然敬之當如祖考也"라고 하였다. 곧 朝鮮時代 祭祀에서 神位에 小童을 앉히는 風俗은 未尸나 祖靈이 小童으로 출현한 것과 어떤 연관이 있을 법하다.

형태로든지 교섭을 가지게 된다. 불교는 처음 왕실 중심으로 수용되었고, 초전불교는 인도 사회에서 믿어지던 원시불교의 모습과 거의 같은 신앙을 견지하였다. 공인 과정에서 불교는 왕실뿐만 아니라 귀족으로까지 그 신앙층을 확대하였다.

귀족은 토착의 무교신앙에 젖어 있었기 때문에 불교 공인에 반대하는 입장을 취하였다. 그러나 공인 이후 국가불교는 귀족의 구미에도 어울릴 수 있는 요소를 갖추었다. 신라중고대에 유행한 미륵신앙은 불교가 수용되는 과정에서 왕실 및 귀족이 관심을 가진, 두 가지의 신앙 조류를 모두 지닌 셈이다. 곧 전륜성왕 관념의 표방과 무교신앙과의 융섭이 그것이다. 왕실은 전륜성왕轉輪聖王 치세 동안에 행한 미륵의 교화에 대해 관심을 가졌으며, 귀족은 미륵신앙 내에 습합된 무교신앙의 요소에 대해 관심을 가졌다.

불교 공인은 중앙집권적 귀족국가를 성립시킨 사회 체제 속에서 추진되었는데, 이러한 체제나 사회 분위기와 밀착되어 미륵신앙이 유행하였다. 신라중고대는 왕족인 김씨족과 왕비족인 박씨족의 연합 정권이 성립되어 있었다. 귀족연합 체제를 정착시키기 위해 법흥왕 대에 율령을 반포하였다. 신라중고대에 김씨족과 박씨족으로 구성된 연합 정권의 이해를 반영하여 관부의 장을 2인으로 설정하였다.[38]

중고대의 신라국가는 어디까지나 왕실을 중심한 귀족연합 정권을 구축하였기 때문에 당시 유행한 미륵신앙을 이러한 국가 체제와 연관시켜 이해해야 한다.[39] 미륵신앙을 신라중고대 왕권과 귀족들의 상관관계에서 살피기 위해 다음 기록을 참고하기로 하자.

38 이기백, 「신라 執事部의 성립」, 『진단학보』 25·26·27 合, 1964 ; 『新羅政治社會史研究』, 一潮閣, 1974, p. 155.

39 다만 신라중고대에 왕실이 주체가 되어 불교 공인을 추진하였고, 국가불교는 중앙집권적 귀족국가 체제에 어울리는 것이었다.

承相 金良圖가 阿孩 때에 갑자기 입이 붙고 몸이 굳어져, 말도 못하고 움직이지도 못하였다. 매번 보니 하나의 大鬼가 小鬼를 거느리고 와서 家中의 盤肴을 모두 맛보았는데, 巫覡이 와서 祭를 올리면 귀신이 많이 몰려와서 다투어 모멸했다. 양도는 비록 귀신을 쫓으려 했으나 말을 할 수 없었다. 家親이 法流寺 승려(이름이 傳하지 않음)를 청하여 轉經하려 하니, 大鬼가 小鬼에게 명하여 鐵槌로써 승려의 머리를 때려 땅에 넘어뜨려 피를 토하며 죽게 하였다. 수일이 지나 사람을 보내어 密本을 맞아 오게 하였다. 이에 密本法師가 請을 받아들여 오실 것이라 하였다. 衆鬼가 그 소리를 듣고 모두 失色하였다. 小鬼가 말하기를 "장차 法師가 오면 불리하니 피하는 것이 좋겠습니다"라고 하였다. 大鬼가 侮慢하여 스스로 말하기를 "무엇이 해될 것이 있으리오"라고 하였다. 조금 후에 사방의 大力神이 金甲과 長戟을 들고 와서 귀신들을 잡아 묶어가고, 다음으로 무수한 天神이 둘러서서 기다렸다. 잠깐 후에 밀본이 왔는데 經을 펴기도 전에 양도는 말을 하고 몸이 풀리어 이 사실을 자세히 말하였다. 이로 말미암아 양도는 불교를 독실하게 믿어 평생 게을리 하지 않았고, 興輪寺 吳堂主인 彌勒尊像과 左右菩薩을 소상으로 만들었으며 아울러 金色으로 벽화를 그려 그 堂에 모셨다(『삼국유사』 권5, 密本摧邪조).

공인불교사상으로 내세울 수 있는 전륜성왕 관념이나 구세보살救世菩薩 신앙은[40] 왕실의 교화를 더 내세우는 왕자王者 중심의 군국軍國불교 관념을 가졌다.[41] 특히 전륜성왕 관념은 정복왕조의 이념을 충분히 대변하였다.

전륜성왕 관념을 표명하는 과정에서 왕실도 미륵신앙을 주도적으로 포용하였다. 흥륜사興輪寺의 주존불을 미륵불로 안치한 이유를 바로 이러한

40 법흥왕·진흥왕이 출가하는 緣起說話는 王卽菩薩인 救世普薩신앙을 나타내 준다. 이런 면은 신라 불교가 고구려를 통해 王卽佛인 北朝 불교를 받아들였으나, 공인 과정에서는 오히려 남조 불교의 영향을 강하게 받았던 것을 알려 준다.

41 山崎宏, 『支那中世佛教の展開』, 清水書店, 1942, pp. 112~128.

데에서 발견할 수 있다. 이미 지적한 것 같이 귀족층과 밀착될 소지를 충분히 가진 미륵신앙은 왕실의 불교 공인에 대한 귀족의 반대를 무마할 수 있는 요인을 가졌다. 전륜성왕의 치세를 돕는다는 의미를 지닌 미륵신앙은 왕실이 미륵 집단인 화랑도花郞徒를 창설함으로써, 귀족층을 왕권에 밀착시키려는 역할을 아울러 담당하였다. 사실 화랑은 귀족의 꽃과 같은 존재이기 때문에, 왕실은 동륜과 철륜 등의 전륜성왕을 칭하면서 한편으로 화랑도를 개창함으로써 귀족층과의 밀착을 의도하였을 것이다.

김양도金良圖는 삼국통일에 지대한 공훈을 세웠고 승상丞相을 지낸 진골 귀족이었다. 통일이후 신라는 당나라의 침략 야욕에 대해 무력으로 항거하는 한편, 문무왕 9년에는 이를 사죄하는 입당사入唐使로 김흠순金欽純과 김양도를 파견하였다. 그 이듬해 흠순은 돌아왔으나 양도는 그곳에서 옥사獄死하였다. 양도는 진골 귀족이면서도 당나라와 외교적 충돌을 해결하기 위해 들어간 입당사여서, 국가 정책의 수립에 깊이 관여한 인물이다. 그는 흥륜사 오당주吳堂主인 미륵존상을 소성塑成하였다.[42] 미륵신앙을 포용한 김양도의 행적을 통해 진골 귀족이 표방한 미륵신앙의 모습을 유추할 수 있을 것이다.

김양도가 승상이 된 시기가 언제인지는 분명하지 않다. 또한 승상이 구체적으로 어떤 관직인지도 확실하지 않다. 밀본密本이 선덕여왕 대의 인물이었으므로, 양도가 흥륜사에 오당주인 미륵존상을 조성하는 시기는 신라중고대 말이거나 이에서 크게 내려가지 않았을 것이다. 진자가 미륵선화로 출현해 주기를 바랐던 미륵상은 흥륜사의 주존불이었다. 화랑도가 각 문호별

42 다만 『삼국유사』 정덕본에는 興輪寺 吳堂主인 彌勒尊像이 彌陁尊像으로 나와 있다. 그런데 彌陁尊像의 '陁'字가 온전하게 나와 있지 않아 改刻된 듯한 인상을 준다. 때문에 六堂本이 彌勒尊像으로 기록한 것을 따르고자 한다. 그리되면 良圖가 塑成한 흥륜사의 오당주가 미륵존이지만, 이미 흥륜사의 堂主는 미륵존으로 조상되어 있었다. 따라서 양도는 흥륜사 당주인 미륵상 외에 또 다른 오당주인 미륵상을 塑成하고 있는 셈이다.

로 존재했듯이 당시 귀족의 미륵신앙은 가문별로 믿어졌다. 그렇지만 신라 미륵신앙의 원천 내지 귀결이 홍륜사 당주에게로 연결되었던 사실은 주목된다. 홍륜사의 미륵상을 조상하기까지 김양도의 불교신앙을 구체적으로 살펴보기로 하자.

김양도가 어릴 때에 귀신으로 인한 병을 앓았지만 무당이 이를 고치지 못하였고 법류사法流寺 승려가 이를 치유하지 못하였다. 이런 점은 그가 토착의 무교신앙을 고수하거나 단순히 불교신앙에만 빠져 있지 않았던 사실을 알려 준다. 김양도는 밀본과 연관을 가졌다. 우선 밀본은 사방의 대력신大力神을 동원하여 귀신을 잡아 묶음으로써, 무당 및 법류사 승려가 고치지 못한 김양도의 병을 고쳤다. 이런 면은 밀교신앙으로 이해된다. 밀본은 밀교승려였다.

신라중고대에 김양도와 같은 귀족의 불교신앙이 밀교와 연관되는 것은 흥미로운 사실이다. 밀교는 주술불교 내지 비밀秘密불교를 의미하지만,[43] 불교와 인도의 토착신앙이 융합되어 성립한 것으로 생각한다. 우리나라에서 밀교는 주술적 성격을 가졌으며, 명랑明朗에 의해 신인종神印宗으로 성립되었다.[44] 명랑이 문무왕 11년(671년) 신유림神遊林에 사천왕사四天王寺를 건립하였고 문두루법文豆婁法을 전승하기 이전에 이미 안함安含이 밀교에 접근하였던 사실은 주목된다.

안함은 진평왕 대에 서역 호승胡僧 비마라毗摩羅·농가타農加陀 등과 함께 황룡사에서 『전단향화성시묘경栴檀香火星施妙經』이라는 밀교 경전을 번역하였으며 참서讖書 1권을 저술하였다.[45] 그 참서는 사천왕사를 세워 당나라

43 金岡秀友, 『密教の哲學』, 平樂寺書店, 1969, pp. 3~7.

44 朴泰華, 「新羅時代의 密教傳來考」, 『趙明基華甲紀念 佛教史學論叢』, 中央圖書出版社, 1965, pp. 3~8.

45 高翊晋, 「韓國古代의 佛教思想」, 『哲學硏究의 諸問題』, 韓國精神文化硏究院, 1984 : 『初期 韓國佛教教團史의 硏究』, 민족사, 1986, p. 93.

군사를 물리치는 내용을 담은 것이라고 한다.[46] 밀교적 성격을 띠는 불교사상을 가진 안함이 홍륜사 금당십성金堂十聖 중에 모셔진 것은 유념할 만하다. 곧 안함은 신라중고대 홍륜사의 당주인 미륵불이나 미륵신앙과 관련된 인물이라고 생각한다.[47] 안함과 명랑을 이어 주는 밀교 승려가 밀본이다.[48]

밀본도 역시 홍륜사와 인연을 가진 듯하다. 선덕여왕이 질병으로 눕게 되자 홍륜사 승려 법척法惕이 이를 치유하였으나 효험이 없으므로, 밀본이 그를 대신하였다. 이때 밀본은 늙은 여우와 법척을 척결하고는 선덕여왕의 병을 낫게 하였다. 밀본이 홍륜사 승려 법척을 처단하는 것으로 보아, 일단 그와 홍륜사와의 연관을 떠올리게 한다. 그러나 그가 홍륜사와 밀접하였던 것으로 판단하는 데에는 무리가 따른다. 다만 그는 김유신과 교류하였다.[49] 용화향도龍華香徒를 거느린 김유신과 밀본이 연결되어 있었다.

밀본이 김양도는 물론 김유신과 교류하였고 그의 신앙이 홍륜사 당주인 미륵과 연관을 가졌다는 점은 신라중고대 미륵신앙의 전통이 밀교신앙과 연결된 것으로 추측하게 한다. 그 이유를 밀교신앙의 주술적 성격에서 찾을

---

46 각훈, 『해동고승전』 권2, 流通 1의 2, 釋安含전에 "第一女葬忉利天 及千里戰軍之敗 四天王寺之成"이라 하였다. 곧 第一女는 善德王, 千里戰軍은 唐軍을 가리키는 것이 분명하다.

47 興輪寺 金堂十聖 중 東壁坐庚向泥塑으로 我道·厭髑·惠宿·安含·義湘을 모셨다. 이들은 의상을 제외하면, 대체로 공인불교의 진흥에 관계한 인물이다. 아마 의상을 東壁에 모신 것은 불교 진흥의 상징적 의미를 더 가졌기 때문인 듯하다. 그렇다면 의상을 뺀 4명은 홍륜사에 모셔질 수 있는 성격을 지닌 셈이다. 금당은 홍륜사의 본당이었을 것이므로, 여기에는 미륵이 주존으로 모셔져 있었다. 이런 점은 적어도 安含이 홍륜사의 미륵존과 연관을 가진 것으로 생각하게 한다.

48 고익진, 「한국고대의 불교사상」, 『初期 韓國佛教教團史의 研究』, 민족사, 1986, p. 93.

49 密本이 金谷寺에 상주하였는데, 金庾信은 一老居士와 더불어 교류하고 있었다. 이 老居士가 밀본인 듯하다. 그런데 김유신의 친척인 秀天의 질병을 治癒하는 과정에서 노거사와 因惠師가 "適有秀天之舊 名因惠師者 自中岳來訪之 見居士而慢侮之曰 相汝形儀 邪佞人也 何得理人之疾 居士曰 我受金公命 不獲已爾 惠曰 汝見我神通 乃奉爐呪香 俄頃五色雲旋遶頂上 天花散落 士曰 和尚通力不可思議 弟子亦有拙技 請試之 願師乍立於前 惠從之 士彈指一聲 惠倒迸於空 高一丈許 良久徐徐倒下 頭卓地屹然如植橛"(『삼국유사』 권5, 密本摧邪조)라고 서로 다투었다. 노거사뿐 아니라 인혜사도 밀교적 불교신앙을 가졌다. 이러한 밀교적 불교신앙이 김유신과 같은 귀족세력과 연결되어 있음은 시사성을 준다.

수 있다. 주술적 불교는 반드시 밀교라기보다는, 불교신앙과 토착의 무교신앙이 융합되는 경향 속에서 성립되었다. 신라중고대의 불교신앙은 상당수가 무불융합巫佛融合신앙 경향을 지녔다. 미륵신앙은 오히려 토착 무교신앙의 입장을 보다 강하게 반영하려는 성격을 가졌다. 그러한 미륵신앙의 전통은 밀교신앙과의 연결을 충분히 가능하게 하였다.

공인 이후의 불교는 무불융합의 신앙 경향을 띠면서 뒤에는 밀교가 유행하기에 이르렀다. 당시 미륵신앙은 뒤의 밀교신앙과 연관될 정도로, 그 내에 토착 무교신앙의 전통을 강하게 유지하였다. 이와 같이 미륵신앙이 오히려 강한 무교신앙 형태를 고수할 수 있었던 것은 신라중고대 귀족연합 정권이 영위되는 과정에서, 진골 귀족이 뿌리 깊게 온존하면서 그 세력을 키워갔던 데에서 찾아야 한다. 왜냐하면 불교 공인 과정에서 진골 귀족이 토착의 무교신앙 전통을 더 확고하게 계승하려 했기 때문이다.

사륜舍輪(철륜鐵輪)왕을 표방하였던 진지왕의 폐위 사건은 왕실 내의 왕위 다툼에 연유한 것이지만, 진골 귀족의 세력 기반이 튼튼하였음을 알려주기에 충분하다.[50] 진지왕이 폐위되기 위해서는 왕권에 대항할 수 있는 진골 귀족세력이 성장해 있었던 것이 분명하다. 그러한 세력을 의식했기 때문에 사량부沙梁部의 서녀庶女인 도화녀桃花女가 진지왕의 청을 거절하면서 "만승萬乘의 위엄이라도 결코 빼앗을 수 없습니다"(『삼국유사』 권1, 桃花女鼻荊郎조)라고 항변하였다.

신라중고대의 진지왕권에 대항하였던 귀족세력을 분명하게 밝히기는 어렵다.[51] 그렇지만 진지왕에 이어 등극한 진평왕은 김씨 및 손씨 부인을 두어

50 『삼국사기』에는 眞智王이 즉위한 지 4년 만에 돌아간 것으로 기록하였으나, 『삼국유사』에는 왕이 정치를 잘못하여 폐위된 것으로 기록하였다(『삼국유사』 권1, 桃花女 鼻荊郎조). 양자 중 『삼국유사』의 기록이 더 진실한 모습을 알려 주는 것으로 생각한다.

51 眞智王權에 도전한 세력은 진지왕의 兄인 太子 銅輪系로 파악되기도 하지만 분명한 것은 아니다. 다만 신라중고대 말이 되면 眞智王系와 銅輪系가 서로 다른 왕족의식을 가지고 대립하고 있었다(이기동, 「신라 내물왕계의 혈연의식」, 『역사학보』 53·54 合, 1972 ; 『신라 골품제사회

서, 박씨 왕비족과 연합 정권을 이룩한 신라중고대의 왕실에서 볼 때 이단적 성격을 띠고 있었다. 진평왕 치세 동안의 진지왕계는 왕권에 도전하기에는 세력이 약한 진골 귀족임에 틀림없다. 앞에서 지적한 도화녀와 진지왕의 혼魂 사이에서 출생한 비형랑鼻荊郞은 진지왕계 후손들의 정치적 성격을 이해하는 데 도움을 준다.

비형랑은 귀신과 더불어 놀았는데, 귀신 중에 길달吉達을 임종공林宗公의 사자嗣子로 천거하였다. 임종공은 진덕여왕 대에 남산南山 울지암亏知岩에서 알천閼川·술종述宗·호림虎林·염장廉長·유신공과 더불어 화백회의에서 국사를 의논하였던 것으로 보면 유력한 진골 귀족임에 틀림없다. 비형랑뿐만 아니라 임종공 등 유력한 귀족들의 불교신앙이 토착의 무교적 성격을 지니고 있었음을 알 수 있다.

진평왕 대 말에 왕권을 강화하려고 노력했지만 여전히 화백회의가 국사를 주도하였다. 그러다가 선덕여왕 16년(647년)에 비담毗曇과 염종廉宗을 중심으로 한 진골 귀족들의 반란이 일어났다. 이 반란을 진압한 김춘추金春秋와 김유신 등의 세력이 권력을 장악하였고, 신라중대의 전제정치는 이들에 의해 주도되었다. 신라중대가 성립되면서 신라 불교는 철학 체계를 갖추고 이론적으로 성숙하였으며 미륵신앙이 토착의 무교적 요소를 내세우는 경향은 오히려 약화되어 간 듯하다.[52] 한편 미륵신앙과 비록 관련을 가졌을지라도 보다 주술적 성격을 강화한 밀교가, 이전 미륵신앙에서 보여 준 토착적 무교신앙까지를 흡수하면서 유행하였다.

신라중고대에 귀족연합 정권의 성립과 함께 왕권이 점점 강화되어 간 사회 분위기 속에서, 미륵신앙이 유행하였던 것은 유력한 귀족세력이 온존한

와 화랑도』, 韓國硏究院, 1980, p. 88).

52 이와 연관해 신라중대 말에 유행한 五臺山신앙에서, 彌勒信仰이 제외된 것을 유념할 필요가 있다.

때문이기도 했다. 미륵신앙은 귀족으로 하여금 불교신앙에 친근감을 갖게 하면서 결국은 귀족 중심으로 수용되었다. 그렇지만 그것은 전륜성왕 관념을 돕는 성격을 지녀, 어디까지나 왕실이 주체가 된 공인불교와 짝하여 유행하였다. 그러다가 신라중대의 전제주의가 확립되면서 귀족과 밀착된 미륵신앙은 점차 빛을 잃어 가면서 법상종法相宗신앙으로 맥을 이어 갔다.

제2절 진평왕 대의 석가불신앙

1. 석가불신앙의 내용

(1) 석가불상의 조성

법흥왕 대 이후의 신라는 중앙집권적 귀족국가 체제의 정비를 부단히 단행하였다. 진평왕 대는 신라상대에서 전제주의를 강화한 신라중대로 바뀌어 나가게 하는 실마리를 제공한 시기라고 생각한다. 진평왕은 53년이란, 비교적 긴 세월을 왕위에 있으면서 국가 체제를 정비하였다. 법흥왕 대에서 진덕여왕 대에 이르기까지의 체제 정비와 연결시켜 진평왕 대 제도 개혁의 성격을 추구할 필요가 있다.

진평왕 대의 개혁 조치는 초기와 후기로 나누어 집중적으로 나타난다. 필자는 진평왕 대 초기와 후기의 제도 개혁을 추진한 세력을 달리 파악해야 한다는 막연한 생각을 가졌다. 이와 연관하여 당대의 불교사상, 특히 크게 유행한 석가불釋迦佛신앙을 통해, 진평왕 대 초기와 후기의 불교신앙 내용에 상당한 변화가 엿보였던 사실을 주목하였다. 진평왕 대 불교신앙 내의 변화에 대한 접근은 당대 사회의 달라지는 모습이나 그 사회를 주도해 간 세력집단의 교체를 밝히는 데 도움이 될 것으로 기대한다.

신라상고대 말에 이미 불교는 왕실 중심으로 수용되어 상당히 알려져 있었다. 법흥왕의 등극으로 신라중고대가 열리면서 불교는 공인 과정을 거쳐 국교로서의 지위를 누렸다. 불교가 공인된 것은 왕실과 귀족이 불교신앙 면에서 조화와 타협을 이루었기 때문이었다. 전륜성왕轉輪聖王과 미륵彌勒 및 석가불과 미륵의 조화가 그것이다. 말하자면 전륜성왕이나 석가불을 신라의 왕실과 연관시켰다면, 귀족에게 합당한 것은 미륵이었다.[1] 공인을 반대하던 귀족들도 미륵신앙에 대해서는 친근감을 가졌다. 왜냐하면 미륵이 파라문婆羅門 출생설화를 가졌을 뿐만 아니라 미륵신앙은 토착신앙과 강하게 융합하는 성향을 지녔기 때문이었다.[2]

공인 이후 계속해서 왕실이 관심을 보인 불교신앙은 전륜성왕과 석가불신앙이었다. 특히 위대한 정복군주인 진흥왕 대에 신라가 국토를 크게 확장시켜 가는 분위기 속에서는, 역시 왕은 전륜성왕에 견주어졌다. 그러다가 진평왕 대가 되면서 왕실은 석가불로 비겨지는 변화가 일어났다.[3] 공인 초기에 왕실불교는 전륜성왕 관념을 표방하였으나, 신라중고대 말이 되면서 서서히 석가불신앙을 내세웠다.

흥륜사興輪寺의 당주堂主로 조상된 것은 미륵불이었다.[4] 신라가 국가불교를 정립시키기 위해 처음으로 창건한 흥륜사의 주존불이 미륵이었던 것은 당시 전륜성왕 관념을 표방하는 왕실불교와 연관시켜 흥미롭게 생각한다. 그렇지만 진흥왕 35년(574년)에는 황룡사皇龍寺에 석가불을 조상하였다. 다음 기록을 참고해 보기로 하자.

> 西竺의 阿育王이 黃鐵 五萬七千斤과 黃金 三萬分을 모아 釋迦三尊像을 鑄造하려다 이루지 못하고, 배에 실어 바다에 띄우면서 축원하기를 "인연이 있는 나라에 가서 丈六尊容을 이루소서"라 하고, 겸하여 一佛二菩薩像의 模型도 함께 실었다. 縣吏가 사연을 상세하게 올리니 왕이 듣고 勅使를 보내어, 그 縣의 동쪽 땅에 東竺寺를 창건하여 三尊像을 모시게 하고, 金과 鐵을 서울로 실어 大建 6년 갑오 3월에 丈六尊像을 鑄成하였다(『삼국유사』 권3, 皇龍寺丈六조).

---

1 李基白, 「新羅 初期 佛敎와 貴族勢力」, 『震檀學報』 40, 1975 ; 『新羅思想史硏究』, 一潮閣, 1986, p. 80.

2 김두진, 「新羅 中古時代의 彌勒信仰」, 『韓國學論叢』 9, 1987, pp. 14~24.

3 이기백, 「신라 초기 불교와 귀족세력」, 『新羅思想史硏究』, 一潮閣, 1986, p. 81.

4 이기백, 위의 논문, p. 91.

그런데 상기한 설화는 다음과 같이 진평왕 대와 연관된 것이라는 주장도 있다.

> 혹은 말하기를 像이 이루어 진 것은 眞平王 代라 하나 잘못된 것이다(『삼국유사』 권3, 皇龍寺丈六조).

물론 일연一然은 장육상이 주조되는 시기가 진평왕 대라는 것을 잘못이라고 지적하였지만, 적어도 고려시대에까지 장육상은 진평왕 대에 이루어졌다는 사실이 상당히 유포되어 있었던 것은 분명하다. 그렇다면 그러한 유포는 그 근거를 가졌을 것이다.

장육상이 만들어지는 연기설화는 전륜성왕의 표본으로 생각되는 아육왕阿育王이 석가불상을 조성하는 데 실패하였다는 내용을 담고 있다. 이런 면은 주목된다. 적어도 인도에서 세속 군주인 전륜성왕과 석가는 동일시될 수 없었다. 신라 장육존상의 조성은 전륜성왕과 석가불신앙이 접합되면서 이루어졌다. 그렇지만 그것이 신라 사회에서도 순조롭게 진행된 것 같지는 않다. 그러한 괴리를 해결하고자, 아육왕이 띄운 배가 닿은 곳에 세운 동축사東竺寺에 모신 모형의 석가삼존과 아육왕이 보낸 철로 주조한 황룡사 장육상은 따로 조성된 것으로 기록하였을 법하다.

장육상의 주조 과정에서 아육왕이 보냈다는 금과 철의 의미를 크게 부각시킨다면, 이는 전륜성왕 관념을 끌어낸 것이다. 그러지 않고 석가상으로 주조되었다는 면을 내세우는 것은 석가불신앙을 강조한 셈이 된다. 그리하여 진평왕 대에 동축사의 석가상과는 달리 황룡사 장육상을 조성하였다는 설화를 만들었다.[5] 장육상의 조성이 진평왕 대와 얽히는 설화가 유포되었던 것은

---

5 東竺寺와 皇龍寺에 각각 釋迦佛을 안치하지만, 그 조성 시기는 달랐을 가능성이 있다. 동축사의 석가불상이 배에 실렸던 것을 바로 안치한 것이라면, 皇龍寺 丈六像은 배에 실렸던 金과 鐵

오히려 진평왕 대에 석가불신앙이 크게 일어났다는 사실을 방증해 준다.

실제로 황룡사는 석가불신앙과 밀착되어 있었다. 장육상이 조성되자, 동축사의 석가삼존까지도 황룡사로 옮겨 안치하였다. 그런 의미에서 진평왕 5년(583년)에 조성하는 금당金堂은 석가존상을 모시기 위한 것인데, 그 내에 장육상을 안치하였다. 이 점은 장육상이 비록 이전에 주조되었다 하더라도, 진평왕 대에 이르러 석가불신앙으로서 의미를 뚜렷이 가졌을 것으로 생각하게 한다.

자장慈藏은 중국 오대산五臺山에서 문수로부터 불법을 전수받았는데, 당시 문수가 알려 주기를 "황룡사는 본래 석가가 가섭迦葉과 더불어 강연한 곳이다"(『삼국유사』 권3, 황룡사장육조)라고 하였다. 황룡사의 창건으로 왕실불교는 전륜성왕 관념보다 석가불신앙을 내세우는 쪽으로 서서히 변모해 갔다. 황룡사의 초주初主는 환희사歡喜師였는데 그에 대해서는 달리 더 알 수 없다. 자장은 제2대 사주寺主였다. 사실 그는 황룡사와 깊이 관련된 인물이며, 왕실의 진종설화眞種說話를 형성시키는 장본인이다. 이 점에 대해서는 뒤에 다시 언급하고자 한다.

자장의 불교신앙 속에 석가불에 대한 귀의가 유난히 두드러지게 나타나 있다. 다음 기록을 유념해 보기로 하자.

善德王 代 貞觀 17년 癸卯에 慈藏法師가 佛頭骨·佛牙·佛舍利 百粒과 부처

로써 다시 주조된 것이다. 이는 두 불상이 안치된 시기가 분명히 달랐을 것으로 생각하게 한다. 동축사의 석가불은 阿育王이 보낸 그 자체이기 때문에 轉輪聖王과의 관계가 더 깊이 고려된 것이다. 반면 황룡사의 그것은 신라에서 새로 주조한 석가불상이다. 따라서 동축사의 석가불상은 전륜성왕 관념을 강하게 견지한 眞興王 代에 조성되었다면, 황룡사 장육상은 적어도 석가불신앙이 유행한 시기에 조성되었다고 생각한다. 다만 이기백은 「皇龍寺와 그 創建」(『新羅思想史硏究』, 一潮閣, 1986, p. 68)에서 장육상은 진흥왕 34년에 시작하여 다음 해에 완성하였다고 하였다. 또 『三國史記』 권4, 진흥왕 36년조에는 진흥왕이 昇暇하는 징조로 장육상이 눈물을 흘렸다고 기록하였다. 그런 면에서 장육상을 眞平王 代에 조성하였다는 '別傳'의 기사가 일정한 역사적 의미를 지닐지라도 사실이라고는 생각되지는 않는다.

가 입던 緋羅金點의 袈裟 一領을 가지고 왔는데, 그 사리는 셋으로 나누어 一分은 皇龍寺에 또 一分은 太和塔에 또 一分과 袈裟는 通度寺 戒壇에 두었다 (『삼국유사』 권3, 前後所將舍利조).

다만 자장 이전에 불사리佛舍利가 전래된 기록이 없지 않다. 진흥왕 10년(549년)에 양나라 사신인 심호沈湖가 사리 약간 알을 보냈다거나, 또는 진흥왕 37년(576년)에 안홍安弘이 수나라에 들어가 불법을 구해서 호승胡僧 비마라毗摩羅 등과 같이 돌아올 때, 『능가경稜伽經』·『승만경勝鬘經』 및 불사리를 가지고 왔다고 한다.

이처럼 진흥왕 대에 불사리를 전래한 기사가 있긴 하다. 그러나 진평왕 대를 거치는 동안 석가불신앙과 얽히면서, 불사리를 신앙적으로 중요시하는 장본인은 자장이다. 그는 석존과 같은 날에 탄생하였다. 이러한 연기설화는 자장의 사상이 석가불신앙과 깊이 연관되었기 때문에 생겨난 것이다. 자장이 전한 불사리·불두골佛頭骨·불아佛牙를 황룡사 및 태화탑太和塔과 통도사通度寺에 나누어 안치한 이유를 이런 면에서 찾을 수 있다.[6] 특히 자장이 창건한 통도사 계단戒壇에는 이 외에 석가가 입던 가사袈裟를 같이 안장하였다. 때문에 후대에 통도사를 불보佛寶 사찰로 여겼다.

(2) 제석의 중시

석가불신앙이 강조되는 분위기는 자연스럽게 제석帝釋을 중시하게 만들었다. 진평왕 대에서 선덕여왕 대에 이르는 시기에 제석신앙을 알려 주는

6 慈藏이 傳한 佛舍利·佛頭骨 등을 안치하는 3개의 장소 가운데, 太和塔과 通度寺는 자장과 연고된 곳이다. 皇龍寺 九層塔도 자장의 신앙과 깊은 연관을 가지고 조성되었다. 다만 황룡사는 당시 왕실 및 신라 국가불교와 밀착하여 조영되었다. 곧 황룡사의 창건과 그 후 이 사원의 운영은 왕실의 불교신앙과 밀착되었다. 그런 면에서 황룡사의 本尊인 丈六像이 釋迦如來像이었음은(이기백, 「皇龍寺와 그 創建」, 『신라사상사연구』, 일조각, 1986, p. 68) 자장이 왕실불교로 석가불신앙을 내세운 것과 연관됨 직하다.

기록은 다음과 같다.

① 제26대 白淨王의 謚號는 眞平大王이며 金氏이고, 大建 11년(579년) 己亥 8월에 즉위했으며 신장이 11尺이다. 內帝釋宮에 駕幸하여 石梯를 밟았는데 三石이 모두 부러지므로, 왕이 좌우에 말하기를 "이 돌을 움직이지 말고 後來에 보이게 하라"고 하였다. 즉 성중에 5개의 不動石 중의 하나이다. 즉위 원년에 천사가 殿庭에 내려와 왕에게 말하기를 "上皇이 나에게 명령하여 玉帶를 傳賜하라고 했다"고 하였다. 왕이 친히 무릎을 꿇고 받으니, 연후에 천사가 하늘로 올라갔다(『삼국유사』 권1, 天賜玉帶조).

② (善德王이) 群臣에게 말하기를 "朕이 某年 某月 日에 죽을 것이니 나를 忉利天 중에 葬事하라"고 하였다. 군신이 그곳을 알지 못하여 "어디입니까"라고 奏言하니, 왕이 말하기를 "狼山의 남쪽이라"고 하였다. 그 월·일이 되어 왕이 과연 돌아가니, 군신이 낭산의 남쪽에 장사하였다. 이후 10여 년이 지나 文虎大王이 왕의 무덤 아래에 四天王寺를 창건하였다. 불경에 四天王天의 위에 忉利天이 있다 하였으니, 이에 대왕의 靈聖함을 알았겠다(『삼국유사』 권1, 善德王 知幾三事조).

내제석궁內帝釋宮은 궁중에 있는 제석을 모신 사원이었다.[7] 진평왕은 즉위한 후 특별히 내제석궁에 갔는데, 이때 돌계단을 밟아 부러뜨림으로써 부동석不動石설화를 만들었다. 이 설화는 그가 제석신앙과 특별히 연결되었던 것을 생각하게 한다.

즉위한 해에 진평왕은 상황上皇이 건네준 옥대玉帶를 천사로부터 받았다. 신라 3보三寶 중의 하나인 이 옥대는 묘정廟廷의 제사 때에 왕이 착복함으로써, 신장되는 왕권의 상징처럼 보였다. 그런데 이 옥대를 전해 준 천사는

7 『삼국유사』 권1, 天賜玉帶조에서 "亦名 天柱寺 王之所創"이라 하였다.

도리천忉利天과 연관되지 않을까 생각한다.[8] 진평왕이 즉위하여 내제석궁에 간 행적과 천사로부터 옥대를 받은 사실을 묶어 기록하였다. 제석신앙과 천사로부터 받은 옥대가 무언가 연관된 것으로 생각한다.[9] 이러한 추론이 정당하다면 옥대는 제석이 내린 것으로 당시 왕실 중심의 제석신앙과 연결되어 있었다.

진평왕 대 석가불신앙과 제석신앙은 상당히 막연하게 연관되었다. 다음 기록을 참고해 보기로 하자.

> 竹嶺 동쪽 百餘里에 우뚝 높이 솟은 산이 있었다. 眞平王 9년 甲申에 四面으로 方丈 정도의 四方如來가 조각되어져 있는 大石 하나가 갑자기, 붉은 비단으로 싸여 하늘로부터 이 산정에 떨어졌다. 왕이 이 말을 듣고 수레를 타고 가 우러러 예배하고, 곧 그 바위 밑에 절을 창건하여 大乘寺라 하였다. 蓮花經을 강론하는 比丘 亡名을 청하여 그 절을 맡게 하였다(『삼국유사』 권3, 四佛山 掘佛山 萬佛山조).

진평왕 대에 등장하는 천신은 제석이었기 때문에, 여기에 사방여래四方如來의 석불상을 내리는 '천天'을 도리천으로 생각해도 크게 무리일 것 같지 않다. 다만 사불산四佛山의 사방석불四方石佛이 여래로 나타나고 있는 것이 흥미롭다.[10]

---

8 金暎泰,「新羅 佛敎天神考」,『佛敎學報』 15, 1978, p. 67.

9 이 점을 방증하는 것으로 신라 三寶가 모두 釋迦佛 내지 帝釋信仰과 연관되었던 것을 지적할 수 있다. 이미 살폈듯이 丈六像은 석가불이었고, 九層塔 속에 자장이 가지고 온 眞身舍利를 봉안하였다. 다시 본문에서 언급하겠지만 석가불신앙은 제석신앙과 밀착되어 있다.

10 秦弘燮,「四佛山 四佛岩과 妙寂庵磨崖如來坐像 —新羅五岳 綜合 學術調査記 第七—」(『考古美術』 74호, 1996 ;『考古美術』 1~100 合輯, 하권, p. 226)에서 大乘寺의 四佛岩을 조사 보고하였는데, 四面佛像을 모두 如來像으로 추정하였으며, 동서 양면은 坐像이었고 南北兩面은 立像이라고 하였다. 다만 대승사에 住持하는 僧 亡名은 蓮花經을 강론하는 것으로 보아 法華思想을 가진 것으로 이해되기도 한다(李丙燾,『三國遺事 譯註』, 東國文化社, 1956, p. 326). 현재 眞

사면불四面佛의 여래상은 적어도, 그중 하나가 석가불상이라고 생각한다.[11] 진평왕 대 대승사大乘寺의 사면불상은 석가불신앙과 제석신앙을 연결시켜 주는 것이지만, 그러한 연관이 대단히 막연하게 나타나 있다.[12] 선덕여왕 대에 제석신앙은 더욱 뚜렷하게 나타났다. 우선 '선덕善德'이라는 왕호가 제석과 인연하여 붙여진 것이다. 제석은 도리천 내의 선법당善法堂에 거주하면서 선악을 주재하므로 선덕으로 상징되었다.

사천왕천四天王天 위에 도리천이 있기 때문에, 선덕여왕의 장지인 낭산狼山의 남쪽은 그 바로 밑에 사천왕사가 세워짐으로 해서, 도리천으로 상징되었다. 다만 선덕여왕은 이미 살아 있을 때 도리천에 장사될 것을 알았다고 한다. 이러한 연기설화는 선덕여왕이 생전에 스스로 도리천주임을 표방하였기 때문에 생긴 것이다.[13] 그것은 당시 왕실의 제석신앙과 연결되어 있었다. 그 결과 문무왕 대에는 선덕여왕의 무덤 바로 밑에 사천왕사를 창건함으로써, 선덕여왕이 가졌던 제석신앙을 구체화시켰을 것이다.

본래 제석신앙은 석가불과 깊은 연관을 가졌다. 제석의 본명은 석가제파인타라釋迦提婆因陀羅(S'akrodevandra)인데, 석가는 '능인能仁'의 뜻을 갖는 부처의 족성族姓이고[14], 제파提婆는 '천天'을, 인타라因陀羅는 '주主'를 의미한

平王 代에 법화신앙이 나타나는 이유를 명확하게 제시할 수는 없다.

11 金理那, 「慶州 堀佛寺址의 四面石佛에 대하여」(『진단학보』 39, 1975, p. 52)에서, 경주 굴불사지의 사면석불 중 南面의 三尊佛은 釋迦如來 三尊立像이라 하였다. 곧 四面佛 속에는 석가여래가 포함되어 있다.

12 秦弘燮, 「四佛山 四佛岩과 妙寂庵磨崖如來坐像—新羅五岳 綜合 學術調査記 第七—」(『考古美術』 1~100 合輯, 하권, p. 226)에서 진평왕 9년은 甲申年이 아니라 丁未年이며, 갑신년은 진평왕 46년이므로, 四面佛이 조상되는 연대에 혼란이 있음을 지적하였다. 다만 여기서는 진평왕 대 초기보다는 말기로 가면서 석가불신앙과 제석신앙이 보다 더 밀착된다는 의미에서, 혹시 사면불상은 진평왕 46년에 만들어지지 않았을까 추측한다.

13 善德王이 忉利天主라는 관념은 구체적으로 나타나 있지 않다. 다만 왕이 죽어 도리천에 태어난다면, 일단 그는 도리천주라는 관념을 가졌을 것으로 판단할 수 있다.

14 물론 帝釋名에서 쓰인 '釋迦'는 能仁의 뜻을 가져 '帝'로 표기될 수 있는 것이어서, 반드시 부처의 종족을 뜻하는 것은 아니다. 또 제석은 원래 摩伽陀國의 婆羅門으로 성은 憍尸迦요 이름은 摩加婆라는 설화도 있다. 그러므로 여기의 '석가'는 부처의 종족을 뜻하지는 않으나, 충분히 釋

다. 석가불은 고타마 싯다르타로서, 인간계에 태어나기 전에 오백 번의 생을 거듭하면서 육파라밀六波羅密을 수행하였다. 이 오백 번의 본생本生을 거치면서, 석가불은 인계人界는 물론 천계나 축계畜界에도 태어났다. 천계에 태어날 때 석가불은 제석과 깊은 인연을 맺었다.

석가불은 바로 제석으로 천상에 태어나기도 하였다. 혹은 석가불이 전생에서 시비尸毘(sivi)국의 왕자로 태어났을 때에, 그의 보시布施가 완전함을 증명하기 위해 나타난 파라문은 제석의 변신이었다고 한다.[15] 전생에서 제석과 밀착된 생을 영위한 석가불은 어머니 마야부인痲耶夫人이 죽어 도리천에 태어나자, 바로 승천하여 어머니를 위하여 설법하였다. 마야부인이 다시 도리천에 태어날 정도로 석가불과 제석신앙은 서로 깊이 연관되어 있었다. 그래서인지 도리천신앙은 왕실과 연결되는 경향을 농후하게 지녔다.[16]

다만 석가불은 제석신앙과 깊이 연관되었지만 도리천에서 마야부인을 위한 설법을 마치고 하천下天할 당시, 중앙 유리계琉璃階를 타고는 양편에 제석과 범천梵天을 거느렸다.[17] 석가불과 제석은 서로 밀착될 소지를 가졌을지라도 그 신앙의 중심이 된 것은 석가불이다. 본생에서 석가불과 제석은 전생轉生한 것으로 파악하기도 하지만, 일면 뚜렷하게 구별된다. 찰제리종刹帝利種인 석가에 비해 제석은 파라문婆羅門으로 나타났다.

엄격히 말해 진평왕 대 초기에는 석가불신앙이 제석신앙보다 더 중시되

迦族으로 생각할 수 있는 소지를 가졌다.

15 秦弘燮, 『韓國의 佛像』, 一志社, 1976, p. 59.

16 『삼국유사』 권3, 臺山五萬眞身조에 "寶川驚異 留二十日乃還五臺山神聖窟 又修眞五十年 忉利天神三時聽法 淨居天衆 烹茶供獻"이라 하였다. 『삼국유사』에 나타난 五臺山信仰은 왕실불교와 깊이 연관된 것인데, 忉利天神이 신라왕실의 태자였던 寶川에게 나타나 그의 설법을 듣고 있다. 이는 제석신앙과 왕실불교와의 밀접한 관련성을 말해 준다. 그 외에도 주로 왕실에서 忉利行을 원하는 사례가 많이 나타난다.

17 석가가 痲耶夫人을 위한 설법을 끝내고 下天할 때에, 제석은 天子에게 命하여 金銀琉璃로 三道의 寶階를 만들게 하였다. 그중 釋迦佛은 중앙 琉璃階를 타고, 梵天 및 諸色天은 右面의 金階를 타고, 제석 및 諸欲天은 左面의 銀階를 타고 하강하였다.

었다. 앞에서 옥대와 제석과의 관련을 추측하였지만, 그것은 상당히 막연한 느낌을 준다. 오히려 진평왕계는 석종의식釋宗意識을 가져 석가불신앙에 더 매료되어 있었다. 그에 비해 선덕여왕 대에는 왕실이 뚜렷하게 제석신앙을 표방하였다. 하지만 석가불신앙과 병행하여 제석신앙을 더욱 강조하였을 뿐이고, 여전히 왕실은 진신사리眞身舍利의 봉안에 열중하였다. 제석신앙은 석가불과 연관하여 크게 유행하였지만, 왕실에서 능동적으로 수용한 것은 석가불신앙이었다.

석가불신앙은 제석신앙과 밀접하게 연관을 가지면서도, 이 두 신앙이 당대에 직접으로 이어져 있지는 않았다. 시대가 조금 내려간 신라중대 초에 이르면, 이 두 신앙은 더욱 밀착된 느낌을 준다. 의상義湘에게서 이런 면을 살필 수 있다. 다음 기록을 참고하기로 하자.

> 義湘이 조용히 道宣律師에게 이르되 "律師는 이미 天帝가 공경하는 바가 되었으니, 내가 듣건대 帝釋宮에 佛牙 40개 중 어금니 하나가 있다고 하니, 우리들을 위하여 인간에 내려 보내서 복되게 하는 것이 어떻겠는가, 한 번 간청해 보라"고 하였다. 律師가 뒷날 천사를 통해 그 뜻을 上帝께 전하니, 상제가 7日을 기한으로 보내 주므로, 의상이 禮敬하고 맞아서 大內에 봉안하였다(『삼국유사』 권3, 前後所將舍利조).

중국에 유학하여 지엄智儼 문하에서 수학할 때 의상은 도선道宣율사에게 청하여, 제석천帝釋天에 보관 중인 불아佛牙를 7일 기한으로 빌려서 신라의 궁궐 내에 봉안하였다. 불아 40개 중 어금니가 제석천에 보관되었다는 설화는 석가불신앙과 제석신앙을 직접으로 이어지게 해 준다.

진평왕 대에 크게 내세운 석가불신앙은 제석신앙을 불러일으킬 소지를 가졌으나, 그보다는 수승한 것이어서 왕실 중심으로 수용되었다. 진평왕 대 말 내지 선덕여왕 대를 지나면서 석가불신앙과 제석신앙은 서로 밀접한 관련을 가졌을지라도 엄격하게 구별되었다. 그러다가 신라중대에 오면서 그 두 신앙은 직접으로 연결되었다. 진평왕 대 석가불신앙에 강하게 귀의하였던 왕실이 계속해서 제석신앙과 그것을 연결시켜야 할 필요를 느꼈을지는 의문이다.

진평왕 대 이후 제석신앙은 석가불신앙으로 말미암아 유행하였고 그것을 보조하는 성격을 지녔다.[18] 신라중대에 오면서 제석신앙은 석가불신앙을 배경으로 강조되었다. 신라중대의 사회 분위기에서 고조되어 윤색된 제석신앙이 그대로 신라중고대 말에 행해진 제석신앙의 내용으로 기록되게끔 영향을 주었을 법하다. 이 점은 진평왕 대와 다른, 무열왕 대 이후 신라중대의 정치·사회적 성격에서 이해해야 할 것이다.

2. 계율의 강조

진평왕 대에 석가불신앙이 크게 일어나는 것은 왕실의 권위의식과 연결되어 있다. 이는 제도의 정비를 통해 왕권을 강화해 가려는 진평왕 대의 체제와 부합된 것이었다. 왕권을 강화해 나가려는 노력은 불교사상 면에서 계율을 강조하게 하였다. 진평왕 대가 되면서 계율을 특별히 강조하였다. 우선 다음 기록을 참고하기로 하자.

18 신라 三寶는 석가불 내지 제석신앙과 연관을 가졌다. 다만 그것은 시대를 달리하여 조성되었으며, 그 성립과 의의를 천명하는 데에는 慈藏이 크게 기여했을 것으로 주장되었다(金相鉉, 「新羅 三寶의 成立과 그 意義」, 『東國史學』 14, 1980, p. 64). 그런데 자장은 중국에 유학하여 제석이 彫像한 文殊大聖의 塑像을 알현하기도 하지만(『삼국유사』 권4, 慈藏定律조), 제석신앙보다는 석가불신앙을 유난히 강조하였다. 곧 자장에게서 절대적 위치를 차지한 신앙은 석가불이었으며 제석은 그것을 보조하는 데 그치고 있다. 자장의 불교신앙은 당시 왕실에 수용된 불교신앙의 양상을 이해하는 데 도움을 준다.

8월에 百濟가 阿莫城을 공격해 오자 왕이 장수와 사병을 출전시켜 이를 크게 무너뜨렸으나, 貴山과 箒項은 戰死하였다. 9월에 高僧 智明이 入朝使 上軍을 따라 돌아오니, 왕이 지명의 戒行을 공경하여 大德으로 삼았다(『삼국사기』 권4, 眞平王 24년조).

지명智明은 진평왕 7년(585년)에 중국에 들어가 불법을 구하다가 17년이 지난 진평왕 24년에 귀국하였다. 지명에 관한 더 자세한 기록을 찾을 수 없어, 그의 행적을 추적하기는 어렵다. 그는 계행戒行을 닦음으로 말미암아 진평왕의 공경을 받았다. 진평왕은 불교의 계율에 대해 상당한 관심을 가졌을 것이다.

지명이 유학할 당시 중국에서는 진陳이 망하고 수隋가 섰다. 그가 유학을 떠날 때인 585년에 수가 건국되어 있었지만, 아직 진이 멸망하지는 않았다. 지명은 진에 유학하였다. 곧이어 589년에 진이 망하면서 남조를 수가 장악하는 정치·사회의 변화는 지명으로 하여금 귀국하지 못하고, 17년간 중국 사회에 머무를 수밖에 없게 만들었다. 장기간 중국에 머무른 것은 신라 조정에서도 특별히 그를 필요로 하지 않았기 때문인 듯하다.

그런데 지명은 진평왕 24년(602년)에 회반사廻伴使 상군上軍의 편으로 갑자기 귀국하였다. 지명의 귀국은 아마 그가 중국 내에서 계행으로 이미 명성을 얻었기 때문에 이루어졌던 듯하다. 그가 귀국하게 되는 데에는, 신라 국내에 조성된 계율을 강조하는 분위기가 상당히 작용하였다. 지명이 귀국하기 1개월 전에 전사하는 귀산貴山과 추항箒項을 통해 이런 면을 이해할 수 있다.

귀산은 사량부沙梁部 사람인데 『삼국유사』에는 모량부牟梁部 사람으로 나와 있다. 어려서 같은 부部 사람인 추항과 더불어 친구가 되었다. 두 사람은 서로 말하기를 국가에 봉공하기 위해 마음과 몸을 닦고자 한다고 하였다.

마침 수에서 돌아와 가실사加悉寺에 주지한 원광圓光을 찾아가 종신토록 간직할 계를 내려 주기를 간청하자, 원광은

> 佛戒에 菩薩戒가 있어 그 종류가 10가지이나, 너희들은 사람의 臣子된 자들로서 능히 감당하지 못할 것이다. 지금 世俗의 五戒가 있으니, 一은 임금을 忠으로 섬기고 二는 부모를 孝로써 섬기고 三은 친구를 信으로 사귀고 四는 戰爭에 임해서는 물러나지 말며 五는 殺生을 가려한다는 것이다(『삼국사기』 권45, 貴山전).

라고 하였다. 귀산과 추항은 원광으로부터 세속오계를 받았다. 그 내용은 출가하지 않은 신하나 자식을 위한 것으로, 이미 신라중고대 사회에서 계속 강조해 온 것이었다.

원광은 세속오계 중 '충忠'을 먼저 강조하였다. 적어도 김씨왕실이 세습되는 내물마립간 대에 박제상朴提上의 활동에서 이런 면을 충분히 읽을 수 있다. 충의 강조는 세습 왕실의 안정과 왕권 강화라는 측면에서 이해될 수 있다. 소지마립간이 노옹老翁으로 부터 받은 봉서奉書에 "이를 뜯어보면 두 사람이 죽고 뜯어보지 않으면 한 사람이 죽는다"라고 쓰여 있었다. 한 사람은 왕자王者이기 때문에 이것을 뜯어 분수승焚修僧 및 그와 사통한 궁주宮主를 죽였다. 이것은 바로 신라중고대에 충의 강조와 아울러 왕권이 강화되어가는 사정을 짐작하게 한다.

다만 현재 남겨진 사료의 분위기로 보아 신라중고대에 효孝를 그렇게 강조한 것 같지는 않다. 신라 사회에 불교의 선善과 유교의 효孝가 모순되지 않고 조화를 이루면서, 일찍부터 불교신앙과 더불어 유교의 덕목인 효를 함께 포용하였다.[19] 신라중대 초의 진정眞定이나 신문왕 대의 김대성金大城은

19 이기백, 「新羅佛敎에서의 孝觀念」, 『東亞硏究』 2, 1987 ; 『신라사상사연구』, 일조각, 1986, pp.

불교신앙의 선善과 유교의 효를 모두 실천하였다. 신라하대에 오면서 효는 더 강조된 듯하고,[20] 세속오계 속에서의 효는 충이 강조되는 속에 덧붙여 기록되어진 것으로 생각한다.

신信은 진흥왕 대에 화랑도花郎徒를 개창한 이래 중시한 덕목이라고 생각한다. 충이나 효가 종적인 결속을 위해 강조되었다면, 신은 횡적인 결속을 위한 것이다. 충과 신은 신라인의 사회윤리 덕목으로 가장 귀중히 여겼던 것이며, 그 위에 임전무퇴臨戰無退는 정복 전쟁을 수행하는 데 필수적인 덕목이다. 살생殺生을 가려 함은 사유재私有財로 생각한 가축에 대한 관심을 나타낸 것으로, 씨족제도가 붕괴된 이래 점점 심화되어 간 사회분화 과정에서 일정한 질서를 유지하려는 노력으로 이해된다.[21] 이러한 노력이 진평왕 대를 배경으로 표면화된 셈이다.

귀산과 추항에게 세속오계를 내렸지만, 원광은 불교에 보살계가 따로 있음을 말하였다. 지명뿐만 아니라 진평왕 대에 활약한 원광도 계율을 대단히 강조하였다. 다음 기록을 참고해 보기로 하자.

> 原宗이 佛法을 일으킨 이래 法을 傳하는 다리를 비로소 놓았으나 깊은 이치를 깨닫게 되기까지에는 못 이르렀으므로, 歸戒滅懺하는 法으로 愚迷함을 깨우쳐야 할 것이다. 그러므로 圓光이 住錫한 嘉栖寺에 占察寶를 두어 恒規를 삼

283~286.

20 『삼국유사』 권5의 제9 孝善篇은 가정에서의 부모에 대한 孝와 신앙에서의 佛에 대한 善을 조화시키는 내용을 담고 있다(이기백, 「新羅佛敎에서의 孝觀念」, 『東亞硏究』 2, 1987 ; 『신라사상사연구』, 일조각, 1986, p. 278). 그중 眞定師孝善雙美조나 大城孝二世父母조에는 이러한 성격이 비교적 충실하게 나타나 있다. 그러나 向得의 효도를 기록한 경덕왕 대의 기사인 向得舍知割股供親조에서는 불교적 색채를 찾을 수 없다(이기백, 위의 논문, p. 281). 孫順埋兒 興德王代조와 진성여왕 대의 기록인 貧女養母조의 孫順과 貧女는 효도로 말미암아 현세적인 많은 복록을 받고 있다. 물론 복록을 받은 후 그들은 불교에 귀의하지만, 그 내용이 풍겨 주는 분위기는 불교에의 귀의보다는 효도로 인한 현세적 복록을 얻는 데 치우쳐 있다.

21 이기백, 「儒敎受容의 初期形態」, 『韓國民族思想史大系』 2, 亞細亞學術硏究會, 1973 ; 『신라사상사연구』, 1986, 일조각, pp. 201~204.

았는데, 그때에 檀越尼가 있어 점찰보에 토지를 헌납하였다(『삼국유사』 권4, 圓光西學조).

이차돈異次頓이 순교함으로써 불법을 크게 일으켰지만, 불교신앙에서 계율을 강조하는 것은 원광圓光의 교학이 계기가 되었다. 원광은 귀계멸참법歸戒滅懺法을 내세웠다. 이러한 원광의 계행은 당시 중국에서 계참회법戒懺悔法으로 알려져 있었는데, 진평왕이 그것을 크게 신봉하였다고 한다.[22]

진평왕 대에 계율을 강조하는 분위기는 그 뒤 선덕여왕 대에까지 오히려 열기를 더해 가며 지속되었다. 자장慈藏이 계율을 특별히 내세우고 있는 것은 이를 알려 준다. 이미 『삼국유사』에는 자장이 율종律宗을 정립시켰다고 하였는데, 그의 행적은 계율과 특별히 연관되었다. 다음에서 이를 확인하기로 하자.

① (二丈夫가) 이에 慈藏에게 五戒를 내려 주면서, 장차 이 五戒로써 중생을 이롭게 할 수 있다고 하였다. 또 자장에게 告하기를 우리들은 "너에게 戒를 주려고 忉利天으로부터 왔다"고 하고, 인하여 사라졌다. 이에 (자장이) 산을 내려오니 1개월 사이에 國中의 士女들이 모두 五戒를 받았다.[23]

② 皇龍寺에서 菩薩戒本을 七日七夜 동안 강연하니 하늘에서 甘露가 내렸다. … 조정에서 의논하여 慈藏을 大國統으로 삼고, 승려의 모든 규칙을 僧統에게 맡겨 주관하게 하였다. 자장이 이런 좋은 기회를 만나 용기를 내어 弘通하고자 僧尼五部로 하여금 舊學을 증진하게 하고, 半月마다 계를 설하여 冬春으로 시험을 보게 함으로써 持戒와 犯戒를 알게 하였다(삼국유사』 권4, 慈

22 道宣, 『續高僧傳』 권13, 義解篇 9, 新羅國皇隆寺 釋圓光전에 "(圓)安賞叙(圓)光云 本國王染患醫治不損 請光入宮 別省安置 夜別二時爲說深法 受戒懺悔 王大信奉"이라 하였다.

23 『속고승전』 권28, 讀誦篇 8, 新羅國大僧統 釋慈藏전에 "乃授藏五戒 訖曰 可將此五戒利益衆生又告藏曰 吾從忉利天來 故授汝戒 因騰空滅 於是出山 一月之間 國中士女 咸受五戒"라고 하였다.

藏定律조).

③ 通度寺를 창건하여 戒壇을 축조하고는 이로써 四來를 濟度하였다(위와 같음).

원광뿐만 아니라 자장도 보살계를 강조하였다. 보살계는 출가자를 위한 것으로 세속오계와는 분명히 달랐다. 다만 세속오계와는 뚜렷이 구별되었지만, 원광의 보살계와 자장의 그것도 상당히 달랐다고 생각한다. 원광의 계행은 신라 불교가 계戒·정定·혜慧에로의 사상적 발전을 가능하게 하였다. 한편으로 그것은 공인 이후 미륵신앙을 내세우면서 전륜성왕 관념을 표방하는 면과도 연관되어 있었다. 중고대에 신라는 미륵사상을 통하여 전륜성왕의 정치이념을 확립하면서 이상 국토를 건설하려고 하였다.[24] 이상국토 관념은 진평왕 대에 보다 구체화되면서, 그 뒤 선덕여왕 대의 자장에 의해 체계화되었다. 불국토신앙이 구체화되는 시기에 계율이 강조되었던 것을 유념해야 한다.

원광의 계행이 반드시 유가보살계瑜伽菩薩戒에서 나온 것인지는 단정할 수 없으나, 신라중고대에 유행한 미륵신앙과 관련된 것은 분명하다. 신라중고대의 미륵신앙은 파라문 출생 설화를 내세워, 귀족 중심으로 받아들여지면서 토착신앙과 융합하는 경향을 가졌다. 그러면서 그것은 율령제도 및 신분 사회를 확립하는 데 유용한 계율, 즉 미륵계법彌勒戒法을 포용하였다. 이는 유가보살계를 떠올리게 하며 백제 불교의 계율주의와도 은근히 통하는 면을 지닌 것이다.[25]

우선 원광의 보살계는 계참회법戒懺悔法과 연관되기 때문에 그는 점찰법회占察法會를 시행하였다. 원광은 계법을 시행하기 위해 가서사嘉栖寺에 점

24 蔡印幻, 『新羅佛教 戒律思想史研究』, 國書刊行會, 1977, p. 246.

25 김두진, 「新羅 中古時代의 彌勒信仰」, 『韓國學論叢』 9, 1987, p. 18.

찰보를 설치하였다. 이러한 원광의 계행은 뒷날 점찰참회법占察懺悔法을[26] 개설한 진표眞表의 계법과 연결된다.[27] 원광에서 진표에게로 이어지는 계법은 유가보살계에 속한 것으로[28] 미륵사상을 배경으로 전개된 것이다. 왜냐하면 유가보살계의 설주說主는 미륵이기 때문이다.

원광의 보살계가 유가보살계로 맥이 닿을 수 있다면, 세속오계世俗五戒와는 달리 상당히 엄격한 고행苦行을 강조하는 것임이 분명하다. 그렇기 때문에 보살계는 사람의 신자臣子된 자들로서 능히 감당하지 못하는 것이라고 하였다. 자장의 보살계도 처음에는 이러한 경향과 맥락을 같이 하는 것으로 생각한다. 자장은 양친이 죽자 전원을 희사喜捨하여 원녕사元寧寺로 만들고, 홀로 유험幽險한 곳에 거처하면서 고골관枯骨觀과 같은 가혹한 계행을 닦았다. 자장의 고골관은 마치 진표의 수행을 연상시키는 것으로, 원광 이래의 유가보살계적인 수련을 행하는 것이라고 생각한다.[29]

자장이 황룡사에서 7일 동안 밤낮으로 강연한 보살계본菩薩戒本은 출가자를 위한 엄격한 것이어서, 원광의 보살계와 통하는 면을 지녔다. 그러나 원광과는 달리 자장은 보살계의 강조를 통해 전국 승려들을 관할하였다. 그가 대국통大國統에 임명되는 것과 황룡사에서 보살계를 강연하는 것은 무슨 연관을 가진 듯이 기록되었다. 그런 뜻에서 자장은 유가보살계에서 벗어난, 새로운 의미의 보살계행을 정립시키는 전환점을 만들었다. 자장은 출가자 개인의 수행에 그치는 엄격한 보살계에서 벗어나, 교단 내지 모든 승려

---

26 김영태, 「신라 占察法會와 眞表의 敎法硏究」, 『佛敎學報』 9, 1972, p. 99.

27 채인환, 『新羅佛敎 戒律思想史硏究』, 國書刊行會, 1977, p. 245.

28 김두진, 「고려초의 法相宗과 그 사상」, 『韓沽劤停年紀念 史學論叢』, 1981 ; 『均如華嚴思想硏究』, 1983, 일조각, pp. 125~126.

29 辛鍾遠, 「慈藏의 佛敎思想에 대한 再檢討 ―新羅佛敎 初期戒律의 意義―」(『韓國史硏究』 39, 1982. 12, p. 22)에서 자장의 가혹한 수련은 圓光의 그것을 잇는 것으로 이해하였다. 다만 신종원은 그러한 수련이 불교적인 것이라기보다는, 그 이전 샤머니즘적 토착신앙의 신비주의 전통에서 오는 것으로 해석하였다.

들에게 적용할 수 있는 보살계행을 내세웠다.

전국 승려의 통할을 위한 계행의 강조는 우선 출가자를 위한 것이어서 엄격한 성격을 띠었다고 생각한다. 일면으로 그것은 교단을 통한 재가자들이 계율을 지니게끔 하였다. 그가 전국의 사찰을 통어하면서 국내 사람들의 10명 중에 8·9명이 계를 받고 부처를 받들었다라고 하였다. 자장이 중국에 유학하여, 중국 계율종戒律宗의 시조인 도선道宣의 법맥을 전해 받은 종남산終南山 운제사雲際寺에서[30] 계율을 익히자, 사람과 신神이 모두 나와 그로부터 계를 받았다고 한다. 이처럼 자장의 보살계는 출가자 개인에서 벗어나, 재가자는 물론 신에 이르기까지 광범하게 수용되고 있었다.

신라인 모두에게로 확산되기 위해 자장의 계행은 대승계大乘戒의 성격을 뚜렷이 가졌다.[31] 그가 중국에서 두 장부丈夫로부터 계율을 받으면서 이것으로써 중생을 이롭게 한다고 하였다. 그런데 그에게 계를 내린 두 장부는 도리천인忉利天人임을 유념할 필요가 있다. 이미 진평왕 대 말에는 석가불신앙이 제석신앙과 연관되었는데, 왕실의 석종의식을 체계화하는 자장의 계율사상이 제석신앙과 밀착되었다. 이 점은 진평왕 대에 유행한 석가불신앙과 계율이 깊이 연관되었던 것을 알려 준다.

자장이 통도사通度寺에 계단戒壇을 축조하여 중생을 제도한 이유를 바로 이런 데에서 찾을 수 있다. 통도사는 진신사리와 불아佛牙 등을 모신 곳으로 석가불신앙의 본산과 같은 사찰인데, 그 신앙의 중심을 바로 계단에 두었다. 도리천 내지 석가불신앙과 연관된 자장의 계율사상은 미륵신앙과 관계가 깊은 유가보살계라기보다는 범망보살계梵網菩薩戒였을 법하다.[32] 비

---

30 辛鍾遠, 「慈藏의 佛教思想에 대한 再檢討 —新羅佛教 初期戒律의 意義—」(『韓國史研究』 39, 1982. 12, p. 14.

31 신종원, 위의 논문, p. 15.

32 채인환, 『新羅佛教 戒律思想史研究』, 國書刊行會, 1977, pp. 259~260.

슷한 시대의 원승圓勝은 『범망경기梵網經記』를 저술하였고,[33] 그후 원효의 불교사상에서 중시된 계율은 역시 『범망경』에 속한 것이었다.[34]

자장의 계율이 범망보살계 내지 대승계의 성격을 가졌던 것은 출가자와 재가자를 구별하지 않고 계행으로 묶으려는 의도를 담고 있었기 때문이다. 그 이전 원광 당시에는 재가자를 위한 세속오계와 출가자를 위한 보살계, 즉 유가보살계가 엄연히 구별되어 존재하였다. 재상을 맡아 달라는 왕실의 제의를 뿌리치면서 출가한 자장은 "하루 동안 계를 지키면서 죽을 지은즉 백 년 동안 파계하면서 살기를 원하지 않는다"라고 말하였다. 그가 출가할 당시만 하더라도 출가자와 재가자의 계율은 엄연히 구별되고 있었다.

자장이 계율을 정립하면서 신라인은 계행을 생활화하였고, 출가자뿐만 아니라 대중 속으로까지 계율이 확산되어 갔다. 오히려 계행을 통해 불교를 홍포하였으며, 그 결과 교단 내의 출가자는 물론 여염가에 이르기까지 계율을 받들지 않는 자가 드물었다. 곧 계행의 대중화가 이루어졌다. 진평왕 대에 계율사상을 강조해 가는 시기에 석가불신앙이 유행했다. 그런 면에서 계율과 석가불신앙은 서로 연관을 가졌다. 원광이 내세운 세속오계는 왕권을 중심으로 하여 종적뿐만 아니라 횡적 연대감을 결성시키려는 것이었다.

불교의 계율 역시 왕권을 강화해 나가려는 왕실의 의도에 부응할 수 있는 성격을 지녔다. 진평왕 대에서 선덕여왕 대에 내세운 계율은 신라인을 계행 속에 전체적으로 묶으려는 것이었다. 진평왕 대 초기에 석가불과 제석은 서로 연관을 가졌을지라도 각각 독자적인 신앙을 표방하였는데, 시대가 내려가면서 두 신앙은 오히려 밀착되어 갔다. 이런 면은 진평왕 대 초기에 세속

33 閔泳珪, 「新羅 章疏長編 不分卷」, 『白性郁博士頌壽記念 佛教學論文集』, 1959, p. 351.

34 元曉의 戒律에 관한 저술로 『菩薩戒本持犯要記』와 『梵網經菩薩戒本私記』가 현전한다. 그중 후자는 『梵網經』에 관한 저술이다. 또 『보살계본지범요기』도 그 내용이 輕重門·淺深門·明究竟持犯門으로 나뉘어 서술되고 있어서, 瑜伽菩薩戒라기보다는 梵鋼菩薩戒行에 가까운 듯하다. 그 외 신라시대 『범망경』에 대한 저술로 勝莊의 『梵網經述記』 2권·太賢의 『梵網經古迹記』 3권 등이 있다.

오계와 보살계를 뚜렷하게 구별하였으나, 진평왕 대 말기로 가면서 그 둘을 점차 혼합하여 묶는 것과 표리관계에 있었다.

3. 석종의식의 성립

신라상대 말의 성골聖骨과 진골眞骨의 문제는 쉽게 해결되기 어려운 것으로 항상 은근한 관심의 대상이 되어 왔다. 진평왕 대 왕실의 석종의식은 성골 관념의 생성에 작용하였을 것이라는 점에서, 골품제 사회를 규명하는 데 도움을 줄 것이다. 석종의식을 끌어내기 위해 주로 다룰 문제는 석가불신앙이지만, 그것을 유행시키는 데 일조한 제석帝釋신앙 및 계율의 강조 등을 앞부분에서 다루었다. 당시의 왕실, 특히 동륜계銅輪系가 석종의식을 성립시키는 과정을 살피기 위한 배경으로, 진평왕 대에 사륜계舍輪系와 동륜계의 대립 및 왕실의 제도정비 과정 등을 밝혀야 할 것이다.

초전불교는 본래 왕실 중심으로 전래되었다. 이후 왕실은 불교를 홍포하고자 하였고, 그때마다 귀족은 불교 공인을 반대하는 입장에 서 있었다. 왕실은 중앙집권적 귀족국가 체제를 정립시키면서, 토착신앙보다는 더 우월한 관념 체계로서 불교를 받아들였다. 왜냐하면 토착신앙은 왕이나 귀족이 모두 부족 중심의 제사장으로서 동등하다는 인식을 심어 주기 때문이다. 공인은 왕실이 불교를 귀족들에게까지 홍포하려는 과정에서 왕권의 우월을 내세우려는 의도를 지녔다.

이후 공인불교는 국가불교로 정립되었고, 왕실은 귀족들과 달리 불교식 왕명을 사용하였다. 말하자면 진종설화眞種說話를 형성시키면서 신라중고대 왕들의 이름을 불교식으로 붙였다.[35] 신라중고대에 불교식 왕명은 그 자

35 김영태, 「彌勒仙花攷」, 『佛敎學報』 3·4合, 1966, p. 145.

체로서 의미를 가지는 것이겠지만, 각 왕명이 뜻하는 성격이 변화되고 있던 것을 유의해야 한다. 곧 시기에 따라 강조하는 불교신앙 내지 사상의 차이로 말미암아, 붙여지는 왕명의 성격이 달리 나타났다.

법흥왕은 불법을 처음으로 흥성시킨 왕이란 의미로 붙여진 왕명이다. 그 다음 진흥왕은 이름을 삼맥종彡麥宗 또는 심맥부深麥夫라 했는데, 그것은 사미沙彌, 즉 중을 의미한다.[36] 그다음 대인 진지왕이나 그 형인 진흥왕의 태자는 각각 사륜〔舍(鐵)輪〕과 동륜銅輪으로 불렸는데, 그것은 전륜성왕轉輪聖王의 이름이다. 진흥왕에 이어 진지왕 대까지 왕실은 전륜성왕 관념을 포용하였음을 알 수 있다.

진평왕 대가 되면 왕실은 바로 석가족釋迦族의 이름을 따서 붙이고 있다. 진평왕의 이름인 백정白淨은 석가의 아버지 이름이며, 왕비 김씨는 마야부인麻耶夫人으로 석가의 어머니 이름을 그대로 사용하였다. 진평왕의 두 동생인 진정眞正갈문왕은 백반伯飯이며 진안眞安갈문왕은 국반國飯인데, 이것은 모두 석가의 삼촌들의 이름이다. 진평왕에게서 왕자가 태어났다면, 그는 충분히 석가(싯다르타)로 불렸을 법하다.

이렇게 진평왕계는 석가족 사람들의 이름을 구체적으로 따와서 사용하였다. 이는 그들 스스로가 석종釋宗의식을 가진 데서 나온 것이다. 그리하여 진평왕계는 이전의 다른 왕계보다는 우월하다는 관념을 가졌다. 다음 기록을 참고해 보기로 하자.

> 신라 제27대 善德王 즉위 5년 貞觀 10년 丙申에 慈藏法師가 西學했는데, 五臺山에서 文殊에게 감응하여 法을 받았다. 문수가 또 말하기를 "너희 나라 왕은 天竺의 刹利種王으로서 이미 佛記를 받았던 故로 특별한 인연이 있으며, 東夷의 오랑캐족과는 같지 않다"라고 하였다(『삼국유사』 권3, 皇龍寺九層塔조).

36 김철준, 「신라상대 Dual Organization(下)」, 『역사학보』 2, 1952, p. 91.

이 기록은 선덕여왕 대의 정세를 이해하는 데 중요한 자료로서 엄밀히 말해 진평왕 대의 역사적 사실이 굴절되어 표현된 것이다. 왕족을 천축의 찰제리종왕刹帝利種王으로 표현하는 것이 바로 그런 류에 속한다고 할 수 있다. 인도의 찰제리종왕이 윤회에 의해 신라 진평왕계의 왕으로 태어났다고 한다.

신라 계율 불교를 주관한 장본인인 자장과 얽힌 이 연기설화는 실질적으로 석가족의 이름을 따서 사용한, 이른바 진평왕계의 석종의식을 정당화하는 것이다. 신라왕이 석가와 같은 찰제리종에 속한다고 생각되었다면, 국왕은 석가로 비견될 가능성이 더욱 커지게 된다.[37] 물론 그 이전 진흥왕의 왕자들에게 붙인 전륜성왕 이름 역시 찰제리종왕이기 때문에, 신라왕실이 찰제리종이라는 설화는 반드시 진평왕계의 석종의식만을 지적하는 것으로 생각되지 않을 수도 있다.

석가불은 여래의 대표적 존재로서 왕권의 상징과 같이 생각되었는데,[38] 신라왕실이 석가불신앙에 큰 관심을 보인 것은 공인 이후 상당한 기간이 흐른 뒤였다. 전륜성왕에서 석가불신앙에로 왕실의 관심이 변화하는 바로 이런 점이 자장과 얽힌 연기설화로 강조되었을 것이다. 신라왕실은 이미 진종眞種의식을 가져 전륜성왕으로 관념하고 있었지만, 특히 진평왕 대가 되면서 그것을 석종의식으로 성립시켰다.

석종의식은 석가불신앙의 유행과 밀접하게 관련하여 성립되었다. 다만 진평왕계의 석종의식은 선덕여왕 대만 되어도 조금 무디어졌으며, 진덕여왕 대에는 오히려 상당히 희박해졌다.[39] 진평왕계의 강한 혈연의식이 석종

37 이기백, 「신라 초기 불교와 귀족세력」, 『新羅思想史研究』, 一潮閣, 1986, p. 82.

38 이기백, 위의 논문, p. 80.

39 선덕여왕의 이름은 德曼이고 진덕여왕의 이름은 勝曼이다. 이들의 이름은 釋宗意識과는 거리가 있다. 다만 선덕여왕은 이미 본문에서 지적했듯이 忉利天觀念을 포용하고 있어서 銅輪系의 석종의식과는 어느 정도 연관되어 있는 느낌을 준다.

의식으로 성립되었음 직한데, 그것은 그다음 대인 선덕여왕·진덕여왕 대에 점차 무디어져 갔던 것을 유념할 필요가 있다. 그런 면에서 석종의식의 성립은 동륜계銅輪系의 혈연 의식 및 그들의 정치·사회적 입장과 연관시켜 이해해야 할 것이다.

동륜계는 사륜계舍輪系를 누르면서 즉위하였고, 그리하여 동륜의 직계비속直系卑屬으로 구성된 소혈연집단이 나머지 왕실 친족집단의 구성원이 갖는 신분인 진골보다 한층 높은 신분관념을 가졌다. 성골聖骨의식은 이렇게 하여 선덕여왕 대 이전, 곧 진평왕 대에 성립되었다고[40] 한다. 성골과 진골의 문제는 쉽게 해결되기 어려운 복잡한 것이지만, 진평왕 대에 동륜계의 소가계집단이 스스로 성골의식을 가졌다는 이러한 주장은 당시에 성립된 석종의식과 연관시켜 타당하게 생각한다. 말하자면 전륜성왕보다 우월한 것으로 석종의식을 성립시킨 동륜계는 진골보다 월등한 성골의식을 가졌을 것이다.

다만 동륜계는 사륜계를 완전히 제압하지 못하면서, 오히려 그들과의 제휴를 통해 왕권의 안정을 모색하였다.[41] 적어도 이러한 사정은 진평왕 대의 왕권이 전제화되는 데 실패하였음을 알려 준다.[42] 진평왕 9년(587년)에는 내

---

40 이기동, 「新羅 奈勿王系의 血緣意識」, 『역사학보』 53·54 합집, 1972 ; 『신라골품제사회와 화랑도』, 韓國硏究院, 1980, p. 88.

41 진흥왕의 太子는 銅輪인데 진흥왕 33년에 죽었기 때문에, 다음 왕으로 차자인 舍輪이 등극하여 진지왕이 되었다. 진지왕은 나라를 다스린 지 4년 만에 국정이 荒婬하여 國人에 의해 폐위되고, 동륜의 아들이 즉위하여 진평왕이 되었다. 이러한 정변의 배경에는 진평왕이 등극하기까지 왕위를 둘러싼 사륜계와 동륜계의 대립이 있었을 것으로 생각한다. 그러나 사료상으로 막상 사륜계와 동륜계가 뚜렷하게 대립한 흔적을 남기고 있지는 않다. 그런가 하면 진지왕의 魂과 桃花女 사이에 낳은 아들인 鼻荊郎은 진평왕의 총애를 입어 궁중에서 자랐다(『삼국유사』 권1, 桃花女鼻荊郎조). 물론 이 기록은 사실대로 받아들여질 수 없는 설화이지만, 일정한 역사적 의미를 지닌 것으로 당대 사회를 이해하는 실마리를 제공할 수도 있다. 그런 면에서 진지왕의 아들인 비형랑과 진평왕의 관계는 진평왕 대 초기의 정치 체제를 시사해 주는 것으로 생각한다. 비형랑 기사는 진평왕의 즉위와 초기의 왕권을 안정시키는 데, 사륜계의 일부 세력이 협조하거나 묵인한 느낌을 준다. 이런 면에 대해서는 別稿로 상세하게 다룰 기회를 갖고자 한다.

42 李晶淑, 「新羅 眞平王代의 政治的 性格—所謂 專制王權의 成立과 關聯하여—」(『韓國史硏究』

물마립간의 칠세손이요 이찬伊湌 동대冬臺의 아들인 대세大世가 구칠仇柒 등과 더불어 세상과 절연하고는, 남해로부터 방주方舟를 타고 사라져버렸다. 신라왕족으로서 진골 귀족임이 분명한 대세가 조정을 버리고 떠나가고 있다. 이 점은 진평왕 대 초에 진골 귀족세력이 왕권에 포용되지 못하고 소외되고 있음을 짐작하게 한다. 그럴 경우 왕권의 안정은 난간에 부딪히게 되었을 법하다.

진평왕 대는 많은 관제의 정비가 이루어졌다. 그것은 대체로 진평왕 대 초기에 집중적으로 정비되다가, 다시 진평왕 대 말기에 정비되었다. 진평왕 대 초기에 정비된 관제와 진평왕 대 말기에 정비된 그것의 성격은 어느 정도 구별될 수 있다. 전자의 관제정비는 법흥왕 대 이후 중앙집권적 귀족국가 체제의 개편을 완성시키는 성격을 가졌고, 엄격히 말해 왕권을 특별히 강화하면서 전제주의를 지향한 것은 아니었다.[43]

52, 1986, pp. 18~22)에서 진평왕 대는 近侍機構의 확장 등으로 왕권 강화와 함께 중앙집권적인 관료 체제가 정비되어 나가는 시기였으며, 內省이 설치되는 진평왕 44년(622년) 이후에는 비록 金春秋세력에 의한 것이지만 전제왕권이 성립되었다고 주장하였다. 진평왕 대에 다소의 제도 정비가 이루어진 것은 사실이나, 그것이 곧 전제왕권의 성립으로 이어지는지는 더 고찰되었으면 한다. 사실 전제왕권의 핵심기구인 執事府가 이때에 정비되지 않고 있다. 진평왕 자신이 주체가 되어 제도 정비를 단행한 것인지 등을 분명히 하는 작업이 당대의 왕권이 얼마나 강화되어 갔는가를 명확하게 밝혀 줄 수 있을 것이다.

43 眞平王 3년에서 진평왕 13년에 이르는 시기에는 位和府(진평왕 3년)를 설치하고 禮部令(진평왕 8년)·領客府令(진평왕 13년) 등을 두었다. 이러한 官府는 법흥왕 대 이후 신라 국가의 중요한 官府가 하나씩 정비되어져 나가는 연장선상에서 설치되는 것으로 생각한다.

그 외에 같은 시기에 정비된 관부로는 船府署 大監과 弟監(진평왕 5년)·乘府令(진평왕 6년)·調府令(진평왕 6년)·稟主大舍(진평왕 11년)가 있다. 이러한 관부의 정비는 稟主 기능의 改編과 밀접한 것이어서 왕권을 강화하는 의미를 지니지만, 執事部로 개편되는 것과는 거리가 있다. 곧 그것은 收取 체제와 연관되었으나 귀족들에 대한 再分配 과정을 정비하지 않았기 때문에, 왕권의 전제화를 위한 개혁조치로 생각되지는 않는다. 진평왕 대 초기는 물론 말기에 이르기까지 계속해서 軍制가 정비되고 있다. 곧 誓幢(진평왕 5년)·兵部弟監(진평왕 11년)·四千幢(진평왕 13년)·軍師幢(진평왕 26년)·急幢(진평왕 27년)·兵部大監(진평왕 45년)·郎幢(진평왕 47년) 등을 설치하였다. 이는 지증마립간 6년(505년)에 軍主를 파견하면서 법흥왕 4년(517년)에는 兵部를 설치하였고, 이후 계속해서 갖추어져 가는 軍制 정비의 일환으로, 반드시 왕권의 전제주의를 위한 개혁은 아니다.

신라에 왕권의 전제화를 위한 개혁은 진덕여왕 대의 집사부執事部와 시위부侍衛府를 설치하는 것으로부터 비롯된다.[44] 그러나 진평왕 46년(624년)에 시위부 대감大監을 설치하였다. 이것은 진평왕 대 초기의 관제정비와는 다른 느낌을 준다. 곧 친위 부대를 강화하려는 것이다. 같은 해에 상사서賞賜署 대정大正과 대도서大道署 대정을 설치하였다.

상사서란 그 명칭으로 보아 관리의 서훈敍勳을 내리기 위한 관청이었다.[45] 대도서의 기능은 정확하지 않으나, 상사서의 기능과 크게 다르지 않을 듯하다. 그렇다면 이러한 관부의 설치는 왕권이 강화되어 가는 모습과 연관시킬 수 있으며, 그 장관이 1인이었다는 사실도 이러한 추측을 보다 확실하게 해 준다.[46] 진평왕 44년(622년)에 내성사신內省私臣 1인을 두어 삼궁三宮을 관할하는 것도 같이 이해할 수 있다.

진평왕 대 초기와는 달리 후기에는 어느 정도 왕권이 강화되었던 듯한 인상을 준다. 그렇지만 삼궁을 장악하는 내성사신에 임명된 자가 그러한 개혁을 주도하였을 법한데, 용춘龍春이 거기에 임명되었다. 말하자면 사륜계가 진평왕 대 말기의 개혁을 주도해 간 셈이다. 진평왕 51년(629년)에는 용춘과 서현舒玄·유신庾信 등이 낭비성娘臂城전투에서 크게 전공을 세우면서, 이들의 세력은 실질적으로 부상되어 갔다. 진평왕 53년(631년)에 일어난 칠숙柒宿과 석품石品의 반란은 사륜계가 득세해 가는 당시의 정세에 대한 불

---

44 이기백, 「신라 執事部의 성립」, 『진단학보』 25·26·27 合, 1964 ; 『新羅政治社會史研究』, 一潮閣, 1974, p. 171.

45 이기백, 「稟主考」(『李相伯博士 回甲記念論叢』, 乙酉文化社, 1964 ; 『新羅政治社會史研究』, 一潮閣, 1974, pp. 143~144)에서 賞賜書는 국가의 유공자에게 상을 주는 직무를 맡았을 법한데, 稟主 소속으로 되어 있는 점이 주목된다고 하였다.

46 이기백, 위의 논문, p. 146.
이기백, 「신라 執事部의 성립」, 『新羅政治社會史研究』, 一潮閣, 1974, p. 155 참조.
長官이 2人임은 貴族聯合 정권임을 반영한 것으로, 喙(及梁)部와 沙喙(沙梁)部 출신이 각 1명씩 배당된 것이라 하였다. 따라서 장관이 1인으로 됨은 왕을 정점으로 하는 중앙집권 체제를 정립하려는 것이다.

만으로 인하여 일어났을 법하며, 역시 김춘추나 김유신 세력에 의해 진압되었다. 칠숙과 석품은 동륜계에 속하였던 귀족세력이었을 것이다.

진평왕 대 초기의 관제 정비는 사륜계와 더불어 귀족연합 정권을 성립시킨 동륜계가 왕권을 안정시켜 가려는 의도를 나타낸 것이다. 그런데 진평왕 대 말기에는 오히려 사륜계가 동륜계를 능가할 정도로 득세하였다. 이러한 사정은 진평왕 대 초기에도 사륜계세력이 온존하여, 만만치 않은 자세로 왕권에 제약을 가할 수 있었던 것을 짐작하게 한다. 석종의식을 성립시킨 동륜계의 정치적 세력 기반은 확고한 것이 아니었으며, 역으로 그러한 불안한 왕족의식이 석종의식을 성립시키는 데 능동적으로 작용하였다.

동륜계의 석종의식은 석가불신앙의 유행과 짝하여 성립하였다. 진평왕 대 초기에는 석가불신앙이 더 우월하였다. 그러나 진평왕 대 말기부터 선덕여왕·진덕여왕 대로 내려가면서 석가불신앙을 보조하는 성격을 지닌 제석신앙이 점차로 강조되었으며, 결국 두 신앙은 서로 밀착되어 갔다. 진평왕 대 초기에는 석가불신앙의 유행과 함께 계율을 강조하였다. 처음엔 세속 5계와 보살계가 엄격히 구별되는 경향을 가졌으나, 시대가 내려갈수록 그 둘은 결국 혼합하여 묶어지게 되었다. 선덕여왕 대 이후 동륜계의 석종의식이 뚜렷하게 강조되지 못하게 되는 것은 이러한 석가불신앙이나 계율에 대한 강조점에 변화가 나타나는 사실과 상당한 연관이 있을 법하다.

제4장
고구려와 백제의 귀족불교신앙

제1절 고구려의 삼론종과 불성신앙

1. 반야 공관에 대한 이해

한국고대의 불교신앙을 비교적 정확하게 기록한 『삼국유사』에는 고구려 승려의 불교사상을 알려 주는 내용이 거의 전하지 않는다. 반면 불교는 삼국 중 고구려에 가장 일찍 전해져 국가불교로 공인되었다. 고구려 불교도 왕실 중심으로 수용되어 귀족불교로 발전하였다. 이는 신라의 불교사상이 전개되는 모습과 비슷하다. 다만 귀족불교가 대중화되면서 서민 중심의 정토淨土신앙을 성립시킨 신라 불교와 비교하여 서민과 가까운 이론 체계를 성립하지 못한 고구려 불교의 모습에서 그 차이점을 찾을 수 있다. 따라서 여기에서는 고구려의 귀족불교 특징인 불성신앙을 통해 열반涅槃사상에 대해 알아보고자 한다.

국내 사료에 거의 누락되었을지라도 고구려 승려들에 관한 기록은 중국이나 일본의 승전에 다수 나타나 있다. 이러한 기록을 중심으로 고구려 불교사상의 면모를 부각시키고자 한다. 격의格義불교로 출발한 고구려 불교는 반야般若 공관空觀에 대해 이해하는 데 유리한 입장에 있었다. 공관에 대한 이해의 심화는 중도융합사상의 형성을 가능하게 한다. 때문에 여기서는 고구려 불교가 신삼론新三論사상을 성립시키는 면을 밝히고, 아울러 일체의 중생이 모두 불성을 가진다는 신앙을 전문적으로 살펴봄으로써 불성과 열반과의 관계를 해명할 것이다.

고구려 승려들은 국내에 정착하기보다는 대부분 중국이나 일본 등 해외에서 활동하였다. 고구려 말 『열반경涅槃經』을 강론하던 보덕普德은 박해를 받아 완산주完山州의 고대산孤大山으로 옮겨 거주하였다. 혜관慧灌이나 도등道登을 위시한 삼론종三論宗 학승이나 많은 불교 승려들이 국외로 나아갔다. 이렇듯 고구려 불교계가 위축되면서 불교사상이 국내에서 뿌리를 내리지 못하고 해외로 이식되는 원인을 연개소문淵蓋蘇文의 도교진흥책 등 고구려 정계의 추이 속에서 밝히고자 한다. 다만 이러한 현상은 자료상의 한계성으로 더욱 크게 부각된 것이기도 하기 때문에, 앞으로 고구려 불교의 심화된 사상 체계를 밝히려는 노력을 경주하여야 한다.

고구려에 처음 전래된 불교는 도교의 청담적淸談的인 성격을 가졌다. 도교의 무위無爲로써 불교의 공空을 이해하려는 것이다. 이를 격의불교라 부른다. 이미 4세기 중반 중국에는 격의불교가 번성하였다. 중국 위진魏晋시대에서부터 도교가 홍행하였고, 노장의 청담적 사상 경향은 귀족 사회를 풍미하였다. 도교에 의해 법난法難을 겪으면서 승려들도 『장자』 소요유편 등을 주해註解하는 등 노장사상에 대해 담론하였다. 이렇게 출발해서인지 남북조시대의 격의불교는 노장사상과 비슷하게 보이는 반야般若의 공空사상에 관심을 가지고, 이를 심층적으로 추구하였다.

고구려 불교는 공인 과정을 겪으면서 국가불교로 성장하였다. 공인 이후 불교는 왕실 중심에서 귀족이나 일반 대중에게로 수용되면서, 청담적 성격에서 벗어나 점차 사상이나 논리 체계를 갖추어 갔다. 격의불교에서 출발한 고구려 불교사상도 공에 대해 깊이 이해하는 방향으로 발전하였다. 때문에 고구려 불교는 공관을 이해하려는 삼론三論사상을 성립시켰다. 다만 처음 전래된 격의불교가 청담적 성격에서 벗어나, 삼론사상을 받아들이면서 이론불교로 성장해 간 시기를 정확하게 지적하기는 어렵다.

공인 이후에 전륜성왕轉輪聖王 관념이나 미륵 또는 석가불 신앙의 유행 등도 고구려 불교사상의 이론적인 성숙을 가능하게 하였다. 현실 구복求福 신앙이나 신이한 영험신앙에 머물던 고구려 불교가 사상적으로 성숙되는 모습은 의연義淵의 전교傳敎 활동에서 보다 뚜렷하게 나타나 있다. 의연이 주로 활동한 시기는 고구려 양원왕과 평원왕平原王 때라고 생각한다.[1] 그는 국내에서 출가한 후 승려로서의 율의律儀를 잘 지켰으며, 해박한 지식과 폭넓은 견문을 지녔고 아울러 유현儒賢에[2] 통달하여, 승려는 물론 대중의 돈독한 귀의를 받았다.[3]

계율을 중시하는 한편 유학에 대해서도 박식한 의연은 고구려 사회에서 명성을 떨쳤지만, 이에 만족하지 않았다. 불법을 널리 유통시키고자 무상의 법보法寶를 구하였으나, 그는 더 이상 국내에서는 깨달음에 이르는 데 한계를 느꼈다.[4] 이에 중국으로 구법의 길을 모색하였다. 다음 내용이 이를 알려준다.

---

1 南武熙, 「高句麗後期 佛教思想 硏究-義淵의 地論宗思想 수용을 중심으로-」, 『國史館論叢』 95, 2001, p. 103.

2 覺訓, 『海東高僧傳』 권1, 流通 1의 1, 釋義淵傳의 원문에는 '儒賢'으로 분명히 나와 있는데, 이를 '儒玄'으로 보아 義淵이 유교와 도교에 모두 정통한 것으로 해석하는 것이 통설로 되었다. 이는 유교에 정통한 것으로 이해하는 것이 옳다.

3 각훈, 『해동고승전』 권1, 유통 1의 1, 釋義淵傳에 "自隷剃染 善守律儀 慧解淵深 見聞弘博 兼得儒賢 爲一時道俗所歸"이라 하였다.

4 각훈, 『해동고승전』 권1, 유통 1의 1, 釋義淵傳에 "性愛傳法 意在宣通 以無上法寶 光顯實難未辨"이라 하였다.

> 이때에 高句麗 大丞相 王高得이 깊이 바른 믿음을 품고 大乘을 崇重하여 釋風을 변두리에까지 미치게 하려고 하였다. 그러나 그 始末의 연유 및 서쪽에서 동쪽으로 전해진 연대나 帝代를 헤아리기 어려웠다. 그러므로 그 사실 조항을 낱낱이 기록하고는, 의연을 배에 태워 鄴으로 보내어 아직 몰랐던 것을 啓發하게 하였다.[5]

의연은 고구려 대승상 왕고득의 종용으로, 북제北齊의 수도 업鄴으로 나아갔다. 이때가 언제인지는 정확하지 않다. 고구려가 남조의 진陳과 교류함으로써 북제와의 관계는 잠시 소강상태를 유지하였으나, 평원왕 15년(573년)에는 북조와의 국교가 재개되었다. 이후 의연이 업으로 들어가[6] 정국사定國寺의 법상法上에게로 나아갔다. 법상은 계율과 지혜를 아울러 지녔으며, 지론종地論宗의 대가였다.

안원왕 4년(534년)에 위魏의 대장군 고징高澄의 부름을 받은 법상은 업에 머물렀고, 북제에 이르는 40년간을 도통都統으로 있으면서 수많은 승니僧尼를 거느렸다. 문선제文宣帝(재위 550~559년) 때에는 불교 경전을 널리 펴서 알리니, 승속僧俗이 모두 따름으로써 그는 당대 사회에 큰 영향력을 끼쳤다.[7] 법상의 명성이나 교단 통솔은 이미 고구려에까지 알려졌다. 왕고득은 의연을 법상의 문하로 보내어, 전래된 시말이나 교의에 대해 조목 별로 적어 문의하게 할 정도로, 불교를 숭배하여 변방에까지 널리 믿게 하고자 했다.

의연은 평원왕 18년(576년)에 법상의 문하에서 문답을 주고받았는데, 북

5 각훈, 『해동고승전』 권1, 유통 1의 1, 釋義淵傳에 “是時高句麗 大丞相王高德 乃深懷正信 崇重大乘 欲以釋風 被之海曲 然莫測其始末緣由 自西徂東 年世帝代 故件錄事條 遣淵乘帆向鄴 啓發未聞”이라 하였다.

6 鄭善如, 『고구려 불교사 연구』, 서경문화사, 2007, p. 67.

7 각훈, 『해동고승전』 권1, 유통 1의 1, 釋義淵傳에 “當文宣時 盛弘釋典 內外闡揚 黑白咸允 景行既彰 逸響遐被”라고 하였다.

제는 그다음 해에 폐불廢佛을 단행하면서 군사력을 증강시킨 북주北周 무제武帝에게 바로 멸망당하였다. 때문에 그는 법상과의 면담이 있고는 얼마 되지 않아 귀국하였을 것이다.[8] 그가 법상에게 질문한 내용과 그 답변의 일부는 다음과 같다.

① 十地·智度·地持·金剛般若論 등은 본래 누가 지었으며, 저술한 緣起와 靈瑞의 유래에 관한 傳記가 있는지 없는지를 삼가 적어서 자문하니, 의심을 풀어 주시기 바랍니다.[9]

② 地持論은 阿僧伽(無著)비구가 彌勒보살로부터 받은 책인데, 晋나라 安帝 隆安 연간에 曇摩讖이 姑臧에서 河西王 沮渠蒙遜을 위해 번역한 것이다. 摩訶衍論은 龍樹보살이 지었는데, 진나라 융안 연간에 鳩摩什波가 長安에 이르러 姚興을 위해 번역한 것이다. 十地論과 金剛般若論은 모두 訶僧佉의 동생인 波藪槃豆(世親)가 지었는데, 魏나라 宣武帝 때에 菩提留支가 처음으로 번역한 것이다.[10]

의연을 통해 고구려 불교계가 법상으로부터 주로 이해하려고 한 내용은 『십지론十地論』과 『지도론智度論』·『지지론地持論』 및 『금강반야론金剛般若論』 등의 저자와 그 유래에 관한 것이었다. 격의불교로 출발한 고구려 불교계는 당연히 『금강반야론』에 대해 깊은 관심을 표명하였다. 다만 그것을

8 南武熙, 「高句麗後期 佛教思想 研究—義淵의 地論宗思想 수용을 중심으로—」, 『國史館論叢』 95, 2001, p. 108.

9 覺訓, 『海東高僧傳』 권1, 流通 1의 1, 釋義淵傳에 "其十地 智度 地持 金剛般若等諸論 本誰述作 著論緣起 靈瑞所由 有傳記不 謹錄諮審 請垂釋疑"라고 하였다.

10 각훈, 『해동고승전』 권1, 流通 1의 1, 釋義淵傳에 "地持阿僧伽比丘 從彌勒菩薩 受得其本 至晋安帝隆安年 曇摩讖於姑臧 爲河西王沮渠蒙遜譯 摩訶衍論 是龍樹菩薩造 晋隆安 鳩摩什波至長安 爲姚興譯 十地論 金剛般若論 并是僧佉第 波藪槃豆造 至魏宣武帝時 菩提留支始翻"이라 하였다.

『십지론』과 함께 이해하려고 한 점이 주목된다. 바로 이 점은 고구려 불교계가 사상 면에서 성장하고 있었던 사실을 알려 준다.

『십지론』과 『금강반야론』은 모두 무착無著(Asaṅga)의 동생인 세친世親(Vasubandhu)이 지은 것이며, 위나라 선무제宣武帝(재위 499~515년) 때에 보리류지菩提留支가 처음으로 이를 번역하였다. 그것은 모두 보살의 수행을 강조한 대승불교사상의 시원을 이루고 있다. 『금강반야론』은 『금강경』을 해설하면서 공에 대한 이해를 강조하지만, 불도佛道에 정진함으로써 바로 금강석과 같은 단단한 부처의 지혜를 깨닫게 하려는 것이다. 보살의 수행 과정을 보다 뚜렷하게 내세운 것은 『십지론』이다. 『십지론』은 보살이 부처의 경지에 이르는 과정을 방편으로 설법하였는데, 『화엄경』에서 보살 수행의 중심 사상으로 채용되었다.

세친이 지은 『십지론』은 『지지론』과 연관시켜 이해해야 한다. 무착은 미륵보살로부터 『지지론』을 받았다. 진晋나라 안제安帝 융안隆安(397~401년) 연간에 담마참曇摩讖이 하서왕河西王 저거몽손沮渠蒙遜(재위 401~433년)을 위해 이를 번역하였다. 『지지론』 역시 보살의 수행 방편을 설한 것이기 때문에 『보살지지경菩薩地持經』 또는 『보살계경菩薩戒經』이라고도 불렸다. 3처 27품으로 구성된[11] 『지지론』은 깨달음을 통해 이타행利他行을 추구하는 보살도를 닦는 과정에서, 궁극적으로 무상보리無上菩提를 얻어 불성을 보임으로써 부처의 단계에 이르게 한다는 것이다. 때문에 『지지론』에서는 계율을 중시하였다.

『지지론』을 전해 준 미륵과 무착 및 세친은 인도에서 유식학파唯識學派를 체계화한 장본인들이다. 그중 미륵이 실존 인물인지는 분명하지 않다. 실제

11 보살수행 방편상을 광범하게 설하는 지지론은 보살도를 初·次法·畢竟의 3종 方便處로 나눈다. 초방편처는 18品으로, 차법방편처는 相·翼·淨心·住의 4품으로, 필경방편처는 生·攝·地·行·安立의 5품으로 나뉘어 있다.

로 유식학을 정립시킨 무착과 세친 형제는 처음 소승불교에 귀의하였으나, 뒤에 대승불교의 이론 정립에 크게 공헌하였다. 초기의 유식학은 중관中觀불교의 공관空觀이 허무론에 머무는 것을 비판하여 실상론實相論을 강조하였다. 공관에 기초한 반야般若(智)는 금강석으로 비유되었다. 그렇지만 법상法相이 마음 작용에 의한 것으로 이해하면서, 유식학은 융섭적인 공관을 수용하기에 이르렀다. 그리하여 세친은 유식무경唯識無境의 논리를 전개시켰다.[12]

의연이 법상으로부터 추구하려 한 유식사상은 단순히 성실론적成實論的 입장을 견지하려는 것이 아님을 유의해야 한다. 실천 수행적인 화엄사상의 핵심을 이루는 『십지론』을 『금강반야론』과 함께 이해하려는 데에서 고구려 불교가 융섭적인 공관에 대해 유념하였을 것으로 추측된다. 이와 함께 『지도론』에 대한 관심도 이런 추측을 보다 확실하게 해 준다. 일명 『마가반야석론摩訶般若釋論』이라고도 불리는 『지도론』은 용수龍樹(Nāgārjuna)가 지은 것인데, 진晋나라 융안隆安(397~401년) 연간에 구마라집鳩摩羅什(Kumārajīva)이 장안에 이르러 요흥姚興(재위 394~416년)을 위해 이를 번역하였다.

『대품반야경大品般若經』을 해석한 이 책은 연기의緣起義를 나타내려는 것으로, 부처가 반야바라밀般若波羅密을 설하는 인연을 분명히 제시하고자 하였다. 용수는 대승불교의 이론을 대성시킴으로써, 불교사에 커다란 족적을 남긴 인물이며 공관 논리를 체계화한 중관파中觀派(Madhyamika vadin)의 시조로 추앙받고 있다. 용수는 연기에 의해 멸滅과 불멸不滅이 따로 없다고 함으로써 공空과 가假를 같이 파악하였다.[13] 그의 이런 사상은 『지도론』에도 피력되어 있지만, 또 다른 중요 저술인 『중론송中論頌』에 보다 잘 나타나 있다.

12 山口益, 『般若思想史』, 法藏館, 1951, pp. 62~64.

13 山口益, 위의 책, 1951, pp. 33~38.

『지도론』을 번역하면서 용수의 전기를 지은 구마라집 또한 중국 역경 사업을 주도한 위대한 번역승의 한 사람이지만, 반야 계통의 대승경전류와 중관불교계의 논서論書를 번역하였다. 그는 대승불교의 공관과 용수의 중관 사상을 처음으로 중국에 전하였다. 의연은 법상의 문하에 나아가 지론종地論宗을 전수받았던 것으로 이해된다. 이를 통해 고구려 불교계는 공관에 대한 이해를 심화시켰다.

『금강반야론』에 의거한 공관은 무착이나 세친 형제에 의해 유식학파를 낳았는가 하면, 용수는 이를 토대로 중관학파를 성립시켰다. 격의불교로써 출발한 고구려 불교는 공관의 논리를 발전시키는 데 유리한 입장에 있었다. 의연은 고구려 불교가 논리적으로 발전하는 계기를 마련하였다. 이리하여 고구려 불교는 성실론적인 유식론에서부터 중관에 이르기까지 공관에 대한 이해의 폭을 넓혀 갔다.

2. 신삼론新三論의 전개

『십지론』은 『화엄경』 속에 체계화되어, 그 중심 사상을 이루었다. 세친의 『십지론』은 유식학파에게도 중시되었지만, 중관학파에게 전폭적으로 수용되었다. 북위北魏의 선무제宣武帝 때에 보리류지가 번역한 『십지론』은 지론종 북도파北道派로 수용되었다. 그의 제자인 도총道寵이 북도파의 지론종을 개창하였다. 보리류지와 함께 『십지론』을 번역한 중인도 출신의 늑나마제勒那摩提(Ratnamati)는 지론종 남도파의 성립에 관여하였다.[14] 그의 제자인 혜광慧光(468~537년)이 남도파의 지론종을 개창하였는데, 법상은 혜광의

14 張戒環, 「北魏佛敎의 사상적 특징—地論學派를 중심으로—」, 『불교학보』 35, 1998, pp. 158~164.

제자이다. 때문에 의연은 지론종 남도파의 교학에 접하였다.

지론종이 남도파와 북도파로 나뉘게 된 것은 반야 공관에 대한 해석의 차이로 말미암아 나타났다. 즉 유식사상 중에서 제8아뢰야식阿賴耶識을 달리 해석하였던 것이다. 아뢰야식에 대해 북도파는 망식妄識으로 보았지만, 남도파는 진식眞識(즉, 眞如)으로 보았다.[15] 자기의 근원체根源體라고 할 수 있는 아뢰야식의 대상은 내적으로 종자種子와 유근신有根身 및 외적으로 기세간器世間으로 나뉜다.[16]

불종자佛種子와 기세간을 같이 인식함으로써 아뢰야식을 진여로 이해하였다. 법상은 세간법世間法이 곧 불법佛法이 된다고 하였다. 의연 당시의 고구려 불교는 공관의 논리를 발전시키면서 세속법과 불법을 같이 파악할 정도로 융합적인 성격을 가졌다. 성실론적 인식에 머물던 반야 공관에 대해 이해하면서 삼론사상이 성립되었다. 고구려 불교가 공관의 논리를 보다 발전시키면서, 삼론사상도 융합적인 경향을 지녔다.

고구려 삼론사상의 발전에 크게 기여한 인물이 승랑僧朗이다. 그에 대해서는 다음 내용을 통해 이해해 보기로 하자.

> 法度에게는 제자 僧朗이 있어 先師의 발길을 이어 다시 山寺를 다스렸다. 승랑은 본래 遼東 사람으로 넓게 배우고 힘써 생각하여 두루 해박하였다. 무릇 경전과 律藏을 모두 능히 講說할 수 있었으며, 『華嚴經』과 三論에 대해서는 그가 최고의 대가였다. 今上이 (그가) 큰 그릇이라 보고는 조칙을 내려 여러 義士로 하여금 그 산에서 受業하게 하였다.[17]

15 南武熙, 「高句麗後期 佛敎思想 硏究－義淵의 地論宗思想 수용을 중심으로－」, 『國史館論叢』 95, 2001, pp. 118~119.

16 橫山紘一, 『唯識の哲學』, 平樂寺書店, 1979, pp. 164~166.

17 慧皎, 『高僧傳』 권8, 釋法度전(『新修大正藏』 권50, p. 380 下)에 "度有弟子僧朗 繼踵先師復綱山寺 朗本遼東人 爲性廣學思力該普 凡厥經律 皆能講說 華嚴三論 最所命家 今上深見器重 勅諸義士 受業于山"이라 하였다.

승랑은 요동 출신으로 중국 삼론종의 전개에 중요한 역할을 담당하였다. 고구려 불교의 융합적 경향은 그의 삼론사상을 형성시키는 데 영향을 주었다. 역으로 승랑의 사상은 고구려 불교사상을 이해하는 데 도움이 된다. 승랑 이전에 혜원慧遠으로부터 라집羅什 문하의 승도僧導에 이르는 삼론사상은 성실론적成實論的 성격을 가졌다. 이를 고삼론古三論이라 부르는 데 비해 승랑은 신삼론新三論사상을 제창하였다.[18] 그것은 길장吉藏에 이르러 완성되었으며, 대승의 본질과 중도의 이치를 선양하였다.[19]

승랑은 불경이나 율장 등의 모든 대승 경론을 습득하였고, 특히 『화엄경』과 삼론에 대해서는 최고의 대가로 알려졌다. 그는 삼론종조三論宗祖이지만 화엄사상에 대단히 밝았다. 승랑의 신삼론사상은 『화엄경』의 융섭적 경향을 수용하면서 이루어진 것이다. 신삼론의 융섭적인 사상 경향은 『십지론』을 중시하는 고구려 불교계와 연관하여 형성되었다. 승랑은 신삼론사상을 중가의中假義나 이체시교론二諦是敎論 등의 교의로 설명하였다. 다음 내용은 그의 교학을 이해하는 데 도움을 준다.

> 山中法師의 스승은 본래 遼東 사람이며, 北地에서 三論을 배워 멀리 羅什師의 교의를 익혔다. 후에 남쪽 吳나라로 들어가 鍾山의 草堂寺에 머물렀는데, 마침 隱士 周顒을 만났다. 주옹은 그에게 受學하고는 만년에 三宗論을 지어 二諦가 中道로써 體가 됨을 분명히 하였다. 뒤에 智琳法師가 있었는데 주옹에게 삼종론을 보여 줄 것을 청하였다. 주옹이 말하기를 "아마 弟子도 衆人으로부터

18 僧朗이 설립시킨 新三論사상은 僧詮·法朗·吉藏으로 이어지면서 완성되었다. 삼론종의 시조는 鳩摩羅什이지만, 宗祖로서의 지위를 누린 자는 승랑이다. 나집에서 승랑에 이르는 삼론종의 系譜는 전승에 따라 다소 차이가 있다. 곧 나집이 입적한 이후 67년 동안 단절되었던 삼론을 다시 부흥시킨 자가 승랑이다. 그러므로 승랑 이전을 古三論으로 부른다면, 승랑 이후는 新三論으로 부른다.

19 金仁德, 「高句麗 三論思想의 展開」, 『伽山李智冠스님華甲紀念論叢 韓國佛敎文化思想史』 권상, 伽山文庫, 1992, p. 167.

> 이 논을 얻었다"라고 하였다. 지림이 말하기를 "貧道도 일찍이 어릴 때에 이 논을 들었다"고 하였다. … 梁나라 武帝가 佛法을 크게 공경하고 믿어 成實論을 배웠는데, 法師가 山中에 있다는 것을 들었다. 이에 僧正 智寂 등 10인을 산문으로 보내어 배우게 하였는데, (그들이) 비록 그 용어를 알았으나 뜻을 정밀하게 추구하지 못하였다. 이에 梁 무제도 종국에는 여러 法師와는 달리 대승의를 따르도록 조치하였다. 이때 開善은 비록 산문에는 들어가지 않았으나 역시 이 논을 들었기 때문에 中道로써 二諦의 體로 삼았다. 그러나 친히 (승랑의) 가르침을 잇지 않았으므로, (그가) 지은 論義는 어긋나고 치우쳐 眞體로써 體를 삼는 것으로 되돌아갔다.[20]

위의 내용은 개선開善이 중도中道가 이체二諦의 체體로 되는 인연을 질문한 것이다. 그리하여 길장은 개선의 논리를 혁파함으로써 승랑의 신삼론사상을 체계화하였다.

처음 승랑은 북방에서 성실론적인 성격을 띠는 나집의 교의를 익혔다. 다시 그는 남방 오나라의 종산鍾山 초당사草堂寺에 머물렀고, 이때에 신삼론사상을 제기하였다. 신삼론사상의 핵심이라 할 수 있는 이체二諦의 체를 중도로 파악한 것이 바로 승랑의 주장이다. 그러한 주장은 주옹周顒의 『삼종론三宗論』에도 나온다. 승랑은 주옹에게 영향을 끼쳤다. 초당사에 머물 당시에 그는 승랑의 가르침을 받았다. 주옹이나 그와 친분이 있는 지림智琳 등은 어릴 적에 이체가 중도라는 경향의 교의를 여러 사람으로부터 들었다고 언급하였는데, 길장은 그것이 모두 승랑의 교학이라고 지적하였다.

---

20 吉藏, 『二諦義』 권하(『신수대정장』 권45, p. 108 中)에 "山中法師之師 本遼東人 後北地學三論 遠習什師之義 來入南吳 住鍾山草堂寺 值隱士周顒 周顒因就受學 周顒晚作三宗論 明二諦以中道爲體 晚有智琳法師 請周顒出三宗論 周顒云 弟子若出此論 恐于衆人 琳曰 貧道昔年少時 曾聞此義 … 次梁武帝大敬信佛法 本學成實 聞法師在山 仍見僧正智寂等十人往山學 雖得語言 不精究其意 所以梁武晚義 異諸法師 稱爲制旨義也 開善爾時 雖不入山 亦聞此義故 用中道爲二諦體 既不親承音旨故 作義乖僻 還以眞體爲體也"라고 하였다.

신삼론과는 달리 고삼론은 이체가 중도의 체로 된다고 하여, 성실론적 경향을 가졌다. 길장은 개선의 교학이 끝내는 진체眞體로서 체를 삼는 것이라고 결론을 내렸다. 진체이기 때문에 이체가 융섭적이기보다는 성실론적 성격을 갖는다. 개선과는 대조적으로 승랑의 교학은 이체시교론二諦是教論으로 대표된다. 그 외 중가의中假義나 어교이체설於教二諦說 및 삼중이체설三重二諦說·사중이체설四重二諦說 등은 모두 이체를 보다 자세하게 논한 것이다.

이체는 부처가 중생을 위해 설법하는 것으로 세체世諦와 제일의체第一義諦를 이른다. 제일의체는 진체眞諦이며, 전도顚倒하는 성품이 공空한 것이다. 반면 제법諸法은 자성이 공空하나 전도하여 유有가 되고, 세간에서는 실상이 되는 것을 세체라고 한다. 승랑은 이체를 경리境理와 관계가 없는 교教라고 하여, 그 체를 중도로 파악함으로써 신삼론사상의 기저를 마련하였다. 다음 내용을 참고해 보기로 하자.

> 二諦가 教임을 밝히는 까닭에는 두 가지의 의미가 있다. 첫째는 他門을 대처하는 것이요, 둘째는 經論을 해석하려는 것이다. 타문을 대처하기 위해서는 二諦가 바로 境임을 밝히는 것이다. … 二諦는 迷悟의 境이 된다. 지금 이런 문제를 대처하기 위해 二諦가 教임을 밝히는 것이다.[21]

경리로서의 이체는 성실론적 고삼론사상 경향을 지녔다. 때문에 개선은 이체를 일진불이一眞不二의 극리極理라고 하였다. 이런 문제를 해결하기 위해 승랑은 이체를 교教로 파악하였으며, 파사破邪로 타문의 오류를 지적하면서 경론을 해석하려는 현정顯正을 구하였다. 이는 중도로 귀일하는 의도

21 吉藏, 『大乘玄論』 권1(『신수대정장』 권45, p. 86 中)에 "所以明二諦是教者有二義 一者對他 二者爲釋經論 爲對他明二諦是境 … 二諦是迷悟之境 今對彼明二諦是教也"라고 하였다.

를 지닌 것이다.[22] 이체를 경리가 아닌 교로 파악하려는 것은 실제로 삼론사상이 중도를 추구하게 하였다. 승랑은 세체 속에 유도 있지만 무도 있음을 제시하였다. 중가의는 이런 면을 보다 분명하게 보여 준다. 가의假義는 유무를 모두 포함하고 있는 반면 중의는 비유비무非有非無, 곧 중도를 뜻한다.[23]

이체의 설명은 모두 중도로 이어진다. 이는 성실론적인 이체시리二諦是理를 극복하려는 것이다. 우선 이체를 둘로 나누면 어이체於二諦와 교이체敎二諦가 된다. 어이체는 중생을 위해 이체를 설하는데, 유有를 설하면 범부에게는 진실로 받아들여져 세체世諦가 되고, 공을 설하면 성인에게는 진체眞諦가 된다. 반면 교이체는 범부에게 유를 설하나, 유는 유에 머무르지 않아 유는 불유不有가 된다. 성인에게 무를 설하나 무는 무에 머무르지 않아 불무不無가 된다. 이렇듯 유무의 둘이 비유비무의 둘로 되어, 둘이면서 둘이 아니요 둘이 아니면서 둘로 된다.[24] 이러한 교이체가 중도를 표방하고 있음은 물론이다.

승랑은 이체를 3중重 또는 4중으로 나누었다. 4중이체는 3중이체에 하나를 더 첨가한 데 불과하다. 그중 셋째 이체나 또는 4중이체 중 넷째 이체는 중도를 나타낸 것이다. 첫째 이체는 유를 세체로 무를 진체로 나누었다. 둘째 이체는 유무를 모두 세체로, 유도 아니고 무도 아닌 불이不二를 진체라고 한다. 이 둘은 모두 성실론적 경향을 지녔다. 그러나 셋째 이체는 유무의 이二와 비유비무非有非無의 불이不二를 설정하는 세체와 이二도 아니요 불이不二도 아니라는 진체로 나누었다. 다음으로 넷째 이체는 앞의 세 가지 이체가 셋이 아니라 무소의無所依라고 하였다. 그리하여 승랑은 이체를 중도

22 南武熙, 「고구려 僧朗의 생애와 그의 新三論사상」, 『북악사론』 4, 1997, p. 78.

23 金仁德, 「高句麗 三論思想의 展開」, 『伽山李智冠스님華甲紀念論叢 韓國佛敎文化思想史』 권상, 伽山文庫, 1992, pp. 174~175.

24 吉藏, 『二諦義』 권중(『신수대정장』 권45, p. 78 下)에 "此則有無二 非有非無不二 二不二 不二二"라 하였다.

로 이해하였다.[25]

이체의 체體를 설명하는 데에는 여러 주장이 있다. 유와 무를 각각 체와 용用으로 보거나 또는 용과 체로 보기도 한다. 혹은 이체가 각각 서로 체가 된다거나 이체의 체는 하나이지만 뜻에 따라 용으로 나타난다고 한다. 이는 모두 성실학파에서 주장한 것이다.[26] 반면 승랑은 이체의 체를 중도로 보면서 3종중도를 주장하였다. 이를 제시하면 다음과 같다.

① 世諦中道－不生不滅

② 眞諦中道－非不生非不滅

③ 二諦合明中道－非生滅非不生滅[27]

3종중도는 세체중도와 진체중도 및 이 둘을 합하여 논한 이체합명중도를 말한다. 이는 신삼론사상이 중도 공관으로 전개되는 모습을 보여 준다. 곧 공관의 논리를 발전시킨 중도 통합의 의미가 점차로 내포되어 갔다.

반야 공관이 중도사상으로 나아간 데에서 신삼론사상의 특성을 찾을 수 있다. 세체와 진체를 통합하고, 그로부터 다시 이체합명중도로 나아갔다. 그러나 이체합명중도 속에 진체와 속체를 통합하여 융섭적 원리를 제시하지는 않았다. 고구려의 신삼론사상이 비록 중도 공간으로 나아갔지만, 신라의 화엄사상과 같은 융섭적인 통합사상으로 발전하지는 못하였다. 이체에서 보이는 중도를 단계적으로 발전시켰을지라도, 신삼론사상이 가假와 공空을 중도 속에 통합하여 통일적인 논리를 전개하지는 못하였다.

25 金仁德,「高句麗 三論思想의 展開」,『伽山李智冠스님華甲紀念論叢 韓國佛教文化思想史』 권상, 伽山文庫, 1992, pp. 181～183.

26 김인덕, 위의 논문, p. 185.

27 金芿石,「高句麗 僧朗과 三論學」,『白性郁博士頌壽記念 佛教學論文集』, 東國大學校, 1959, p. 57.

3. 고구려 불성신앙의 성립

고구려의 신삼론사상은 강력한 융섭사상으로 발전하지는 않았지만 공즉색空卽色의 상즉의相卽義를 포함하고 있다. 색色이 공空에 즉卽할 때 곧 색을 잃어버리고, 공이 색에 즉할 때 곧 공을 잃어버리므로 능히 둘을 병관幷觀할 수 없다.[28] 이러한 상즉의는 서로를 통합하려는 융섭적 의미를 가지기보다는 중도 공관의 실체를 보다 분명히 하려는 것이다. 신삼론사상에서 중도를 중요하게 부각하는 의미를 이런 면에서 찾을 수 있다. 이체를 설명하는 과정에서 일관하여 나타난 중도는 바로 부동不動한 정법正法이 된다.

중도 정법이 열반涅槃의 체體라고 한다. 하나가 아니면서도 둘이 아닐 뿐만 아니라 부동이면서 생멸生滅을 초월한 중도 공관이 나아갈 바는 정토淨土, 즉 열반이 된다. 또한 불성佛性신앙은 반야 공관을 기반으로 성립되었다.[29] 일체의 법은 공空인 것일 뿐만 아니라 자성自性의 심心 또한 본래 청정한 것이다. 공인 본성의 청정한 마음이 불성신앙으로 이어졌다.[30] 반면 해탈을 통해 어질러진 마음의 번뇌를 제거할 수 있다. 불성과 열반은 서로를 달리 추구할 수 없는 것이다. 때문에 중도 공관은 불성으로 이어지며 열반을 추구하게 된다.

신삼론사상이 성립함으로써 고구려 불교는 불성신앙을 추구하였다. 고구려 불교에서 열반을 중시하는 이유를 이와 연관시켜 이해할 수 있다. 우선 초전불교 전래전승 속에 나타난 다음 기록을 참고해 보기로 하자.

> 釋迦文佛이 涅槃에 든 이래 지금까지 몇 년이 되었습니까? 또 天竺에서 몇

---

28 南武熙, 「고구려 僧朗의 생애와 그의 新三論사상」, 『북악사론』 4, 1997, p. 100.
吉藏, 『二諦義』, 『신수대정장』 권 45, p. 110 中~下.

29 小川一乘, 『佛性思想』, 文栄堂書店, 1982, p. 151.

30 小川一乘, 위의 책, 1982, pp. 16~19.

해를 경과한 후에 바야흐로 중국 땅에 이르게 되었습니까? 처음 전하였을 때의 임금은 누구이며 年號는 무엇이었습니까? 또한 齊와 陳나라의 佛法은 어느 것이 먼저 전래되었으며, 그로부터 지금에 이르기까지 몇 년, 몇 임금이 경과하였습니까? 구체적으로 가르쳐 주십시오.[31]

의연義淵이 법상法上에게 나아가 질문한 이 내용은 불멸佛滅 이후에 언제 불교가 동쪽으로 전해졌는가와 같은 가장 초보적인 것으로 이해하기도 한다. 당시 고구려 불교는 유식은 물론, 화엄의 『십지론』 등 중관에 대한 이해를 기반으로 지론종地論宗사상을 성립시켰다. 때문에 의연의 질문은 이제 비로소 고구려에 불교가 이해되는 것으로만 생각할 수 없다.

법상은 석가가 기원전 1027년에 태어나 19세에 출가하고는 30세에 성도하였으며, 성도 후 49년 동안 세상에 계셨고 멸도한 후 당시까지 1465년이 경과하였다고 지적하였다(『해동고승전』 권1, 流通 1의 1, 釋義淵傳). 그러나 상기한 내용에서 의연의 관심은 석가 멸도 후의 사실에 초점을 맞춘 것이다. 석가의 열반을 중시함으로써 이를 불성신앙에 대한 관심과 연결시키기도 한다. 곧 유식과 공관의 논리를 절충하려는 중국 불교사상에 대한 식견을 가진 고구려 불교계가 불성의 문제에 대한 이해를 구한 것이다.

중도 공관을 통해 불성을 추구한 고구려 불교는 열반의 문제를 해결하려고 하였다. 담무참曇無讖이 주도한 『열반경』의 번역에 동참한 승랑은 『열반의소涅槃義疏』를 짓고는 불성이 곧 중도라고 하였다.[32] 이런 면은 『열반경』에 분명하게 나타나 있으며, 보장왕 때의 보덕普德은 『열반경』을 강론하였

31 覺訓, 『海東高僧傳』 권1, 流通 1의 1, 釋義淵傳에 "釋迦文佛 入涅槃來 至今幾年 又在天竺 經歷幾年 方到漢地 初到何帝 年號是何 又齊陳佛法 誰先從爾 至今歷幾年帝 請乞具注"라고 하였다.

32 吉藏, 「佛性義十門」(『大乘玄論』 권3 ; 『신수대정장』 권45, p. 35 下)에 河西 道朗法師가 曇無讖 법사와 함께 『涅槃經』을 번역하여 친히 『涅槃義疏』를 짓는 내용이 나와 있다. 승랑은 佛性義를 해석하여, 바로 中道가 불성이라고 하였다. 이후 諸師는 모두 승랑의 『열반의소』에 의하여 열반 및 佛性義를 해석한 내용을 강의하였다고 한다.

다. 다음 내용을 참고해 보기로 하자.

① 항상 平壤城에 살았는데 山房의 老僧이 와서 불경의 강의를 청하므로, 보덕은 굳이 사양하다가 마지못해 『열반경』 40권을 강의하였다. 법석을 마치고 城의 서쪽 大寶山 바위굴 아래에 이르러 禪觀을 닦으니, 神人이 와서 청하기를 "이곳에 머무는 것이 좋겠다"라고 하고, 이에 지팡이로 그의 앞의 땅을 가리키며 말하기를 "이곳에 8면 7층의 石塔이 있다"고 하였다. (보덕이) 거기를 파보니 과연 그러하였다. 인하여 精舍를 세워 靈塔寺라 하고 그곳에 주석하였다(『삼국유사』 권3, 高麗靈塔寺조).

② 大安 8년 辛未(1091년)에 祐世僧統이 孤大山 景福寺 飛來方丈에 이르러 普德聖師의 眞影을 뵙고 詩를 남겼는데, 涅槃·方等敎는 우리 스님으로부터 전수하였다고 하였다(『삼국유사』 권3, 寶藏奉老 普德移庵조).

③ 涅槃·方等敎는 우리 스님으로부터 전수되었네, 元曉·義湘 두 성인이 책을 펴고 배울 때에 高僧은 당시에 獨步이셨네.[33]

『열반경』을 강의하는 법석을 마친 후 보덕은 평양 서쪽 대보산大寶山의 바위굴 아래에 영탑사靈塔寺를 창건하고는, 거기에 거주하면서 아울러 선관禪觀을 닦았다. 당시 보덕은 『열반경』과 『방등경方等經』에 모두 밝아, 두 경전은 그로부터 전수되었다고 한다.

선덕여왕을 전후한 시기에 의상과 원효는 보덕의 문하로 나아가 『열반경』과 『방등경』을 전수받았다.[34] 특히 원효는 그의 영향을 받아 『열반경종요涅槃經宗要』를 저술하였다. 고구려의 열반사상이나 불성신앙은 신라 불교에

33 義天, 「孤大山景福寺飛來方丈禮普德聖師影」(『大覺國師文集』 권17)에 "涅槃方等敎 傳授自吾師 兩聖(元曉·義湘)橫經日 高僧獨步時"라고 하였다.

34 田美姬, 「원효의 신분과 그의 활동」, 『한국사연구』 63, 1988, p. 81.

큰 영향을 주었다. 원효가 불성에 대해 언급한 다음 내용은 참고가 된다.

十二因緣을 觀하는 智慧는 무릇 4가지가 있다. 下智와 中智는 불성을 보지 못하므로, 이가 곧 二乘이다. 上智는 불성을 뚜렷하게 보지 못한다. 뚜렷하게 보지 못한 때문에 十地에 머문다. 上上智는 (불성을) 뚜렷하게 본다. 뚜렷하게 보는 고로 阿耨菩提를 얻는다. 이러한 뜻인 고로 12인연을 佛性이라 부른다. 佛性은 第一義空이라 부르고, 제일의공은 中道라고 부른다. 중도는 佛性이라 부르고, 불성은 涅槃이라 부른다.[35]

고구려의 신삼론사상은 중도를 불성으로 연결시켰다. 이는 고구려 불교사상의 전통으로 이어졌다. 보덕을 계승한 원효도 제일의공第一義空이 중도이며, 중도를 고리로 하여 열반과 불성신앙을 이끌어 내었다.

제일의공인 불성은 있는 것도 아니며 없는 것도 아니어서, 이를 중도라 한다. 『열반경』의 여래성품如來性品에 나오는 이러한 불성에 대해 사자후품獅子吼品에서 "색色이면서 색이 아니요 색이 아니면서 색이 아닌 것도 아니며, 역시 상相이면서 상이 아니요 상이 아니면서 상이 아닌 것이 아니다"[36] 라고 하였다. 때문에 바로 불성이 중도여서 제일의공은 공이면서 공이 아니요 또한 공이 아닌 것이 아니게 된다. 이를 '공공空空'이라 부르고, 불성은 물론 열반도 공이면서 공이 아니며 또한 공이 아닌 것도 아니라고 한다.[37]

『열반경』의 사자후품에 나타난 불성신앙은 공관空觀에 보다 기초를 둔 것이다. 그래서인지 뒷날 남종선南宗禪 선사들이 『열반경』을 인용한 내용은

35 元曉, 『涅槃經宗要』에 "觀十二因緣 凡有四種 下中智者 不見佛性 卽是二乘 上智者 見不了了 不了了見 故住十地 上上智者 卽了了見 了了見故 得阿耨菩提 以是義故 十二因緣 名爲佛性 佛性者 名第一義空 第一義空 名爲中道 中道者 名爲佛性 佛性者 名爲涅槃"이라 하였다.

36 원효, 『열반경종요』에 "第三 明現果佛性者 獅子吼品中言 佛性者 亦色非色 非色非非色 亦相非相 非相非非相"이라 하였다.

37 원효, 『열반경종요』에 "是涅槃空及佛性空 十一空內 何所攝者 空空所攝故說"이라 하였다.

대부분 사자후품에 나오는 것들이다.[38] 보덕은 공관에 보다 비중을 둠으로써 불성신앙을 더욱 발전시켰다. 그는 중관학파와는 달리 '진공묘유眞空妙有'의 공관을 전개시켜 『열반경』의 불성신앙을 이끌어 내었다.[39] 보덕이 『열반경』을 강의하면서 아울러 선관禪觀을 닦은 모습은 바로 이런 면에서 유념된다.

선정禪定으로 이어질 수 있는 공관空觀에 의거한 불성신앙이 고구려 말에 유행하였다. 중도 공관에 의한 즉, 불성이나 열반은 모두 공한 것이다. 지智나 행行은 물론 일체의 법도 공한 것이다. 그렇지만 이들은 모두 공하지 않으면서, 또한 공하지 않는 것도 아니다. 때문에 그 사이에 차별을 설정할 수 없다. 이렇듯 불성이나 열반을 이끌어 내는 중도 공관은 평등한 것이다.[40] 보덕은 『열반경』과 함께 『방등경』을 전수傳授하였는데, 『방등경』이라는 명칭은 대승경전의 총칭으로 평등의 진리를 설명하는 경전이라는 의미이다.[41]

공관에 의한 평등사상은 '법신상주法身常住'의 보편성을 강조하였다. 12인연 자체를 불성으로 파악함으로써, 연기가 바로 불성이 된다. 이렇듯 상주 불성은 『열반경』의 여래장如來藏신앙에서 유래한 것이다. 다음 내용을 살펴보기로 하자.

> 一切의 중생 내지 畜生까지도 如來藏이 있음을 본다. 그러므로 일체의 중생이 모두 眞如 佛性을 가졌음을 보는 것은 初地菩薩 摩訶薩이 일체의 眞如法界를 두루 證得하였음을 알게 한다.[42]

---

38 盧鏞弼, 「普德의 사상과 활동」, 『韓國上古史學報』 2, 1989, pp. 121~122.

39 高翊晋, 「고구려 僧朗의 三論學과 그 영향」, 『韓國古代 佛敎思想史』, 1989, 동국대학교 출판부, pp. 103~104.

40 元曉, 『涅槃經宗要』에 "般若波羅蜜 亦空 乃至 檀波羅蜜 亦空 如來 亦空 大般涅槃 亦空 是故菩薩 見一切法 皆悉是空 … 當知悉空 乃名平等"이라 하였다.

41 노용필, 「普德의 사상과 활동」, 『韓國上古史學報』 2, 1989, p. 123.

42 元曉, 『涅槃經宗要』에 "見一切衆生 乃至畜生 有如來藏 應知 彼見一切衆生 皆有眞如佛性 初地

일체 중생은 물론 축생畜生도 여래장을 가졌다. 여래장은 중생 속에 있는 진여를 말하는 것이다. 중생계의 모든 사물 속에도 진여가 존재한다. 산천은 물론 초목에 이르기까지 모두 불성을 가졌는데, 이는 자연신비사상이나 만물신비사상에 근거한 것이다.[43] 다만 여래의 성덕性德은 분명하게 드러나지 않고, 번뇌에 덮여 숨어 있으므로 여래장이라 부른다.

여래의 법신法身은 편만遍滿한 상태로 존재하기 때문에 여래장사상이 나타났다.[44] 중생이 여래의 법신을 두루 갖추고 있다는 것은 중생즉불衆生卽佛 사상이 된다. 그것은 '일체중생一切衆生 실유불성悉有佛性' 곧, '모든 중생이 불성을 갖추고 있다'라고 표현되었다. 때문에 성문승聲聞乘과 연각승緣覺乘뿐만 아니라 불법을 비방하는 일천제一闡提까지도 성불할 수 있다고 한다. 숱한 불경 중에서도 유독 『열반경』에서 특히 일천제의 성불을 강조하였다. 모든 중생이 성불할 수 있다는 면에서 불성신앙을 중시하였고, 불성의 발현으로 훌륭하게 된 것을 열반이라 한다.

고구려 불성신앙은 유행하면서 열반을 추구하였다. 처음 소승불교에서는 주로 석가가 입적할 당시의 교훈에 비중을 두어 열반을 설명하였다. 그러나 뒤에 불성의 보편성을 강조하는 대승불교 이론은 근본을 열반에 두었다. 석가의 열반은 불교의 이상을 추구하는 불타론佛陀論으로 성립되어, 그 속에 여래장의 상주 불성을 갖추어 갔다. 종국에는 고苦의 과보果報가 다 없어져 분별심分別心인 각관覺觀을 벗어나기 때문에 열반에 이른다.[45] 이는 저근底根의 반야 공사상에서 발전하여 극치의 본원本願, 곧 정토사상으로 나아간 것이다.[46]

菩薩 摩訶薩 以遍證一切 眞如法界故"라고 하였다.

43 小川一乘, 『佛性思想』, 文榮堂書店, 1982, p. 20.

44 小川一乘, 위의 책, 1982, pp. 34~35.

45 元曉, 『涅槃經宗要』에 "離覺觀故 名涅槃者 取密語內 入無餘時 苦報滅已 方離覺觀 分別心故"라고 하였다.

46 小川一乘, 『佛性思想』, 文榮堂書店, 1982, p. 2.

흔히 열반 삼사三事로 법신法身과 반야 및 해탈을 든다. 법신과 반야·해탈의 3사가 갖추어져야 열반을 이루며, 3사가 일시에 원성圓成하여 동체同體가 되어야 열반을 이루는 것이다.[47] '법신상주'의 불성에서 해탈의 열반을 구하지만, 반야는 법신의 성품이 스스로 밝고 통달하여 비추지 않는 데가 없게 한다. 고구려 신삼론의 반야 공관이 성립시킨 융섭적 중도사상은 불성신앙을 낳았다. 선정禪定에 이르게 하는 중도 공관의 추구는 불성신앙이 열반을 수반하게 한다. 고구려 말 보덕은 선관禪觀을 닦고, 『열반경』을 강론하면서 불성신앙을 표명하였다.

4. 불성신앙의 국외 이식

반야 공관을 심화시킨 고구려 불교사상은 논리 체계를 갖추어 갔다. 영양왕 때 혜량惠亮의 활동은 고구려 불교계에 교단이 정비되어 승관제僧官制가 존재하였던 사실을 알려 준다.[48] 거칠부居柒夫를 따라 신라로 온 혜량은 승관제를 정립시키는 장본인이다. 의연은 지론종을 성립시켰는가 하면, 귀국하지는 않았으나 승랑僧朗은 신삼론사상을 표방하였다. 고구려 말의 보덕은 중생이 모두 갖고 있다는 불성의 보편성을 내세워 열반사상을 이끌어 내었다. 열반사상은 고구려에서 크게 유행하였다. 보덕에게 많은 제자가 있었다는 사실이 이를 알려 준다.

그러나 보덕이나 그의 문하가 고구려 국내에서 계속 활동하지는 못하였다. 다음 내용은 고구려 불성신앙의 저변에 대한 사정을 이해하는 데 도움

---

47 원효, 『열반경종요』에서 ①要具三法 方成涅槃 ②三法等圓 乃成涅槃 ③三法一時 乃成涅槃 ④三法同體 乃成涅槃의 4가지 의미로 열반 三事를 설명하였다.

48 정선여, 『고구려 불교사 연구』, 서경문화사, 2007, pp. 54~57.

을 준다.

① 스님에게는 11명의 고명한 제자가 있었다. 無上화상은 弟子 金趣 등과 함께 金洞寺를 세웠고, 寂滅과 義融 두 스님은 珍丘寺를 세웠으며 智藪는 大乘寺를 세웠다. 一乘은 心正·大原 등과 함께 大原寺를 세웠으며 水淨은 維摩寺를 세웠고, 四大는 契育 등과 함께 中臺寺를 세웠다. 開原화상은 開原寺를 세웠고 明德은 燕口寺를 세웠으며, 開心과 普明도 전기가 있는데 모두 본전과 같다(『삼국유사』 권3, 寶藏奉老 普德移庵조).

② 내가 듣건대 普德은 진실로 至人이라, 盤龍山에 누워 몇 봄이나 지냈는가? 가만히 숨어 동료와 인연을 끊은 듯이 지냈으나 유독 11門人과 더불어 친하였다(처음에는 10명의 弟子가 있었으나 후에 明德을 얻어 11명이 되었다). … 이 땅에 어찌 꼭 나의 방을 둘 것인가 하였으니, 達人은 미리 앞일을 알았구나(보덕이 제자인 명덕에게 말하기를 "고구려는 오로지 道敎를 존숭하고 佛法을 불신하니 오래지 않아 멸망할 것이다. 안전하게 피난할 곳이 어디인가"라고 하였다. 제자가 말하기를 "신라 完山에 高達山이 있는데, 영원히 安住할 곳입니다"라고 하였다. 보덕이 이를 듣고 부지런히 수행하였다. 밤이 지나 새벽녘에 문을 열고 나가 보니, 堂이 고달산에 옮겨져 있었다).[49]

③ 그때 보덕화상은 盤龍寺에 있으면서 左道가 正道에 맞서면 國祚가 위태로울 것을 걱정하여, 여러 차례 간하였으나 (왕이) 듣지 않았다. 이에 神力으로 方丈을 날려 남쪽으로 옮겨 完山州의 孤大山에 이르러 거주하였다. 곧 永徽 원년(650년) 庚戌 6월이었다. 그 후 얼마 되지 않아 나라가 망하였다. 지금 景

49 李奎報, 「十月八日遊景福寺 明日訪飛來方丈 始謁普德聖人眞容 板上有宗聆首座李內翰仁老所題詩 堂頭老宿乞詩 依韻書于末云」(『東國李相國集』 권10)에 "吾聞普德信至人 一臥盤龍幾許春 嗒然隱几如喪耦 唯與十一門人親(初有十弟子 後得明德爲十一) … 此地何須着我房 達人知幾猶履霜(普德謂弟子明德曰 高句麗唯尊道敎 不信佛法 不久滅亡 安身避難 有何處所 弟子曰 新羅完山 有高達山 安住不動之處 普德聽之 勤修過夜 至曉開戶出見 堂卽移在高達山)"이라 하였다.

福寺에 있는 飛來方丈이 이것이다(『삼국유사』 권3, 寶藏奉老 普德移庵조).

고명한 11명의 제자를 포함한 보덕의 문하로 무상無上·(금취, 金趣)·적멸寂滅·의융義融·지수智藪·일승一乘·(심정心正)·(대원大原)·수정水淨·사대四大·(계육契育)·개원開原·명덕明德·개심開心·보명普明 등이 알려져 있다. 이들이 금동사金洞寺·진구사珍丘寺·대승사大乘寺·대원사大原寺·유마사維摩寺·중대사中臺寺·개원사開原寺·연구사燕口寺 등을 창건하였다. 이들 사원 중 금동사는 평안남도 안주군 오도산에 있었으며, 나머지의 다른 사원은 대부분 전라북도 지역에 있었다고 한다.[50] 이는 보덕이 반룡사에서 완산주의 고대산으로 옮긴 사실과 연관시켜 이해해야 한다.

보덕의 문하가 번성하였던 것은 분명하다. 위에서 든 보덕의 문하 중 고명한 11명이 누구였는지를 정확하게 지적할 필요는 없다. 그들은 모두 보덕이 고구려에 있을 당시 보덕의 문하에 들었던 것이 분명하다. 처음 보덕의 고명한 제자로 10명이 있었는데, 후에 명덕을 얻어 11명이 되었다. 보덕은 명덕과 의논하고는 방장을 남쪽의 고대산으로 옮겼다고 한다. 그렇게 되면 11명의 고명한 제자는 모두 보덕과 함께 고구려에서 남쪽으로 이주하였으며, 이후 진구사를 비롯하여 대승사나 대원사 등 보덕의 열반종계 사찰을 창건한 셈이 된다.

고구려의 불성신앙은 결과적으로는 당대 사회에 정착하지 못했다. 다만 남쪽으로 이주하기까지 보덕의 불성신앙은 고구려 불교계를 이끌었던 것으로 추측된다. 왜냐하면 그는 도교의 홍성으로 국가가 위태로워 질 것이라고 여러 번 간하였기 때문이다. 왕과 직접으로 대면하였는지는 알 수 없으

50 姜仁求 등, 『譯註 三國遺事』 권3, 以會文化社, 2003, p. 94.
다만 盧鏞弼, 「普德의 사상과 활동」, 『韓國上古史學報』 2, 1989(p. 135)에는 金洞寺가 全州에 있었다고 추정하였다.

나, 이는 그가 고구려 사회에 영향력을 행사하는 위치에 있었던 사실을 알려 주기에는 충분하다. 공인 이후 고구려 불교는 여전히 왕실 중심으로 수용되면서도 이미 귀족불교로 등장하였다.[51] 불성신앙을 성립시키면서 보덕이 추구한 열반사상은 고구려 조정, 특히 왕실의 관심을 끌었던 것으로 생각한다.

원래 열반의 도道는 따로 도라 할 것이 없으나 도가 아닌 것이 없고, 머무는 데가 없으나 머물지 않는 곳이 없다. 열반의 도를 증득한 자는 너무 능동적이면서도, 그 도는 너무 고요한 것이기도 하다. 너무 능동적이기 때문에 세상의 모든 음성이 두루 편만遍滿하여 허공을 가득 채우고도 쉬지 않게 한다. 또한 너무 고요하기 때문에 세상의 모든 법상法相을 벗어나서 진제眞際와 합침으로써 담연하게 된다.[52] 중도 불성에서 구한 열반은 삼라만상에 편만하여, 있지 않는 것이 없을 뿐만 아니라 또한 일체의 법상에서 떠나 진여와 같은 것이라 한다.

본래 중관中觀의 논리가 심화되면서 나타난 융섭적 중도사상은 왕실이나 중앙 귀족 중심으로 수용되었다. 신라의 화엄사상은 왕실이 중심이 되어 귀족을 통합하면서, 중앙집권 체제의 전제주의를 정립시키려는 사회 분위기 속에 크게 유행하였다.[53] 고구려의 불성신앙이 신라의 화엄사상에서처럼 통합적 융섭사상을 강하게 지니지는 않았다. 다만 중도 융합사상을 통해 불성신앙을 정립시키는 과정에서 보덕이 중시한 공관은 선정禪定을 닦으려는 의도를 지닌 것이다.[54]

---

51 이기백, 「삼국시대 불교 수용과 그 사회적 의의」(『역사학보』 6, 1954 : 『신라사상사연구』, 일조각, 1986, p. 5 및 p. 32).

52 원효, 『涅槃經宗要』에 "原夫 涅槃之道也 無道而無非道 無住而無不住 是知其道 至近至遠 證斯道者 彌寂彌喧 彌喧之故 普震八音遍 虛空而不息 彌寂之故 遠離十相 同眞際而湛然"이라 하였다.

53 김두진, 『의상 그의 생애와 화엄사상』, 민음사, 1995, pp. 368~375.

54 이 점은 보덕의 열반종신앙이 신라의 화엄종사상과의 차이를 보여 준다. 보덕의 반야 空觀은 중도 융합을 추구하더라도 강한 융섭사상을 성립시킨 것은 아니다. 반면 禪觀을 닦고 禪定을

관법觀法을 가진 점에서 신라의 화엄사상과는 다소 차이를 가졌을지라도, 보덕의 사상은 왕실이나 귀족에게 환영을 받는 결과를 초래하였다. 그러나 보덕은 고구려 조정에서 점차 배제되어 갔다. 이때가 언제부터인지를 정확하게 제시하기는 어렵다. 평양성에 있으면서 『열반경』을 강의할 때까지만 하여도, 그는 왕실이나 귀족의 불교 취향에 편승하여 환영을 받았던 듯하다. 사사로운 법회에 그친 것이 아니어서인지, 이때 그의 강의에 불교계는 물론 정계의 이목이 집중되었다. 강의를 마친 보덕은 평양성의 서쪽 대보산 아래의 바위굴로 나아가, 거기서 선관을 닦았다.

보덕이 대보산으로 물러난 것은 아무래도 불성신앙이 고구려 정계로부터 배척을 받게 되었다는 사실을 추측케 한다. 선관을 닦은 사실이 이를 알려 준다. 그렇지만 아직도 보덕은 중앙 귀족이나 왕실의 옹호를 은근히 받고 있었다. 그는 신인神人의 도움으로 땅속에서 8면 7층의 석탑을 찾아내고는 그곳에 영탑사靈塔寺를 창건하여 거주하였다. 당시 보덕을 도운 신인으로 상징되는 세력은 중앙 귀족을 위시한 고구려 불교계의 인사들을 다소 포함하였을 것이다.[55]

보덕은 결국 평양성에 거주하지 못하고 평안도 용강군에 있었다는 반룡사盤龍寺로 퇴거하였다.[56] 이를 계기로 보덕은 도교의 융성으로 나라가 위태롭게 된다는 것을 더욱 강경하게 간하였다. 그러나 왕은 이를 듣지 않았다. 반룡사로 퇴거한 후 보덕의 기반은 급속하게 무너져 갔다. 이규보는 보덕이 반룡사에서 생활한 모습에 대해 "묵묵히 숨어 동료와 인연을 끊은 듯이 지냈다"라고 읊었다. 보덕은 반룡사에 주석할 당시에 조정은 물론 불교

추구함으로써 觀法에 관심을 보였다. 이런 면은 의상보다는 오히려 원효의 사상에 영향을 주었을 것이다.

55 盧鏞弼, 「普德의 사상과 활동」, 『韓國上古史學報』 2, 1989, p. 129.

56 『삼국유사』에서는 盤龍寺로 나와 있으나 『大覺國師文集』(권19)나 『東國李相國集』(권10 또는 권23) 등에는 盤龍山 延福寺로 나와 있다.

계와 거의 절교하고 있었던 것이 분명하다.

다만 불성신앙에서 내세운 열반의 도는 도교의 도와 서로 근접한 성격을 갖는다. 아울러 보덕의 열반사상은 도교의 불로장생不老長生사상에 대항하는 데 가장 적합한 것이기도 하다.[57] 그의 열반사상은 연개소문淵蓋蘇文의 도교진흥책에 맞설 수 있을 정도로, 사상 자체는 물론 불교계 내에서도 광범한 지지 기반을 가졌다. 때문에 보덕은 연개소문으로부터 정치적 박해를 받는 표적이 되었다.

『삼국유사』 권3의 보장봉로 보덕이암조에는 유독 보덕이 연개소문의 도교진흥책에 대항하여 암자를 남쪽으로 옮기는 것으로 기록하였다. 이때 문하 제자의 거의 대부분이 보덕과 함께 고구려를 떠나 고대산으로 내려왔다. 물론 그들이 동시에 내려온 것은 아니다. 이들에 의해 고대산高達山의 경복사景福寺를 비롯해서 주위에 보덕계의 사찰이 점차로 개설되었다.

도교진흥책은 현실적으로 불교와 연결된 귀족세력을 억압하기 위한 것일 뿐만 아니라 이상적 정치이념으로 추앙되던 도교의 무위無爲정치를 진작시키려는 것이었다. 무위정치는 자연의 도에 순응하는 절대 권력을 상정할 수 있어서,[58] 무단적 독제 체제를 구축하는 데 유용하였다. 연개소문의 도교진흥책은 영류왕을 비롯한 중앙 귀족세력 및 이들과 연결된 불교세력을 억압하려는 것이었다.[59] 실제로 그는 영류왕과 100여 명의 대신을 살해하고 보장왕을 세워 권력을 독단하였다.

고구려 말 연개소문의 도교진흥책은 중도사상에 기초하여 불성신앙을 발전시킨 불교계에 큰 타격을 주었다. 보덕이나 비슷한 시기의 혜량은 각각 망명한 백제와 신라에서, 불교사상을 융성시키고 교단을 조직적으로 통솔

57 이기백, 「삼국시대 불교 수용과 그 사회적 성격」, 『신라사상사연구』, 일조각, 1986, pp. 18~19.
58 李乃沃, 「淵蓋蘇文의 執權과 道敎」, 『역사학보』 99·100 합본, 1983, pp. 100~101.
59 이내옥, 「연개소문의 집권과 도교」, 『역사학보』 99·100 합본, 1983, pp. 89~90.

함으로써 불교계에 크게 기여하였다. 신삼론종사상이나 불성신앙을 성립시키는 데 기여한 고구려 승려들이 국내에서 정착하지 못하고, 대부분 해외로 나가 활동한 사실도 고구려 국내 문제와 연관하여 이해해야 한다. 승랑은 고구려 불교사상의 형성에 크게 영향을 준 인물이지만 정작 자신은 귀국하지 않았다.

영양왕 대에 인印법사와 실實법사는 중국에서 활동하였는데 삼론사상에 밝았다. 중국 승려 혜지慧持는 실법사에게 삼론을 듣고 제자가 되었다.[60] 인법사는 촉蜀지역에 들어가 삼론을 강의하고 있었는데, 이때 중국 승려 영예靈睿는 그의 제자가 되었다.[61] 혜관慧灌은 625년(영류왕 8년) 당나라에 사신으로 파견되었는데, 가상사嘉祥寺의 길장吉藏대사에게서 삼론을 배웠다. 바로 일본으로 들어가 원흥사元興寺에 머물던 그는 기우제를 주관하여 승정僧正에 임명되었다. 혜관은 뒤에 정상사井上寺를 창건하여 삼론종을 홍통하면서 일본 삼론종의 시조가 되었다.[62]

또한 도등道登은 627년(영류왕 10년)경 당나라에 들어가 길장에게서 삼론을 배웠으며, 629년경에 당 사신을 따라 일본으로 들어가 머물면서 공종空宗을 전하였다.[63] 그 외에도 영양왕 때 고구려 승려 혜자慧慈·혜관慧觀 등이 일찍이 일본에 들어가 삼론을 전하였으며, 특히 혜자는 성덕태자聖德太子의 스승이 되어 법화를 논하였다. 이로 보면 고구려 불교계에는 이미 법화사상이 성립되어 있었다.

삼론종 승려뿐만 아니라 법화 승려들도 고구려 국내라기보다는 중국이나 일본에서 주로 활동하였다. 영양왕 때에 파약波若은 중국 천태 지자智者에

---

60 道宣, 『續高僧傳』 권14, 義解篇 10, 唐越州弘道寺 釋慧持전(『신수대정장』 권50, p. 537 下).

61 도선, 『속고승전』 권15, 義解篇 11, 唐綿州隆寂寺 釋靈睿전(『신수대정장』 권50, p. 539 下).

62 凝然, 『三國佛法傳通緣起』 卷中, 三論宗조(『大日本佛敎全書』 제101册, p. 110 上~111 上). 『三論祖師傳』(『大日本佛敎全書』 제101册, p. 537 下).

63 師蠻, 『本朝高僧傳』 권72, 願雜 10의 4, 先德 3, 和州元興寺沙門道登전(『大日本佛敎全書』 제103册, p. 410 下~411 下).

게 나아가 선법禪法을 전수받았지만, 귀국하지 않았고 국청사에서 입적하였다.[64] 중도 융합적 사상 경향을 성립시킨 고구려 불교계는 직접적으로는 연개소문의 도교진흥책으로 타격을 받았겠지만, 이전에도 서서히 위축되면서 붕괴되는 요인을 안고 있었다.

안장왕 이후에는 왕의 존재가 무력해지면서 귀족 간의 권력 다툼이 격렬하게 전개되었다. 실제로 안원왕의 부인인 추군麤群과 세군細群 세력 간의 정권쟁탈전이 이어졌다. 안장왕과 안원왕이 피살되고 양원왕이 즉위하였지만, 추군계와 세군계 세력의 대립은 계속되었다. 그것은 국내성과 평양성에 기반을 둔 귀족들의 분열과 함께 귀족불교세력 사이의 극심한 갈등을 조장시켰다.[65] 그런 과정에서 정통 귀족의 기반 자체가 무너져 감으로써 삼론종 승려를 위시한 불교계가 국내 지지 기반을 상실했다. 이리하여 고구려 출신 승려들이 국내로 들어오지 않고 중국이나 일본으로 빠져나갔다.

64 道宣, 『續高僧傳』 권17, 習禪篇 2, 隋 天台山國淸寺 釋智越전 附 波若전(『신수대정장』 권50, pp. 570 下~571 上).

65 남무희, 「安原王·陽原王代 정치변동과 고구려 불교계 동향」, 『한국고대사연구 45, 2007, p. 61.

제2절 백제의 법화신앙 유행과 그 의미

1. 법화신앙의 유입

백제 불교사상의 특징으로 미륵신앙과 계율을 함께 강조하는 점을 지적할 수 있다. 미륵신앙 속에는 계율이 큰 비중을 차지한다. 윤보輪寶에 의해 전륜성왕轉輪聖王의 치세가 혼란으로 치달을 때에 미륵이 하생해, 용화수 아래의 설법을 통해 계율을 강조함으로써 현실 사회를 정토로 만든다고 한다. 백제 사회에 엄격한 계율의 적용은 다소 넉넉하면서도 관용적인 불교신앙의 모습을 지양하게 만들었다. 따라서 백제 불교신앙 속에서 포용적인 사상 경향을 이끌어 내기가 쉽지 않다. 백제 불교신앙 내에서 융섭적이거나 통합적 사상 경향에 잘 어울리는 주제가 바로 법화신앙이다.

『법화경法華經』은 석가의 영취산靈鷲山설법을 잘 담고 있어서 대승 경전을 대표하므로, 중국이나 일본 등에서는 일찍부터 법화신앙을 중시하였다. 반면 우리나라에서 법화신앙은 크게 유행한 것 같지는 않다. 다만 삼국 중 백제에 법화신앙이 비교적 뚜렷하게 나타나 있다. 백제 법화신앙을 알려 주는 국내 사료는 극히 소략하게 전한다. 『삼국유사』에 나오는 혜현惠現 관계 기록은 『법화영험전法華靈驗傳』에 거의 그대로 중복하여 실렸다. 그 외 사택지적비砂宅智積碑 등도 참고가 된다. 아쉬운 대로 중국 승전류僧傳類에 다소의 내용을 보충할 수 있는 기록이 전한다. 아울러 일본 측 사료에도 백제 법화신앙을 알려 줄 내용이 단편적으로 기록되어 있다.

이 절에서는 법화 관계의 기록을 종합하여 체계를 세우면서, 그 사이의 인과 관계에 대해서는 법화나 천태 사상의 일반적인 전개 양상에 비추어 이해하고자 한다. 백제 법화신앙이 유행한 모습을 사실적으로 제시하기 위해,

삼국 사회에 법화신앙이 유입되는 과정을 먼저 살피고 백제 법화신앙이 관음영험신앙을 깔면서 법화삼매法華三昧를 추구하는 내용을 살피려고 한다. 『법화경』의 안락행품安樂行品을 중시하면서 갖추어진 백제의 법화신앙은 보현普賢을 내세우는 신라의 법화도량과는 차이를 가졌다. 백제 법화신앙을 법화의 보현도량이나 천태결사 등과 비교하여 한국불교사에서의 위치를 설정하는 한편, 웅진시대 이후 백제의 사회 상황 속에서 밝히려고 한다.

불교의 모든 신앙이 부처의 설법에 의하지 않는 것은 없지만 특히 법화신앙은 석가불을 중심에 두는데, 그 근본 도량은 영취산에 있다. 석가는 정토淨土를 따로 갖지 않고 사바세계에 머물며, 언제나 영취산에 있으면서 설법하고 교화한다. 때문에 사바세계 정토라 할 수 있는 석가불 정토는 마음속에서 구하는 것이지만, 영취산은 사바세계에 불타佛陀가 상주하는 정토로 상징되어 우리나라에도 여러 곳에 산명으로 남아 있다.[1] 언제든지 중생이면 누구라도 접하는 불타의 설법으로 이뤄진 법화도량은 출가자 외에 재가신도까지도 성불하게 함으로써 서민 대중의 호응을 받았다.

『법화경』은 영취산에서 행하는 석가의 설법을 그대로 전하기 때문에 그 내용은 대승불교사상을 포괄적으로 담아서 만법萬法의 귀일처歸一處를 나타낸다고 이해된다. 곧 성문聲聞·연각緣覺·보살菩薩의 삼승을 먼저 제시하지만, 종국에는 일승의 가르침을 깨닫게 한다는 것을 설하고 있다. 삼승을 통해 일승인 불성을 깨치려는 『법화경』은 많은 방편과 비유를 설화로 제시하면서, 문학적 가치까지 지녔으므로 대승 경전의 백미로 추앙을 받아 왔다. 이렇듯 대승불교에서는 『법화경』을 매우 중시하였고, 이에 따라 법화신앙이 보편적으로 널리 유행하였다.

중국은 물론 일본으로 전해진 초기의 대승불교에서도 법화신앙이 성행하

---

1 우리나라에 靈鷲山이라는 山名이 있는 곳은 경기도 開城과 경남의 梁山·蔚州·昌寧·密陽 및 전남의 順天 등 지역이다.

였다. 중국에서는 일찍이 법화의 회삼귀일會三歸一사상에 기초하여 일심삼관법一心三觀法을 제시함으로써 천태종天台宗을 성립시켰으며, 일본에서도 법화신앙이 종파를 형성시킬 수 있을 정도로 성행하였다.[2] 그럼에도 불구하고 삼국시대의 우리나라에는 중국이나 일본과 비교하여 상대적으로 법화신앙이 크게 유행한 것 같지는 않다. 곧 『법화경』을 기초로 하는 종파나 천태사상이 성립되지 않았기 때문이다. 고려 초에 체관諦觀과 의통義通이 천태사상을 체계적으로 연구하였으며, 그 후 대각국사大覺國師 의천義天이 천태종을 개창하였다.

다만 법화신앙 자체는 미약하게나마 이미 삼국시대에 유입되었고, 그에 따른 영험을 내세우는 관음신앙은 비교적 광범하게 퍼져 있었다. 한국 고대사회의 불교신앙을 폭넓게 제시하는 『삼국유사』는 법화신앙을 중요하게 기록하지 않았으나, 관음의 영험신앙을 비교적 광범하게 제시하였다.[3] 문무왕이 즉위할 무렵 신라에는 낭지朗智가 양주良州 아곡현阿曲縣(지금의 蔚山 지역)의 영취산에서 법화신앙을 펴고 있었다. 영취산법회는 석가의 상주 도량을 설치한 것이다. 낭지는 가섭불迦葉佛 때의 절터에 영취사를 세웠다고 한다(『삼국유사』 권5, 朗智乘雲 普賢樹조). 당시 낭지의 법화도량은 보현행원普賢行願과 함께 관음신앙을 중시하였던 듯하다.

뒷날 『추동기錐洞記』를 저술하여 의상계義湘系 화엄종을 계승한 지통智通은 처음 낭지의 문하에 들었다. 이때 그는 법화신앙을 전수받고 보현행普賢行을 닦았으며, 보현이 내린 계율을 지녔다. 그에게 계를 내린 보대사普大

2 南岳 衡山에 머물던 慧思(515~577년)가 중국의 법화신앙을 진작시켰고, 그의 문하에서 법화삼매를 수학한 天台 智者(智顗)가 천태종을 성립시켰다. 일본은 平安시대에 最澄(767~822년)이 중국 천태산에 수학하고는 『법화경』을 전하여 천태종의 종조가 되었다. 그 뒤 日連대사에 의해 일본의 천태종은 밀교와 연결되어 크게 유행하였다.

3 『三國遺事』 권3 塔像 제4의 三所觀音 衆生寺栢栗寺敏藏寺조 및 南白月二聖 努肹夫得怛怛朴朴·芬皇寺千手大悲 盲兒得眼·洛山二大聖 觀音正趣調信조와 권5 感通 제7의 郁面婢念佛西昇·廣德嚴莊·憬興遇聖조 등에 비교적 자세한 영험설화가 실려 있다.

士가 바로 보현보살이다.[4] 원성왕 때의 고승인 연회緣會는 낭지가 머물렀던 영취산에 거주하였고, 『법화경』을 읽으면서 보현관행普賢觀行을 닦았다. 이로 보면 낭지의 법화도량은 보현행을 중시하였으며, 그 외에도 관음과 문수신앙을 아울러 추구하였다. 다만 낭지 당시에 문수신앙이 분명하게 나타나지는 않았지만, 연회는 변재천녀辯才天女뿐만 아니라 문수대성으로부터 깨우침을 받았다.[5]

낭지의 법화도량에 관음신앙이 구체적으로 나타난 것은 아니다. 그러나 연회는 물론 낭지도 변재천녀신앙을 중시하였다. 연회는 변재천녀로부터 이전에 만난 노인이 문수대성이라는 사실을 들었다. 낭지 또한 변재천녀의 도움으로 지통이 그의 문하에 들게 될 것을 알았다. 변재천녀신앙은 신라 사회에 성행한 관음영험신앙과 연관을 가졌다. 따라서 낭지의 법화도량에 관음신앙이 유행하였던 사실을 알 수 있다.[6] 범천梵天이나 제석帝釋의 비妃로 나타나기도 하는 변재천녀는 세계를 창조한 신으로 믿어져서, 지모신적 존재로 추앙받는 관음신앙을 아울러 가진다.[7] 삼국통일 이전 신라 사회에 법화신앙이 관음신앙이나 보현행과 연관되어 광범하게 퍼져 있었다.

4 낭지를 찾아가던 중에 지통은 한 나무 밑에서 스스로 普大士라고 칭하는 異人으로부터 계를 받았다. 그리고 낭지에게 나아간 그는 보현대사로부터 계를 받았다고 하였고, 이로 말미암아 그 나무를 普賢樹라고 불렀다.

5 緣會는 元聖王으로부터 國師로 삼는다는 말을 듣자, 불쾌하게 여기고는 도망하여 숨으려 하였다. 그러나 문수와 변재천녀가 이러한 처사가 옳지 않다는 것을 깨우쳐 주었다(『삼국유사』 권5, 緣會逃名 文殊岾조).

6 辯才天은 妙音天으로도 불린다. 辯才天女는 노래와 음악을 맡은 여신이며, 음악은 매우 좋은 설법으로 이해된다. '音'은 곧 소리로써 方便이지만 깨어 있는 설법을 담당하는 변재천녀는 『법화경』에서 대단히 중시되는 妙音菩薩이나 觀音菩薩과 바로 연결된다. 왜냐하면 두 보살이 모두 '音'을 방편으로 삼고 있기 때문이다. 그런데 묘음보살은 東方에서 시작하여 穢土를 대상으로 설법한다면, 관음보살은 서방에서 중생의 갈망을 해결해 주는 佛母로서 중생을 정토에 이끄는 역할을 담당한다. 때문에 『법화경』과 연결시킨 변재천녀 또는 묘음천신앙은 관음신앙을 상징적으로 나타내 준다.

7 김두진, 「고려전기의 法華觀行사상」, 『법화사상과 동아시아 불교교류』, 2001 : 『고려전기 교종과 선종의 교섭사상사 연구』, 일조각, 2006, pp. 318~319.

법화신앙의 유행으로 신라 사회에는 비교적 이른 시기에서부터 『법화경』이 알려졌을 것이다. 신라에 법화신앙을 전한 자로 법융法融·이응理應·순영純英 등이 있다.[8] 그들은 천태종 8조 좌계左溪 현명玄明의 문하에 들었지만, 어떻게 활동하였는지 또는 중국에서 귀국하였는지도 잘 알 수 없다. 다만 중국의 대표적인 법화 승전僧傳에 이름을 올렸다는 점에서, 이들을 통해 신라 불교계에 『법화경』은 보다 폭넓게 이해되었을 것이라고 생각한다. 신라 승려 연광緣光은 지자智者의 문인으로 『법화경』을 염송念誦하는 것으로 과업을 삼았다. 용궁에 들어가 강연하거나 죽고 난 뒤에 혀가 썩지 않고 붉은 색으로 전하는 것 등 그의 행적은[9] 백제 승려 혜현惠現이나 현광玄光의 행적과 다소 비슷한 모습을 보여 준다.

원효는 낭지로부터 『법화경』 강의를 들었고, 이를 바탕으로 『법화경종요法華經宗要』를 저술하였다. 원효의 법화신앙도 회삼귀일의 논리에 근거하였으며, 지자의 교학에서 상당한 영향을 받았을 것으로 추측된다.[10] 이후 중국 천태종을 수학하기 위해 나아가는 등 통일신라시대의 사회는 『법화경』을 깊이 연구하는 고승을 비교적 많이 배출하였다. 『법화경종요』 외에도 원효는 『법화경방편품료간法華經方便品料簡』·『법화경요략法華經要略』·『법화약술法華略述』 등을 저술하였고, 유식학승으로 경흥憬興·순경順璟·현일玄一·의적義寂·도륜道倫·태현太賢·혜운惠雲·현범玄範 등이 『법화경』과 관련된 저술을 남겼다.[11]

신라 김과의金果毅의 아들은 출가하여 『법화경』을 즐겨 읽었는데, 18세에

8 志盤, 『佛祖統記』 권7, 東土九祖紀 第3의 2, 八祖左溪尊者 玄明조, 『新修大正藏』 권49, p. 188 中. 지반, 『불조통기』 권10, 左溪傍出世家 目錄, 『新修大正藏』 권49, p. 201 上.

9 僧詳, 『法華傳記』 권3, 諷誦勝利 제8의 1, 新羅 緣光조(『新修大正藏』 권61, p. 61 下)에 "釋緣光是智者門人 誦法華經爲業 感天帝下迎龍宮講經 滅後舌色如紅蓮華而已"라고 하였다.

10 李永子, 「한국 天台思想의 展開」, 『日本學』 2, 1982, pp. 77~81.

11 김두진, 「諦觀의 天台思想」, 『한국학논총』 6, 1984 : 『고려전기 교종과 선종의 교섭사상사 연구』, 일조각, 2006, p. 292, 주12 참조.

일찍 죽고는 환생하여서도 다시 『법화경』을 애독하였다고 한다.[12] 곧 신라 사회에 김가의 가문뿐만 아니라 그가 환생한 이웃 가문도 출가하거나, 즐겨 『법화경』 읽기를 생활화하였다는 것이다. 고구려에도 법화신앙은 일찍 전해져 있었다. 고구려 파약波若은 중국의 천태산에 들어가 지자智者의 교관敎觀을 전수받았다.[13] 영양왕 7년(596년)에 천태 지자 밑에 나아간 그는 선법禪法을 구하였다. 그리하여 한적한 곳에 거주하면서 묘행妙行을 닦았다.[14]

국청사國淸寺로부터 60~70리 정도 떨어진 천태산 최고봉인 화정華頂에서 파약은 무려 16년간이나 두타행頭陀行을 수행하였다. 그는 신이하고 영험한 행적을 많이 행하였을 뿐만 아니라 입적할 때에도 신이한 징조를 나타내었다.[15] 곧 정인淨人이나 백의百衣대사인 관음이 출현함으로 해서, 그는 입적할 때가 되었다고 짐작하였다.[16] 이는 파약이 영험적인 관음신앙은 물론 관음의 백화정토百花淨土신앙을 수용하였을 것으로 추측하게 한다. 그러나 그는 단순히 신이한 영험신앙에 머문 것이 아니었다. 오히려 『법화경』을 읽으면서 염송하기보다는 수관묘행修觀妙行을 닦았다.[17]

파약은 영양왕 24년(613년) 중국 천태산 국청사에서 입적하였기 때문에, 그의 법화신앙이 정작 고구려의 불교사상에 어떤 영향을 주었는지에 대해서는 잘 알 수 없다. 파약 외에 법화신앙을 수용한 고구려의 혜자慧慈는 일

---

12 惠詳, 『弘贊法華傳』 권9, 轉讀 제7, 新羅國沙彌조(『新修大正藏』 권51, p. 41 下)에 "新羅國 有金果毅 生一男子 從小出家 樂讀法華經 至第二卷 誤燒一字 年十八 忽從天喪 還生別處金果毅家 又得出家 卽偏愛讀法華經"이라 하였다.

13 『삼국유사』 권5, 惠現求靜조에 "又高麗釋波若 入中國天台山 受智者敎觀"이라 하였다.

14 道宣, 『續高僧傳』 권17, 習禪篇 2, 隋 天台山國淸寺 釋智越전 附波若전에 "(開皇)十六入天台北而智者 求授禪法 其人利根上智 卽有所證 (智者)謂曰 汝於此(地)有緣 宜須閑居靜處 成備妙行"이라 하였다. ( ) 속의 글자는 『新修科分六學僧傳』 권3, 慧學 傳宗科, 波若전에서 보충하였다.

15 『삼국유사』 권5, 惠現求靜조에 "以神異間山中而滅"이라 하였다.

16 道宣, 『續高僧傳』 권17, 習禪篇 2, 隋 天台山國淸寺 釋智越전 附波若전에 "初到佛壟上寺 淨人見三白衣擔鉢從 須臾不見 至於國淸下寺 仍密向善友同意云 波若自知壽命 將盡非久"라고 하였다.

17 金英泰, 「삼국시대의 법화신앙과 그 수용」, 『韓國天台思想硏究』, 동국대학교 출판부, 1983, p. 18.

본에서 활약하였다.[18] 혜자는 본래 삼론학에도 밝았다. 뿐만 아니라 혜관慧觀 등 다른 삼론학승도 대체로 고구려를 떠나 일본으로 나아갔다. 영양왕 6년(595년)에 혜자는 일본으로 가서 성덕聖德태자의 스승이 되었다. 이때 그는 태자와 더불어 『법화경』의 내용에 대해 문답하였고, 이미 고구려에 전해졌던 『법화경』의 내용을 검토하여 이해하고 있었다.[19]

고구려 사회의 법화신앙에도 영험적인 관음신앙이 나타나 있었다. 일본 승려 행선行善이 고구려에 유학하여 불법을 구하고는 718년(성덕왕聖德王 17년)에 귀국하였다. 아마 그는 고구려 말에 유학하였을 것이며, 귀국할 때는 통일신라시대였다. 고구려에 있을 당시에 행선은 관음의 도움을 받아 홍수로 다리가 끊긴 강을 건넜다.[20] 그가 끊긴 다리 위에서 관음에게 빌 정도로, 이미 고구려 사회에는 관음의 영험신앙이 퍼져 있었다. 또한 혜자는 성덕태자가 삼매에 들어서 본 『법화경』을 당시에 전하지 않던 이본이라고 하였다.[21] 고구려 법화신앙은 『법화경』의 이본을 식별할 정도로 심화되면서, 관음영험신앙과 연결하여 법화삼매에 관심을 가졌다.

2. 백제 법화신앙의 유행

삼국시대에는 백제 불교가 법화신앙의 전통을 가장 많이 지닌 것으로 연

18 김영태, 「삼국시대의 법화신앙과 그 수용」, 『韓國天台思想研究』, 동국대학교 출판부, 1983, p. 14.

19 師錬, 『元亨釋書』 권15, 方應 8, 聖德太子傳에 "太子語曰 法華某句闕一字 公知之乎 慈曰 我本國經 亦無此字"라고 하였다. 곧 혜자는 본국에 전하는 『법화경』의 내용을 이미 충분히 검토한 셈이었다.

20 사련, 『원형석서』 권15, 方應 8, 行善전에 "善在高麗行逢洚水 橋絶無舟 入斷橋上念觀音 須臾老翁 掉舟而來 載善行 著岸之後 老翁俄隱 舟又不見 善知觀自在應現"이라 하였다.

21 師錬, 『元亨釋書』 권15, 方應 8, 성덕태자전에 "秋九月太子入夢殿 閉戶不出一七日 宮中大恠 慧慈曰 太子入三昧矣 八日之晨 玉几上有一經卷 太子告慧曰 是我先身 所持之本耳"라고 하였다.

구되었다.[22] 중국 천태종의 종조宗祖라고 할 수 있는 혜사慧思의 문하에서 수학한 현광玄光의 존재가 백제 법화신앙의 수준을 알려 주기에 충분하다. 현광의 전기는 『송고승전』에 나오는데, 그것과 비슷한 내용이 고려 충혜왕 때에 왕사가 된 요원了圓이 편술編述한 『법화영험전法華靈驗傳』에 실려 있다. 여기에는 그가 해동海東의 웅주熊州 사람이라고 기록하였다. 송나라 때에 찬술된 천태종 계통의 승전에 신라 사람으로 기록하였지만,[23] 그는 웅진시대의 백제 승려로 생각된다.

현광은 어려서부터 세속을 떠나 불문에 들어가 수행하였다. 장성하면서 중국에 유학하여 선법禪法을 구한 그는 진陳나라 남악南岳 형산衡山에 머물고 있던 혜사의 문하에서 수학하였다. 혜사를 대면하자 마음에 감화를 받았으며, 가만히 『법화경』 안락행품安樂行品을 전수받아 수행에 몰두하였다.[24] 현광의 선수행禪修行은 묵은 때를 없애듯 엄격한 참법懺法을 구하려는 것에 가까우며, 이를 봉행하여 조금도 어긋남이 없었다. 그리하여 어느 날 갑자기 법화삼매를 깨달은 그는 혜사로부터 이를 인가받았다.

혜사는 북위北魏의 남예주南豫州 무진武津에서 태어나 15세에 출가하였으며, 20세 때에 사방으로 다니면서 여러 대덕大德을 방문하고 선관禪觀을 닦았다. 그 후 북제北齊의 혜문慧文선사를 만나 일심삼관一心三觀의 심요心要

---

22 安啓賢, 「百濟佛敎에 관한 諸問題」, 『百濟硏究』 8, 1977, pp. 34~38.

23 宋代에 志盤이 찬술한 천태종의 正史라고 할 수 있는 『佛祖統紀』에 玄光은 '海東新羅人' 또는 '新羅玄光禪師'라고 기록되었다. 이후 이는 현광의 국적을 이해하는 데에 상당한 영향을 주었다. 元代에 曇噩이 찬술한 『新修科分六學僧傳』에 그는 '新羅國熊州人'으로 기록되었다. 반면 元末明初에 찬술되었다고 추측되는 『神僧傳』에는 『송고승전』과 같이 '海東熊州人'으로 기록되었다. 현광은 위덕왕 대 후반에서부터 무왕 전반기인 웅진시대에 활동하였기 때문에, 백제 승려였음이 분명하다.

24 贊寧, 『宋高僧傳』 권18, 感通篇 제6의 1, 陳 新羅國 玄光전에 "迨夫成長 願越滄溟 求中土禪法 於是觀光陳國 利往衡山 見思大和尙 開物成化 神解相參 思師察其所由 密授法華安樂行門 光利若神錐 無堅不犯 新猶劫見有染皆鮮 稟而奉行 勤而罔忒 俄證法華三昧 請求印可 思爲證之"라고 하였다.

를 받았으며, 스스로 법화삼매法華三昧를 증득하였다. 그의 저술로 『법화경안락행의法華經安樂行義』·『제법무쟁삼매법문諸法無諍三昧法門』·『수보살계의授菩薩戒儀』 등이 전한다. 법화삼매와 법화 안락행은 혜사 교학의 진수를 이룬 것이다. 현광은 혜사의 교학을 그대로 전수받았으며, 스승의 문하에서 동학同學인 천태天台 지자와는 서로 영향을 주고받았을 것으로 생각한다.

혜사의 법인을 전해 받은 현광은 스승의 권유로 귀국하였다. 혜사는 그가 본국에서 법화 교법을 펴도록 종용하였다. 스승과 이별한 그는 강남江南에 이르러, 돌아가는 본국의 배에 승선하여 귀국 길에 올랐다. 가는 도중에 현광은 천제의 명을 받아 용궁에 들려서, 친히 증득한 법화삼매를 강설하였다. 불교에서 흔히 용궁은 홍교興教와 연관을 가졌다. 이런 면은 신라에 불교가 전래되는 과정 속에 나타나 있다. 전불前佛시대 7가람터 중 신라 불교를 크게 일으키는 데 주도적인 역할을 담당한 황룡사와 분황사는 각각 상징적인 용궁의 남쪽과 북쪽에 자리한 것으로 기록하였다.

불교가 유행하지 않았을 때 용왕은 용궁에서 경전을 수호함으로써 불법을 일으킨다고 한다. 때문에 불교 경전 속에는 용이 많이 등장한다. 용궁에서의 설법이 불교의 홍기와 연관된다는 사실은 흥미를 끈다. 원효는 용궁으로부터 『금강삼매경론』을 받아 유포함으로써 왕비의 종창腫脹을 고쳤다고 한다. 그런데 『금강삼매경론』은 원효의 대표적인 저술이 되었으며, 신라 불교의 수준을 끌어올리는 데 기여하였다.[25] 이로 보면 현광이 용궁에 들러 설법한 법화삼매는 백제의 법화신앙을 크게 일으키는 기폭제로서의 역할을 충분히 담당하였을 것이다.

25 원효는 불교의 모든 경전에 대해 주석을 붙였다. 곧 신라 불교가 불교 경전 전반에 대한 이해를 가능하게 하였다. 또한 당시 인도와 중국의 불교계는 유식과 중관의 대립을 절충하려는 경향을 지녔다. 그런데 원효의 『금강삼매경론』은 유식과 공관의 대립을 절충하였을 뿐만 아니라, 이를 定覺 속에 융섭하려는 의도를 지녔다. 바로 이 점은 원효 교학의 위대함을 보여 주기에 충분하다.

용궁에서 나온 현광은 다시 배를 타고 웅주로 돌아왔으며, 옹산翁山에 기거하면서 절을 창건하고 교화에 힘썼다. 그에 의해 법화신앙은 백제 사회에 전해지면서 크게 유행하였다. 다음 기록은 현광의 법화신앙이 불교계 내에서 갖는 위치를 이해하는 데 도움을 준다.

> 南嶽祖師가 影堂을 구축하고는 그 내에 28인의 상을 그려 奉安하였는데, 현광을 그중의 하나로 모셨다. 天台 國淸寺의 祖堂에도 역시 그렇게 하였다.[26]

천태종 제2조인 남악혜사南岳慧思(515~577년)의 영당을 구축하는 남악南嶽조사는 선종 6조 혜능慧能의 제자인 회양懷讓(677~744년)선사를 가리킨다. 두 선사가 다 같이 형산衡山, 곧 남악에 머물면서 선풍禪風을 진작시켰다.

6세기 후반 남악에서 선풍을 떨친 바 있는 혜사를 위해, 무려 2세기가 흐른 8세기 전반에 회양이 영당을 세우고는, 그곳에 현광을 포함한 혜사의 제자 28인의 화상을 봉안하였다.[27] 본래 달마達磨의 선종과 법화의 천태종은 밀접한 관련을 가졌고 서로 대립되는 것은 아니었으나, 불조佛祖의 정통 의식을 계승하기 위해 격심한 교리 논쟁을 겪어 왔다. 그러다가 선종의 4조 도신道信(580~651년)이 천태문인 지개智鍇를 통해 지자대사의 선관에 접하였으며, 회양은 형주荊州의 옥천사玉泉寺에서 천태종 승려인 홍경弘景의 문하로 출가하였다.

이후 천태종과 선종의 관계는 매우 밀접해졌다.[28] 이러한 불교계의 분위기에 편승하여 혜사의 영당을 세웠다. 현광이 혜사의 문하 28인 중의 한 사람으로 봉안되는 것도 이와 연결시켜 이해해야 한다. 법화삼매에 밝았을 뿐

26 贊寧, 『宋高僧傳』 권18, 感通篇 제6의 1, 陳 新羅國 玄光전에 "南嶽祖構影堂 內圖二十八人 光居一焉 天台國淸寺祖堂亦然"이라 하였다.

27 安啓賢, 「百濟佛敎에 관한 諸問題」, 『百濟硏究』 8, 1977, p. 35.

28 안계현, 위의 논문, pp. 35~36.

만 아니라 일찍이 선관을 추구한 그의 수행과정은 선종이나 천태종에서 모두 중시되었다. 때문에 천태종에서 세운 혜사의 영당에 현광을 봉안하였다. 현광이 귀국하여 법화삼매를 교설함으로써, 백제 사회에 법화신앙은 광범하게 퍼져 나갔다.

백제 말에 혜현惠現은 북부北部의 수덕사修德寺에 거주하면서 법화신앙을 펴고 있었다. 그는 어려서 출가하여 『법화경』을 읽는 것으로 일과를 삼았고, 아울러 삼론三論을 공부하면서 수행하였다. 절에 대중이 있으면 강론하였지만, 대중이 없으면 『법화경』을 염송하였다. 정관貞觀(627~649년) 초년初年에 58세로 입적하였기 때문에[29] 혜현은 적어도 위덕왕 17년(570년)을 지나 얼마 되지 않는 때에 태어났으며, 무왕武王 대 이후 적극적으로 교화활동을 펼쳤다. 혜현의 문하는 항상 번성하였다. 문전에는 멀리서 그를 흠모하여 모여드는 자의 신발로 가득 찼다.

혜현은 법화신앙에 대해 일가견을 이루었지만 중국에 유학하지는 않았다. 그런데도 645년(貞觀 19년)에 당 서명사西明寺 사문 도선道宣이 편찬한 『속고승전續高僧傳』에 혜현의 전기가 실렸다.[30] 이는 그가 법화신앙에 상당히 밝았을 것임을 알려 주기에 충분하다. 번거로움을 싫어한 그는 강남江南의 달라산達拏山에 가서 거주하였다. 달라산은 매우 험준해서 사람의 내왕이 드물었는데, 혜현은 여기서 고요히 앉아 생각을 잊고 생을 마쳤다.

혜현의 법화신앙에는 선관을 닦는 것이 포함되었고, 이는 현광 이후 백제 법화신앙의 전통과 연결된 것이다. 또한 혜현은 법화신앙 내에 신이한 영험신앙을 포함시켰다. 법화의 영험신앙은 관음신앙과 연관하여 전개되었다. 백제 승려 발정發正은 이런 면을 보여 준다. 그는 천감天監 연간(502~519년)에 중국으로 건너가 30여 년 동안 수행·정진하고는 백제로 귀국하였다.

29 『삼국유사』 권5, 惠現求靜조에 "俗齡五十八 卽貞觀之初"라고 하였다.

30 『속고승전』의 惠現전은 『삼국유사』 권5의 惠現求靜조와 거의 비슷한 내용을 가졌다.

이로 미루어 백제에서 발정이 활동한 때는 성왕 대 후반에서부터 위덕왕 대로 추측된다.[31]

발정은 귀국하면서 월주계越州界에 설치한 관음도량에 참가하였다. 그런데 일본 청련원靑蓮院에서 발굴한 『관세음응험기觀世音應驗記』에 기록된 발정의 영험설화의 내용은 『화엄경』과 『법화경』의 우열을 다루면서, 끝내는 법화신앙의 우월을 나타낸 것이다.[32] 현전하는 불교 사료상으로 보면 백제 불교에서 법화신앙을 찾을 수 있으나, 화엄 관계의 기록을 발견하기는 어렵다. 이 점은 발정의 영험신앙이 법화신앙의 우월성을 제고한 점과 연결시켜 시사성을 준다.

웅진시대에 대통사大通寺의 창건과 사택지적砂宅智積의 활동은 백제 법화신앙의 유행과 연관시켜 이해할 수 있다. 대통사는 성왕 5년(527년)에 양梁나라 황제를 위해 웅천주熊川州에 세운 절이라고 기록하였다(『삼국유사』 권3, 原宗興法조). 이 기록은 양 무제의 연호인 '대통大通'으로 말미암아 혼동된 것이고, 사실은 웅진시대의 백제에 법화신앙이 유행한 사실을 알려 준다.[33] 웅천주는 통일신라 신문왕 때에 개칭된 웅진의 이름일 뿐만 아니라 같은 기록의 세주細註에서는 대통 원년이 아닌 중대통中大通 원년(529년)에 대통사를 창건하였다고 기록하였다.[34]

기록 자체가 혼란되어 있고 또한 양 무제를 위해서 창건한 것으로 볼 수 없기 때문에, 대통사는 『법화경』의 대통지승여래大通智勝如來의 이름에서 유래한 것으로 이해하기도 한다.[35] 이와 연관시켜 사택지적의 활동은 이러

31 安啓賢, 「百濟佛敎에 관한 諸問題」, 『百濟硏究』 8, 1977, p. 36.
32 牧田諦亮, 『六朝古逸觀世音應驗記の硏究』, 平樂寺書店, 1970, p. 107.
趙景徹, 「백제의 支配勢力과 法華思想」, 『韓國思想史學』 12, 1999, p. 16.
33 趙景徹, 「백제 웅진 大通寺와 大通信仰」, 『백제문화』 36, 2007, p. 33.
34 『삼국유사』 권3, 原宗興法조에 "熊川卽公州也 時屬新羅故也 然恐非丁未也 乃中大通元年 己酉歲所創也 始創興輪之丁未 未暇及於他郡立寺也"라고 하였다.
35 趙景徹, 「백제 웅진 大通寺와 大通信仰」, 『백제문화』 36, 2007, p. 35.

한 추측을 보다 타당하게 한다. 사택지적은 아들과 함께 일본에 파견된 백제의 사신이다. 「사택지적비砂宅智積碑」에 의하면 만년에 몸이 날로 쇠약해져 가는 것을 한탄하면서, 지적은 보탑寶塔을 세우고 불교에 귀의하였다고 한다. 이때의 보탑은 다보탑多寶塔이다.[36] 또한 지적보살을 다보불의 협시로 모셨다. 그리하여 지적은 석가불과 다보불多寶佛을 아울러 경배하였다.

『법화경』 화성유품化城喩品에 지적과 석가는 전생에서 형제로 나와 있다. 대통불은 16명의 아들을 가졌는데, 그중 장자가 지적이고 석가는 막내였다. 대통사와 지적의 활동은 백제 사회에 법화신앙이 크게 유행하였던 것을 알려 준다. 지적을 통해서 뿐만 아니라 백제의 법화신앙은 일본에 전해졌다. 위덕왕 30년(583년)에 백제 승려 일라日羅가 일본에 건너가 성덕聖德태자를 뵙고 관음영험신앙을 폈다.[37] 또한 위덕왕 42년(595년)에는 백제의 화공畵工이 관음상을 조각하여 일본에 전하였다.[38]

섬나라 일본에 비교적 성행한 관음신앙은 백제의 법화신앙에서 영향을 받아 갖추어진 것이다. 법화신앙은 석가불을 중시하는데, 백제에는 석가불상이 많이 조성되었다. 백제가 일본에 석가불상을 전해 준 사실은 법화신앙의 유행과 연관될 수 있다. 아울러 백제의 관음영험신앙도 해상교류가 활발하게 전개된 사회 분위기 속에서 파악해야 한다. 삼국에 법화신앙이 넓게 펴져 나갔던 것은 아니라 하더라도, 적어도 관음의 영험신앙과 연관한 법화신앙을 백제 불교의 특성으로 지적할 수 있다.

---

36 조경철, 「백제 사택지적비에 나타난 불교신앙」, 『역사와 현실』 52, 2004, p. 160.

37 師蠻, 『本朝高僧傳』 권69, 願雜 10의 1, 應化 1, 聖德太子傳 付 百濟國沙門日羅전에 "聖德太子微服到館 羅指曰神人也 跪地再拜曰 說半偈曰 敬禮救世觀世音 傳燈東方粟散國 卽出身光"이라 하였다.

38 師鍊, 『元享釋書』 권20, 資治表 1, 推古皇帝조에 "勅百濟工刻觀音像 安吉野比蘇寺 時時放光"이라 하였다.

3. 백제 법화신앙의 내용

(1) 관음영험신앙의 유행

백제에 불교는 침류왕 원년(384년)에 호승胡僧 마라난타摩羅難陀가 전래한 것으로 기록하였다. 그러나 이때는 백제 사회에 불교를 공인한 시기이며, 그 이전에 이미 불교는 들어와 있었다. 백제는 남조의 동진을 통해 불교를 받아들였고, 그것은 격의불교의 성격을 띤 북방 불교였다. 이와는 달리 백제 사회에는 남방 불교도 다소 전래되었다. 바다를 통해 불교가 전래된 사실이 이를 알려 준다. 신라의 동축사東竺寺나 금관국金官國 호계사虎溪寺에 세운 파사석탑婆娑石塔은 해로海路를 통해 남방 불교가 전래된 모습을 보여 준다.[39]

실제로 삼한이나 그 동남쪽 바다 가운데 있던 왜국倭國을 포함한 모인국毛人國·문신국文身國·대한국大漢國·부상국扶桑國 등에 일찍이 불교가 전해졌다. 송나라 때에 천축의 다섯 승려가 이 나라들을 돌아다니면서 불법을 전하였다고 한다. 이들 나라들은 남해나 동해에 산재해 있었다.[40] 바다를 통해 들어온 불교는 공인 이후 백제 불교를 성립시키는 데 많은 영향을 주었다. 백제의 법화신앙이 영험적인 관음신앙을 형성시키는 것도 이와 연관하여 흥미를 끈다. 다음 내용을 참고해 보기로 하자.

① 무릇 三韓이란 馬韓·卞韓·辰韓이 그것이다. 『寶藏經』에 이르기를 "동북방

---

39 阿育王이 보낸 금붙이로 만들고자 한 석가불과 두 보살상의 模像을 모시기 위해 지금의 울주 지역인 河曲縣에 東竺寺를 창건하였다. 그러나 아육왕이 보낸 금붙이를 다시 서울로 보내, 황룡사의 丈六尊像으로 만들었다. 또한 婆娑石塔은 서기 28년에 허황후가 阿踰陀國으로부터 싣고 온 것이다.

40 覺訓, 『海東高僧傳』 권1, 流通 1의 1, 釋摩羅難陀전에 "三韓東南隅海內 有倭國卽日本國也 倭之東北 有毛人國 其國東北 有文身國 其國東二千餘里 有大漢國 其國東二萬里 有扶桑國 宋時有天竺五僧 遊行至此 始行佛法 此皆海中在 唯日本國僧 往往渡海而來 餘皆未詳"이라 하였다.

에 震旦國이 있는데 혹은 支那라고 하며, 여기서는 多思惟라고도 한다. 이 나라 사람들이 많이 생각하여 여러 단서를 끌어내기 때문에 (다사유국으로) 불렀으며, 곧 大唐國이다"라고 하였다.

② 삼한 가운데에 聖住山이 있으니, 그 이름을 實利母怛梨라고 한다. 험준한 봉우리가 높이 솟아 있는데, 觀世音菩薩의 궁전이 이 산의 정상에 있으니 즉 月岳이다. 이곳에 대해서는 다 쓰기 어렵다. 그런데 百濟는 馬韓을 말하는 것이다.[41]

『보장경』은 축법호竺法護가 번역한 『문수사리현보장경文殊師利現寶藏經』이다.[42] 백제의 불교 전래에는 관음신앙이 개재되어 있고, 그런 과정에서 진단국 등을 설명하기 위해 『문수사리현보장경』을 인용하였다. 이때의 관음신앙은 관음 정토를 설정하려는 것이다.

삼한은 섬이 아니지만 염부제의 동북쪽 바닷가에 있다는 사실을 애써 나타내었다.[43] 진단국과 연결시킨 관음정토는 동북방 해변에 존재하는데, 이를 백제의 성주산聖住山, 곧 월악月岳으로 비정하였다. 성주산은 실리모달리實利母怛梨라고 불렀는데, 여기에 관세음보살의 궁전이 있다. 곧 백제에 관음의 상주신앙이 있는 셈이다. 때문에 애초에 해양을 통해 전래된 백제

41 각훈, 『해동고승전』 권1, 유통 1의 1, 釋摩羅難陀전에 "夫三韓者 馬韓卞韓辰韓是也 寶藏經云 東北方有震旦國 或云支那 此云多思惟 謂此國人思百瑞故 卽大唐國也 … 中有聖住山 名實利母怛梨(唐言三印山) 峻峰高聳 觀世音菩薩宮殿 在彼山頂 卽月岳也 此處未住未易殫書 然百濟乃馬韓之謂矣"라고 하였다.

42 『보장경』은 이외에 吉迦夜와 曇曜가 共譯한 『雜寶藏經』이 있다. 『잡보장경』은 여러 경전이나 부처의 本生談에서 특별한 因緣이나 그것을 비유로 기록한 내용을 뽑아 모아서 편찬한 것이다. 크게 孝養·誹謗·施行·敎化·鬪爭篇으로 나누어 因果禍福을 다루고 있다. 震旦國에 관한 내용은 『잡보장경』에는 물론 『문수사리현보장경』에도 나오지 않는다. 다만 관음정토와 연관해서 『보장경』은 『문수사리현보장경』으로 파악하고자 한다.

43 각훈, 『해동고승전』 권1, 유통 1의 1, 釋摩羅難陀전에 "然則三韓在閻浮提東北邊 非海島矣 佛涅槃後 六百餘年乃興"라고 하였다.

불교에는 관음신앙을 강조하였다.[44] 마라난타가 전한 초전불교는 신이한 성격을 띠었으며, 이는 백제의 관음신앙이 법화영험신앙으로 나타나게 하였다.

고려 후기에 편찬된 『법화영험전法華靈驗傳』에는 신이한 관음신앙의 모습이 많이 보인다. 그 속에는 백제 승려 혜현惠現의 법화영험신앙이 나타나 있다. 그가 달라산達拏山에서 입적하고 난 후의 모습에 대한 다음 내용은 이런 면을 알려 준다.

> 惠現은 가만히 앉아 妄念을 잊고 산속에서 일생을 마쳤다. 동학이 그 시체를 운반하여 石室 중에 안치하였더니, 호랑이가 그 유해를 다 먹어 버리고 오직 해골과 혀만을 남겼다. 더위와 추위가 세 번이나 바뀌었어도, 그 혀는 붉고 부드러웠다. 그 후에 그것이 바로 자줏빛으로 변하여 돌처럼 단단해지자, 道俗이 이를 공경하여 石塔 속에 간직하였다(『삼국유사』 권5, 惠現求靜조).

혜현은 『법화경』을 염송하는 것을 일과로 삼았다. 『법화경』의 조성이나 염송은 그 자체만으로도 큰 공덕으로 여겨, 신이한 연기설화로 기록되었다. 『법화경』의 염송으로 말미암아 묶였던 쇠사슬을 풀거나 질병을 치유하는가 하면, 저승에서 벗어나서 환생한다는 등의 신이신앙이 유행하였다.

혜현이 입적한 후에 호랑이가 그 시체를 다 먹었지만, 혀만 여전히 붉은 채로 남아 있었다는 영이신앙은 생전에 선정禪定을 수행하면서 『법화경』을 염송한 사실과 연결된 것이다. 법화영험신앙 내에는 썩지 않는 혀와 연관된 영이신앙이 광범하게 퍼져 있었다.[45] 혜현의 법화영험신앙 속에 관음신앙을

---

44 김두진, 『백제의 정신세계』, 주류성, 2006, p. 171.

45 了圓, 『法華靈驗傳』, 제10단의 舌常誦典조나 같은 책, 제17단의 誦舌長好조는 모두 『법화경』을 염송하다가 죽은 사람들이 그 공덕으로 말미암아 사후에도 그 혀가 생생하게 남아 전한 사실을 언급하였다. 신라 義寂이 찬술한 『法華經集驗記』에도 『법화경』을 염송한 공덕 때문에 사후에

구체적으로 찾을 수는 없다. 그러나 발정發正의 법화신앙은 영이한 관음신앙을 보여 준다. 중국에 유학하고 돌아오는 길에 발정이 참가한 본국의 관음도량에는 『화엄경』을 염송하는 자와 『법화경』을 염송하는 자가 있었다.

그중 『화엄경』을 독송한 사람은 빨리 외웠으나 『법화경』을 염송한 사람은 쉽게 외우지 못하였다. 이에 『화엄경』을 독송한 사람이 『법화경』을 염송한 사람을 찾아가 매번 빨리 외우도록 독촉하였다. 그때마다 『법화경』을 염송한 사람은 이를 외우지 못하였다. 『화엄경』을 독송한 사람은 이를 이상 더 기다릴 수 없다고 생각하고는, 『법화경』을 염송하는 사람에게 사흘의 기간을 주었다. 만약 그 기간 내에 외우지 못하면 남겨 두고 떠나겠다는 것이다.

비통한 심정으로 사흘을 정진한 후 『법화경』을 염송한 사람은 『화엄경』뿐만 아니라 『법화경』까지를 모두 한 자도 틀림없이 외웠다. 이후에 전개된 다음 내용을 살펴보기로 하자.

> 이에 화엄경을 외운 사람이 땅에 머리를 두드려 頭面에 피가 흐를 정도로 懺悔하면서 사과하고는 마땅히 떠나고자 하였다. 그가(법화경을 염송한 사람이) 말리면서 말하기를 "항상 한 노인이 나에게 음식을 가지고 오니, 그대는 조금 기다려라"고 하였다. 그러나 오랫동안 오지 않으므로 서로 이별하고 갔다. 그는 물을 긷고자 우물로 향하여 갔는데, 노인이 음식을 짊어지고 풀숲 아래에 쉬고 있었다. 그가 이상하게 여겨 묻기를 "나의 친구가 마침 찾아와서 함께 먹기를 바랐는데, 무슨 일로 엎드려 숨고는 음식을 주지 않았습니까"라고 하였다. 노인이 대답하기를 "그 사람(화엄경을 염송한 사람)이 나를 가볍게 대하기가 이와 같은데 어찌 참고 (음식 먹는 꼴을) 보겠는가"라고 하였다. 이에 (그는) 비

그 혀가 생생하게 살아 있었다는 영험신앙이 많이 기록되었다. 失名人·某僧·法上·釋遺俗·呵擔 등은 모두 사후에 그러한 신앙의 모습을 보여 준다. 그중 특히 유속은 『법화경』을 독송한 영험이 바로 자기의 혀가 썩지 않는 것이라고 구체적으로 언급하였다.

> 로소 이가 觀世音菩薩임을 알고 곧 五體를 땅에 엎드려 극진하게 예배하였다. 잠시 후에 우러러 보았더니 다시는 보이지 않아 소재를 알 수 없었다. 그가 거주하던 집과 담장은 오히려 지금까지도 남아있는데, 發正이 친히 본 것이다.[46]

『화엄경』과 『법화경』을 염송하는 두 사람과 관세음보살과의 관계는 매우 흥미롭고 시사성을 준다. 『화엄경』을 독송한 사람은 『법화경』을 염송한 사람보다 수행의 경지가 낮을 뿐만 아니라, 오히려 관세음보살로부터 외면당한 것으로 기록하였다. 말하자면 발정으로 대표되었던 백제의 관음신앙은 법화영험신앙을 근간으로 성립하였다. 관음신앙은 『법화경』의 보문품普門品과 『화엄경』의 입법계품入法界品에 모두 나와 있지만, 그 영험신앙은 주로 『법화경』의 보문품을 근간으로 유행하였다. 반면 『화엄경』에서 관음신앙을 나타내는 입법계품은 실천·수행을 강조하였다. 발정의 관음영험신앙이 바로 『법화경』의 보문품에서 유래한 것이다.[47] 백제의 관음신앙은 『법화경』의 관세음보살보문품에 근거하였으므로, 백제 무왕과 신료들은 불사리佛舍利를 구해 봉안하고는 아울러 보문품을 인용하면서 경배하였다.[48]

백제 사회에는 『화엄경』에 의거한 실천 수행을 강조하는 관음신앙이 대두한 것 같지는 않다.[49] 오히려 『법화경』의 관세음보살보문품에 의한 영험신앙이 주류를 이루었다. 관세음보살은 서민의 모든 소원을 들어 주기 때문

---

46 僧詳, 『法華傳記』 권6, 諷誦勝利 제8의 4, 越州觀音道場道人조에 "於是誦華嚴者 卽下地叩頭 頭面流血 懺悔謝過 事畢欲別去 此人止曰 常有一老翁 饋我食子 可少待與 久久不來 相別而去 此人欲汲水 如井向老翁擔食參休於草下 此人怪而問曰 我伴適來 望得共食 有何事竄伏不饋 翁答彼人者 輕我若此 豈忍見乎 於是始知 是觀世音菩薩 卽五體投地 禮拜甚至 須臾仰視 便失所在 此人所睹堵墻 至今猶存哉 發正親所見焉"이라 하였다.

47 牧田諦亮의 『六朝古逸觀世音應驗記の研究』(平樂寺書店, 1970)에 소개 된 陸杲, 『觀世音應驗記』, 百濟沙門 發正전에 "右一條 普門品云 六十二億 恒河菩薩名字 乃至一時禮拜觀世音 正等無異"라고 하였다. 곧 발정이 『법화경』의 보문품과 연관하여 관음을 예배하고 있다.

48 陸杲, 『觀世音應驗記』, 百濟武廣王조에 "右一條 普門品云 火不能燒"라고 하였다.

49 김두진, 『백제의 정신세계』, 주류성, 2006, p. 173.

에 서민과 친근한 모습으로 나타난다. 백제의 관음신앙은 법화영험신앙과 연관하여 오히려 서민에게 친숙하게 다가갔다. 그런데 법화신앙 속에는 수행을 강조하는 보현신앙이 들어 있게 마련이다.[50] 신라 낭지의 법화도량에는 보현신앙이 강하게 나타났는데, 백제의 법화영험신앙에서는 보현이 등장하고 있지 않다. 이 점은 신라 법화신앙과 차이를 보여 준다.

(2) 법화삼매에 대한 관심

백제 법화신앙 속에는 삼매를 추구하는 경향이 있다. 백제 법화신앙 속의 삼매와 관음영험신앙은 분리하여 추구될 수 있는 것이 아니다. 백제에 불법을 전한 마라난타는 신이신앙을 포용하여, 물에 들어가도 젖지 않으며 불에 들어가도 타지 않을 뿐만 아니라 능히 금이나 돌을 변화시킨다고 하였다. 이는 그가 여환삼매如幻三昧를 터득했기 때문이라고 한다.[51] 여환삼매의 내용을 정확하게 지적하기는 어렵다. 그러나 초기 백제 불교 속에서 삼매를 추구하려는 경향은 뒤에 형성되는 법화신앙에 영향을 주었을 것이다.

수덕사에서 『법화경』을 염송하면서 수행한 혜현은 선정禪定을 닦았다. 혜현이 선정을 추구한 것은 그를 위시한 백제 법화신앙의 특성으로 이어진다. 백제 불교의 법화신앙을 받아들인 현광玄光의 교학에 바로 그런 면이 나타나 있다. 그가 천태종 남악조사인 혜사慧思 문하에서 수학한 『법화경』 안락행품의 내용은 법화삼매신앙의 성격을 이해하는 데 도움을 준다.

『법화경』 제13 지품持品에서는 약왕藥王보살을 필두로 여러 보살들이 불멸 후, 이 경을 간직하고 넓히기를 맹서하는 내용이 주로 나온다. 이어 제14

50 법화 3부경이라 하면 『법화경』과 이의 開經이라 할 수 있는 『無量義經』 및 結經이라 할 수 있는 『觀普賢經』을 말한다. 그중 『관보현경』은 괴로운 중생의 안식처를 찾는 길을 제시하려는 내용을 담고 있다. 때문에 법화신앙이나 천태종 결사에서 보현신앙을 중시하였다. 고려후기 백련사 결사에서 보현도량을 개설한 것도 이런 면에서 유념된다.

51 覺訓, 『海東高僧傳』 권1, 流通 1의 1, 釋摩羅難陀전에 "宋高僧傳云 難陀得如幻三昧 入水不濡 投火無灼 能變金石現無窮"이라 하였다.

안락행품은 그 맹서를 받고, 험난한 사바세계에서 『법화경』을 설하면서 부처의 뜻을 넓혀 가야 할 몸가짐과 마음가짐을 밝힌 것이다. 그것을 신身·구口·의意·서원誓願의 4안락행으로 설명하였다. 불교의 수행에 보현보살이 관여한 것과는 달리 안락행품의 대표적 구도자는 문수보살이다. 공을 증득하는 것이 반야, 즉 지혜이고 문수보살은 지혜를 상징하기 때문에 안락행품에서 문수의 수행은 공관의 추구와 연관된다. 이는 법화삼매를 증득하는 것으로 나타났다.[52]

구안락口安樂은 입으로 사람과 경전의 허물을 설하지 말라는 것이고, 의안락意安樂은 여래와 보살을 공경하고 중생에게 평등하게 법을 설하되 생각에 혼란이 없게 하려는 것이다. 또한 서원안락은 비록 어떤 곳에 있을지라도 신통력과 지혜로써 이끌어 불법 가운데 머물게 하려는 것이다. 그러나 4안락행에서 가장 중요한 것은 처음에 설한 신안락행이다. 이에 대해서는 행처行處와 친근처親近處로 다음과 같이 설명하였다.

① 만일 菩薩摩訶薩이 忍辱地에 머물면서 유화하고 善에 순응해서 거칠지 아니하고, 마음에 놀라지 않는다. 또한 法에 행하는 바가 없어, 諸法을 實相과 같이 觀하고 역시 행하지도 않고 분별하지도 않는 것이다. 이를 보살마하살의 行處라고 부른다.[53]

② 다시 보살마하살은 일체의 法空이 실상과 같음을 觀하여, 顚倒하지도 않고

52 『법화경』 14장의 이름인 '안락행'은 원어 Sukha-vihara의 중국어 번역인데, 그 원래의 의미는 '樂에 머무는 바, 즉 심신이 안락한 상태에 머문다'라는 뜻이다. 그러므로 안락행이란 안락한 수행이라는 뜻이 아니라 안락한 상태에 몸과 마음을 두기 위한 實踐行法을 말한다. 실천행법은 관법의 수행이라 할 수 있다. 그래서 범본 『법화경』 제14 안락행품은 '安樂한 마음에 이르는 觀行'의 의미를 내포하고 있다. 곧 보살의 행할 바는 "모든 법을 실상과 같이 觀하고 또한 행하지도 말며 분별하지도 말라"는 것이다.

53 『법화경』 권5, 제14 安樂行品에 "若菩薩摩訶薩 住忍辱地 柔和善順而不卒暴 心亦不驚 又復於法 無所行 而觀諸法如實相 亦不行不分別 是名菩薩摩訶薩行處"라고 하였다.

> 움직이지도 않으며 물러나지도 않고 구르지도 않아, 虛空과 같지만 성품을 가지고 있지도 않다. 일체의 언어도 끊기고 道도 끊어져서 나지도 않고 나오지도 않으며 일어나지도 않는다. 이름도 없으며 相도 없고 실로 所有도 없으며 헤아릴 수도 없고, 끝도 없으며 거리낌도 없고 장애도 없다. 다만 인연으로 말미암아 있게 됨으로 顚倒에 따라 낳게 되는 연고로 說하니, 항상 즐겁게 이와 같은 法相을 觀한다. 이를 보살마하살의 제2 親近處라고 부른다.[54]

행처는 사바세계에 순응하면서 유화하게 제법의 실상을 관觀하려는 것이다. 또한 친근처는 가까이 할 사람이나 거처할 곳을 구체적으로 들면서도, 궁극적으로는 일체의 법상法相이 모두 공한 것이라는, 곧 공관을 깨치려는 것이다. 그리하여 허공과 같지만 성품을 갖지 않아 도道도 끊기고 이름도 상相도, 나아가 소유도 헤아릴 수도 없으며 장애도 없는 경지를 추구한다. 안락행품을 통해 법화삼매의 추구를 가능하게 한다. 이렇듯 백제 승려 현광은 혜사의 문하에서 안락행품을 수학하고는 법화삼매의 경지를 스스로 증득하였다.

현광은 법화신앙을 펴고 있었지만 선승禪僧으로 알려졌고, 중국 혜사의 문하에서는 선을 수행하였다. 그가 증득한 법화삼매는 선정禪定을 추구한 것으로 이해된다. 다음 기록을 참고해 보기로 하자.

> ① 師가 이미 귀국하여 熊州의 翁山에 띳집을 엮어 거주하고는 대중을 모아 설법한 지가 오래되어 드디어 寶坊을 이루었다. 도를 받은 무리가 모두 깨달음에 이르러 升堂 受莂한 자가 1人이고, 火光三昧에 든 자가 1인이며 水光三昧

54 『법화경』 권5, 제14 安樂行品에 “復次菩薩摩訶薩 觀一切法空如實相 不顚倒 不動不退不轉 如虛空 無所有性 一切語言道斷 不生不出不起 無名無相 實無所有 無量無邊 無礙無障 但以因緣有從顚倒生故說 常樂觀 如是法相 是名菩薩摩訶薩 第二親近處”라고 하였다.

에 든 자가 2인이다.[55]

② 신라 玄光선사의 문하에 南澗 慧旻禪師(中國人)·升堂受莂 1人(신라)·火光三昧 1인(신라)·水光三昧 1인(신라)이 있다.[56]

현광의 문하 제자로 중국 사람인 혜민慧旻선사 외에 승당升堂 수별受莂한 1인과 화광火光삼매에 든 1인 및 수광水光삼매에 든 2인이 있다. 그중 혜민은 중국 혜사로부터 이어받은 현광의 선관을 정통으로 계승하였다.[57] 처음 현광은 혜사로부터 선법禪法을 배웠다.[58] 이와는 대조적으로 백제에서 현광의 법화신앙을 계승한 자로 그의 법인을 정통으로 수기受記한 사람 외에[59] 화광삼매와 수광삼매에 든 사람이 있었다. 이런 사실은 주목된다. 이들은 현광으로 이어진 백제의 법화삼매신앙을 이해하는 데 도움을 준다.

백제의 법화삼매 내에는 화광삼매와 수광삼매의 구별이 있었던 것은 분명하다. 그러나 이들 사이의 차이에 대해서는 잘 알 수 없다. 법화삼매에 이르면 언설을 떠난 것이어서 차이를 설정할 수 없다. 다만 공관을 추구하기까지의 과정에는 차이가 생긴다. 화광삼매와 수광삼매의 차이는 수행자의 근기根機에 따라 설정된 것으로 생각한다. 곧 화광삼매는 이근利根을 가진 수행자를 대상으로 설정한 것이라면, 수광삼매의 추구는 둔근鈍根을 가진

55 志盤, 『佛祖統紀』 권9, 諸祖旁出世家 제5의 1, 南岳旁出世家, 新羅玄光禪師전에 "師旣歸國 於熊州翁山結茅爲居 集衆說法 久之 遂成寶坊 受道之衆 咸蒙開悟 升堂受莂者一人 入火光三昧者一人 入水光三昧者二人"이라 하였다.

56 지반, 『불조통기』 권24, 佛祖世繫表 제10, 三祖南岳大禪師 下.

57 志盤, 『佛祖統紀』 권9, 諸祖旁出世家 제5의 1, 新羅光禪師 法嗣, 禪師慧旻전에 "年十五請法於光禪師 英偉秀發 宿士稱之"라고 하였다.

58 曇噩, 『新修科分六學僧傳』 권3, 慧學 傳宗科, 玄光전에 "逮壯乃涉溟漲 學禪法於中土"라고 하였다.

59 志盤, 『佛祖統紀』 권9, 諸祖旁出世家 제5의 1, 南岳旁出世家, 新羅玄光禪師전에는 '受莂'에 대해 "文句 受記亦云受莂 受是得義 莂是別了"라고 주석을 붙였다. 이는 현광의 법인을 정통으로 계승한 受記者로 이해된다.

수행자에게 부과한 것이다. 이는 발정發正의 관음도량에서 『법화경』을 염송하는 수행자와 『화엄경』을 염송하는 수행자로 나뉘었던 사실과 연관하여 시사성을 준다.

법화도량에서 삼매를 추구하면서 근기에 따라 수행 방법을 가르는 것은 이후에도 계속해서 전승되었다. 왜냐하면 관음의 영험신앙과 연결하여 법화도량의 수행에서 근기에 따라 문도를 나누는 것은 가장 기본이 되는 결사 방법이기 때문이다. 관음을 통한 법화영험신앙은 고려시대에도 강잉하게 전승되었다. 고려 전기에 상주尙州의 호장戶長인 김의균金義均은 『법화경』을 염송하는 결사를 조직하였는데, 나이를 기준으로 법화도를 기로도耆老徒와 소장도小壯徒로 나누었다. 매월 육재일六齋日에는 이들이 모여 『법화경』을 염송하였는데, 마칠 때에 기로도에게는 다과를 준비하고 소장도에게는 술을 내어 대접하였다.[60]

김의균은 법화도를 근기의 차이에 따라 나누었으며, 당시 사람들이 소장도와 기로도를 각각 술을 먹는 법화도와 술을 먹지 않는 법화도로 불렀다. 이는 근기의 차이에 따라 수행하는 데 차별을 두어 깨달음에 이르게 하려는 것인데, 백제 법화도량에서 화광삼매와 수광삼매를 나누는 전통과 연결될 수 있다. 백제의 법화삼매에 대해서는 더 이상 자세한 내용을 다루기는 어렵다. 안락행의 선정禪定을 닦고 삼매 경지의 추구는 정토를 염두에 둔 것이다. 그러나 백제 법화신앙에 정토신앙이 구체적으로 나타나 있지는 않다.

60 了圓, 『法華靈驗傳』 권下, 菡萏蓋生於舌根조에 "尙州戶長金義鈞 常樂讀法華經 募勸耆老少壯 道俗分爲二徒 每月六齋日 召耆老于私第 習誦蓮經 經畢略以茶菓慰之 及集少壯 則并賓酒侑之 自此少壯之發心不飮者 移入耆者徒 時人戱曰 某與某 已入無酒法華徒 某與某 猶在有酒法華徒 其隨機發如此 比及無常 葬於山麓 蓮華發於塚上"이라 하였다.

4. 법화신앙 유행의 의미

백제의 국가불교는 바다를 통해 들어온 초전불교의 성격을 대부분 간직하면서도, 침류왕 때에 중앙집권적 귀족국가 체제를 정비하는 가운데 공인되었다. 초전불교는 왕실 중심으로 수용되었는데, 귀족이나 일반 백성에게로까지 홍포하면서 국가불교로 성립되었다. 불교는 신앙 면에서 국왕과 귀족 사이에 조화와 타협을 이루면서 공인되었으며, 이때에 왕실이 석가불신앙이나 전륜성왕 관념을 포용하였다면 귀족들은 미륵신앙에 더 관심을 나타내었다.[61] 왕실이 불교를 공인하려는 데에는 으레 귀족들의 반대가 따르기 마련이었다.

귀족세력이 강하면 불교 공인 과정에서의 반발은 거세게 나타난다. 신라의 경우 법흥왕의 측근인 이차돈異次頓이 순교함으로써 불교는 공인되기에 이르렀다. 다만 고구려나 백제 사회에 불교가 공인되는 과정에서 귀족들의 반대가 기록으로 뚜렷하게 나타나지는 않는다. 이는 불교의 공인에 대해 귀족들의 반대가 없었다기보다 실제로는 미미했던 것이라고 생각한다. 백제의 불교 공인에 대해서도 다소 반대한 귀족이 존재하였다고 추측된다.[62] 다만 백제 사회에는 불교 공인을 반대할 귀족세력이 약하였던 반면, 상대적으로 왕실세력이 강하였다.

백제는 고구려나 신라 사회와는 달리 근초고왕 때의 전성기를 거치고 난 다음 대인 침류왕 때에 불교를 공인하였다. 때문에 당시의 체제 정비는 보다 강한 왕권 중심의 중앙집권적 귀족국가를 정립시켰다. 동북아지역의 활발한 교류를 가능하게 한 한강유역에서 일어난 백제는 일찍부터 유입된 문

---

61 이기백, 「신라 초기 불교와 귀족세력」, 『진단학보』 40, 1975 ; 『신라사상사연구』, 일조각, 1986, pp. 80~86.

62 趙景徹, 「백제의 支配勢力과 法華思想」, 『韓國思想史學』 12, 1999, p. 7.

물을 수용하면서,[63] 비교적 강한 왕권을 배경으로 세련된 알찬 문화를 형성하였다. 또한 해양 불교를 통해 유입되기 쉬운 관음신앙과 석가불신앙 및 전륜성왕 관념의 전통을 강잉하게 전승하였다. 이 점은 웅진시대 백제 불교의 성격을 이해하면서 유념할 부분이기도 하다.

고구려의 남하에 밀려 웅진으로 옮기면서 백제는 무너진 집권 체제를 재정비하였다. 피난 수도에서의 혼란을 가능한 빨리 잠재우면서, 강력한 중앙집권 체제의 전제주의를 구축하려는 것이 백제 사회의 현안이 되었다. 그러기 위해 왕실은 군사력을 중앙에서 통제할 수 있는 지방통치 체제를 보다 신속하게 마련하면서, 한편으로 수도권 지역을 배경으로 성장한 귀족세력을 제압하거나 또는 연합하려는 방도를 모색하였다. 이러한 사회 분위기 속에 법화신앙이 유행하였다. 당시 백제 사회에 크게 유행한 미륵신앙도 이와 연관하여 이해되기도 한다.

삼국시대의 웅진은 미륵신앙의 성지聖地라는 인상을 준다. 백제의 미륵신앙은 강한 계율을 강조하는 성격을 지녔고, 이는 신라는 물론 고구려의 미륵신앙과도 다른 점이다. 사냥이나 수렵 도구를 불태우고 가축이나 새매를 방생放生하는 것과 같이 어쩌면 형식에 흐를 정도로 엄격한 계율의 강조는 침류왕 대는 물론이거니와 이후, 특히 웅진시대의 체제 정비와도 연관시켜 이해해야 한다.[64] 계율과 연결된 미륵신앙이 백제의 법화신앙 속에 나타나 있지는 않았다. 반면 법화도량은 석가의 교의를 가장 잘 반영하여 결성

63 웅진시대이긴 하지만 무령왕릉에서는 무려 88종 4,600여 점의 풍부한 유물이 쏟아져 나왔다. 신라의 왕릉과 비교하여 家族墓에 불과할 정도로 조그만 백제 왕릉이 이렇듯 알찬 유물을 간직하고 있다. 이는 주로 해양교류를 통해 중국 남조로부터 많은 문화가 유입되었던 사실을 알려준다.

64 침류왕 대의 체제정비는 근초고왕 때에 이르기까지 강성했던 체제나 광범하게 수용된 문화를 정비하려는 목적을 지녔다. 때문에 그것은 우선 광범한 판도나 그 내의 세력을 통합하려는 의도에서 戒律的 성격을 지녔으며 한편으로 넓혀진 영토나 축적된 문화를 유지하기 위해 귀족문화가 세련되는 방향으로 나아가게 하였다. 이 점은 강한 왕권을 배경으로 가능한 것이었고, 웅진시대 이후 백제 사회의 혼란을 수습하기 위해서도 우선적으로 고려되었을 법하다.

되었으며, 백제 법화신앙에는 석가불신앙이 비교적 강하게 나타나 있다.

백제는 성왕 30년(552년) 일본에 불법을 전하였다. 이때 성왕은 서부西部 달솔達率인 노리사치怒利斯致를 파견하여 불교 전적과 함께 유독 석가불상을 보냈다. 아직 불법에 익숙하지 못한 일본은 그 용도를 몰랐다. 때문에 여러 신하들이 불교의 홍포를 반대하였는데, 흠명천왕欽明天王의 총신인 소아도목蘇我稻目이 불교가 무량무변無量無邊한 공덕을 가져다준다고 상주하였다. 이로 말미암아 불교는 공인되었으며, 소아도목의 소간전가小墾田家인 향원택向原宅을 절로 만들고 거기에 석가불상을 봉안하였다.[65]

일본 공인불교의 상징으로 건립한 향원사向原寺에 백제 성왕이 전해 준 석가불상을 모신 것은 중요하다.[66] 이렇듯 일본 불교의 공인 과정에 백제가 석가불상을 전한 사실은 여러 문헌에 매번 기록되었다.[67] 일본에서 상징적으로 중시한 석가불은 실제로 성왕 때의 백제 불교에 석가불신앙이 성행한 사실을 짐작하게 한다. 백제 불교에서는 석가불신앙의 전통이 강하게 전할 소지를 충분히 지녔다.

그러나 석가불신앙은 관음신앙과 연관됨으로 인해서 백제 법화신앙을 능동적으로 형성시켰다. 일본에 전하는 「선광사연기善光寺緣起」에는 백제에 『청관음경請觀音經』[68] 및 그에 따른 생신여래生身如來신앙이 있었다고 한다.

---

65 師鍊, 『元亨釋書』 권20, 資治表 1, 欽明皇帝 13년, 10월 13일조에 "百濟國 聖明王 使西部姬氏達率 怒利斯致貢獻釋迦銅像 經論幡蓋若干品 上表曰 是法於諸法中 最爲殊勝 難解難入 … 乃歷問君臣曰 西藩獻佛 其貌偉麗 不知可拜不 大臣蘇稻目奏對曰 海潘諸一皆禮奉 豊秋日本 豈獨否乎 … 誰奉斯神者 稻目稽首請之 帝賜像蘇氏稻目 安小墾田家 又捨向原宅爲寺奉佛"이라 하였다.

66 사련, 『원형석서』 권28, 志 2, 寺像志 6, 向原寺조에 비슷한 내용이 나와 있다.

67 師鍊, 『元亨釋書』 권20, 資治表 1, 欽明皇帝 13년, 10월 13일조에는 蘇稻目이 大臣으로 기록되었다. 그러나 같은 책 권17, 願雜 10의 2, 王臣, 蘇稻目조에는 蘇稻目이 흠명천왕의 寵臣으로 나와 있고, 백제가 釋迦金像을 바친 것으로 기록되었다. 또한 일본 三論宗의 전기인 『三論祖師傳』(『大日本佛教全書』 권111, p. 537 上)에도 552년에 백제가 일본에 金銅釋迦佛像을 전하였다고 하였다.

68 『新修大正藏』 권20, pp. 34~38에 수록되어 있다. 『請觀世音菩薩消伏毒害陀羅尼呪經』을 줄여 『請觀音經』이라 한다. 또한 그것은 『大日本佛教全書』 권86과 권87에도 전한다.

생신여래는 무량수불과 관음·세지勢至보살을 이르는데, 인도의 중생을 제도한 다음에 백제의 왕궁으로 날아와 중생을 교화하였다.[69] 이는 백제의 관음신앙과 석가불신앙을 연결시켜 준다.

인도의 월개月盖장자가 석가불에게 청하여 생신여래를 초청함으로써 나쁜 병을 물리친다는 생신여래 연기설화는 일종의 밀교신앙과 연관된 것인데, 백제왕실은 과거의 월개장자임을 표방한 셈이다.[70] 백제 사회에 존재한 생신여래신앙은 중생을 구원하는 관세음보살보문품의 신앙을 함께 갖춘 것이다. 석가불상을 일본에 전한 성왕이 「보문품」을 강조한 것은 이와 연관하여 시사성을 줄 뿐만 아니라 법화영험신앙으로 이어질 수 있다.[71] 법화도량은 후대에까지 영험신앙을 강하게 전승시키지만, 실천과 수행을 강조하는 성격을 지니기도 하였다.

신라 낭지의 법화결사나 고려 후기 요세了世의 백련결사白蓮結社에는 보현普賢도량이 설치되어 있었다.[72] 그러나 백제 법화도량에 보현신앙이 강하게 영향을 준 것 같지는 않다. 신라에서 성행한 화엄사상은 관음신앙의 실천적 측면을 강조하였다.[73] 백제 법화도량에서 보현신앙이 무시되었던 것은 아니지만,[74] 신라에서와는 달리 문수신앙이 중요한 역할을 수행하였다. 해양으로 유입된 백제의 초전불교에서 『문수사리보장경』을 인용하여 관음신앙을 언급하였다. 이는 바로 문수보살이 중심이 되어 안락행의 선정禪定

69 金英泰, 「백제 불교신앙의 특성」, 『백제의 종교와 사상』, 1994, pp. 429~430.

70 김두진, 『백제의 정신세계』, 주류성, 2006, p. 175.

71 陸杲, 『觀世音應驗記』 末尾의 百濟 武廣王조에 “右 一條 普門品云 火不能燒 夫聖人神迹 導化無方 若能至心仰信 無不照復捨 右條追繼焉”이라 하였다.

72 김두진, 『고려시대 사상사 산책』, 국민대학교 출판부, 2009, pp. 262~264.

73 김두진, 「의상의 관음신앙과 정토」, 『진단학보』 71·71 합집, 1991 ; 『義湘, 그의 생애와 화엄사상』, 민음사, 1995, p. 233.

74 歸轡, 『本朝高僧傳』 권56, 江州百濟寺 沙門源重전에 “遂任僧都 歸百濟寺 住金蓮院 修普賢行”이라 하였다. 즉 일본 僧 源重이 백제사에서 보현행을 닦았다. 백제사에서의 보현행이 반드시 법화도량과 연결되었는지는 분명하지 않다.

을 추구하는 백제 법화신앙의 전통으로 이어질 수 있는 부분이다.

법화도량을 개설한 천태 지자는 『법화경』의 회삼귀일會三歸一사상에 기초한 삼관법三觀法을 내세웠고, 그것을 하나로 통합하여 파악하려는 일심삼관법一心三觀法은 천태사상으로 정립되었다. 우리나라의 경우 삼관법을 하나로 파악하려는 천태교관은 고려 초에 나타나 의천에 의해 천태종을 성립시켰다. 그러나 회삼귀일사상은 신라통일기에 삼국을 하나로 통합하려는 분위기에 편승하여 원효의 교학 등에서도 나타났다.[75] 백제의 현광은 지자와는 동학으로 서로 영향을 주고받았겠지만, 천태관법을 도입하지는 못하였다. 그는 『법화경』 안락행품에 근거하여 선정을 닦음으로써 법화삼매를 제시하는 데 머물렀다.

백제의 법화신앙은 천태관법에 이른 것은 아니라 하더라도, 관음의 영험신앙과 삼매를 함께 추구하였다. 법화삼매와 관음의 영험신앙을 분리하여 파악한 것이 아니었다. 그리하여 관음영험신앙의 전통을 보다 더 강조하면서 통합적인 사상 경향을 가질 수 있었다. 왜냐하면 안락행을 얻기 위한 선정과 삼매 그 자체는 보다 통합적인 신앙 위에 가능한 것이고, 또한 그 속에서 표명된 영험신앙이 더 신이하게 느껴지기 때문이다. 백제 법화신앙에서 선정을 위한 선수행이 등장하지만, 그것이 실천을 강조하지는 않았다. 이 점은 뒷날 법화의 보현결사나 천태결사의 모습과는 차이를 이루었다.

법화영험신앙은 고려시대에까지 계속해서 이어졌고, 그 속에는 백제 영험신앙의 전통이 거의 전하지 않는다. 그러나 이는 자료의 일실로 나타난 현상일 뿐이다. 990년(성종 9년)에 기록된 것이기는 하지만, 일본 승미사勝美寺에 모신 천수대비상千手大悲像의 영험신앙이 백제의 후비后妃와 연관하

75 김두진, 「고려전기 법화사상의 변화」, 『韓國思想과 문화』 21, 2003 ; 『고려전기 교종과 선종의 교섭사상사 연구』, 일조각, 2006, pp. 340~342.

여 유행하였다.[76] 이를 통해 백제의 관음영험신앙의 강잉한 전통을 이해할 수 있다. 고려시대인 11세기에 이르기까지 일본 승미사의 천수대비상은 백제의 관음영험신앙과 연관하여 무한한 영감을 가진 것으로 믿어졌다. 다만 백제의 법화신앙 속에는 관음의 정토신앙이 들어와 있었던 듯하지만, 뒤에까지 유행하였는지는 잘 알 수 없다.

법화신앙을 통해 백제 불교의 통합적인 사상 경향을 조금이나마 읽을 수 있었던 것은 시사적이다. 백제 불교에서 신라의 화엄사상과 같은 융합적인 사상을 쉽게 찾아내기는 어렵다. 한강유역에서 중앙집권적 귀족국가를 성립시키면서 불교를 공인하였지만, 철학적 논리 체계를 수립하지 못한 상황에서 백제는 차령이남 공주 지역으로 밀리게 되었다. 그런데 백제 불교의 통합적 사상 경향은 한성시대에 이미 싹트고 있었으며, 웅진시대 이후 사회 혼란을 수습하는 과정 속에서 법화신앙으로 성립되었다.

웅진시대 이후의 백제 불교는 미륵신앙에 편승한 강한 계율을 다시 강조하는 한편으로 법화신앙을 부각하였다. 계율의 강조가 혼란한 사회의 안정을 추구하는 것과 연관되었다면 법화신앙은 사회의 통합을 바라는 염원을 실었을 것이다. 사택지적으로 대표된 귀족들이 법화신앙을 포용하였는가 하면,[77] 성왕을 위시한 왕실도 보문품을 강조하였다. 또한 관음의 영험신앙은 귀족은 물론 오히려 서민 대중에게 더 친근한 사상 경향을 지닌 것이었다. 백제의 법화신앙은 삼관법을 하나로 파악하려는 강력한 통합사상으로 나아간 것은 아니라 하더라도 법화의 회삼귀일사상에 기반을 둔 통합적인 사상 경향을 갖추어 갔다.

---

76 師錬, 『元亨釋書』 권28, 志 2, 寺像志 6, 勝美寺觀自在像조에 "百濟國后妃有美姿 國主愛重 … 一夕后夢 日本國勝美寺 千手大悲 靈感無比 汝其祈之 覺後后悅甚 便向日本國 作禮祈求"라고 하였다.

77 趙景徹, 「백제의 支配勢力과 法華思想」, 『韓國思想史學』 12, 1999, pp. 9~12.

제3절 백제의 미륵신앙과 계율

1. 미륵사의 창건

한국불교사에서 미륵신앙은 토착신앙이나 민간신앙과 얽히면서 서민 대중에게 많은 영향을 주었다. 전국 어디에서나 마을 뒷동산에 서 있는 돌미륵을 흔히 발견할 수 있다. 미륵신앙은 서민 생활과 밀착하여 믿어졌던 불교신앙 중의 하나라고 생각한다. 삼국시대에 미륵신앙이 가장 두드러지게 나타났던 지역은 공주이며, 백제 무왕 대에는 용화이상세계龍華理想世界의 구축을 내세우는 미륵신앙이 유행하였다. 이러한 미륵신앙을 백제 불교사상뿐만 아니라 당대 사회 체제와의 연관 속에서 접근하고자 한다.

백제 미륵신앙에 관한 기록은 너무 소략하다. 따라서 『삼국사기三國史記』나 『삼국유사三國遺事』 등에 나오는 백제 미륵신앙을 끌어내, 이를 경전에 비치는 미륵신앙 일반의 특성과 비교하거나 신라 사회의 미륵신앙 또는 백제 이후 진표眞表나 궁예弓裔가 주장하는 미륵신앙의 특성과 비교 검토하는 것이 중요하다. 백제 미륵신앙에서는 전륜성왕轉輪聖王과 미륵보살의 조화나 말법末法 사회의 혼란상, 또는 그것의 모순을 개혁하려는 면이 뚜렷하게 나타나지 않는다. 반면 백제 미륵신앙의 특징으로 계율을 강조하는 측면을 들 수 있다.

우리 사회에는 미륵신앙이 토속土俗신앙과 융합되어 널리 펴져 있지만, 한국사에서 백제 사회가 미륵신앙의 흔적을 가장 뚜렷하게 남겼다. 그래서인지 역사상에서 미륵신앙에 관한 유명한 유적은 대체로 호남湖南지역에 분포하고 있다. 전주 금산사金山寺의 미륵존을 비롯하여 익산益山의 미륵사지나 은진의 미륵불상 등이 그 대표적인 것이다. 이 점은 미륵신앙이 백제 불교의 전통과 연관된다고 생각한다.

백제에서는 미륵신앙이 유행하였지만, 특히 웅진熊津지역의 미륵신앙은 잘 알려져 있었던 듯하다. 신라 진지왕 때에 흥륜사興輪寺의 승려인 진자眞慈는 매번 당주堂主인 미륵상 앞에 나아가 발원하였는데, 미륵대성께서 화랑으로 세상에 출현하면 항상 친근하게 받들어 모시고자 한다고 하였다. 그러던 중 꿈에 미륵대성이 나타나 진자에게 말하기를 "웅천熊川의 수원사水源寺에 가면 미륵선화彌勒仙花를 만나 볼 수 있을 것이다"라고 하였다. 진자는 꿈에서 깨어나 기뻐하며 그 절을 찾아가니, 문밖에서 한 소년이 웃으면서 반가이 맞았다. 그가 바로 미륵선화라고 하였다.

신라 흥륜사의 주존은 미륵이었으므로 신라 사회에서도 이미 미륵신앙은 뿌리를 내리고 있었다. 진자는 공주의 수원사로 가서 미륵선화를 맞이하려고 하였다. 진지왕 당시는 백제 위덕왕 대여서 한강 유역을 둘러싼 두 나라의 분쟁은 아마 그가 공주 지역으로 나아가지 못하게 하였을 법하다. 그런데도 진자가 수원사에서 미륵선화를 구하는 연기설화는 백제, 특히 공주 지역이 미륵신앙의 상징적 존재로 자리하였던 때문에 나타난 것이다. '진자眞慈'라는 이름은 미륵신앙과 연관하여 붙여진 것이다. 수원사는 위치했던 곳이나 역사상에서의 역할 등을 잘 알 수 없지만, 그 명칭은 미륵신앙을 펴는 원류라는 의미를 가졌다.

미륵신앙은 웅진시대에 크게 유행한 듯하지만, 당시 백제 미륵신앙의 구체적 모습을 뚜렷하게 제시하기는 어렵다. 시대가 조금 내려가는 미륵사 창건에 대한 다음 기록은 백제 미륵신앙의 내용을 이해하는 데에 도움을 준다.

① 法王 2년 春正月에 王興寺를 창건하고 度僧 30인을 두었다. 크게 가물어서 왕이 漆岳寺에 행차하여 祈雨하였다(『삼국사기』 권27, 百濟本紀 제5).

② 武王 35년 春2월에 왕홍사가 낙성되었다. 그 절은 강에 임하였고 장려하게

장식되었다. 왕이 매번 배를 타고 절에 들어가 行看하였다(『삼국사기』 권27, 백제본기 제5).

③ 明年 庚申에 度僧 30인을 두고, 당시 도성인 사비성에 왕흥사를 창건하려 했는데 겨우 터만 닦고 돌아가니, 무왕이 즉위하여 아버지가 세운 사업을 계승하고 數紀를 지내어 낙성하였다. 그 절을 미륵사라고 이름을 붙였는데, 산을 등지고 물을 내려다보며 花木이 秀麗하여 四時의 아름다운 경관을 갖추었다. 왕이 매양 배를 타고 河水를 따라 절에 와서 그 形勝의 壯麗함을 찬탄하였다(『삼국유사』 권3, 法王禁殺조).

그러나 미륵사의 창건에 대해서는 이와 다른 기록도 전한다. 다음 내용을 참고해 보기로 하자.

(武)王은 부인과 더불어 師子寺로 가고자 하여 용화산 아래의 큰 못가에 이르렀는데, 미륵 3존이 못 가운데에서 출현하였으므로 수레를 멈추고 경례하였다. 부인이 왕에게 말하기를 이곳에 큰 절을 이룩하는 것이 나의 소원이라고 하였다. 왕이 허락하고 智命에게 이르러 소임을 맡기니, 神力으로 하루 밤에 산을 무너뜨리고 못을 메워 평지를 만들었다. 미륵 3존상과 會殿·塔·廊廡를 각각 세 곳에 세워 額號를 미륵사라 하였다(國史에는 왕흥사라 하였다). 眞平王이 百工을 보내어 도와주었는데, 지금까지 그 절이 있다(『삼국유사』 권2, 武王조).

법왕 대에 창건한 왕흥사王興寺와 무왕 대에 완성되는 미륵사는 무언가 연관이 있다. 『삼국사기』 법왕조는 왕흥사의 창건만을 제시하였고, 그것과 미륵사의 관련을 전혀 언급하지 않았다. 그렇지만 『삼국유사』 무왕조에서는 미륵사의 창건을 무왕, 특히 선화공주善花公主의 발원에 의해 이루어진 것으로 기록하였으며, 세주細註에서는 『국사國史』에서 말하는 왕홍사라고 부기附記하였다.

왕홍사와 미륵사를 직접 연결시켜 기록한 것은 『삼국유사』 법왕금살法王禁殺조의 기록이다. 법왕이 사비성에 왕홍사를 창건하려 했는데 겨우 터만 닦고 돌아가니, 아들인 무왕이 그것을 완성하여 미륵사라 칭하였다는 것이다. 왕홍사와 미륵사에 관한 이러한 자료상의 혼동은 그것을 각각 따로 존재했던 절로 파악하거나[1] 또는, 왕홍사 낙성 이전에 이미 미륵사가 창건되어 있었던 것으로 이해하기도 한다.[2]

미륵사가 왕홍사와 다른 절이라 하더라도, 그들이 서로 관련되었다는 데에서 백제 미륵신앙의 편린을 이해할 수 있다. 왕홍사는 그 명칭으로 보아 왕실에서 경영한 왕권의 전제화와 연관된 사찰로서 국왕의 권위를 신장하기 위해 창건되었을 것이다.[3] 그렇다면 그것은 전륜성왕 관념을 연상시키게 하는 이른바 신라의 흥륜사와 대비할 수 있다. 이름만으로 왕홍사를 흥륜사와 비교할 수는 없지만, 적어도 미륵신앙과 연관되었다는 면에서 그런 추측을 가능하게 한다.[4]

공인 이후 백제 불교는 전륜성왕 관념을 포용하였겠지만, 사비시대 이후 그것을 그렇게 강조한 것 같지는 않다. 왜냐하면 미륵과 관련된 절이 왕권의 상징으로 여겨지는 왕홍사라는 이름을 붙였기 때문이다. 오히려 이때가 되면 미륵의 제도濟度로 인한 용화이상세계를 건설하는 면을 서서히 부각하였던 듯하다. 선화공주의 발원으로 미륵 3존이 출현하는 것을 경배하기

1 洪思俊, 「虎岩寺址와 王興寺址考」, 『百濟硏究』 5, 1974, pp. 149~150.
2 金周成, 「武王의 사찰 건립과 전제권력 강화」, 『百濟 사비시대 政治史硏究』, 全南大學校 박사학위 청구논문, 1990, p. 92.
3 김주성, 「武王의 사찰 건립과 전제권력 강화」, 『百濟 사비시대 政治史硏究』, 全南大學校 박사학위 청구논문, 1990, pp. 98~100.
4 왕홍사 및 미륵사의 창건에 신라의 善花(善化)공주가 관여하고 있다. 미륵신앙에 얽힌 선화공주는 音이 비슷하다는 면에서 신라의 彌勒仙花와 무언가 연관을 가진 것이라고 생각한다.

위해 용화산龍華山 아래에 미륵사를 건립하였다. 이로써 용화이상세계의 도래를 의도한 셈이다. 미륵사와 사자사師子寺의 관계도 미륵의 하생을 보다 더 가능하게 한다.

미륵사를 창건하는 선화공주는 사자사와 깊은 관계를 맺고 있었다. 무왕과 선화공주가 사자사로 가는 도중에 미륵 3존의 출현을 보고 미륵사를 창건하였다. 미륵사 창건 이전에도 선화공주는 사자사의 지명知明법사와 친분을 두터이 하고 있었다. 다음 기록을 참고해 보기로 하자.

> 署童(武王)이 말하기를 이에 金을 채취하여 邱陵처럼 쌓아 두었다고 하였다. 용화산 사자사의 지명법사가 있는 곳에 이르러 金을 옮길 계책을 물었다. 師가 말하기를 "내가 신력으로써 가히 옮길 수 있으니 금을 가져오라"고 하였다. 공주가 편지를 쓰고 금을 사자사 앞에 가져다 놓으니 법사가 신력으로써 하루 밤에 신라 궁중으로 실어다 놓았다(『삼국유사』 권2, 武王조).

백제 승려 지명이 구체적으로 어떤 인물인지를 더 자세하게 밝히는 것은 어렵다. 그는 사자사에 주석하였으며, 왕실과 밀착된 인물이었다. 특히 미륵사를 창건하기 위해 하루 밤 사이에 산을 깎아 못을 메웠다. 곧 지명은 미륵사의 창건에 깊이 관여하였다.

사자사는 미륵신앙과 깊이 연관되어 있다. '사자사師子寺'라는 이름은 도솔천兜率天 내의 사자상좌師子床座에서 유래한 것이다.[5] 미륵보살은 상생上生하여 도솔천 칠보대七寶臺 안의 마니전摩尼殿 상에 있는 사자상좌에 앉아 마지막으로 설법하고는 화생化生한다고 한다.[6] 사자상좌 내지 사자사는 미

5 田村圓澄, 「百濟の彌勒信仰」, 『馬韓·百濟文化』 제4·5합집, 1982, p. 26.

6 『觀彌勒上生經』(『新修大正藏』 권14, p. 419 下)에 "時兜率天七寶臺內 摩尼殿上 師子床座 忽然化生 於蓮華上結可趺坐"라고 하였다.

륵의 출현과 연관된 신앙을 담고 있다. 따라서 사자사의 주존불은 도솔천에서 주야육시晝夜六時에 설법하고 있는 교각의상交脚倚像의 미륵보살로 추측된다.[7] 도솔천에서 설법을 마치고 화생한 미륵존을 위해 건립한 것이 바로 미륵사인 셈이다.

미륵사는 사자사와는 달리 현재 도솔천에서 교화한다는 미륵보살을 봉안하지 않고 당래불인 미륵존을 모신 절이다.[8] 백제는 용화산 아래에 이상적인 미륵불사를 펼쳐 놓은 셈이다. 무왕은 미륵불의 이상세계를 실현하고자 하여 미륵사를 창건하였다.[9] 산을 등지고 강에 임하여 위치한 미륵사는 장려壯麗하게 장식되었는데, 주위는 수려한 화목花木으로 둘러싸였다. 왕은 매번 배를 타고 절(미륵사)에 들어갔다는 표현도 용화이상세계의 설정과 연관이 있는 듯하다.

무왕은 용화이상세계를 백제 땅에 실현하기 위해 미륵 3존을 봉안하였고, 각각 세 곳에 불전을 배치한 가람 구조를 갖춘 미륵사를 창건하였다. 이렇듯 용화수 아래에 미륵불이 출현하여 삼회三會의 설법을 통해 모든 중생을 제도하는 것을 비유하여 미륵사를 만들었다.[10] 백제의 미륵불은 용화산 아래에 출현하고 미륵사의 건립으로 그 자리에 세 군데의 설법 자리를 마련한 셈이다. 그런가 하면 사자사의 지명知明법사는 하생 이전의 미륵보살로, 무왕 자신은 당래에 미륵성불 시의 세상을 다스리는 왕인 상구蠰佉전륜성왕으로 비유되기도 한다.[11] 홍왕사가 홍륜사로 대비될 수 있는 것이라면 백제왕실은 전륜성왕을 자처하였을 법하다.

이상에서 백제가 미륵신앙 속에 이상 사회를 구현하려는 모습을 찾아보

---

7 田村圓澄, 「百濟の彌勒信仰」, 『馬韓·百濟文化』 제4·5합집, 1982, p. 26.

8 金三龍, 「百濟 彌勒信仰의 歷史的 位置」, 『韓國 彌勒信仰의 研究』, 同和出版社, 1983, p. 12.

9 김삼룡, 위의 논문, 1983, p. 12.

10 金煐泰. 「삼국시대의 彌勒信仰」, 『韓國 彌勒思想 研究』, 佛教文化研究所, 1987, p. 42.

11 김영태. 위의 논문, pp. 42~43.

았지만 그것을 노골적으로 부각하지는 않았다. 여러 가지 정황으로 보아 무왕의 왕흥사 창건을 전륜성왕 관념과 연결시킬 수 있겠으나, 그렇다고 그럴 만한 확증적인 기록을 찾기도 어렵다. 그런가 하면 왕흥사와 미륵사의 연결이 뚜렷하지 않은 기록도 전하고 있다. 이런 점으로 미루어 백제 미륵신앙 속에 이상 사회를 건설하려는 측면은 크게 강조되지 않은 채 은유적으로 나타났다고 생각한다. 백제 미륵신앙의 이런 면은 다음 장에서 계율을 다루면서 다시 알아보고자 한다.

2. 계율의 강조

백제 불교에서는 계율을 강조하였다. 어쩌면 형식에 흐를 정도의 엄격한 계율이 행해졌다. 백제 불교의 계율은 특별히 미륵신앙과 연결될 수 있었던 것이 흥미롭다. 다음 기록을 참고해 보기로 하자.

> 法王 元年 冬12월에 명령을 내려 殺生을 금하도록 하였으며, 민가에서 기르는 매를 놓아 주고 고기잡이나 수렵 도구를 불사르게 했다(『삼국사기』 권27, 百濟本紀 제5).

또 같은 내용의 기록이 『삼국유사』 권3, 법왕금살조에도 그대로 나와 있다. 법왕은 고기잡이나 수렵 도구를 불사르고 사냥하는 매를 방생하는 등 엄격한 계율을 시행하도록 하교下敎하였다. 법왕은 왕흥사 내지 미륵사의 창건과 연관하여 계율을 강조하였다.

법왕 대보다 시대가 빠른 성왕 대에는 겸익謙益이 율부律部를 전문적으로 연구하였다. 백제 성왕 4년에 겸익은 계율을 구하고자 중인도中印度에 이르렀고, 5년 동안 범문梵文을 배워 천축어天竺語에 밝았으며 율부를 깊이 전공하였다. 범승梵僧인 배달다삼장倍達多三藏과 더불어 범본梵本『아담장오부율문阿曇藏五部律文』을 싣고 귀국하였다. 백제왕은 겸익을 맞이하여 흥륜사에 머물게 하였으며, 국내의 이름난 승려 28인을 불러 그와 더불어 율부 72권을 번역하게 하였다. 이에 담욱曇旭·혜인惠仁 두 법사가 율소律疏 36권을 저술하여 왕에게 올리니, 왕은 신율新律의 서문을 지었다고 한다.[12]

겸익의 계율에 관한 이러한 기록은 사료적 가치가 다소 떨어지는 「미륵불광사사적彌勒佛光寺事蹟」에서 인용한 것이지만, 한편으로 그것은 백제에서 계율이 중시되었음을 알려 주기에는 충분하다. 또한 백제에 유학한 일본의 선신니善信尼는 율학을 배워, 위덕왕 35년(588년)에 일본으로 돌아가 그곳 율학의 시조가 되었다. 성왕 대를 전후한 시기에 백제 불교에는 일본에 영향을 끼칠 정도로 계율이 성행하였다. 그런데 백제 불교의 계율이 당시 유행한 미륵신앙과 표리가 되어 강조되었던 것을 유념할 필요가 있다.

미륵불광사가 언제 창건되었는지는 분명하지 않지만, 겸익과 연관하여 서술된 점으로 보아 백제 미륵신앙이 계율과 얽힌 면을 알려 준다.[13] 미륵불광사가 겸익과 어떤 연관을 가진 것인지를 잘 알 수 없기 때문에 백제 불교의 계율과 그것이 반드시 연결되었다고 단언할 수는 없다. 그러나 겸익은 인도로부터 돌아온 후 흥륜사에서 율부律部의 번역과 주소註疏 작업을 주도하였다. 흥륜사는 전륜성왕轉輪聖王 관념을 포용하는 과정에서 창건된 절이며 그 주존불은 신라에서처럼 미륵불이었던 것이 분명하다. 아울러 성왕은

---

12 李能和, 『朝鮮佛教通史』 권上(新文館, 1919, pp. 33~34)에 "彌勒佛光寺事蹟云 百濟聖王四年丙午 沙門謙益 矢心求律 航海以轉至中印度 常伽那大律寺 學梵文五載 洞曉竺語 深攻律部 莊嚴戒體 與梵僧倍達多三藏 齎梵本何曇藏 五部律文 歸國 百濟王以羽保鼓吹郊迎 安于興輪寺 召國內名釋二十八人 與謙益法師 譯律部七十二卷 是爲百濟律宗之鼻祖也 於是 曇旭·惠仁兩法師 著律疏三十六卷 獻于王 王作毘曇新律序 奉藏于台耀殿 將欲剞劂廣布 未遑而薨"이라 하였다.

13 金三龍, 「백제 彌勒信仰의 특성과 그 역사적 전개」, 『韓國 彌勒信仰의 研究』, 同和出版社, 1983, p. 122.

전륜성왕의 끝 자를 따서 붙인 왕명일 것이라는 추측도 유념된다.[14] 이런 점은 백제의 미륵신앙과 계율이 밀접하게 연관되었을 것으로 생각하게 한다.

백제 미륵신앙에서는 특별히 계율을 강조하였다.[15] 용화이상세계를 구현하기 위해 십선도十善道의 수행을 실천하기 때문에 백제의 미륵신앙이 계율주의적 성격을 지니게 된 것이라는 주장도 있다.[16] 그러면 백제 미륵신앙과 계율과의 관계를 조금 더 구체적으로 알아보기로 하자. 이런 점에 대한 직접적인 자료를 잘 찾을 수는 없다. 후대이긴 하지만 신라중대 진표眞表의 미륵신앙은 백제 불교의 내용을 유추할 수 있게 한다.

진표는 금산사에 주석하면서 계율을 닦고 있었다. 그의 계율은 망신참亡身懺과 같은 것이어서 몸을 바위에 던져 무릎이 깎이고 피부가 떨어져 나가는 가혹한 것이었다. 진표는 효성왕 4년(740년)에 처음 지장地藏으로부터 정계淨戒를 받았으나, 그것에 만족하지 않고 더 가혹한 수련을 계속하였다. 마침내 미륵이 현신하여 『점찰경占察經』 2권과 아울러 간자簡子 189개를 내리면서 다음과 같이 말하였다.

> 그중 제8간자는 新得妙戒를 비유한 것이고 제9간자는 增得具戒를 비유한 것으로, 이 두 간자는 나의 손가락뼈로 만들었으며 나머지 간자는 모두 沈檀木으로 만들어서 諸煩惱를 비유한 것이다. 너는 이것으로써 세상에 법을 전하여 사람들을 구제할 뗏목을 만들어라(『삼국유사』 권4, 眞表傳簡조).

우선 진표는 백제 불교의 전통을 계승한 인물이라고 생각한다. 그는 완산주完山州 만경현萬頃縣 사람이었고 속성俗姓이 정씨井氏였는데, 백제의 고위

14 金煐泰, 「삼국시대의 彌勒信仰」, 『韓國 彌勒思想 硏究』, 佛教文化硏究所, 1987, p. 38.
15 金三龍, 「彌勒寺 創建의 彌勒信仰的 요인」, 『韓國 彌勒信仰의 硏究』, 同和出版社, 1983, pp. 132~133.
16 김삼룡, 위의 논문, 1983, p. 131.

중앙 귀족의 후예로 알려져 있으며 스스로 백제 사람이라고 자처하였다.[17]

어릴 때 진표는 밭두렁에서 개구리(가재)를 잡아 버들가지에 꿰어 물속에 담가 두었는데, 곧 산으로 가서 사냥을 하고는 바로 집으로 갔다. 며칠 후 생각이 난 진표는 밭두렁으로 가서 아직도 살아 움직이는 개구리를 보고 출가하였다고 한다.[18] 아마 버들가지에 꿰인 개구리는 백제인의 상징으로, 진표는 백제문화의 부활 운동을 종교적 신앙운동으로 전개한 인물이다.[19] 백제 불교의 부흥을 꿈꾸었기 때문에 진표의 미륵신앙은 백제 미륵신앙을 이해하는 실마리를 제공해 줄 것으로 생각한다.

진표의 교학은 미륵신앙을 중시하였다. 그는 미륵을 주존으로 받드는 법상종단法相宗團을 일으켰거나[20] 또는 주존으로 미륵과 부존으로 지장을 모신 법상종단에 속하였다고 한다. 그러나 근래에 그의 교학은 법상종이 아닌 점찰법회占察法會를 여는 것이고, 미륵은 증명사證明師의 위치에 그치기 때문에 그는 지장을 중시하였다고도 한다.[21] 다만 『삼국유사』 진표전의 전반적인 분위기는 지장보다 미륵을 더 수승殊勝한 것으로 기록하였다. 미륵이 내린 189개의 간자簡子는 『지장경地藏經』에 나오는 189개의 선악업보상善惡業報相을 나타내는 것이겠지만 침단목沈檀木으로 만든 나머지의 간자를 강조하는 것은 아니다. 그것은 번뇌를 표시하는 것이다.

미륵이 강조한 간자는 제8의 '신득묘계新得妙戒'와 제9의 '증득구계增得俱戒'이다. 왜냐하면 그것은 바로 미륵의 손가락뼈로 만들어졌기 때문이다. 지장이 설한 189개의 선악업보상은 인간이 살아가면서 겪게 되는 여러 가

17 이기백, 「眞表의 彌勒信仰」, 『신라사상사연구』, 일조각, 1986, p. 267.
18 贊寧, 『宋高僧傳』 권14, 明律篇 제4의1, 唐 百濟國 金山寺 眞表전.
19 이기백, 「진표의 미륵신앙」, 『신라사상사연구』, 일조각, 1986, p. 270.
20 金暎遂, 「五敎兩宗에 대하야」, 『진단학보』 8, 1937, p. 92.
21 金煐泰, 「신라 占察法會와 眞表의 敎法硏究」, 『佛敎學報』 9, 1972, p. 99.
김영태, 「占察法會와 眞表의 佛敎思想」, 『崇山朴吉眞博士華甲紀念 韓國佛敎思想史』, 圓佛敎思想硏究院, 1975, p. 402.

지의 모습인데, 그중 제8인 '신득묘계'와 제9인 '증득구계'는 앞으로 얻을 또는 이미 얻었던 모든 계율을 묶어 놓은 것이다. 진표가 얻은 간자는 일반적인 번뇌를 나타내기보다는 계율을 강조한 것인데, 이러한 계를 미륵으로부터 받고 있다는 사실이 중요하다. 진표는 미륵신앙을 내세웠는데 미륵이 내린 계율을 특별히 중시하였다. 이 점은 백제 미륵신앙에서 강조한 계율의 성격을 이해하는 데 시사성을 준다.

진표의 계율은 망신참亡身懺으로 살점이 떨어져 나갈 정도로 고행을 행하는 엄격한 것이다. 미륵의 설법 속에는 계율이 중시되었으며 『유가보살계瑜伽菩薩戒』의 설주說主는 미륵이다. 물론 불교의 계율은 『범망경梵網經』 속에 모아져 있다. 『범망경』의 계율은 출가자나 재가자 모두를 위한 것이다. 이에 비해 유가보살계는 출가자 중 이미 깨달은 경지에 이른 보살을 위한 것이기 때문에, 불교의 계율로서는 가장 엄격한 성격을 가졌다. 말하자면 유가보살계는 사냥 도구나 고기잡이 도구를 불사르는 등과 같이 엄격한 계율주의가 팽배한 백제 사회에서 행해진 것이다.

백제 불교에서는 유난히 계율을 강조하였다. 이런 면은 백제의 미륵신앙이 계율을 강조하게끔 하였다. 미륵과 연관된 백제의 계율신앙은 유가보살계와 같은 엄격한 것이었다. 미륵이 내세운 계율은 혼란한 사회를 바로잡으려는 것이었기 때문에, 당연히 혼탁한 사회를 강조하거나 그 개혁을 표방했다. 그러나 이런 면이 생략된 채 계율을 크게 내세우는 백제의 미륵신앙에서는, 용화세계의 이상 사회를 건설하려는 모습이 비쳐지기는 하지만 강조되었던 것은 아니다

3. 다른 미륵신앙과의 비교

미륵신앙은 주로 『미륵상생경彌勒上生經』·『미륵하생경彌勒下生經』·『미륵성불경彌勒成佛經』 등에 나뉘어 설해져 있다. 이 세 경전을 포함해서 소승경전에도 나와 있는 미륵신앙은 긴 기간을 거치면서, 여러 개의 많은 설화로 이루어졌다. 미륵은 지상에서 목숨을 다한 후에 도솔천兜率天에 태어나, 그곳에서 많은 천중天衆을 위해 수행하고는 다시 염부제에 내려온다. 이윽고 부처가 된 미륵은 용화수龍華樹 아래에서 세 번에 걸쳐 설법하면서 중생을 제도한다. 미륵신앙을 상생신앙과 하생신앙으로 가르는 것은 무의미하다. 그것을 서로 구별하기보다는, 모두 인간을 제도하기 때문에 같이 이해해야 한다.

미륵신앙에서 중요한 것은 미륵과 전륜성왕과의 관계이다. 전륜성왕의 치세는 상당히 긴 기간 동안 여러 모습으로 나타나 있다. 아일다阿逸多와 미륵이 부처 앞에서 수도하고는 후에 아일다는 전륜성왕으로 태어난다. 그가 불법佛法으로 통치한 이 세상은 종국에 가서 살기 좋은 이상세계가 된다. 그러기 위해 미륵이 화생化生하여 전륜성왕의 불법통치를 도운다고 한다. 미륵의 출현은 전륜성왕의 통치를 돕고 그의 출가를 이끄는 것이지만, 그러한 이상세계가 도래하기까지의 이 사회는 매우 혼탁해지게 된다. 말하자면 미륵이 출현하기 이전의 전륜성왕 통치는 극도의 혼란으로 치닫는다.

미륵 출현 이전의 혼란상에 대해서는 『미륵하생경』에 잠깐 언급하였으나[22] 『장아함경長阿含經』 등 소승경전에는 비교적 자세하게 기록하였다.[23] 전륜성왕의 윤보輪寶가 바뀌어 가는 모습과 그에 따라 백성들이 빈궁함으로

22 『佛說彌勒下生經』에 "是時人民手執此寶 自相謂言 昔者之人 由此寶故 更相傷害 繫門在獄 受無數苦惱 如今此寶 與瓦石周流 無人守護爾"라고 하였다.

23 『長阿含經』 권제6, 「轉輪聖王修行經」 등에 자세히 나와 있다.

써 절도를 일삼는다. 이를 계기로 살인과 전쟁이 일어나고, 그리하여 죄악과 배신이 난무하면서 자연히 인간의 수명까지 단축되는 극도의 혼란을 맞는다. 혼탁한 사회에 출현한 미륵은 계율로써 인간을 제도하여 이상 사회를 도래시킨다고 한다.

미륵의 설법에서는 계론戒論이 가장 중요시되었다. 계율의 강조는 상생신앙이나 하생신앙이거나를 구별하지 않고, 천중天衆이나 인간 대중을 제도하기 위해 절대 불가결한 것이다. 혼탁한 사회에서 사람들을 제도하여 이상 사회로 이끌기 위해 계율은 엄격한 것일 수밖에 없다. 또한 인간이 도솔천에 내왕하기 위해서도 반드시 계를 지녀야 하는데, 곧 오계五戒와 팔재계八齋戒 및 구족계九足戒를 지니고 몸과 마음으로 정진하여 십선十善을 닦아야 한다.[24]

미륵신앙은 혼탁한 말법 사회를 배경으로 하여 이상세계를 건설하려고 하기 때문에 전륜성왕의 치세에는 현실개혁사상이 나타나게 된다. 미래에 우리가 사는 이 사회가 바로 이상 사회가 되기 위해서 미륵신앙은 사회 모순을 개혁하려는 사상 경향을 지니는 것이다. 이상에서 미륵신앙과 전륜성왕과의 관계를 불교사상 면에서 조명하였는데, 그것을 간단히 제시하면 다음과 같다.

① 전륜성왕의 통치를 도움

② 이상 사회의 건설

③ 혼란한 사회의 개혁

④ 계율의 강조

24 金三龍, 「백제 彌勒信仰의 특성과 그 역사적 전개」, 『韓國 彌勒信仰의 硏究』, 同和出版社, 1983, p. 101.

이러한 미륵신앙의 여러 경향은 서로 얽혀 있어서 어느 하나를 분리하여 설명할 수는 없지만, 시대나 사회에 따라서는 그 강조점을 달리하여 나타날 수 있음을 유념해야 한다. 우선 삼국이 불교를 공인할 당시에 미륵신앙은 전륜성왕 관념과의 조화와 균형 속에서 유행하였다. 신라중고대에 보이는 미륵신앙은 주로 이러 면을 보여 준다. 전륜성왕과 미륵은 출신 면에서 찰제리刹帝利와 파라문婆羅門으로 구별된다.[25] 그리하여 주로 전륜성왕 관념은 왕실을, 미륵신앙은 귀족을 중심으로 포용되었다.

실제로 신라에서 왕실은 이미 들어와 있는 불교를 홍포하려 할 때 귀족의 반대에 부딪혀 실패하였다. 그러나 전륜성왕과 미륵은 불교사상 면에서 왕실과 귀족이 조화와 타협을 이루게 하였으며, 아울러 미륵신앙은 귀족들도 불교에 대해 친근감을 갖게 하였다.[26] 그리하여 불교는 공인될 수 있었다. 신라중고대에 미륵신앙은 화랑을 중심으로 수용되었다. 화랑은 미륵선화彌勒仙花라 불렸는데, 신라 귀족세력의 꽃과 같은 존재였다.[27] 신라중고대의 미륵신앙은 귀족층에게 크게 환영을 받았다. 그래서인지 그것은 신라 토착신앙과 강하게 융합하는 면을 보여 준다. 왜냐하면 당시 진골 귀족들은 신라의 토착적 전통을 내세우고 있었기 때문이다.

진지왕 때의 진자眞慈가 화랑으로 받든 미시未尸는 미륵선화였다. 그런데 국인國人이 신선神仙을 미륵선화로 불렀으며 신선과 사람을 매개하는 자를 미시로, 화랑인 미시가 발견된 노방수路傍樹를 견랑見郞 또는 사여수似如樹라고 불렀다. 이러한 미륵신앙은 신라 토착신앙과 융합하여 성립되었던 것이 분명하다. 신선인 미륵선화는 무교신앙의 신격神格이며 미시는 신성神

25 미래불인 미륵은 현재불인 석가의 행적을 미래에 재현하는 듯한 인상을 준다. 출생 당시에 석가는 어머니의 오른쪽 옆구리에서, 미륵은 어머니의 왼쪽 옆구리에서 태어나고 있다. 이렇듯 신비한 출생의 차이는 그들 신분의 차이로 부각될 수 있다.

26 이기백, 「신라 초기 佛教와 貴族勢力」, 『진단학보』 40, 1975 ; 『신라사상사연구』, 1986, 일조각, p. 80.

27 이기백, 위의 논문, 1986, p. 83.

聖과 사람, 즉 신과 제주祭主인 제사장을 연결시켜 주는 역할을 담당하였다. 노방수는 무교신앙에서 신의 강림지降臨地와 다를 바가 없다.[28]

침류왕 대 공인될 당시의 백제 불교에 미륵신앙이 유행하였는지는 분명하지 않다. 토착 귀족세력이 강하지 않았기 때문에 백제의 불교 공인과정에서 귀족들의 반대가 신라에서와는 달리 완강하였던 것은 아니었다.[29] 불교 전래 이후 왕실이 불교의 공인을 강행하려는 데에 비해 귀족은 그 반대의 입장에 서 있었던 것이 삼국의 일반적인 추세이다. 때문에 백제 초기 불교가 공인되기 위해서도 전륜성왕과 미륵신앙이 조화를 이루었던 면은 미약하지만 존재하였을 것이다. 성왕이 전륜성왕 관념을 포용한 것이나 흥륜사興輪寺나 왕흥사王興寺의 존재는 이런 면을 짐작하게 한다. 그러나 백제 불교에서 전륜성왕의 강조는 신라 불교에서의 그것보다 훨씬 미약하게 나타났을 것이다.

백제 불교에서는 전륜성왕과 미륵신앙의 조화와 타협이라는 측면보다는, 오히려 미륵신앙과 연관하여 계율사상이 강하게 나타났다. 아울러 용화이상세계를 건설하려는 면도 어느 정도나마 표출되어 있었다. 본래 현실 사회를 바꾸어 이상 사회를 건설하기 위해서는, 그것의 모순을 개혁하려는 조처가 선행되어야 한다. 그러나 백제 미륵신앙에서 현실 사회를 개혁하려는 의지나 그러기 위해 당대 사회의 혼란을 문제시하는 모습은 쉽게 찾아 볼 수 없다.

신라중고대의 미륵신앙은 귀족 중심으로 수용되었다. 그렇게 될 수 있었던 것은 미륵이 파라문 출신의 하생신앙을 가졌기 때문이다. 그런데 백제에

28 김두진, 「新羅 中古時代의 彌勒信仰」, 『한국학논총』 9, 1987, p. 19~24.

29 삼국시대 불교의 전래와 공인 과정에서 왕실과 귀족의 입장은 서로 대조적으로 나타났다. 불교 공인을 강행하려던 왕실에 대해 귀족은 그것을 반대하고 있었다. 왕실 중심의 불교 공인에 대해 귀족의 반대는 필연적으로 수반되었다. 그러나 그 반대운동의 양상은 당시 공인하려던 불교의 성격이나 귀족세력의 신장도 등에 따라 달리 나타났을 법하다. 아마 신라에서와 같은 귀족들의 강한 반대는 고구려나 특히 백제에서는 없었을 듯하다.

서는 귀족층으로 수용되는 이러한 면의 미륵신앙을 잘 찾아보기 힘들다. 백제 사회에서는 왕실이 미륵사의 창건을 주도하였으며, 미륵신앙과 연결된 계율을 강조하였다. 이렇듯 백제의 미륵신앙은 왕실이 주도함으로써 강한 계율주의를 성립시켰고, 비록 이상 사회를 지향하려는 신앙이 없었던 것은 아니지만 뚜렷하게 나타나지 않았다. 이상 사회를 추구하였을지라도 백제 미륵신앙 속에 사회 혼란을 개혁하려는 의지는 물속 깊숙이 침잠하여 있었으며 수면 위로 부상하지는 않았다.

백제 불교의 전통을 부활하려고 노력하였던 진표는 미륵신앙을 중시하였다. 진표도 백제 미륵신앙의 계율주의적인 면을 강하게 내세웠으며, 이상 사회를 건설하려는 모습이나 혼란한 사회를 개혁하려는 의지를 분명하게 주장하지는 않았다. 그것은 역시 수면 밑에서 꿈틀거리는 데 그치고 말았다. 그렇지만 진표는 미륵의 재현을 통해 백제의 부흥을 꿈꾸어 온 인물로서, 그를 통해 백제 미륵신앙 속에 침잠해 있었던 사회개혁 의지는 다소 표면으로 부상되어 갔다.

한국사에서 백제 미륵신앙 속에 침잠해 있었던 사회개혁 의지를 뚜렷하게 끌어내었던 인물은 궁예弓裔이다. 궁예의 미륵신앙은 전륜성왕과 미륵의 조화나 계율주의를 추구하는 면은 그 이전보다 오히려 미약하게 드러낸 반면, 신라하대의 혼란을 크게 내세웠으며 말법 사회를 개혁하면서 이상 사회를 건설하려는 의지를 뚜렷하게 표방하였다.[30] 궁예 이후 미륵신앙은 향도香徒와 연관하여 비밀결사를 조직하였으며, 반란세력과 밀착되어 사회개혁 의지를 표출하거나 아니면 사이비似而非 종교를 결성하는 데 능동적으로 작용하였다.

30 김두진, 「弓裔의 彌勒世界」, 『韓國史市民講座』 10, 일조각, 1992, p. 31~32.

4. 그 사회적 의미

백제 미륵신앙은 율령 사회와 연관하여 유행한 데에서 그 특성을 찾을 수 있다. 중국 제도를 수용하여 비교적 일찍 율령격식을 반포한 백제 사회는 성왕 이후 불교의 계율사상을 발달시켰다.[31] 백제 미륵신앙의 계율주의를 그 사회 체제의 정비 면에서 파악하려는 것은 중요하다. 백제가 국가 체제를 정비하는 작업은 고이왕 대(234~286년)에 이루어진 것으로 기록되어 있다. 고이왕 27년(260년)에 6좌평佐平과 16관등官品을 설정하였다고 한다.

그러나 고이왕 대는 백제가 정복국가 체제를 정비하여 실질적으로 도약함으로써, 고구려의 태조왕 대(53~146년)에 해당되는 시기라 할 수 있다. 그렇다면 고이왕 대의 국가 체제정비는 연맹왕국聯盟王國 체제를 완비完備하는 방향에서 추진되었으며, 중앙집권적 귀족국가를 성립시킨 이른바 고구려의 소수림왕 대나 신라 법흥왕 대의 국가 체제정비와는 성격을 달리 하는 것이라고 볼 수 있다.[32]

고이왕 대의 체제정비는 고구려 태조왕 대나 신라 내물마립간 대에 있었을 제도의 정비와 성격을 같이하는 것이다. 그러나 고이왕 대의 체제정비는 상기한 두 나라의 그것보다 월등히 세련되게 정비되었기 때문에, 백제 국가의 대표적인 체제정비가 이때에 이루어졌다고 기록하였을 것이다. 이런 면은 백제가 일찍부터 율령을 갖추면서, 고구려나 신라보다도 세련된 국가 체제를 정비해 갔던 사실을 알려 주기에는 충분하다.

백제에서 정작 중앙집권적 귀족국가 체제를 정비해 가는 것은 불교 공인 시기와 특별히 연관될 수 있다. 사실 고구려나 신라의 국가 체제정비는 불교 공인과 밀접하게 연결되어 이루어졌다. 백제에서도 중앙집권적 귀족국

31 金三龍,「彌勒寺 創建의 彌勒信仰的 요인」,『韓國 彌勒信仰의 硏究』, 同和出版社, 1983, p. 132.
32 김두진,「古代의 文化意識」,『한국사』 2, 국사편찬위원회, 1977, pp. 273~274.

가 체제를 완비하는 제도의 정비는 침류왕 대에 이루어졌을 법하다. 설령 침류왕 대 이전에 국가 체제의 정비가 이루어졌다고 하더라도, 이때 공인된 불교신앙은 당대의 사회 체제와 밀접한 관련을 가졌을 것이다.

백제는 근초고왕 대(346~375년)에 전승기를 맞아 영토를 방대하게 넓혔다. 불교를 공인할 당시인 침류왕 대에는 넓혀진 영토를 유지하는 면에서 국가 체제를 정비하였을 것이다. 이 점은 고구려나 신라의 불교 공인 시기와 비교하여 차이가 난다. 고구려의 경우 소수림왕 대에 국가 체제가 정비되면서 불교를 공인하였고, 그것을 바탕으로 하여 광개토왕 대에 영토를 넓혔다. 또한 신라는 법흥왕 대에 국가 체제를 정비하고 아울러 불교를 공인하면서, 그다음 대인 진흥왕 대에 광대하게 영토를 넓혀 갔다.

고구려나 신라의 경우 체제정비나 불교 공인이 영토의 팽창 야욕을 갖춘 시기에 이루어졌다. 그러나 백제는 넓혀진 영토를 유지하려는 면에서 체제를 정비하거나 불교를 공인하였다. 영토의 팽창 야욕이 끝난 이후 백제문화는 귀족문화를 세련되게 만드는 방향으로 진전되었다. 그리하여 백제 불교의 계율주의적戒律主義的 성격은 넓혀진 영역을 유지하려는 면에서 국가 체제를 정비하려는 사회 문화적 소산으로 나타난 것이다.

백제는 전통적으로 토착 귀족세력보다는 왕권이 강한 사회를 형성하였다.[33] 백제 국가가 위치하였던 지역은 강이 많고 평야 지대여서 문화의 교류와 전파가 잦았다. 자연히 고립된 지역을 기반으로 한 지방의 토착세력이 뿌리를 깊게 내리면서 성장할 수 없었으며, 선진 기술문화를 가지고 들어온 유이민流移民세력이 토착 사회를 선도하고 있었다.[34] 뒷날 백제에 왕권을

33 김두진, 「古代의 文化意識」, 『한국사』 2, 국사편찬위원회, 1977, p. 273.

34 三韓시대 한강 유역과 그 이남 지역은 樂浪의 식민지적 수탈 아래에 놓여 있었다. 廉斯鑡설화는 그 사회가 낙랑군으로부터 심한 경제적 수탈을 받고 있음을 알려 준다. 이 지역에 서기 3세기경까지 연맹왕국이 성립하지 못했음은 그러한 사정으로 말미암았을 것이다. 이에 비해 溫祚 집단은 夫餘族의 一派로 북쪽으로부터 이동해 오면서 북방민족의 유목문화와 중국의 농경문화를 모두 받아들이면서 우수한 기술문화를 갖고 있었다. 이 점은 선주한 토착세력이 南中國

농락할 정도의 귀족세력이 등장하지 않은 것은 아니지만, 그들은 대체로 왕실의 외척外戚으로서 왕실에 기생해서 권력을 행사하는 경우가 많았다.

이렇듯 백제는 처음부터 왕실이 강한 영도력을 가져, 비교적 빨리 중앙집권적 귀족국가 체제를 정비할 수 있었다. 정복국가 체제를 갖추면서 백제는 고구려와 더불어 한반도韓半島의 패권을 장악하려는 경쟁에 뛰어들었다. 이전 연맹왕국에서 중앙집권적 귀족국가 체제를 정비할 때에, 왕실은 지방을 중앙 군사력의 통제 속에 확실하게 편입하려는 지방통치 체제를 마련하고자 주력해 왔다.[35] 왕권이 강한 백제 사회는 왕실 중심으로 중앙집권적 귀족국가 체제를 성립시킬 때에 엄격한 계율의 수용을 비교적 용이하게 하였을 것이다.

백제는 한반도에서 전략적으로 가장 중요한 한강 유역을 장악하고 있었던 관계로, 뒤에 힘이 약하게 되면 고구려에 의해 차령 이남의 공주 지역으로 밀리게 되었다. 이후 사비시대에 이르기까지 백제는 남천南遷 이후의 사회 혼란을 정리하면서 국가 체제를 재정비하려고 하였다. 그러나 일단 정비된 통치 체제가 무너진 혼란 속에서 웅진熊津시대 이후 다시 국가 제도를 재정비하려 할 때, 백제는 역시 군사력의 통제 속에 지방을 보다 확실하게 장악하려 했을 것이다.

백제는 방方-군郡-성城 체제를 성립시키면서, 그 이전보다 중앙의 명령이 더 용이하게 전달될 수 있는 지방통치 체제를 갖추어 갔다.[36] 웅진시대

의 농경문화와 주로 접촉하고 있었던 것과 대비된다. 곧 백제는 왕실세력이 강했으며, 그들이 중심이 되어 토착 사회를 이끌어 갔다.

35 백제가 지방제도를 정비하는 양상에 대해서는 新羅中古代에 지방제도가 정비되는 과정을 통해 유추할 수 있다. 곧 軍制의 정비와 병행하여 지방제도가 갖추어져 갔다. 州를 설치하고 그 長에 軍主를 파견하였으며, 지방제도의 정비와 아울러 중앙 부서로서는 兵部를 가장 일찍 설치하였다.

36 盧重國, 『百濟政治史研究—國家形成과 支配體制의 變遷을 中心으로—』, 일조각, 1988, pp. 247~248.

의 혼란을 정리하면서 보다 강력한 지방통치 체제를 정비하려는 것과 왕실의 주도로 미륵신앙을 유보시키면서 계율주의를 강조하는 것은 무언가 연관될 수 있다. 백제의 중흥을 꾀하려는 성왕이 사비성으로 도읍을 옮기면서 국호를 남부여南夫餘라고 고쳤다. 이렇듯 국운을 쇄신하려는 기운 속에 점차 크게 유행하는 미륵신앙과 계율주의는 어쩌면 표리관계를 유지하였을 법하다.

다음으로 백제는 중국 남조와 밀접한 외교 관계를 맺어 왔는데, 북조에 비해 남조 사회에서는 유교문화가 더 만개滿開하였다. 유교의 '예禮'는 율령 사회를 유지하는 도덕규범이며, 따라서 불교의 계戒와 통할 수 있는 것이다. 말하자면 백제의 계율신앙은 유교의 '예禮'에서 영향을 받아 갖추어졌다. 백제 미륵신앙의 계율주의적인 특성은 중국 남조의 유교문화가 갖는 '예'를 일찍 수용한 율령 사회의 성립과 표리가 되어 나타난 것이다.[37]

백제의 미륵신앙은 전륜성왕 관념을 강하게 표방하지는 않았다. 그러나 그것은 미약하게나마 백제 사회에 용화이상세계龍華理想世界를 건설하려는 움직임을 낳았다. 사비시대 이후 혼란한 사회 체제를 다시 정비하는 과정에서 미륵신앙은 더 강조되었지만, 말법세계末法世界를 배경으로 성립한 것이다. 백제는 남천 이후의 혼란을 수습해야 하기 때문에, 미륵 출현의 혼란한 사회를 부각하거나 이상 사회로 이끌기 위한 사회 체제의 개혁을 부각하지는 않았다. 오히려 그런 면을 저 밑바닥에 침잠시킨 채로 백제 미륵신앙은 계율을 크게 내세웠다.

미륵신앙의 계율주의는 백제 사회에 토착 귀족세력보다는 강한 왕권을 형성시켰는데, 일찍부터 남중국의 유교를 받아들이면서 세련된 제도를 정비한 것과 연관하여 이루어졌다. 특히 백제는 근초고왕 대 이후 넓혀진 판도를 유지하기 위한 계율주의적인 통치가 요구될 때에 초전불교를 공인하

37 金三龍,「彌勒寺 創建의 彌勒信仰的 요인」,『韓國 彌勒信仰의 硏究』, 同和出版社, 1983, p. 132.

였기 때문에, 불교의 계율주의적 전통을 형성시켰다. 계율의 강조는 자연스럽게 미륵신앙의 성립에 영향을 주었다.

제5장
신라 계율신앙의 대중화

제1절 원광의 계참회신앙과 그 의미

1. 원광의 시대와 활동

신라에 불교가 공인된 이후 귀족불교가 유행하면서 토착신앙과 융섭된 주술呪術불교가 퍼져 나갔다. 그러면서 신라 토착신앙의 전통을 그대로 고수하는 한편, 정법正法의 불교 교학을 정립하려고 노력하였다. 원광圓光이 활동하던 시대에는 토착신앙이나 주술불교 또는 정법불교 등이 서로 경쟁하는 구도를 이루었다. 원광의 교학은 신라 사회에 비로소 정법불교가 정립하게 만들었다. 불교 교학은 원광과 자장慈藏을 거쳐 원효나 의상 때에 이르러 철학적인 논리 체계를 정립하였다. 원광의 사상에 대한 접근은 신라 사회에 정법불교 교학이 자리하는 면을 알려 줄 것이다.

원광의 전기는 『속고승전續高僧傳』과 신라의 『고본수이전古本殊異傳』에 각각 전하는데, 그 내용이 매우 다르다. 때문에 그의 평생은 물론 출가 수도 및 생몰 연대를 확실하게 지적하기 어렵다. 그 결과 원광에 대해서는 상당히 많은 연구가 이루어졌지만, 그 결론은 일치된 견해를 도출하기 어려웠다. 이 글은 혼란된 원광에 대한 기록과 연구 성과를 정리하여, 비교적 확실한 그의 활동과 교학의 내용을 제시하고자 한다. 원광의 활동 연대에 대한 『삼국사기』의 기록은 비교적 정확하다. 그중 그의 유학 연대인 진평왕 11년(589년)은 『고본수이전』이나 『해동고승전』의 기록과도 일치한다.

다만 『속고승전』은 이때에 장안長安에 이르렀다고 기록되어 있어서, 원광이 중국에 체류하였던 사실을 알려 준다. 여기서는 중국에 유학한 진평왕 11년을 중심으로 원광의 평생과 활동을 복원하고자 한다. 『속고승전』에는 그의 사상의 특성을 계참회戒懺悔신앙으로 기록하였다. 『고본수이전』에서 같은 내용으로 나와 있는 귀계멸참법歸戒滅懺法은 계법을 지니고 점찰보占察寶를 설치하는 것이다. 그의 계참회신앙, 곧 계법과 점찰법회의 내용을 밝히고, 그것이 당시 신라 불교사에서 갖는 의미나 위치를 밝히고자 한다. 그렇게 되면 신라 법상종 교학이 태동하는 실마리를 이해하게 될 것이다.

고구려에서 신라로 유입할 당시의 초전불교初傳佛敎는 북조北朝 불교의 특성인 왕즉불王卽佛신앙을 포용하였다. 따라서 그것은 주로 왕실의 관심의 대상이 되었다. 북조 불교의 특성을 지닌 제왕帝王 불교의 경향이 귀족들에게 수용되기는 어려운 것이었다. 법흥왕 때의 불교는 남조 불교의 특성, 곧 국왕도 수도자의 입장에 있다는 왕즉보살王卽菩薩신앙을 수용하면서 공인되었다.[1]

이후 신라는 중국 남조와 빈번하게 교류하였고, 각덕覺德이나 명관明觀 등이 양梁이나 진陳나라로부터 사리와 경전을 가지고 돌아왔다.[2] 원광과 비

1 김두진, 「신라 공인불교의 사상과 그 정치사적 의미」, 『斗溪李丙燾박사九旬紀念 韓國史學論叢』, 지식산업사, 1987, pp. 85~86.
신종원, 「6세기 신라 불교의 南朝的 성격」, 『新羅初期佛敎史硏究』, 民族社, 1992, pp. 188~205.

2 김두진, 「신라 공인불교의 사상과 그 정치사적 의미」, 『斗溪李丙燾박사九旬紀念 韓國史學論

슷한 시기에 활동한 안홍安弘이나 지명智明도 수나 진陳나라에 들어가 불법을 구하고 돌아왔다. 원광도 이러한 시대 분위기 속에 중국에 들어가 불법을 구해왔고, 그의 귀국은 신라 승려가 중국에 유학하여 불법을 구해오는 기폭제가 되었다.[3]

원광의 생애를 분명하게 밝히기는 어렵다. 왜냐하면 그에 관한 기록이 상세하게 전하지 않으면서 또한 심히 혼동되어 있기 때문이다. 『삼국유사』 권4의 원광서학圓光西學조는 『속고승전』과 『고본수이전』의 원광전을 모두 실은 것이다. 또한 『해동고승전』에도 원광전이 실려 있다. 이 세 원광전의 내용은 서로 매우 다르게 서술되었다. 원광의 입적 사실에 대해서는 다음과 같이 기록하였다.

① 『고본수이전古本殊異傳』; 享年 84세에 입적하였다. … 80여 세로 貞觀(627~649년) 연간에 죽었다.

② 『속고승전續高僧傳』; 建福 58년(641년)에 皇隆寺에서 99세로 운명하였는데, 곧 당나라 정관 4년(630년)이다.

『고본수이전』이나 『속고승전』의 원광전에 기록된 그의 입적 연대는 모두 다르게 되어 있다. 그중 어느 것이 옳은지를 분명히 하는 작업은 다른 자료가 나오지 않은 이상 매우 어려울 수밖에 없다.

叢』, 지식산업사, 1987, p. 86.

김두진은 신라 불교가 공인되면서 북조 불교의 특성인 王卽佛신앙의 '帝王卽如來'가 아니라, 남조에서 유행한 王卽菩薩의 救世보살신앙을 성립시켰다고 하였다. 구세보살신앙은 왕도 수도자로서 출가하며, 그렇기 때문에 결국에는 출가하는 전륜성왕 관념을 가졌다.

신종원도 이와 비슷한 내용을 남조적 성격으로 규정하고는 그 가장 큰 특징을 '捨身'에 두었다. '사신'은 정확한 표현인지 알 수 없으나, 전륜성왕의 출가로 이어지는 것이다. 곧 북조 불교의 특성인 왕즉불신앙과 대조되는 왕즉보살의 구세보살신앙을 남조적 성격으로 본 셈이다.

3 『삼국유사』 권4, 圓光西學조에 "海東人鮮有航海問道者 設有 猶未大振 及光之後 繼踵西學者 憧憧焉"이라 하였다.

『고본수이전』에서 84세에 입적한 사실과 627년에서 649년 사이에 80여 세로 죽었다는 사실은 서로 배치되는 기록이 아니다. 그러나 『속고승전』에서 그가 99세로 죽었다는 건복 58년(641년)과 정관 4년(630년)은 심히 혼동된 기록이다. 『고본수이전』에는 원광이 진평왕 11년(589년)에 중국에 들어갔다가 11년을 머물고는 진평왕 22년(600년)에 귀국하였다고 했는데, 『속고승전』에는 그가 589년에 장안長安에 이르렀다고 하였다.

그 외에 두 승전에서 원광의 활동을 알려 줄 절대 연대에 대한 기록을 찾을 수 없다. 다만 『삼국사기』에는 그의 활동에 관한 절대 연대가 다소 나타나 있는데 다음과 같다.

① 중국 유학 ; 589년(진평왕 11년)

② 귀국 : 600년(진평왕 22년)

③ 수에 올릴 乞師表를 작성 ; 608년(진평왕 30년)

④ 황룡사에서 百高座를 주관 ; 613년(진평왕 35년)

귀산貴山과 추항箒項은 진평왕 24년(602년)에 백제와의 전투에 참가하였는데, 싸움에 임하여 물러서지 말 것을 지켜 전사하였다. 이로 보면 원광이 귀산과 추항 두 청년에게 세속 5계를 내린 시기는 진평왕 22년(600년)에서 진평왕 24년 사이임이 분명하다.[4]

『삼국사기』에 기록된 원광의 구체적 활동 사실을 알려 주는 절대 연대는 『해동고승전』의 원광전에도 그대로 나와 있다. 이 점은 원광의 활동을 기록한 『삼국사기』의 연대를 그대로 믿게끔 한다. 다만 『해동고승전』은 원광의 입적 연대에 대하여 『속고승전』의 기록을 답습하였다. 원광의 출가에 대한 기록은 더욱 혼동되었다. 『해동고승전』에는 그가 13세 때에 출가하였으며,

4 鄭永鎬, 「원광법사의 三岐山 金谷寺」, 『史叢』 17·18 합집, 1973, p. 196.

30세 때에 삼기산三岐山에 들어가 수도하였다고 한다. 이것은 『고본수이전』의 기록과 대체로 일치한다.

『고본수이전』은 원광이 처음에 승려가 되어 불법을 배웠고, 30세가 되어 삼기산에 들어가 홀로 수도하였다고 하였다. 반면 『속고승전』에는 원광이 25세에 중국으로 들어가서 머리를 깎고 구족계를 받은 것으로 기록하였다. 그는 25세 이후에 출가한 셈이 된다. 출가한 곳이 신라와 중국이었다는 상이한 기록은 이름이 같은 두 사람의 원광이 존재하였던 것으로까지 의심하게 만들었다.[5] 이상에서 제시했듯이 원광의 활동 연대에 대한 기록이 서로 상이한 것이 많지만, 그중에서 가장 정확한 것은 『삼국사기』의 원광에 대한 기록이다.

원광이 진평왕 11년(589년)에 중국으로 들어가서 다시 진평왕 22년(600년)에 귀국하는 연대는 『삼국사기』나 『고본수이전』·『해동고승전』에 모두 나타나 있다. 적어도 이 기록은 믿어도 좋을 것이다. 또한 원광이 삼기산에서 수도하던 시기를 『고본수이전』과 『해동고승전』에 모두 30세 때라고 기록하였다. 이것 역시 대체로 신빙성을 주는 기록이다. 그렇다면 원광은 34세 때에 이웃에 거주한 주술 승려가 벼락을 맞아 죽음을 당하는 일을 경험하였고, 그 2년 후 곧 36세 때에 중국으로 유학하였다.[6]

진평왕 11년(589년)이 원광의 36세 때라면, 이를 근거로 그의 활동 연대를 구체적으로 추정할 수 있다. 원광은 진흥왕 15년(554년)에 출생하였고 어려서 출가하였다. 13세 때에 출가하였다는 『해동고승전』의 기록이 옳다면, 그는 진흥왕 27년(566년)에 출가하였다. 진평왕 5년(583년)에 삼기산에서 수도하였으며, 진평왕 11년에 중국으로 유학하여 11년을 머문 후 진평

---

5 『삼국유사』 권4, 圓光西學조에 "據如上唐鄕二傳之文 但姓氏之朴薛 出家之東西如二人焉 不敢詳定 故兩存之"라고 하였다.

6 李基白, 「圓光과 그의 사상」, 『창작과 비평』 10, 1968 ; 『신라사상사연구』, 일조각, 1986. p. 111.

왕 22년(600년)에 귀국하였다. 이때 그의 나이는 47세였다.

이후 진평왕 24년(602년)에 이르는 시기에 원광은 귀산과 추항 두 청년에게 세속 5계를 내렸다. 진평왕 30년(608년)에는 수나라에 청할 걸사표乞師表를 작성하였고, 진평왕 35년(613년)에는 황룡사皇龍寺에서 백고좌百高座를 주관하였으며, 선덕여왕 6년(637년)에 84세의 나이로 입적하였다.[7] 이렇게 되면 그의 입적 연대는 『고본수이전』에서 80여 세의 나이로 정관 연간 곧, 627년에서 649년 사이에 죽었다고 하는 이설과도 일치한다.

원광의 활동에 대해서는 『고본수이전』과 『해동고승전』의 내용이 더 신뢰성을 준다. 다만 『해동고승전』에는 보양寶讓에 관한 사적을 원광의 활동으로 혼동하여 기록하였기 때문에, 그의 말년이나 입적에 관한 사실이 잘못 기재되었을 듯하다. 그가 99세로 선덕여왕 10년(641년) 또는 진평왕 52년(630년)에 입적하였다는 기록은 분명히 잘못된 것이다.[8] 이상에서 추정한 원광의 활동 연대를 알기 쉽게 제시하면 대략 〈표 1〉과 같다.

원광의 활동에 대한 『고본수이전』의 기록이 더 신빙성을 주는 것은 분명하다. 특히 그것은 국내에서 원광의 활동 상황을 이해하는 데 도움이 된다. 이에 비해 『속고승전』의 내용은 『고본수이전』의 내용과 다른 사실을 기록한 것이 많다. 그것은 잘못되었다기보다는 원광의 활동의 다른 면을 알려주기 때문에 중국에서 원광의 교학 활동을 이해하게 한다.

중국으로 유학하기 전의 약 6년간은 원광이 삼기산에서 수도 생활에 정진하던 시기이다. 진평왕 11년(589년)에 중국으로 들어가 귀국하기까지 11년간 중국에 머무는 동안 그는 불교의 여러 교학을 익혔다. 원광의 교학이 형성되는 면에서 유학 생활의 수학은 중요하게 다뤄져야 한다. 그가 신라 조정에서 영향력을 행사한 시기는 중국에서 귀국하는 진평왕 22년(600년)

7 이기백, 「원광과 그의 사상」, 『신라사상사연구』, 일조각, 1986. p. 111.

8 이기백, 위의 논문, 『신라사상사연구』, 일조각, 1986, p. 112의 註32 참조.

〈표 1〉 원광의 활동 연대

	삼국사기	고본수이전	속고승전	해동고승전	필자 추정
출생					554년 (진흥왕 15년)
출가			25세 이후	13세	566년 (진흥왕 27년)에서 멀지 않은 시기
삼기산 수도		30세		30세	583년(30세)
중국 유학	589년 (진평왕 11년)	589년(36세)	589년 (장안에 이름)	589년	589년(36세)
귀국	600년 (진평왕 22년)	600년		600년	600년(47세)
세속 5계					602년까지는 내림
걸사표 작성	608년 (진평왕 30년)			608년	608년(55세)
황룡사 (百高座)	613년 (진평왕 35년)			613년	613년(60세)
입적		84세 (627~649년)	99세(641년, 선덕왕 10년 또는 630년, 진평왕 52년)	99세 (641년 또는 630년)	637년 (선덕왕 6년, 84세)

이후이다. 그는 84세에 입적하지만 황룡사에 백고좌를 주관하던 진평왕 35년(613년), 곧 그의 나이 60세 이후의 행적은 전혀 알려져 있지 않다. 원광은 진평왕 22년에서부터 진평왕 35년을 크게 넘지 않는 진평왕 대 중기 이후에 활동하였다.

진평왕은 진흥왕의 장자인 동륜계銅輪系세력의 도움으로 즉위하였다. 진평왕 3년(581년)에 위화부位和部의 설치를 계기로 하여 진평왕 13년(591년)에 이르기까지 여러 관부를 새로 설치하는 개혁이 진행되었다. 동륜계세력이 그러한 개혁을 주도하였다. 그러나 진평왕은 무려 53년 동안 재위하였고, 진평왕 대 후기의 개혁 조치는 보다 더 왕권을 강화하려는 것이지만 용춘龍春 등 사륜계舍輪系세력에 의해 주도되었다.[9] 원광은 속성이 설씨薛氏

9 김두진, 「신라 眞平王代 초기의 정치개혁-삼국유사 所載 桃花女·鼻荊郎조의 분석을 중심으로-」, 『진단학보』 69, 1990, p. 36.

였으며 6두품 가문 출신이다. 『속고승전』에는 그를 박씨라고 기록하였으나 설씨였다는 것이 옳다.[10] 그가 6두품 신분이었음은 그의 정치 활동이나 사상을 이해하는 데 중요하게 고려되어야 한다.

진골 신분에 비해 정치적인 사회 진출에 한계를 느꼈던 6두품 출신 인물들은 종교나 학문 분야로 나아감으로써, 신분적 한계를 뛰어넘고자 하였다.[11] 신라상대 말에 그러한 대표적 가문으로 설씨를 들 수 있다. 특히 원효는 불교사상에 뛰어남으로써, 골품의 한계를 넘어서서 요석궁瑤石宮의 홀로 된 공주와 결혼할 수 있었다. 물론 6두품 가문으로 신라하대의 최치원崔致遠을 비롯한 최씨들이 유학儒學에 종사하는 등 크게 활동하지만, 신라상대 말이나 신라중대 초기에 활동한 인물은 잘 찾을 수 없다. 이에 비해 이 시기 설씨들의 활동은 흔히 찾을 수 있다.[12]

신라상대 말에 설씨를 포함한 6두품 귀족은 골품제로 인한 신분상의 한계를 깨닫고 있었다. 진평왕 43년(621년)에 설계두薛罽頭는 "신라가 사람을 쓰는 데 골품으로 논하니, 만일 그 족속族屬이 아니면 큰 재주와 뛰어난 공이 있더라도 한계를 넘지 못한다"(『삼국사기』 권47, 설계두전)라고 하면서 중국으로 들어갔다. 설계두를 비롯한 6두품 귀족들이 골품제에 대해 가진 불만은 진골 귀족의 이해와 대립되는 것이었다. 역설적이긴 하지만 6두품 귀족은 종교나 학문을 통해 골품제의 신분적 한계를 극복하고자 하였다.

신라상대 말이 되면 전제주의가 대두하면서 6두품 귀족이 사회 전반에서 폭넓게 활동하였다. 바로 이런 사회 분위기 속에서 왕권을 강화하려는 왕실이나 왕당파세력과 6두품 귀족은 친밀해졌다. 왕실이나 왕당파들은 왕권을

10 李基白, 「圓光과 그의 사상」, 『창작과 비평』 10, 1968 ; 『신라사상사연구』, 일조각, 1986, p. 96의 註1 참조.

11 이기백, 「신라 六頭品 연구」, 『省谷論叢』 2, 1971 ; 『신라정치사회사연구』, 일조각, 1974, pp. 57~59.

12 설씨로서 신라상대 말부터 중대 초기에 활동한 인물은 원광과 원효 외에도 薛烏儒·薛秀眞·薛聰 등이 있다.

강화하기 위해 그것에 도전할 수 있는 진골 귀족세력을 억압하는 한편, 그들과 이해를 달리하는 6두품 귀족을 응원하였다. 신라중대에 6두품 유학자들은 왕권의 비호를 받아 점차로 대두하였다. 원광도 왕권을 강화하려는 왕실이나 왕당파세력과 연결되었던 것은 분명하다.

원광은 수나라에서 조빙사朝聘使인 제문諸文과 횡천橫川을 따라 귀국하였다. 제문과 횡천에 대해서는 더 자세하게 알 수 없으나 조빙사였기 때문에 원광의 귀국은 신라왕실이나 조정의 도움으로 이루어졌다. 『고본수이전』의 다음 기록은 이런 면을 알려 준다.

> 법사가 중국에서 돌아올 때에 본국의 君臣들이 존경하여 스승으로 삼으니, 늘 大乘經을 강의하였다. 이때에 고구려와 백제가 항상 변방을 침범하였다. 왕은 이를 몹시 근심하여 수나라에 군사를 청하고자 법사에게 乞兵表를 작성하게 하였다(『삼국유사』 권4, 원광서학조).

원광이 귀국할 때의 모습에 대해서 『속고승전』은 "원광이 여러 해 만에 돌아오니 노소老少가 모두 기뻐하였고, 신라왕 김씨는 (그를) 만나 뵙고 공경하면서 성인처럼 우러러 보았다"(『삼국유사』 권4, 원광서학조)라고 하였다. 원광은 신라왕실의 요청에 의해 수나라에서 귀국하였고, 왕실은 물론 신하들의 돈독한 귀의를 받았다. 고구려와 백제를 치기 위해 수나라에 보내는 걸사표乞師表를 작성한 것은 그가 당시의 신라 조정이나 왕실과 밀착하였던 사정을 짐작하게 한다.

원광은 걸사표뿐만 아니라 중국에 보내는 문서나 국서를 거의 모두 작성하였고, 나라를 다스리는 방도를 제시하였다. 그는 자주 대궐에 나아갔다. 만년의 원광과 신라 조정과의 관계에 대해서는 『속고승전』의 다음 기록이 알려 준다.

나이가 이미 많아지자 수레를 타고 대궐에 들어갔으며, 의복과 약과 음식은 왕이 손수 마련한 것이었다. 옆에서 돕는 것을 허락하지 않아, 왕은 혼자만이 오로지 복을 받으려 하였다. 그 감복하고 공경함이 이와 같았다(『삼국유사』 권 4, 원광서학조).

원광이 만년에는 수레를 타고 대궐에 출입하였다는 내용은 『고본수이전』에도 그대로 나온다.[13] 신라왕실이나 조정은 그를 특별히 배려하였다. 진평왕 35년(613년)에 그는 황룡사에 개설한 백고좌百高座를 주관하였다. 백고좌는 『인왕경仁王經』에 의거하여 100명의 고승을 초청하고 국왕과 대신이 참가하는 법회로, 왕법王法과 불법을 조화시키려는 성격을 지녔다. 『인왕경』은 중국에서 만들어진 위경僞經이지만, 왕권을 강화하면서 호법護法을 내세우는 내용을 담은 경전이다.[14]

『인왕경』의 내용을 실천하기 위해 백고좌를 개최하였다. 수나라는 통일제국의 강력한 중앙집권적 통치를 수립하기 위해 『인왕경』을 강의하고 백고좌를 열었다. 수나라는 낙양洛陽의 홍로사鴻臚寺에서 외국 유학생을 가르치는 도량을 설치하였는데. 여기서 강의하는 경전 속에 『인왕경』이 포함되었다.[15] 원광이 중국에 유학하여 홍로사에 머물렀는지는 분명하지 않으나, 왕권을 강화하면서 불법을 펴기 위해 『인왕경』을 강의하거나 백고좌를 개설하는 중국 불교의 분위기를 그대로 전해 들었다. 백고좌를 주관한 원광이 신라왕실이나 조정과 밀착하였던 것은 분명하다.

진평왕은 53년간 왕위에 있으면서 많은 개혁정치를 단행하였다. 주로 동

13 『삼국유사』 권4, 원광서학조에 "年臘旣邁 乘輿入內 當時群彥 德義攸屬 無敢出其右者 文藻之贍 一隅所傾"이라 하였다.

14 權奇悰, 「隋唐시대 불교사상과 정치권력-仁王護國般若經을 중심으로-」, 『역사상의 국가권력과 종교』, 일조각, 2000, pp. 144~145.

15 권기종, 위의 논문, p. 142.

륜계세력이 진평왕 대의 개혁정치를 주도하였지만 진평왕 대 후기의 개혁정치에는 사륜계세력의 의사가 많이 반영되었다. 이후 사륜계세력은 점점 강성하여 진덕여왕 대 초기의 개혁정치를 주도하였고, 마침내 무열왕이 즉위하면서 신라중대의 전제정치를 구축하였다. 동륜계와 사륜계 왕실의 각축 속에서 원광의 위치를 설정하려는 것은 그의 사상을 이해하는 데 매우 중요하다.

2. 계참회신앙의 내용

(1) 계법의 강조

원광의 불교 교학을 밝혀 줄 저술은 따로 전하지 않는다. 그는 중국 유학 과정에서 성실론成實論이나 반야 등 여러 교학은 물론 유교나 도교사상까지를 흡수하였다. 이 점은 그의 불교사상이 다양한 면을 지닌 것으로 생각하게 한다. 원광의 수학은 중국에 유학하여 불법을 구한 표본으로 이해되었다. 원광 이후에 신라 승려가 중국에 유학하여 빈번하게 불법을 구해 왔으므로, 역사서는 바로 이 점을 강조하였다. 때문에 『삼국유사』에는 그의 전기를 「원광서학圓光西學」조로 기록하였다. 중국 유학에서의 교학 활동을 자세하게 전하는 『속고승전』에는 그가 중국에 들어간 후에 출가한 것으로 나와 있다. 물론 이 기록은 믿을 수 없을 뿐만 아니라 그의 불교사상을 이해하는 데 어려움을 준다.

『고본수이전』은 원광이 일찍 출가하여 행한 수도 생활의 신이한 행적을 기록하였다. 이에 비해 『속고승전』은 중국에 유학하여 출가한 후의 여러 불교 경전이나 교학을 이해하는 과정을 기술하였다. 귀국한 후 원광은 계참회戒懺悔신앙을 폈는데, 다음 기록에서 이를 이해해 보기로 하자.

본국의 왕이 병이 났는데 의사가 치료해도 차도가 없었다. 원광을 궁궐로 청하여 別省에 있게 하였다. 매일 밤마다 두 시에 깊은 이치를 설명하여 戒懺悔를 받으니, 왕이 크게 그를 믿고 받들었다(『삼국유사』 권4, 원광서학조).

원광의 제자인 원안圓安은 「원광전」을 저술하였는데, 그 속에 나오는 위의 내용은 그의 사상적 특성을 제시한 것이다.

원광사상의 특성으로 계참회신앙을 내세우는 것은 『고본수이전』에도 비슷하게 기록되었는데, 일연은 그것을 다음과 같이 지적하였다.

原宗이 불법을 일으킨 이래 법에 이르는 뗏목이 비로소 설치되었으나, 그 깊은 이치를 깨우칠 여가가 없었다. 때문에 의당히 歸戒滅懺法으로써 어리석고 미혹한 중생을 깨우쳐야 한다(『삼국유사』 권4, 원광서학조).

일연이 『고본수이전』의 원광전을 읽고는 그의 사상적 특성으로 지적한 것이 귀계멸참법歸戒滅懺法이다. 원광이 왕의 병을 고치기 위해 내린 계참회신앙은 바로 귀계멸참법을 가리킨 것이다. 그것은 미혹된 중생을 깨우쳐 인도함으로써, 공인 이후 불교의 이치를 바로 세우려는 목적을 가졌다. 그런데 그것은 엄밀히 말해 계법戒法과 멸참법懺悔法, 곧 점찰법占察法으로 나뉜다.

원광의 교학에서는 계법을 매우 강조하였다. 흔히들 원광의 계법을 세속5계와 연관된 것으로 생각하였다. 그러나 귀산과 추항이 원광법사에게 나아가 지닐 계법을 받는 모습은 원광의 계법에 대해 약간 다르게 생각할 수 있는 부분이 있다. 다음 기록을 음미해 보기로 하자.

① 우리들이 士君子와 같이 놀고자 먼저 마음을 바로 하여 몸을 지키지 않는다

면, 아마 욕을 당하기를 면치 못할 것이다. 어찌 어진 사람을 찾아가 도를 묻지 않겠는가?

② 이때 원광법사가 우리나라에 돌아와 嘉瑟寺에 머문다는 소식을 듣고, 두 사람이 찾아가 아뢰기를 "세속의 선비가 몹시 어리석어 아는 것이 없사오니, 원컨대 한 말씀을 주시어 평생의 警戒가 되게 해 주십시오"라고 하였다.

③ 원광이 말하기를 "불교에는 菩薩戒가 별도로 있어 그 조목이 10가지인데, 너희들은 남의 신하로서 아마 이것을 감당하지 못할 것이다. 지금 세속 5계가 있으니, 一은 임금을 충성으로 섬기며, 二는 부모를 효도로 섬기고, 三은 벗을 信義로써 사귀며, 四는 전쟁에 나아가 물러서지 않으며, 五는 살생을 가려서 한다는 것이다. 너희들은 이를 행하여 소홀하지 말라"라고 하였다(『삼국유사』 권4, 원광서학조).

원광은 계법을 이원적으로 언급하였다. 신하된 자로서 지켜야 할 세속 5계와 그들이 감히 지킬 수 없는 보살계가 그것이다. 그는 귀산과 추항에게 세속 5계를 내렸지만 정작 자신은 엄격한 보살계를 지녔다. 불교의 계율은 소승율小乘律과 대승율로 나뉜다. 전자는 출가자가 지니는 계율이어서, 금조禁條를 중심으로 한 형식주의에 흐를 정도의 엄격한 것이다.[16] 후자는 이타적인 실천신앙을 이루기 위한 것으로 그 정수는 보살계 사상에 있다.

원광은 보살계 사상을 내세웠기 때문에 소승율에서 벗어난 것만은 분명하다. 그가 수행할 당시에 신라 불교는 형식에 흐를 정도의 엄격한 계율을 수행하였다. 다음 기록이 이를 알려 준다.

홀로 깊숙하고 험한 곳에 살면서 이리나 호랑이를 피하지 않고 枯骨觀을 닦았다. 피곤하면 조그만 집을 지어 가시덤불로 둘러막은 가운데 맨몸으로 앉았

16 平川彰, 『律蔵の研究』, 山喜房佛書林, 1960, pp. 15~17.

다. 움직이면 이내 가시에 찔리도록 하고, 머리를 들보에 매달아 혼미해짐을 쫓았다(『삼국유사』 권4, 慈藏定律조).

신라 불교에 계율을 정립한 자는 자장이다. 그는 신라사람 대부분이 계율을 지니게 하였다. 이는 계율의 생활화였으며, 대승보살계 사상으로 귀결된다. 그러나 자장이 처음 수행했던 계율은 형식에 흐를 정도로 엄격한 것이었다. 그것은 고골관枯骨觀으로 불렸고, 혼미해짐을 방지하기 위해 머리를 대들보에 매달거나 가시덤불 속에 맨몸으로 앉아 행하는 수행으로 나타났다.

자장이 처음 행한 고골관은 분명 형식적인 소승율에 가까운 것이다. 그것은 출가자만을 위한 계율이었다. 원광이 몸소 행한 계율도 보살계로 나타났지만 신하된 자가 행할 수 없는 엄격한 것이다. 불교 공인 이후 신라상대 말에 승려들이 수행하는 계율은 대체로 엄격한 것이어서, 자장이 지닌 고골관과 성격을 같이 하였다. 원광의 보살계도 자장의 고골관과 비슷했을 것이다.

원광은 중국으로 유학하기 이전 삼기산에서 수행하였는데, 당시에 행한 계율은 소승율에 가까웠을 듯하다. 그의 수도 생활에 대해서는 다음과 같이 기록되었다.

지금 생각하니 법사가 오직 이곳에 거주하고 있으면 비록 自利를 위한 수행을 행하지만 利他를 행하는 공덕은 없을 것이니, 현재 높은 이름을 드날리지 않으면 미래에 佛果를 얻지 못할 것이다. 어찌 중국에서 불법을 취해다가 해동의 어리석은 무리를 이끌지 않겠는가(『삼국유사』 권4, 원광서학조).

원광은 산신의 권고로 중국에 유학함으로써 많은 중생을 제도하는 이타의 공덕을 행하였는데, 이전 그의 수행은 자리행自利行을 닦는 것이었다. 그것은 소승 수행을 의미하고, 이때의 그는 소승율을 닦았음이 분명하다. 중국 유학에서 돌아온 그는 비록 이타의 보살계를 지녔지만 그 전통은 삼기산 수행에서 익힌 소승율에서부터 이어진 것이다.

원광의 보살계는 출가자를 위한 것이다. 보살계가 출가자뿐만 아니라 중생 구제를 위한 계율을 포함하면서, 자장의 계율은 출가자나 재가자를 모두 포함하는 것으로 승화되었다. 바로 이런 점에서 원광과 자장의 계율에 차이를 설정할 수 있다. 원광은 엄격한 보살계 외에 따로 세속 5계를 설정하였다. 그 덕목은 당시 신라 사회에 절실하게 요구된 것이었다. 「임신서기석壬申誓記石」의 내용은 이런 분위기를 알려 준다.

> 壬申年 6월 16일 두 사람이 함께 맹서하여 기록한다. 하늘 앞에 맹서하니 지금으로부터 3년 이후까지 忠道를 견지하고 과실이 없기를 맹서한다. 만약 이 일을 그르치면 큰 죄를 얻을 것을 맹서한다. 만약 나라가 불안하고 세상이 크게 어지러우면 가히 모름지기 행할 것을 맹서한다.[17]

임신서기석에서는 충忠과 신信의 윤리를 특히 강조하였다. 임신년에 두 사람이 맹서한 내용은 충도를 지녀서 신의를 잃지 않는다는 것이다. 충과 신의 윤리는 각각 당대 사회의 각 계층을 상하는 물론, 횡적으로도 강하게 연대시킴으로써 국가 공동체의식을 성립했다.

신라사에서 충도를 크게 내세운 때는 김씨왕실이 세습된 이후 왕권을 점차 강화하는 신라중고대였다.[18] 그러고 보면 두 사람이 서로 맹서하는 임신

---

17 李蘭暎, 『韓國金石文遺補』(중앙대학교 출판부, 1968, p. 13)에 "壬申年六月十六日 二人幷誓記 天前誓 今日三年以後 忠道執持 過失無誓 若此事失 天大罪得誓 若國不安 大亂世 可密行誓之" 라고 하였다.

18 신라사에서 忠과 孝를 같은 시기에 강조한 것 같지는 않다. 신라상고대 말이나 중고대에는 충도를 특별히 강조하였다. 朴堤上이나 貴山 등이 국가를 위해 목숨을 버리는 사실이 이를 알려준다. 또한 진덕여왕 원년(647년)에 백제군과의 싸움을 승리로 이끌기 위해 丕寧子가 적진으로 나아가 전사하니, 그 아들 擧眞과 종 合節이 차례로 적진에 뛰어들어 전사하였다. 곧 비령자·거

년은 612년(진평왕 34년)이거나 또는 552년(진흥왕 13년)으로 추정된다.[19] 신라중대에는 국가 공동체의식이 강화되면서 충효나 신의를 내세우고, 전장에서의 용감성을 요구하는 사회 분위기가 조성되었다. 임신서기석에서 보여준 도덕 윤리는 바로 원광이 귀산과 추항에게 내린 세속 5계와 연결된다.[20]

원광의 세속 5계는 소승율의 결함을 보완하여, 이타행을 이루려는 대승 보살계이다. 그것의 궁극은 삼취정계三聚淨戒를 이루려는 데 두었다.[21] 그 속에는 율의律儀와 선법善法은 물론 중생을 위한 계율을 포함하였으며, 보살계뿐만 아니라 재가在家의 중생을 위한 범망계梵網戒를 모두 포용하였다. 원광이 추구한 계율은 바로 이러한 보살계는 물론 범망계에 속한 세속 5계를 모두 포함하는 것이었다.

세속 5계의 마지막에 살생을 가려서 한다는 덕목에서 재가 중생을 위한 이타행을 끌어 낼 수 있다. 이에 대해서는 다음과 같이 설명하였다.

> 六齋日과 봄·여름에는 죽이지 않는다. 이는 시기를 가리는 것이다. 기르고 부리는 것은 죽이지 않으니 말·소·닭·개를 이름이고, 작은 것을 죽이지 않으니 그 고기가 한 입에도 차지 않음을 말한다. 이는 물건을 가리는 것이다. 이와 같이 사용할 만큼 허용하고 많이 죽이지 않는 것이다. 이것은 세속의 善戒라고 할 수 있다(『삼국사기』 권45, 貴山전).

진 부자와 종 합절의 전사는 국가공동체를 위해 충도를 강하게 내세우는 모습을 보여 준다(『삼국사기』 권47, 조寧子전). 또한 그것은 부모를 부양하는 효도보다 우선되었다. 그러고 보면 신라중대에 충도와 함께 효도가 강조되었다. 向德이나 薛氏女는 신라중고대 말에서 신라중대에 효행으로 알려진 인물이며, 효녀 知恩은 신라하대의 인물이다.

19 李丙燾, 「壬申誓記石에 관하여」, 『서울대논문집』 5, 1975 ; 『韓國古代史硏究』, 博英社, 1976, p. 692.

20 이병도, 위의 논문, 1976, p. 693.

21 鄭柄朝, 「원광의 菩薩戒사상」, 『한국고대문화와 인접문화와의 관계－보고논총 81－1』, 한국정신문화연구원, 1981, p. 27.

불살계不殺戒를 고수하는 불교의 계율은 가축에 대한 관심이 점차 높아지면서 가려서 죽이는 덕목을 낳았다.[22] 곧 시기나 가축 등을 가려서 살생하되, 사용할 이상으로 죽이지 않는다는 것이다.

가려서 죽이는 덕목은 세속의 선계善戒이지만 출가자를 위한 보살계는 아니다. 원광은 이타행을 위한 보살계를 행하였지만 그것은 불살계를 지녀서 세속의 선계와 구별된다. 그의 보살계는 출가자로서의 엄격한 수행을 위한 것이요, 그 속에 중생을 위한 대승보살계를 수용한 것은 아니다. 원광의 보살계는 세속 5계를 융섭하여 출가자나 재가자를 모두 포함하는 대승의 화엄보살계를 이루지는 못하였다. 여전히 그는 자장의 고골관과 같은 엄격하고 혹독한 수련을 요구하는 소승율에 가까운 보살계를 가졌다. 그러면서 원광은 세속인에게 적용될 수 있는 계율을 따로 모색하였다.

세속 5계는 대승보살계를 지향하는 것이지만 원광이 가진 엄격한 보살계와 조화를 이루면서 일원적인 계법으로 성립되지는 못하였다. 다만 그는 중국 유학에서 돌아온 후 삼기산신에게 보살계를 내렸다. 그것은 보살계를 출가자의 수행이라는 한정된 범위에서 벗어나 넓게는 재가 신도에게까지 수용하게 만들었다. 그러나 출가자 중심의 엄격한 보살계와 세속의 대중을 위한 계율을 종합하면서 대승보살계를 체계화한 것은 자장에 의해 이루어졌다.

(2) 점찰법신앙

원광은 중생의 어리석음을 깨우치기 위해 계법을 곁들인 멸참법滅懺法을 내세웠고, 이를 펴기 위해 점찰보占察寶를 설치하였다. 점찰법占察法은 엄격하게 말해 멸참법을 닦으려는 것이다. 따라서 원광사상의 특성을 점찰법에서 찾을 수 있다.[23] 멸참법은 악업惡業을 뉘우침으로써 깨달음에 이르는

22 李基白, 「圓光과 그의 사상」, 『창작과 비평』 10, 1968 ; 『신라사상사연구』, 일조각, 1986, p. 111.
23 원광의 사상은 초기 유식사상에 접함으로써 신라 법상종사상으로 이어질 수 있는 면을 지녔고,

교법이며, 선악을 기준으로 인간의 운세를 판단하려는 점찰법과 바로 연결된다.

6세기 말에서 7세기 초에 중국에는 탑참법塔懺法이나 자박법自撲法이 성행하였다. 탑참법은 가죽으로 된 두 장의 첩자帖子에 선과 악의 두 글자를 적어서, 그것을 던져 얻은 사람의 운수를 점치는 것이다. 또한 자박법은 죄업을 멸하려는 법회이다. 탑참법이나 자박법은 멸참법으로 연결되며, 일종의 점찰법이다. 다만 원광이 행한 점찰법은 멸참법에 계법을 갖춘, 이른바 고행을 곁들인 참회법이었다. 원광이 엄격한 보살계를 수행하는 이유를 이런 면에서도 찾을 수 있다.

원광이 점찰법을 내세우지만, 실제로는 점찰보를 설치하여 운영하였다. 다음 기록을 참고해 보기로 하자.

> 그러므로 원광은 嘉栖寺에 占察寶를 두는 것으로 恒規로 삼았다. 이때 檀越尼가 점찰보에 밭을 바쳤는데 지금 東平郡의 밭 100결이 곧 이것이며, 옛날 문서가 아직도 남아 있다(『삼국유사』 권4, 원광서학조).

이외에 원광의 점찰법을 알려 줄 직접적인 기록을 찾기는 어렵다. 원광은 점찰법을 시행하기 위한 경제적인 뒷받침으로 점찰보를 설치하였는데, 여기에 단월이 토지를 기증하였다. 가서사에서 운영된 점찰보는 당시 중국에서

아울러 그 특성은 계법과 점찰법을 편 것이라고 생각한다. 계법과 점찰법을 묶은 원광의 사상적 특징을 보살계 사상이나 如來藏 사상에서 찾았다(鄭柄朝, 「원광의 菩薩戒사상」, 『한국고대문화와 인접문화와의 관계－보고논총 81－1』, 한국정신문화연구원, 1981, pp. 27～32. 또는 朴美先, 「신라 원광법사의 여래장사상과 교화활동」, 『한국사상사학』 11, 1998, pp. 29～43). 그 외 원광사상의 특징을 점찰법회에서 찾는 연구도 있다(신종원, 「원광과 진평왕대의 점찰법회」, 『신라초기불교사연구』, 민족사, 1992, pp. 223～227. 또는 박광연, 「원광의 점찰법회 시행과 그 의미」, 『역사와 현실』 43, 2002). 특히 박광연의 연구는 원광의 점찰법회 전반을 충실하게 정리하였다.

유행하던 삼계교三階敎의 무진장원無盡藏院을 모델로 하여 만든 것이다.[24]

신행信行에 의해 제창된 삼계교는 6세기 후반에서 7세기 초반에 이르기까지 중국에서 위세를 떨쳤는데, 참회법을 내세웠던 점에서 점찰법과 밀접한 관련을 가졌다.[25] 삼계교는 지장보살, 곧 『대방광지장십륜경大方廣地藏十輪經』에 의거하여 악업을 없애고 선을 수행하기 때문에,[26] 지장보살이 설한 『점찰선악업보경占察善惡業報經』에 의해 점찰법을 닦는 것과 비슷한 과정의 수행을 강조한다.

삼계교는 말법시대를 배경으로 유행하였기 때문에 원광의 점찰법과 밀접하게 연결되는지에 대해서는 의문의 여지가 없지 않다.[27] 신라중고대에 말법사상이 유행하였는지는 잘 알 수 없다. 법흥왕 때에 공인된 신라 불교가 아직도 철학이나 논리 체계를 갖춘 이론 불교로 성숙하지 못한 원광의 시대에, 말법신앙이 유행하지는 않았다. 원광의 교학에서 미륵이나 지장 신앙에 관한 구체적인 내용을 쉽게 찾을 수 없으나 그는 미륵과 지장 신앙을 주목하였을 듯하다.

진평왕 때의 비구니 지혜智惠는 안흥사安興寺에서 매년 봄과 가을의 10일 동안 점찰법회를 열었다. 지혜는 선도산신모仙桃山神母의 도움으로 금 10근을 얻어서 불전을 장식하였다. 선도산신모가 내린 금이 신사神社의 대좌 아래에서 나왔기 때문에, 확실한 근거를 가진 것은 아니지만 거기에는 지장보살이 모셔졌을 것으로 추측하였다.[28] 원광이나 지혜의 점찰법회에서 지장

24 朴美先, 「신라 원광법사의 여래장사상과 교화활동」, 『한국사상사학』 11, 1998, p. 32.

25 鄭柄朝, 「원광의 菩薩戒사상」, 『한국고대문화와 인접문화와의 관계-보고논총 81-1』, 한국정신문화연구원, 1981, p. 31.

26 『大方廣地藏十輪經』에서 설한 三階敎에는 一乘·三乘 및 權實을 수행하는 7단계를 설정하였다. 곧 ①佛 ②法 ③僧에 귀의하여, ④중생을 제도하고 ⑤惡을 斷滅하며, ⑥善을 수행하고 ⑦일체의 善知識을 구하는 것이다. 삼계교의 핵심은 불·법·승 삼보에 귀의하여 중생을 구제하고 선지식을 얻는 것이며, 그러기 위해 악을 멸하고 선을 수행해야 함을 제시하였다.

27 박광연, 「원광의 점찰법회 시행과 그 의미」, 『역사와 현실』 43, 2002, p. 118.

28 신종원, 「원광과 진평왕대의 점찰법회」, 『신라초기불교사연구』, 민족사, 1992, PP. 226~227.

신앙을 쉽게 찾을 수는 없지만, 신라중대에도 점찰법회를 꾸준히 개설하였을 뿐만 아니라 오대산 남대南臺의 금강사金剛社에서는 점찰예참占察禮懺을 행하면서 지장을 뚜렷하게 공경하였다.[29]

점찰법은 『점찰선악업보경』에 의거하여 자기의 업보를 살펴서 참회하는 것이다. 『점찰선악업보경』은 상·하 두 권으로 되었는데, 그 설주說主는 지장보살이다. 『점찰선악업보경』의 내용은 선악의 업보를 판별하기 위해 길흉을 점치는 한편으로, 자신의 죄를 참회하려는 참법懺法을 내세우기 때문에 계행을 수행하는 실천적 성격을 지녔다. 원광의 점찰법은 엄격한 보살계를 곁들이는 면에서 『점찰선악업보경』의 내용을 실현하려는 것이다. 금강사에서 행한 점찰법회의 모습은 원광의 점찰법을 이해하는 데 도움을 준다. 다음 기록을 참고하기로 하자.

> 南臺의 남면에 地藏房을 두어 원상의 지장 및 붉은 바탕에 8大 菩薩을 우두머리로 하는 1만의 지장보살을 그려 모시도록 하라. 여기에는 福田 5명으로 하여금 낮에는 地藏經과 金剛般若經을 읽고, 밤에는 占察禮懺을 외우고, 金剛社라고 일컫도록 하라(『삼국유사』 권3, 臺山五萬眞身조).

오대산 남대의 금강사는 지장보살을 주존으로 모셨다. 거기에서 행해진 점찰법회에는 지장신앙이 강하게 나타났다. 그런데 오대산의 화엄결사에는 밀교신앙이 듬뿍 들어 있다. 다음 내용이 이를 알려 준다.

> 寶川이 항상 靈洞의 물을 길어다가 마셨다. 만년에는 몸이 공중으로 날아 流沙江 밖 蔚珍國의 掌天窟에 이르러 쉬면서 隨求陀羅尼를 외우는 것으로 일과

29 신라 오대산의 화엄결사는 聖德王 4년에 眞如院의 개창을 비롯하여 그 후에 차례로 이루어지는 것이지만 그 결사의 바탕이 된 신앙은 신라중대 사회에서 이미 유행하였다.

를 삼았다. 동굴신이 나타나서 말하기를 "내가 동굴신이 된 지 이미 2000년이 되었지만, 오늘에야 비로소 수구다라니의 참 이치를 들었다"라고 하면서 보살계를 받기 원했다. 계를 받고 나더니 그 이튿날 굴이 또한 형체가 없어졌다(『삼국유사』 권3, 대산오만진신조).

오대산의 다섯 봉우리에 개설한 결사에서는 예참禮懺을 행하였다. 곧 금강사의 점찰예참은 물론이거니와 그 외에 원통사圓通社의 관음예참觀音禮懺·수정사水精社의 미타예참·백련사白蓮社의 열반예참·화엄사華嚴社의 문수예참이 그것이다. 이것들은 모두 참법懺法, 곧 참회하는 수행법회이다. 자기의 죄업을 참회하고 수행하면서, 밀교신앙을 포용하였던 것은 매우 흥미롭다.

지혜가 안흥사에서 행한 점찰법회에도 밀교신앙의 모습이 노출되어 있다. 우선 그것은 선도산신모신앙과 연결되었다. 지혜는 불전 내에 주존 3불상을 장식하고 벽상에는 53불과 6류 성중聖衆 및 여러 천신과 오악五岳 신군神君을 그려 봉안하였다. 5악 신군은 신라의 5악신, 곧 토함산신吐含山神·지리산신智異山神·계룡산신雞龍山神·태백산신太伯山神·공산신公山神을 의미하며, 여러 천신은 고대 인도의 토착신이다.

밀교신앙으로 연결되는 모습은 원광의 점찰법회에 보다 더 뚜렷하게 나타나 있다. 그는 일찍이 삼기산에서 수행하였는데, 뒤에 그의 부도를 삼기산의 금곡사金谷寺에 세웠다. 선덕여왕 때의 금곡사는 밀교 승려인 밀본密本이 주석하였으므로 밀교 도량으로 이해된다. 원광의 교학이 토착신앙을 용납하였던 것은 사실이지만, 밀교신앙이었던지는 분명하지 않다. 그러나 그의 불교신앙이 뒤에 밀교 도량과 연결되었음은 흥미로운 사실이다.

오대산의 점찰예참에는 밀교신앙이 곁들어 유행했는데, 보천의 수행은 원광의 그것을 떠올리게 한다. 보천이 울진국의 장천굴에 이르러 다라니를 외우면서 수행하는 모습은 원광이 삼기산에서 수행한 사실을 연상시킨다. 장천굴신이 나타나 보천의 수행을 찬양하면서 보살계를 받은 사실은 삼기산신이 원광의 수행을 찬양하면서 후에 보살계를 받는 모습과 대체로 일치한다. 또한 장천굴이 흔적도 없이 사라진 것과 삼기산신이 여우의 모습으로 운명하는 것은 시사성을 준다.

원광의 점찰법회의 모습은 오대산의 금강사에서 행해진 점찰법회에 거의 나타나 있었다고 생각한다. 원광의 점찰법회에는 지장보살을 중시하였고, 뒤에 밀교신앙으로의 연결이 가능한 토착신앙을 용납하였다. 점찰법회는 자기의 죄업을 참회하려는 것으로 말법신앙에 기초하여 성립하였다. 말법신앙은 미륵의 하생下生으로 그 극치를 이루지만 지장보살도 석가의 열반 이후 미륵이 하생하기까지의 인간을 구제한다.

원광의 점찰법회에서 지장보살 외에 미륵신앙을 중시한 것은 아니지만, 그 흔적을 찾을 수 있다. 그것은 혼란한 말법 사회에서 인간을 제도하려는 신앙에 기초하였다기보다는, 전륜성왕 통치를 돕고 석가불과 미륵의 조화를 연출하려는 뜻을 담았다.[30] 당시에 창건된 흥륜사興輪寺 등의 사찰에는 미륵을 주존불로 모셨다. 전륜성왕 통치를 돕거나 석가불과의 조화를 이루는 면에서 미륵신앙은 불교가 귀족 중심으로 수용되게 하였으며, 그리하여 귀족의 자제인 화랑을 미륵선화彌勒仙花로 불렀다.[31]

황룡사를 창건한 이후 신라왕실은 석종釋宗의식을 추구하였고, 이에 수반하여 석가불신앙이 일어났다.[32] 그러나 원광이 활동하던 신라상대 말까지 미륵신앙은 넓게 펴져 있었고,[33] 원광의 교학에서도 고려의 대상이 되었

30 이기백, 「신라 초기 불교와 귀족세력」, 『진단학보』 40, 1975 ; 『신라사상사연구』, 일조각, 1986, pp. 81~86.

31 이기백, 위의 논문, 『신라사상사연구』, 일조각, 1986, p. 83.

32 김두진, 「신라 진평왕대의 釋迦佛신앙」, 『한국학논총』 10, 1988, pp. 33~36.

33 김두진, 「신라중고대의 미륵신앙」, 『한국학논총』 9, 1897, pp. 14~18.

던 듯하다. 왜냐하면 화랑도와 미륵신앙이 밀접하게 연결되었기 때문이다. 물론 원광으로부터 세속 5계를 받는 귀산과 추항, 두 청년이 화랑이었는지 분명하지 않다. 그들은 사량부沙梁部에 속한 귀족 가문의 자제로서 화랑과 의식을 같이 하였고, 실제로 백제와의 전투에서 전사하였다. 원광이 내린 세속 5계는 일반적으로 화랑이 지켜야 할 덕목으로 이해되었다. 그렇다면 원광의 교학에서도 미륵신앙이 배려되었던 것은 분명하다.

원광의 점찰법회는 말법신앙에 기초하지 않았기 때문에, 미륵신앙이 혼란한 사회의 민중을 구제하는 성격을 내세우지 않았다. 또한 그것은 석가 열반 후의 중생을 구제하는 지장신앙에 대해서도 애써 강조하지 않았다. 오히려 미륵신앙은 화랑도의 덕목을 강조하는 면에서 유념되었다. 원광의 계참회신앙은 엄격한 계법을 견지하였고, 점찰법회를 통해 참회적인 수행을 강조하였다. 그것은 뒤에 밀교신앙으로 이어질 수 있는 토착신앙과 친밀하였고, 지장신앙을 다소 곁들였지만 세속 5계와 연관하여 미륵신앙의 흔적을 엿보게 한다.

3. 계참회신앙의 의미

(1) 주술불교신앙의 배경

원광의 점찰법회는 점복占卜을 사용하는 것과 같은 방법으로 죄악을 없애고 선을 행하게 하였다. 아울러 보리를 증진시키고 그것을 깨닫기 위한 실천수행을 강조하였다. 그의 교학은 이론불교의 심오한 교리를 곁들이면서도, 줄곧 소박한 토착신앙을 용납하였다. 공인된 이래 신라 불교는 토착적인 무교신앙과 결합되었는데, 이론불교의 성숙은 불교신앙 내에 융섭된 무교신앙과 결별함으로써 가능해진다.

원광이 토착의 무교신앙을 배격하려는 이유를 바로 이런 면에서 찾을 수 있지만 그 세계에서 완전히 벗어나지 못한 것으로 이해된다.[34] 그가 의식했건 못하였건 간에 그의 사상의 한 귀퉁이에 토착신앙과 불교가 나란히 자리하고 있는 것이다. 원광의 교학은 토착신앙과 친밀하였다. 원광이 배격하려했던 토착의 무교신앙은 불교신앙과 융섭된 것이었다. 그의 교학과 주술呪術불교나 토착신앙과의 관계를 분명히 설정할 필요가 있다.

우선 원광이 용납한 신이한 토착신앙에 대해 정리해 보기로 하자. 이에 대해서는 다음 내용을 참고해 보기로 하자.

① (陳의) 운수가 다해서 수나라 군사가 揚都에까지 쳐들어가니, 원광은 드디어 亂兵에게 붙잡혀 장차 죽임을 당하게 되었다. 이때 대장이 절과 탑이 불타는 것을 바라보고 달려가서 구하려 하였다. 이르러 보니 불타는 모습은 없고, 다만 원광이 탑 앞에 결박되어 장차 죽게 됨을 보았다. (대장은) 괴이하게 생각하여 즉시 결박을 풀고 놓아 보내니, 위태로움을 맞아 영험을 나타내는 것이 이와 같았다(『삼국유사』 권4, 원광서학조).

② 후에 어느 俗人이 胎 속에서 죽은 아이를 낳은 일이 있었다. 그 지방 속담에 말하기를 "복 있는 사람의 무덤에 묻으면 후손이 끊이지 않는다"라고 함으로, 몰래 그것을 원광의 무덤 옆에 묻었다. 바로 그 날 벼락이 죽은 태를 쳐서 무덤 밖으로 내던졌다. 이로 말미암아 평소 존경하지 않은 사람도 모두 그를 우러러 숭배하였다(『삼국유사』 권4, 원광서학조).

수나라 군사가 진의 수도 양도를 함락할 때에, 마침 유학 와 있던 원광은 붙잡혀 죽임을 당할 운명에 놓였다. 그가 구출되는 것이 신이한 연기설화로

34 李基白, 「圓光과 그의 사상」, 『창작과 비평』 10, 1968 ; 『신라사상사연구』, 일조각, 1986, pp. 99~100.

형성되었다. 수나라 장수가 탑과 절이 불타는 것을 보고 달려가 보니 원광이 결박되어 있었다는 것이다. 또한 원광의 무덤 옆에 몰래 죽은 아이의 태를 묻으니, 벼락이 내려쳐서 그것을 무덤 밖으로 내쳤다고 한다.

원광 자신이 신이한 능력을 직접으로 발휘하지는 않으면서, 이러한 신이 신앙으로 말미암아 원광은 국왕이나 백성들로부터 공경을 받았다. 그러나 그 자신이 신이한 주술적 능력을 가졌던 것으로는 나타나지 않았던 점이 유념된다. 『속고승전』의 원광전에는 그가 중국에 유학하여 호구산虎丘山에서 각관覺觀을 닦았으며, 『성실론成實論』이나 『열반경』 등 여러 경론을 습득하였다고 한다. 아울러 그의 교학을 총평하여 “원광은 진한과 마한에 정법正法을 널리 편 인물이다”(『삼국유사』 권4, 원광서학조)라고 하였다.

『고본수이전』은 그가 삼기산에서 수행한 사실을 기록하였다. 이때 원광의 행적을 신이하게 기록하였지만, 사실 그의 교학은 정법을 수행하는 것으로 이해할 수 있다. 이런 모습은 그가 삼기산신과 인연을 맺는 연기설화에 잘 나타나 있다. 그 외에 원광의 행적은 마치 『속고승전』에서의 그것처럼, 정법을 널리 편 인물로 이해된다. 삼기산에서 수도하는 원광에 대해 삼기산신은 다음과 같이 언급하였다.

> 옳도다. 그대의 수행이여! 무릇 수행자는 비록 많으나 법대로 행하는 자는 매우 드물다. 지금 이웃에 있는 중을 보니 주술을 급히 닦으려 하지만 얻는 것이 없다. 시끄러운 소리가 남의 靜念을 괴롭힐 뿐이다. 살고 있는 곳이 나의 행로를 방해하니, 매번 왕래할 때마다 미운 생각이 난다. 법사는 나를 위하여 그에게 고하여 딴 곳으로 옮겨 가게 하라. 만약 오랫동안 머무른다면 내가 갑자기 죄를 지을지도 모른다(『삼국유사』 권4, 원광서학조).

삼기산에서 수행할 때 원광은 밤에 홀로 앉아 경전을 염송하였는데, 이웃에는 주술을 닦는 중이 있었다.[35] 삼기산신은 원광의 수행이 옳다고 칭송하면서 주술을 행하는 승려에 대하여 적대감을 가졌다. 삼기산신과 특별한 인연을 맺는 것을 제외하면 원광은 정법을 펴면서 착실하게 수행하였고 아울러 불교 교학에 정통하였다. 그런데 그와 가까웠던 삼기산신은 신통한 능력을 가졌다. 다음 기록을 참고해 보기로 하자.

① 밤중에 벼락과 같은 소리가 들렸다. 다음날 보니 산이 무너져서 중이 거주하던 절을 묻어 버렸다.

② 내 나이 거의 3천세가 되고 神術도 이만하면 가장 훌륭하므로, 이런 것이야 조그만 일인데 어찌 놀라겠는가? 나는 장래의 일을 모르는 것이 없고, 천하의 일도 통달하지 않은 것이 없다(『삼국유사』 권4, 원광서학조).

삼기산신은 산을 무너뜨릴 정도로 신술을 가졌다. 그는 혐오스럽게 여기던 주술승의 거처를 산사태로 묻어 버렸다. 원광의 불교 교학은 주술을 행하는 승려를 배격한 반면, 삼기산신의 신술을 허용하였다. 바로 이 점이 그의 불교를 토착신앙에 대한 배격으로 이해하는 것을 어렵게 한다. 주술승과 삼기산신의 성격을 보다 천착해서 이끌어 내는 것이 중요하다. 이와 연관하여 다음 기록을 보기로 하자.

선덕왕 德曼이 병이 들어 오랫동안 낫지 않자, 興輪寺 중 法惕을 불러 병을 치료하게 하였으나 아무런 효험이 없었다. 이때에 密本법사의 덕행이 소문으로 나라 안에 자자하니, 좌우의 신하들이 법척과 교대하기를 청했다. 왕이 궁중으로 불러들이니, 밀본은 침실 밖에서 藥師經을 읽었다. 경을 다 읽고 나자

35 『삼국유사』 권4, 원광서학조에 "思靜居修道 獨居三岐山 後四年 有一比丘來 所居不遠 別作蘭若居二年 爲人强猛 好修呪述 法師夜獨坐誦經"이라 하였다.

가졌던 六環杖이 침실 안으로 날아 들어가, 늙은 여우 한 마리와 법척을 찔러 뜰아래에 거꾸로 박히게 하자 왕의 병은 바로 나았다. 이때 밀본의 이마 위에 오색의 神光이 나와 보는 사람이 모두 놀랐다(『삼국유사』 권5, 密本摧邪조).

삼기산三岐山에서 주술승이 죽임을 당하는 것과 선덕여왕 때에 밀본법사에 의해 흥륜사의 중 법척이 거세되는 모습은 매우 흡사하다. 우선 법척은 흥륜사의 승려이면서 선덕왕의 병을 고치는 주술을 행하였으므로, 삼기산의 주술승과 같은 모습을 가진 것으로 생각한다.

법흥왕 22년(535년)에 공인된 후 불교는 토착의 무교신앙과 대립하였다. 그러한 진통을 겪으면서 불교는 무교신앙의 모습으로도 믿어졌다.[36] 불교신앙 속에 토착의 무교신앙이 흡수되었지만, 또한 그 사이에 갈등도 표출하였다. 주술승에 대한 원광의 승리는 불교가 주술불교신앙을 배제하면서 정법을 추구해 갔던 것을 알려 준다. 법척法惕에 대한 밀본의 승리는 주술불교를 배제하면서 정법의 밀교신앙을 추구해 감을 상징적으로 나타내었다.

밀본은 단순한 주술승이 아닌 정법의 밀교 승려이다. 『삼국유사』의 신주神呪편은 밀교 승려인 밀본과 혜통惠通·명랑明朗을 다루었는데, 그들은 무교신앙과 혼합된 주술불교를 배격하면서 인도와 중국을 거쳐 보편적으로 추구된 밀교를 표방하였다. 법류사法流寺의 중을 죽인 여러 귀신을 제거하면서, 밀본이 김양도金良圖의 병을 고치는 모습도 주술불교를 배격하는 것으로 파악된다. 이때 밀본은 갑옷과 창으로 무장한 사방의 대력신大力神에게 명령하여 귀신을 결박하고, 여러 천신天神으로 하여금 호위하도록 하였다.

이러한 대력신과 천신의 모습은 지혜가 안흥사에서 여러 천신과 오악신 등을 장식하고 개최한 점찰법회를 떠올리게 한다. 다만 원광과 주술승의 대립은 삼기산신과 주술승의 갈등으로 표출되었고, 산신이 주술승을 처단하

36 김두진, 「신라중고대의 미륵신앙」, 『한국학논총』 9, 1897, pp. 23~24.

였다. 삼기산신은 신라 토착신앙에서 받들었던 읍락이나 부족의 시조신으로 번개와 천둥을 관장하였는데,[37] 장래나 천하의 일에 모두 통달한 신술을 가졌다.

원광은 산신의 도움으로 중국에 유학하였다. 귀국하자 산신은 원광으로부터 서로 같이 살아가기 위한 보살계를 받았다. 신술에 능통한 산신도 세월의 무상함을 이기지 못하였다. 다음 기록을 참고해 보자.

① 법사가 다음 날 바라보니 큰 팔뚝이 구름을 뚫고 하늘가에 닿았다. 그날 밤에 신이 말하기를 "법사는 나의 팔을 보았는가?"라고 하니, 대답하기를 "이미 보았는데 매우 기이했습니다"라고 하였다. 이로 인하여 俗談에 臂長山이라 불렀다.

② 신이 말하기를 "비록 이 몸이 있다 하나 무상의 害를 면할 수 없기 때문에, 나는 얼마 있지 않아 고갯마루에 몸을 버릴 것이다. 법사는 와서 영원히 떠나는 나의 영혼을 전송해 달라"고 하였다. 약속한 날에 가서 보니 옻칠을 한 듯한 검은 여우 한 마리가 숨을 쉬지 못하고 헐떡거리다가 마침내 죽었다(『삼국유사』 권4, 원광서학조).

삼기산신은 거대한 팔뚝의 모습으로 비쳤지만, 결국은 세월의 무상함을 이겨내지 못하고 늙은 여우로 돌아가 죽었다. 이 점은 산신으로 비쳐진 신라 토착신앙의 운명을 짐작하게 한다. 삼기산신과 결합된 원광의 모습은 밀교승인 밀본의 행적과 비교하여 시사성을 준다. 주술승의 제거가 삼기산신에 의해 이루어졌지만, 그것은 정법을 내세운 원광의 불교신앙과 연결되어 흡사 밀교신앙의 모습을 떠올리게 한다.

불교가 일어나기 직전 인도에는 육사외도六師外道가 성행하였는데, 이러

37 김두진, 「신라 六村長신화의 모습과 그 의미」, 『신라문화』 21, 2003, p. 106.

한 때에 토착신앙에 의한 제사나 의례·희생제 등을 빈번하게 드렸다. 석가가 출세한 후 외도들의 논리는 인명론因明論으로 정리되어 뒤에 유식학으로 성립하였다. 반면 당시에 유행했던 제사나 의례의 방법을 갖추면서, 여기에 철학적 의미를 첨부하여 진언眞言을 확립하고 밀교신앙을 정립하였다. 그리하여 현교顯教에 대한 비밀 교법教法이 정법으로 갖추어졌다. 밀교는 인도의 토착신앙이 철학적 교의를 갖춘 정법불교로 성립된 것이다.

신라의 토착신앙과 밀착된 원광의 정법불교의 모습은 인도에서 밀교신앙을 확립하는 과정을 떠올리게 한다. 원광의 불교신앙이 밀교로 연결되는 것은 아니다. 신라의 토착신앙과 원광의 정법불교 교학의 친밀했던 모습은 인도의 토착신앙이 정법의 밀교 교학을 성립시키기 이전의 사정을 떠올리게 한다. 신라에 불교가 공인된 이후 정법불교 교학이 성립하기까지 주술적인 불교신앙이 형성되었는가 하면, 토착신앙의 전통을 강조하거나 정법불교 교학을 확립하려는 기운이 팽배하였다.

원광의 교학은 일단 주술불교를 배격하면서 정법불교 교학을 확립하고자 하였다. 그것을 확립하는 데 토착신앙, 곧 삼기산신은 대단히 협조적이었다. 다만 정법불교 교학이 성공적으로 정착하기 위해서는 토착신앙을 계속해서 강조할 수는 없었다. 삼기산신은 신통력을 가졌고 신술을 닦아 알지 못하는 것이 없었지만 비장산臂長山에서 외롭게 죽었다. 비장산이라는 이름은 삼기산신이 큰 팔뚝의 모습으로 나타난 데서 붙여졌다.[38] 원광과 결속

38 인도의 『Veda』에는 천지를 창조한 유일신으로 原人(Purușha)이 나온다. 그는 千手·千眼·千足을 가졌다. 이미 존재하는 것도 바로 이 원인으로 말미암아 나타났다. 원인을 인도의 四姓과 연결시켜 설명하였다. 원인의 4분의 3은 하늘에 있어 볼 수 없으며 죽지 않은 존재라고 한다. 곧 그의 입을 통해 태어난 Brāhman과 두 팔을 통해 태어난 Kșhatriya, 두 눈을 통해 태어난 Vaiśya가 이에 속한다. 지상에 있는 원인의 4분의 1은 윤회하지 않고, 죽음에서 벗어나지 못한다. 두 다리를 통해 태어난 Sudra가 이에 속한다. 삼기산신, 곧 큰 팔뚝 모습으로 나타난 비장산신은 원인의 刹帝利種 탄생설화를 연상시킨다. 그러나 삼기산신이 신라왕실과 연관되는지는 확실하지 않다.

된 삼기산신이 상징하는 바를 간단하게 추론하기는 어렵다.

신라상대 말에서 중대 초기에 사륜계의 왕실이 한화정책漢化政策을 표명하면서 전제주의를 강화하였다면, 동륜계 왕실을 포함한 진골 귀족들은 신라의 토착신앙을 고수하였다. 삼기산신이 보여 주는 함축적인 의미는 신라 진골 귀족들이 고수하려는 토착적 전통과 맥이 닿을 수 있다. 아울러 원광의 정법불교는 신라중대 이후 자장을 위시해서 보편적인 불교 교학이 성립하는 것과 연결되었다. 그렇지만 그는 신라상대 말에 동륜계 왕실을 위시한 진골 귀족들의 전통을 외면하지는 않았다.

(2) 신라 법상종 교학의 태동

원광의 불교 교학에 대해 『속고승전』과 『고본수이전』이 알려 주는 분위기는 다소 차이가 있다. 전자가 중국에서 원광의 교학 활동을 주로 언급하였다면, 후자는 대체로 국내에서의 그의 활동을 알려 준다. 전자에는 원광의 교학이 갖추어지는 면이 잘 기록되었다면, 후자에는 귀국 후 그가 왕실 및 국내 정세와 연결된 면이 기록되었다. 두 기록은 원광 교학의 다른 면에 각각 비중을 두어 서술하였지만 그 궁극은 같은 모습을 비춘 것이다. 두 저술은 계참회신앙, 곧 계법과 점찰법회를 강조하였다. 원광이 정법을 추구하였지만 신이한 토착신앙과 친밀하거나 유학이나 노장老莊 사상에 능통한 점 등도 공통으로 나타났다.

원광의 교학에 대해서는 『속고승전』의 기록이 도움을 준다. 중국에 유학할 당시에 그는 여러 경전을 접하였다. 그가 접한 교학이나 경전은 대략 다음과 같다.

① 僧旻의 제자가 설한 강의에 참석하였다.

② 成實·涅槃·三論·數論을 접하였다.

③ 虎居山에서 念定과 覺觀을 닦았다.

④ 四含을 섭렵하고 八定을 닦았다.

⑤ 般若를 강의하고 攝論을 일으켰다(『삼국유사』 권4, 원광서학조).

원광의 교학은 성실론成實論에 기초하였으며, 반야나 섭론攝論에 익숙하였고 유식학唯識學을 성립시키는 데 공헌하였다. 중국에 들어간 그는 승민僧旻 계통의 교학에 접하면서 성실론과 『열반경』에 심취하였다. 승민은 527년(법흥왕 14년)에 입적한 인물로 성실학의 대가였다.

원광에게 영향을 준 승민의 제자는 누구인지 확실하지 않다. 승민의 제자인 경소警韶는 583년(진평왕 5년)에 입적하기 때문에, 원광이 직접 그의 강의를 들었는지는 의문이다.[39] 원광은 승민의 제자라기보다는 문도로부터 성실학을 전수받았다. 성실론은 유식 교학의 초기 단계에서 성립된 것으로 법상의 실체를 인식하려는 것이다. 아울러 원광은 유학과 도교에 밝았는데, 그러한 그의 학문은 불교 교학을 접하면서 성실론에 빠지게 하였다. 그의 불교신앙 속에 토착신앙에 대한 배려가 나타난 점도 성실론에 기초한 초기 유식학의 일반적 경향에서 이해하여야 한다.

외도外道의 교리가 인명론因明論을 거쳐 유식학으로 성립할 때에 토착신앙을 강조하였다. 석가 이전 외도의 교리는 인도 토착신앙의 전통을 강하게 지녔는데, 인명론으로 성립되어 불교 교학 속에 흡수되었다. 인명론은 초기 유식학의 교학으로 이어져, 미륵彌勒이나 세친世親이 이에 관한 저술을 남겼다. 후에 진나陳那는 『집양론集量論』에서 인명학을 불교 논리로 체계화하였는데, 그것은 신인명론新因明論으로 불리면서 유식학을 발전시키는 바탕이 되었다.

39 崔鉛植, 「원광의 생애와 사상—삼국유사 원광전의 분석을 중심으로—」, 『泰東古典研究』 12, 1995, p. 21.

삼장三藏이나 수론數論을 익히고 사함四含을 섭렵하여 팔정八定을 닦았던 점도 원광이 성실론을 추구하면서 유식학을 습득한 사실을 알려 준다. 우선 그것은 부파部派불교의 전통을 견지하였다. 특히 외도에서 중시한 수론은 일체 법상의 실체를 인정하고, 그것을 25체諦로 나누어 설명하였다.[40] 수론은 성실론으로 연결되는 것이지만 지혜를 의미하면서 실체의 법상을 제도하는 근본으로 이해되었다.[41]

원광의 교학은 성실론이나 수론에서 출발하였다. 그는 『아함경阿含經』을 공부하여 부파불교에서 추구한 소승의 선법인 팔정을 닦았다.[42] 그렇지만 원광은 소승 수행에 머물지 않았다. 삼기산신은 이타행의 추구를 위해 그에게 중국 유학을 권하였다. 성실론과 대조되는 삼론을 습득하면서 염정念定과 각관覺觀을 닦은 것은 그의 교학이 새롭게 발전하는 계기를 만들었다. 삼론학은 공사상을 추구하지만 나중에는 중관中觀으로 나아갈 소지를 가졌다. 그것은 성실론의 성격과 맞지 않는다. 원광은 팔정을 닦았지만, 이를 계기로 염정과 각관을 수행하였다. 이 점은 그의 수행이 대승에 기초한 실천신앙을 갖게 하였다.

삼기산에서 원광은 밤에 혼자 앉아 경전을 염송하였다. 그것은 바로 실천수행으로 이어진다. 실천수행신앙이 밑바탕이 된 이타행의 추구는 원광이

---

40 外道僧 佉輪師는 25諦가 自性을 가지며, 자성은 意와 智를 낳는다고 하였다. 지에 의해 五分이 생기고 그것은 五知根을 낳고, 5지근에 의해 五業根을 낳고 5업근에 의해 五大를 낳는다고 한다. 25체는 자성을 가지면서 實在하기 때문에 성실론과 밀착될 수 있다.

41 『삼국유사』 권4, 원광서학조에 인용된 『속고승전』에는 數論이 아니라 釋論으로 나와 있지만, 다른 판본의 『속고승전』에는 수론으로 기록하였다. 『해동고승전』에는 같은 사실을 서술하면서 아예 수론을 삭제하였다. 이점은 원광의 초기 교학으로 언급된 수론이 본 모습일 것으로 짐작하게 한다. 뒤에 원광은 유식학의 교리 체계를 정립시켰기 때문에, 고려시대에 편찬된 그의 전기에서 수론이 삭제되었고, 일연은 그것을 『大智度論』인 석론으로 바꾸어 기술한 듯하다. 그렇지만 석론으로 기술한 이유는 그의 교학이 뒤에 반야와 攝論에 대한 이해를 심화시킨 데에서 찾아진다.

42 崔鉛植, 「원광의 생애와 사상—삼국유사 원광전의 분석을 중심으로—」, 『泰東古典硏究』 12, 1995, p. 22.

반야나 섭론에 심취하게 하였다. 무착無著이 섭론, 즉 『섭대승론攝大乘論』을 지었고, 그 해설서인 『섭대승론석攝大乘論釋』은 세친의 저작이라고 전한다. 그것은 실천수행을 강조하는 유식학을 성립시켰다.[43] 아울러 그것은 법상의 차별을 인식하지만, 심학心學과 혜학慧學에 의한 적멸寂滅을 추구함으로써 융섭적 성격을 가졌다. 원광은 반야에 매료됨으로써 중관론적 공사상에 접하였다.

원광은 신라 불교 교학을 정립하는 데 기여한 인물이다. 그의 교학은 유식학, 곧 신라 법상종 교학을 성립시키는 바탕이 되었다. 처음 그는 성실론에 입각한 유식교리를 흡수하였지만 뒤에는 섭론을 익혔고 실천수행신앙을 강조하였다. 중국 호거산이나 신라 삼기산에서의 수행이 이를 알려 준다. 귀국 후 그는 점찰법과 함께 계율을 강조하였다. 이러한 그의 교학은 뒷날 진표眞表의 점찰법을 연상시킨다.

진표의 교학을 점찰법회라는 특수한 신앙 형태로 파악하기도 하지만,[44] 신라 법상종의 교의로 이해하고자 한다.[45] 이에 대해서는 다음 기록을 참고해 보기로 하자.

① 開元·貞元 연간에 나온 두 釋敎錄에는 正藏으로 편입되었으니, 비록 性宗으로서는 벗어났으나 相敎의 大乘으로서는 오히려 우월한 것이다.

② 점찰경에서 輪을 던져 相을 얻는 것과 무엇이 다르랴? 이에 진표는 懺悔하

43 『攝大乘論』은 10종의 勝相으로 나뉘어 설명되었는데, 그것은 다음과 같다.
① 應知依止勝相 ② 應知승상 ③ 應知入승상 ④ 入因果승상 ⑤ 入因果修差別승상 ⑥ 於修차별승상 ⑦ 此中依心學승상 ⑧ 此中依慧學승상 ⑨ 學果寂滅승상 ⑩ 智차별승상
『섭대승론』은 차별의 법상을 드러내려는 것이지만 계율에 의한 수행과 寂滅을 추구하였다. 그것은 곧 실천수행신앙을 가진 셈이다.

44 金煐泰, 「신라 占察法會와 眞表의 教法연구」, 『불교학보』 9, 1972.

45 文明大, 「신라 法相宗(瑜伽宗)의 성립문제와 그 미술—甘山寺 彌勒菩薩像 및 阿彌陀佛像과 그 銘文을 중심으로—」, 『역사학보』 62·63, 1974.

여 簡子를 얻어서 법을 듣고 부처를 보는 것이 誣亡하지 않음을 알았다(『삼국유사』 권4, 眞表傳簡조).

일연은 『점찰경』에 의한 점찰법회가 법성종에서는 벗어나 있으나 법상종 교학으로서는 우수하다고 하였다. 이는 점찰법占察法이 단순히 점복占卜신앙을 펴는 법회로 오해되는 소지를 미리 막으려는 의도를 담은 것이다.

진표는 점찰법회에서 간자를 던져서 길흉吉凶에 관한 상을 얻는 방법이 법을 듣고 부처를 보는 것과 다르지 않다고 하였다. 그것은 법상을 인식하는 교학으로 이어진다. 점찰법회를 통해 진표는 법상종 교학을 정립하였다. 진표의 법상종 교학에서 중시한 것은 지장과 미륵신앙이지만, 지장보다는 미륵이 더 수승殊勝한 것으로 나타났다. 그렇지 않고 지장이 중심을 이루었다면 진표의 교학을 단순히 점복신앙을 펴려는 것으로 파악하여야 한다.

진표는 간자를 받기 위해 피와 살이 떨어져 나가는 고행을 닦았다. 지장으로부터 정계淨戒를 받았으나, 그는 그것에 만족하지 않고 계속 정진하여 미륵으로부터 189개의 간자를 받았다. 모든 간자는 침단목沈檀木으로 만들어졌는데, 그중 제8·제9간자는 계율을 나타내는 것이며 미륵의 손가락뼈로 만들었다고 한다. 이는 계율을 의미하는 두 간자에 초점을 맞춘 셈이다. 이렇듯 진표의 점찰법회에서는 미륵이 중심을 이루었고, 계율이 강조되었다. 점찰법회와 함께 계율을 강조한 점에서 원광의 교학은 진표의 법상종 교학으로 이어질 수 있다.

신라중대에 법상종 교단은 미륵을 주존불로 모시지만 부존을 미타와 지장으로 모시는 두 교단으로 나뉘었다. 그중 미륵과 미타를 모시는 교단은 태현太賢으로 대표되었고, 미륵과 지장을 모시는 교단은 진표로 대표되었다.[46] 미륵과 미타를 모시는 교단은 원측圓測으로부터 도증道證을 거쳐 태현

46 文明大, 「신라 法相宗(瑜伽宗)의 성립문제와 그 미술(下)—甘山寺 彌勒菩薩像 및 阿彌陀佛像

에게로 이어졌고 순수교리를 추구하는 경향을 지녔다면, 미륵과 지장을 모시는 교단은 원광에서 진표로 이어졌고 실천수행신앙을 강조하는 경향을 가졌다.[47] 전자가 정토신앙을 추구하는가 하면 후자는 엄격한 계율을 내세웠다.

원광의 교학은 점찰법회를 열었다는 점에서뿐만 아니라 출가자가 지니는 엄격한 보살계를 지녔거나 삼기산 또는 호구산에서 염정과 각관을 닦으면서 실천수행신앙을 내세웠다는 면에서 진표계 법상종 교학으로의 연결이 가능하다. 그러나 원광 교학의 성격이나 그의 법맥이 진표계 법상종으로 이어지는 확실한 논거를 발견하기는 어렵다. 원광의 제자 중에 원안圓安이 있다.

원안은 「원광전」을 지었으며, 심학心學에 깊은 조예를 가졌다. 그는 유식에 밝았던 것이 분명하다. 그 외에 원안에 대해서는 더 자세하게 알 수 없다. 진표는 12살 때에 금산사金山寺의 숭제崇濟 또는 순제順濟 법사에게 나아가 출가하였는데, 숭제는 당나라에 유학하여 선도善道 삼장三藏의 문하에서 수학하였다. 숭제나 선도 삼장 또는 진표가 바로 원안이나 원광과 연결되지는 않는다.

원광은 『섭대승론』을 익히는 등 유식불교에 정통하였지만 당시에 신라 법상종 교학이 성립되어 있지도 않았다. 원광이 일찍이 가슬사嘉瑟寺에 주

과 그 銘文을 중심으로—」, 『역사학보』 63, 1974, p. 160.

47 慈恩·惠沼·智周 등으로 이어지는 중국의 정통파 유식사상과 대항할 수 있는 원측에서 道證·太賢으로 이어지는 유식학파를 西明派라고 부른다. 중국 정통파의 유식사상이 五性各別을 주장하였다면, 서명파 유식사상은 무수한 법상에서 어느 것을 취하여도 진리로 이어진다고 하여 융섭적인 성격을 강조하였다. 원광의 교학이 이러한 융섭사상과 어떻게 다른지를 지적하기는 어렵다. 그가 성실론에 입각하였음은 처음에 중국 정통파 유식사상에 매료되었던 것을 알려준다. 그러나 원광은 三論과 반야를 접하면서 攝論에 익숙하였다. 이후 그의 사상은 융섭적인 성격을 지녀 갔을 듯하다. 진표계의 법상종사상은 고려 초에 성행하였고, 이들의 교학은 新法相사상을 성립시켰다(김두진, 「고려초의 법상종과 그 사상」, 『韓沽劤정년기념 한국사학논총』, 1981 ; 『균여화엄사상연구』, 일조각, 1983, pp. 132~139). 이 점은 원광에서 진표로 이어지는 법상종사상 내에 융섭적인 성격이 갖추어졌음을 짐작하게 한다.

석하였고, 운문사雲門寺의 교학과 연관을 가졌던 것은 흥미를 끈다. 다음 기록을 참고해 보기로 하자.

> 祖師 知識은 중국에 가서 불법을 전해 받고 돌아오는 길에 서해에 이르자, 龍이 그를 맞아 용궁으로 들어가서 불경을 외우게 하였다. (용왕이) 金羅袈裟 한 벌과 겸하여 아들 璃目을 그에게 주어 모시고 따라가게 하였다. …… 서로 작별하고 돌아와서 이 골짜기에 이르니 졸지에 한 노승이 나타나 스스로 원광이라 일컫고, 印櫃를 안고 나와서 조사에게 주고는 이내 사라졌다(『삼국유사』 권4, 寶讓梨木조).

신라 말에 보양寶讓이 운문사雲門寺를 개창하는 사실은 원광의 행적으로 혼동하여 기록되었다. 김섭명金涉明이 지은 「원광전」에 그러한 내용을 기록하였고, 그것은 『해동고승전』의 「원광전」에도 그대로 실렸다.

일연은 원광과 보양의 행적을 구별하여 기록으로 남겼다. 그렇지만 그는 원광과 운문사의 창건을 연결시켜 기록하였다. 조사 지식知識은 보양과 같은 사람이거나 비슷한 성향을 가진 인물이다.[48] 보양은 동해 용궁에 들려 불경 및 가사를 받고는, 용왕의 아들인 이목璃目과 함께 돌아와 운문사를 창건하였다. 또한 그는 원광으로 자칭하는 노승으로부터 인궤印櫃를 받아 오갑사五岬寺의 폐사지에 작갑사鵲岬寺를 세웠는데, 뒤에 그것을 운문선사雲門禪寺라고 불렀다.

원광으로부터 인궤를 받아 이루어지는 운문사는 그의 교학 전통을 계승하였을 것이다. 원광의 교학은 운문선종의 선풍과 연결되었던 것이 분명하다. 원광과 운문사의 교학이 비슷했기 때문에 뒤에 원광의 행적과 보양의 행적이 서로 혼동되는 결과를 낳았다. 조사 지식은 그 이름으로 보아 유식

48 『삼국유사』 권4, 寶讓梨木조에 "祖師知識 上文云寶壤"이라 하였다.

사상에 정통하였으며, 지식으로 혼동된 보양도 유식사상에 밝았던 선승禪僧이었다.[49] 한편 고려 후기 운문사에는 유식사상에 밝은 원응圓應 국사 학일學一이 주석하였다. 학일은 반야에 정통하였다.

원광이 유식불교의 교학을 정립시켰고 정법正法을 표방하였지만, 신이한 토착신앙을 외면하지 않았다. 원광은 진표계 법상종과 뚜렷하게 연결되지 않는다고 하더라도 신라 법상종 교학을 태동시키는 데 헌신적으로 기여하였다. 나말여초를 지나면서 태현계 법상종의 법맥이 전하지 않지만, 진표계의 법맥은 오히려 융성하였다. 원광의 교학은 진표계의 법맥에서 상징적으로 내세워졌으며, 운문사 계통의 교학과도 밀접한 관련을 가졌다. 원광의 교학에 나타난 염정念定이나 각관覺觀의 강조 및 실천수행신앙은 운문사 계통의 선풍禪風과도 연결이 가능한 것이다.

49 寶讓은 풍수지리설에 밝았던 선승이었다. 왕건의 軍略家로 출전하여 犬城의 전투를 승리로 이끈 데에는 그의 풍수지리적인 식견이 작용하였다. 나말여초에 桐裏山門을 중심으로 성립한 풍수지리설은 유식론적인 禪觀으로 파악된다. 山水의 형세를 살피는 풍수지리적 식견은 법상종 사상으로 파악될 소지를 가졌다. 그런 면에서 보양은 유식사상에 밝았다.

제2절 자장의 문수신앙과 계율

1. 자장의 정치적 입장

(1) 생애

신라중고대의 왕실에 전래된 불교는 공인 과정을 거치면서, 신앙 면에서 왕실과 귀족이 타협과 조화를 이룬 이후 귀족 중심으로도 수용되었다. 그리하여 왕실은 왕실대로, 귀족은 귀족대로 서로 친근감을 갖는 불교신앙을 포용하고 있었다. 미륵彌勒신앙이 귀족에게 더 친밀하였다면 전륜성왕轉輪聖王 관념이나 석가불釋迦佛신앙은 왕실과 보다 밀착되었다.

자장慈藏은 신라왕실의 석종의식釋宗意識을 성립시키는 데 직접 관여하였으며, 왕실 중심으로 수용된 석가불신앙은 물론 제석帝釋신앙 및 이와 연관된 문수文殊신앙을 크게 내세웠다. 그런가 하면 그는 계율을 정립시킨 인물이다. 신라 선덕여왕 대와 진덕여왕 대에 주로 활동한 자장은 진골 귀족인 김씨이며, 그의 부친은 소판蘇判 무림茂林이다. 그가 언제 태어나서 언제 입적하였는지를 알려 주는 기록은 전혀 찾을 수 없다.

자장의 행적에 관한 확실한 연대는 거의 알려져 있지 않다. 그가 입당入唐하여 수학하고 돌아온 연대는 또한 혼동되어 있다. 『삼국사기三國史記』와 『삼국유사三國遺事』는 그가 선덕여왕 5년(636년)에 입당하여 선덕여왕 12년(643년)에 귀국하였다고 했는데, 『속고승전續高僧傳』에는 선덕여왕 7년(638년)에 입당한 것으로 기록되어 있다. 이러한 상이한 두 기록 중 어느 것이 옳은지를 속단할 수 없으나. 선덕여왕 7년에 입당한 것이 사실인 듯하다.[1]

---

1 『三國史記』나 『三國遺事』에는 慈藏이 善德王 5년에 入唐하였다고 기록하였다. 朴居勿,「新羅皇龍寺九層木塔刹柱本記」(『韓國金石遺文』, 黃壽永編著, 一志社, 1976, p. 159)에 "法號慈藏 大王

자장은 입당하여 5년간 수학하고 돌아왔다. 그는 불교교리나 계율에 대한 이해가 원숙해진 50세 전후에 입당하였다고 한다.[2] 출가 시기나 입당할 때의 나이 등은 그의 생애를 추정하는 데 대단히 중요하지만, 현재로서는 확실한 결론을 내리기 어렵다. 진덕여왕 대에 활동한 무림보다 한 세대 아래인 자장이 선덕여왕 대 초에 50대였다고는 생각되지 않는다.[3] 당시에 자장의 불교 교학에 대한 수학은 이미 대단히 무르익은 경지에 있었던 것이 분명하다.

자장은 일찍 부모를 여의고 속세의 번거로움을 싫어해서 처자를 버리고 출가하였다고 한다(『삼국유사』 권4, 慈藏定律조). 그렇지만 이 기록은 신빙성이 약하다.[4] 그에게 처자가 있었는지도 분명하지 않다. 「황룡사찰주기皇龍寺刹柱記」에는 그가 어려서 살생을 즐기며 매를 놓아 꿩을 잡았는데, 꿩이 눈물을 흘리는 것을 보고 감동하여 출가하였다고 한다.[5] 어쩌면 이러한 동기도 그가 출가한 원인 중의 하나에 포함되었을 것이다.

卽位七年 大唐貞觀十二年 我國仁平五年 戊戌歲 隨我使神通 入於西國 王之十二年 癸卯歲欲歸本國"이라 하였다. 곧 『삼국사기』나 『삼국유사』에서 자장이 入唐한 선덕왕 5년은 선덕여왕 仁平 5년임이 분명하다. 인평 5년은 선덕여왕 7년이다.

2 安啓賢, 「三國遺事와 佛敎 宗派」(『三國遺事의 新硏究』, 新羅文化 宣揚會, 1980, p. 30) 참조. 자장이 50세를 전후한 시기에 入唐했다는 근거로 그의 甥姪인 明朗이 문무왕 대에 활약하였던 것을 들었다. 그렇지만 明朗은 자장보다 먼저 중국에 들어갔다. 즉 그는 선덕여왕 원년에 입당하여 선덕여왕 4년(貞觀 9년)에 귀국하였다. 이로 보면 甥姪관계로써 나이를 추측하는 것은 반드시 옳지는 않다.

3 慈藏이 唐의 雲際寺에서 戒行을 닦고 난 후 人神이 戒를 받으면서 "神語藏曰 今者不死 八十餘矣"(『梁高僧傳』 권24, 慈藏전)이라 했는데, 그 뒤에 다시 "有神報藏曰 自今以後 壽可八十餘也"(『新修科分六學僧傳』 권4, 傳宗科, 慈藏傳)라 하였다. 그렇다면 자장은 귀국하고 난 후 80여 년을 산 셈이다. 이 기록이 옳은 것이라면 그가 入唐할 때에 50세 전후였다는 추측은 再考되어야 한다.

4 辛鍾遠, 「慈藏의 佛敎思想에 대한 再檢討-新羅 佛敎 初期戒律의 意義-」, 『韓國史硏究』 39, 1982, p. 5.
자장은 선덕여왕 7년에 入唐했는데, 茂林은 眞德王 代까지 정치 활동을 하였다. 그렇다면 그가 양친을 여읜 후 출가하였다고 할 수는 없다.

5 朴居勿, 「新羅皇龍寺九層木塔刹柱本記」(『韓國金石遺文』, 黃壽永編著, 一志社, 1976, p. 159)에 "少好殺生 放鷹勢雉 雉出淚而泣 感此發心 請出家入道"라고 하였다.

어려서 출가하였으며 감동을 받아 불교에 귀의하였다면, 그는 불교와 친근한 집안 분위기 속에서 성장하였을 것이다. 다음 기록은 그의 집안이 불교와 깊이 관련되었음을 시사해 준다.

① 그의 아버지는 淸要한 관직을 두루 거쳤는데 後胤이 없어, 이에 三寶에 歸心하였으며 千部觀音에게 빌어 一息을 낳았다(『삼국유사』 권4, 慈藏定律조).

② 師의 이름은 明朗이며 字는 國育이고 신라 沙干 才良의 아들이다. 어머니는 南澗夫人 혹은 法乘娘인데 蘇判 茂林의 딸인 金氏, 즉 慈藏의 누이이다. 三息이 있었는데 長子는 國敎大德이요 次子는 義安大德이며 師는 季子이다(『삼국유사』 권5, 明朗神印조).

무림은 불교에 돈독하게 귀의하였다. 자장이 태어나는 것도 불교의 연기설화로 꾸며서 기록되었다. 무림의 집안은 불교와 깊이 연관되었다. 그러한 집안 분위기는 자장이나 그의 누이가 불교에 귀의하게 하였다. 그의 누이는 법승랑法乘娘이라는 법호를 가진 듯하다. 명랑明朗을 위시한 누이의 세 아들은 모두 출가하였다.

어려서 출가한 자장은 신라 초기의 계행戒行을 충분히 습득한 후 문인 승실僧實 등 10여 인과 더불어 입당하였다. 중국에 들어간 자장은 당경唐京의 승광별원勝光別院에 머물렀다. 이때 당왕실은 그를 각별히 배려하였다. 신라 조정과의 관계에서뿐만 아니라 이미 불교에 대한 상당한 조예를 가졌기 때문에 자장은 당왕실의 후대를 받았을 것이다. 당 조정의 호의를 번거롭게 생각한 그는 종남산終南山 운제사雲際寺의 동악東崿으로 나아가 거기서 3년을 거주하였는데, 이때 인신人神이 그로부터 계를 받았다고 한다.

종남산에는 중국 계율종戒律宗의 시조인 도선道宣이 주석하고 있었다.[6]

6 辛鍾遠, 「慈藏의 佛敎思想에 대한 再檢討-新羅 佛敎 初期戒律의 意義-」, 『韓國史硏究』 39,

이로 보면 자장의 본국 신라에서의 수행이나 당의 승광별원이나 운제사 동악에서의 생활은 일관되게 계행戒行과 연관되었다고 생각한다. 그러나 자장은 입당하여 청량산淸凉山(五臺山)에 들려 만수대성曼殊大聖(文殊)의 소상塑像에 참배하였던 것을 유념해야 한다. 자장이 문수의 감응을 받은 사실은 『삼국유사』에 기록되어 있으나 『속고승전續高僧傳』에는 일체 언급되지 않았다. 이 점은 그러한 연기설화가 주로 신라 조정과의 관계에서 생겨난 것으로 이해하게 한다.

『삼국유사』에는 자장이 입당하여 당나라 수도로 가기 전에, 먼저 문수대성을 찾아뵙는 것으로 기록하였다. 그렇지만 자장은 당나라에서의 수학이 마무리되는 선덕여왕 12년(643년)에서 그리 멀지 않은 시기에 문수와 접하였으며, 그 후 대장경 1부를 가지고 귀국하였다. 이때 가지고 온 400여 함函의 장경藏經을 통도사通度寺에 보관하였다. 선덕여왕의 요청으로 귀국하면서 자장은 진신사리眞身舍利를 위시하여 국가에 복리福利가 될 수 있는 물건을 싣고 왔는데, 신라에서는 그를 거국적으로 환영하여 분황사芬皇寺에 주석하도록 하였다.

자장은 궁중에 불려가 경론을 강설하였으며, 황룡사皇龍寺의 제2세 주가 되었다. 대국통大國統에 임명된 그는 전국 사찰을 순검巡檢하여 승려들의 규범을 엄히 다스렸다. 그런가 하면 황룡사에 구층탑을 세웠으며 통도사를 창건하고 그 계단戒壇을 건립하였다. 그 외에 살던 집을 희사하여 원녕사元寧寺로 만들었으며,[7] 강릉江陵에 수다사水多寺를 창건하였고 태백산太伯山에 석남원石南院(淨岩寺)을 창건하는 등 많은 탑과 절을 세웠다.[8] 이러한 절

1982, p. 14.

7 元寧寺의 창건에 대해서는 慈定定律조 내에서도 달리 기록하였다. 즉 자장이 "早喪二親 轉厭塵譁 損妻息 捨田園爲元寧寺"라 한 사실과 또 하나는 그가 唐에서 歸國한 후 通度寺戒壇을 설치하고는 "又改營生緣里第元寧寺"라 한 사실이다. 이 중 필자는 後者가 옳은 것으로 생각한다. 이에 대해서는 다음 장에서 자세히 언급할 것이다.

8 未詳, 「江原道旌善郡 太伯山 淨岩寺事蹟」(『葛萊塔事蹟』)에서는 本文에 제시한 외에도 자장이

이나 탑 등을 건립하는 것도 역시 왕실의 협조로 이루어졌다. 귀국 초 자장은 왕정에 깊이 관여하였다. 그러한 그가 만년에 서울을 떠나 정암사에서 쓸쓸하게 생을 마쳤다.

(2) 정치적 성향

신라중고대 말의 정치 개혁에 깊이 관계하였으나 만년에 서울을 떠나야만 했다는 데에서, 정치권력의 영욕을 함께 맛본 자장의 미묘한 정치·사회적 입장을 이해하고자 한다. 신라사에서 자장은 격변하는 시대를 살아갔다. 진평왕 대부터 진덕여왕 대를 거쳐 무열왕 때에 이르기까지에는 무수한 제도의 개혁과 정비가 이루어졌으며, 삼국이 하나로 통합되어 가는 사회 분위기가 무르익어 갔다. 이러한 시대를 살아갔다고는 하지만 자장은 정작 선덕여왕 대에 주로 활동한 인물임을 유념해야 한다.

자장은 입당과 그 후 귀국 과정에서 모두 선덕여왕의 도움을 받았다. 특히 황룡사 구층탑은 바로 선덕여왕 대의 여러 정책과 연관하여 상징적으로 건립되었다. 안홍安弘이 찬술한 「동도성립기東都成立記」에 나오는 다음 기록을 참고해 보기로 하자.

> 신라 27대는 女王이 서서, 비록 道는 있으나 威嚴이 없기 때문에 九韓의 侵入이 잦았다. 만약 龍宮의 남쪽 皇龍寺에 九層塔을 건립한다면, 즉 隣國의 災難을 가히 鎭壓할 수 있을 것이다(『삼국유사』 권3, 皇龍寺九層塔조).

창건한 것으로 보이는 절이나 탑을 더 기록하였는데 다음과 같다.
① 月精寺 十三層塔을 세우고 舍利를 넣어 두었다.
② 太伯山 三葛盤地에 寶塔을 세우고 사리를 넣어 두었다.
③ 獅子山에 回塔을 세우고 사리를 넣어 두었다.
④ 淨岩寺 남쪽 十里에 上薩邦을 건립했는데, 지금의 祖殿이다.
물론 이러한 기록을 전부 신빙할 수 있는 것은 아니지만 유념할 필요는 있다.

황룡사는 진흥왕 대에 창건되었지만 구층탑은 선덕여왕 14년에 여왕의 위엄을 보강하기 위해 건립되었다. 그리하여 말갈靺鞨·왜인倭人 등 이웃 나라의 침입에 따른 재앙에서부터 벗어날 수 있다고 하였지만, 오히려 안홍은 9층탑의 건립으로 구한九韓이 복속하여 오게 함으로써 왕조가 안정이 된다는[9] 호법 내지 호국신앙을 전개시켰다.

호법신앙에서 더 나아가 자장은 신라 불국토佛國土신앙을 구축하는 장본인이었는데, 그것은 선덕여왕을 위시한 당시의 왕실과 밀착되어 나타났다. 다음 기록을 참고해 보기로 하자.

> 慈藏法師가 西學했는데 五臺山에서 文殊에 감응하여 法을 받았다. 문수가 또 말하기를 "너희 나라 왕은 天竺의 刹利種王으로서 이미 佛記를 받았던 故로 특별한 인연이 있으며, 東夷의 오랑캐족과는 같지 않다"라고 하였다(『삼국유사』 권3, 皇龍寺九層塔조).

선덕여왕 당시에 신라왕은 인도의 찰제리종왕刹帝利種王이었다는 것이다. 이러한 관념은 법흥왕 이후 진덕여왕에 이르기까지 사용한 불교왕명佛教王名과 관련되었겠지만, 좁게는 진흥왕 이후 전륜성왕轉輪聖王 관념, 특히 그 뒤 진평왕 대의 석종의식釋宗意識과 깊은 연관을 가졌다.

진평왕계는 인도의 석가족釋迦族이 윤회하여 신라왕족으로 태어났다는[10] 것이다. 자장은 호법신앙을 근간으로 하여 불국토신앙을 내세움으로써 신라왕실의 석종의식을 전개시켰는데, 그러한 신앙은 선덕여왕 대 내지 신라

---

9 『삼국유사』 권3, 皇龍寺九層塔조에는 "藏曰 我國北連靺鞨 南接倭人 麗濟二國 迭犯封陲 隣寇縱橫 是爲民梗 神人云 今汝國以女爲王 有德而無威 故隣國謀之 宜速歸本國 藏問歸鄕 將何爲利益乎 神曰 皇龍寺護法龍 是吾長子 受梵王之命 來護是寺 歸本國成九層塔於寺中 隣國降伏 九韓來貢 王祚永安矣"라고 하였다.

10 김두진, 「신라 진평왕 대의 석가불신앙」, 『한국학논총』 10, 1988, p. 33.

중고대 말의 여러 정책과 표리를 이루면서 나타났다. 진평왕에서 진덕여왕 때에 이르는 일련의 개혁 조치는 신라중대의 전제주의를 확립시키는 방향으로 작용하였는데, 그중 선덕여왕 대의 정치 상황은 아주 미묘한 움직임을 보여 준다.

진흥왕 이후 신라 정치사는 동륜계銅輪系와 사륜계舍輪系의 대립과 상호 견제 속에서 전개되었는데, 진지왕이 폐위된 후 진평왕의 즉위나 진평왕 대 초기의 여러 개혁 조치는 동륜계가 추진한 것이다. 반면 진덕여왕 5년의 개혁은 사륜계, 즉 김춘추金春秋·김유신金庾信 일파에 의해 주도되었고, 이후 이들이 신라중대의 전제주의를 확립시켜 갔다. 다만 진평왕 대 말의 제도 개혁은 진평왕 대 초기의 그것에 비해 보다 왕권을 전제화하려는 성격을 가졌는데, 이는 용춘龍春, 즉 사륜계에 의해 추진된 것으로 생각한다.[11]

진평왕 44년(622년)에 용춘은 내성사신內省私臣에 임명되어 삼궁三宮을 함께 장악하면서 정치의 실권을 잡았다. 그 후 낭비성娘臂城 등 전장에서의 승리로 그들은 무력 기반을 보다 확고하게 쌓아 갔다. 그렇지만 선덕여왕 대에 이르기까지 동륜계銅輪系세력도 온존하여서인지 동륜계의 여왕이 계속 등극할 수 있었다. 말하자면 선덕여왕 대에는 김춘추 일파의 세력이 크게 신장되어, 이들이 실질적인 사회 개혁의 주도세력이었다. 그러나 왕실은 여전히 동륜계가 장악하였고, 그들의 세력이 아직은 상당한 영향력을 갖고 있었다.

선덕여왕 대에 동륜계인 왕실과 김춘추 일파가 서로 정치적 이해를 달리하였는데, 자장은 왕실에 동조하는 정통 진골 귀족 가문 출신이었다. 그의 집안이 갖는 정치적 입장을 이해하기 위해 다음 내용을 참고해 보기로 하자.

---

11 이런 면에 대해서는 김두진, 「新羅 眞平王代 初期의 政治改革—삼국유사 所載 桃花女 鼻荊郎조의 분석을 중심으로—」(『진단학보』 69, 1990)에서 다루었다.

> 왕(진덕여왕)의 代에 閼川公·林宗公·述宗公·虎林公·廉長公·庾信公이 南山 亐知巖에 모여 國事를 의논하였다. 때에 큰 호랑이가 좌중으로 달려들어 왔다. 諸公이 놀라 일어났으나 알천공은 태연하여 움직이지 않고 談笑自若하면서, 호랑이 꼬리를 잡아 땅에 처박아 죽였다. 알천공의 膂力이 이와 같아서 수석에 앉았다. 그러나 諸公은 모두 유신의 위력에 복종하였다(『삼국유사』 권1, 진덕왕조).

무림茂林(虎林)은 진덕여왕 대에 화백회의和白會議의 구성원이었으므로, 재상宰相의 자리가 비게 되면 자장은 가문으로 따져 거기에 천거될 수 있을 정도의 출신 배경을 가졌다.

진덕여왕 대에 화백회의의 구성원들 속에는 김유신과 같은 사륜계의 지지자가 있었다. 또한 진골 귀족을 대표하는 알천閼川도 확고하지는 않다 하더라도, 진평왕계 왕실의 지지자였다. 진덕여왕 사후 화백회의의 결정은 알천에게 섭정하도록 권한을 주었지만, 그는 끝내 고사하고는 왕위를 춘추에게 양보하였다. 다만 섭정 결정이 나올 수 있었던 것은 알천이 왕실과는 호의적인 관계를 가졌기 때문이었다. 같은 화백회의의 구성원인 임종林宗도 알천처럼 미미하지만 당시 왕실의 지지자였고,[12] 무림도 그러한 예에서 벗어나지 않았을 것이다.

자장은 선덕여왕 대에 왕실과 연결되어 있었지만 사륜계와의 접촉을 애써 거절하지는 않았던 듯하다. 황룡사 9층탑의 건립에 용춘이 깊이 관여하였던 것이 이를 알려 준다.[13] 또한 그는 진덕여왕 3년(649년)에 중국식 의관

12 眞平王은 鼻荊郞이 천거한 吉達이란 자를 林宗의 양자로 주선하였다. 이런 점으로 미루어 본다면 임종이 眞平王과 가까웠으며, 적극적이지는 않다 하더라도 왕실의 지지자였을 법하다. 이에 대해서는 前記한 「新羅 眞平王代 初期의 政治改革—삼국유사 所載 桃花女 鼻荊郞조의 분석을 중심으로—」(『진단학보』 69, 1990)에서 詳論하였다.

13 『삼국유사』 권3, 皇龍寺九層塔조에 "以建塔之事 聞於上 善德王議於群臣 群臣曰 請工匠於百濟 然後方可 乃以寶帛請於百濟 匠名阿非知 受命而來 經營木石 伊干龍春幹蠱 率小匠二百人"이라

제衣冠制를 도입하고, 진덕여왕 4년에는 '영휘永徽'라는 당唐의 연호를 사용하자고 건의하였다. 이는 한화정책漢化政策을 표방하는 김춘추 일파의 개혁조치를 외면하지 않는 데에서 나올 수 있었던 것이다.

선덕여왕 대에 왕실과 친밀하였으나 사륜계와는 일정한 거리를 유지하였던 자장의 가문이 김춘추 일파가 득세해 가는 분위기 속에서, 계속 영향력 있는 위치를 지켰는지는 의문이다. 자장이 문벌로 따져 재상이 될 수 있었으나, 그것을 마다하고 출가한 사실은 무언가 석연찮은 느낌을 준다. 진덕여왕 대 이후 사륜계가 실제로 그 사회를 지배해 가자, 자장의 가문은 상대적으로 정치적 생명력을 잃어 갔다.

2. 자장의 문수신앙

진평왕 대에는 석가불신앙이 대두하였고[14] 신라왕실은 본래 석가족釋迦族이었다는 석종의식을 가졌다. 진평왕의 이름인 백정白淨은 석가의 부친 이름이며, 부인인 마야부인摩耶夫人은 석가의 어머니 이름이다. 그 외 진평왕의 두 남동생인 국반國飯과 백반伯飯은 석가의 삼촌 이름이다. 자장의 불국토설은 신라왕실이 찰제리종이라 한 것에서 더 나아가 석종의식을 포용하는 것으로 변화되는 데 더 중요한 의미를 가졌다.[15]

자장의 사상은 석가불신앙을 내세우는 데 그치지 않고 제석帝釋신앙을 표방하였다. 그는 입당한 후 바로 청량산淸凉山의 만수대성曼殊大聖 소상塑

하였다. 또 「新羅皇龍寺九層木塔刹柱本記」에는 "王之十二年癸卯年 欲歸本國 頂辭南山圓香禪師 謂曰 吾以觀心 觀公之國 皇龍寺 建九層窣堵波 海東諸國 渾降汝國 慈藏持語而環 以聞 乃命監君伊幹龍樹 大匠△濟△非等 率小匠二百人 造斯塔焉"이라 하였다.

14 김두진, 「신라 진평왕대의 석가불신앙」, 『한국학논총』 10, 1988, pp. 17~19.

15 김두진, 위의 논문, pp. 32~34.

像을 알현하였는데, 그것은 제석천이 공인工人을 이끌고 내려와 조각한 것이라 한다. 자장이 중국에서 추구한 문수신앙이 제석천을 매개로 전개되고 있음은 퍽 흥미로워 보인다. 진평왕 대에 유행한 석가불신앙은 제석천을 내세우는 경향을 지녔고,[16] 선덕여왕 대가 되면서 그것은 더 강조되었다. 특히 선덕여왕은 제석신앙을 표방하고 있다. 다음 기록을 살펴보기로 하자.

왕이 건강할 때에 群臣에게 말하기를 "朕이 某年 某月 日에 죽을 것이니 나를 忉利天 중에 장사하라"고 했다. 군신이 그곳을 알지 못하여 "어디입니까?" 하고 奏言하니, 왕이 말하기를 "狼山의 남쪽"이라고 하였다. 그 月日이 되어 과연 왕이 돌아가니, 군신이 낭산의 양지에 장사하였다. 이후 10여 년이 지나 文武大王이 왕의 무덤 아래에 四天王寺를 창건하였다. 佛經에 四天王天의 위에 忉利天이 있다 하였으니, 이에 대왕의 靈聖함을 알겠다(『삼국유사』 권1, 善德王知幾三事조).

선덕여왕은 사후 도리천忉利天에 태어나는 것으로 예언하였다. 정작 선덕여왕의 능지陵地가 도리천신앙으로 꾸며지는 시기는 문무왕 대라 하더라도, 이는 선덕여왕의 정치 성향을 반영하여 조성한 것이다.

생시에 선덕여왕은 암암리에 도리천주忉利天主에 비견되기를 바랐는지도 모른다. 선악을 주관한 도리천의 선법당善法堂에 거주한 제석은 선덕善德을 표방하였으므로, 선덕왕은 바로 도리천주를 나타내려는 뜻을 가진 왕호이다. 선덕여왕과 연결된 자장은 제석신앙을 가졌다. 제석신앙은 석가불과 깊은 관련을 가지면서 유행하였다. 석가불은 인계人界는 물론 천계天界나 축계畜界에도 태어나는데, 천상에서는 제석으로 태어나기도 하였다. 전생에서의 제석은 석가의 수도나 보시布施를 돕고 그 완전함을 증명하기도

16 김두진, 「신라 진평왕대의 석가불신앙」, 『한국학논총』 10, 1988, pp. 20~24.

한다.[17]

자장은 석존과 같은 날에 태어나 선종랑善宗郞이라 불렸다. 말하자면 자장은 석가불신앙을 표방하였던 것이 분명하다. 그는 중국에서 불두골佛頭骨·불아佛牙·불사리佛舍利 100정粒과 아울러 석가가 입던 비라금점緋羅金點 가사袈裟 1반頒을 가지고 돌아왔다. 자장은 비록 제석신앙과 관련을 가졌을지라도, 석가불신앙에 더 관심을 두었다.

자장은 석가의 진신사리眞身舍利 등을 문수로부터 받고 있는데 이 점도 흥미롭다. 다음 기록을 참고해 보기로 하자.

> 처음 중국 太和池邊의 文殊 石像에 나아가 7일 동안 기도하였더니 홀연히 大聖이 四句偈를 내려 주었는데, 깨어서 기억해 보니 모두 범어여서 망연하고 해득할 수 없었다. 다음날 아침에 갑자기 한 중이 있어 緋羅 金點 袈裟 一頒과 佛鉢 一具와 佛頭骨 一片을 가지고, 대사의 옆에 이르러 "왜 無聊하게 있느냐" 고 물었다. … 이에 가지고 온 가사 등을 주며 부탁하기를 "이것은 本師인 釋迦尊이 쓰던 道具이니 당신이 잘 護持하라"고 하였다. 또 말하기를 "당신의 나라 艮方인 溟州界에 五臺山이 있는데, 一萬 문수가 그곳에서 상주하니 당신이 가서 뵈어라"고 하였다. 말을 마치자 보이지 않았다. 靈迹을 찾아 두루 다니다가 장차 우리나라로 오려고 太和池를 나오는데, 龍이 現身하여 齋를 올려 주기 청하면서 7일 동안 供養하고는 말하기를 "옛날 偈를 전해 준 老僧이 바로 문수의 眞身이다"라고 하였다(『삼국유사』 권3, 臺山五萬眞身조).

자장은 입당하여 중국 오대산에서 문수文殊 진신眞身을 만나 뵙길 원하였는데, 마침 태화지변太和池邊에서 문수를 만났다. 자장의 사상 중 석가불신앙은 많은 의미를 가지는 것이겠지만 보다 근본적인 것은 문수신앙에 있음

17 秦弘燮, 『韓國의 佛像』, 一志社, 1976, p. 59.

을 유념해야 한다. 석가불신앙과 밀착하여 성행한 제석신앙 역시 자장의 문수신앙을 돋보이게 하기 위해 등장하였을 법하다. 왜냐하면 제석은 자장이 친히 알현하려는 문수 소상을 제작한 것으로 나타났기 때문이다.

자장의 사상은 문수신앙에 초점을 맞추어 전개되었다. 자장이 특별히 내세운 문수신앙의 내용을 살펴보기로 하자. 그것은 문수가 자장에게 내린 다음과 같은 게偈에서 유추할 수 있다.

呵囉婆佐曩

達隸多佉嘢

曩伽呬伽曩

達隸盧舍那

이것은 물론 범어梵語여서, 다시 문수가 노승老僧으로 나타나

一切의 法을 了知하면

自性은 所有가 없고,

이와 같이 法性을 이해하면

바로 盧舍那를 본다.

라고 해석하여 주었다.[18] 자성自性을 고집하지 않고 일체의 제법諸法을 추구하려는 태도는 대승법大乘法을 창도하려는 것이다. 자장의 불교사상 중 이런 점은 대단히 중요하게 생각된다.

왕실에서 불교를 받아들여 귀족 중심으로 수용된 신라 불교가 자장 때에

18 『삼국유사』 권3, 臺山五萬眞身조에 "了知一切法 自性無所有 如是解法性 卽見盧舍那"라고 하였다.

오면, 중생을 제도하는 쪽으로 눈을 돌리게 된 셈이다. 다음은 사료의 가치가 다소 떨어지지만 자장이 지었다는 「불탑게佛塔偈」이다.

> 萬代의 輪王이 三界主가 되어
> 雙林에서 입적한 지 千秋가 되었으나,
> 眞身舍利가 지금 塔柱 속에 있어서
> 群生으로 하여금 널리 禮敬하게 하여 쉬지 않게 한다.[19]

위의 게송은 반드시 자장이 지은 것으로 단정할 수는 없다. 다만 전륜성왕轉輪聖王 관념에서 전환되는 석가불신앙을 지적하면서[20] 진신사리에 대한 경배를 내세우고 있어서, 불탑게는 대체로 자장의 사상과 통하는 것임이 분명하다.

여기서도 불탑에 대한 경배가 중생을 제도하는 것임을 뚜렷하게 제시하였다. 일반적으로 문수는 비구比丘의 모습으로 나타나, 대승의 여러 경전을 창작하고 가르쳤다는 전설을 가졌다. 그리하여 그는 제2의 불타佛陀 내지 여러 불보살의 지모智母로 경중을 받았다.[21] 대승법을 창도創導한다는 점에서 문수는 중생의 제도와 광범하게 연결되어 있었으며, 자장은 바로 이런 점에서 문수신앙에 매료되었다. 그는 계행戒行을 중생 속으로 넓게 펴면서 문수신앙과 밀접한 관련을 가졌다.

문수가 내린 게는 노사나盧舍那를 보는 것으로 끝을 맺었다. 이는 그의 문수신앙이 화엄사상과 연결되었다는 것을 뜻한다.[22] 『화엄경』은 비로사나의

---

19 慈藏, 「佛塔偈」(『葛萊塔事蹟』)에 "萬代輪王三界主 雙林示滅幾千秋 眞身舍利今猶柱 普使群生禮不休"라고 하였다.

20 김두진, 「신라 진평왕대의 석가불신앙」, 『한국학논총』 10, 1988, p. 33.

21 『大品般若經』 제40, 佛母品 및 『阿闍世王經』 권상 참조.

22 辛鍾遠, 「慈藏의 佛教思想에 대한 再檢討－新羅 佛教 初期戒律의 意義－」(『韓國史硏究』 39, 1982, pp. 11～12)에서 慈藏이 文殊로부터 받은 偈는 眞言의 일종으로 보아, 神秘的이며 密敎

경지를 설하는 것이지만, 사실 주존불인 비로사나는 일체 설법하지 않는다. 반면 『화엄경』을 52품목으로 나누어 선지식善知識이나 보살이 그 경지를 대신 설명하고 있다. 그런데 제일 처음과 마지막의 설법을 문수가 담당하였다.[23] 따라서 비로사나와 연고된 문수는 화엄신앙을 펴는 것으로 이해할 수 있다. 다음 기록은 자장의 신앙이 화엄사상에 기인한 것을 알려 주기에 충분하다.

> (慈藏은) 고향 마을의 생가를 元寧寺로 改營하여, 落成會를 設하고 雜花萬偈를 講하였다. 52女가 參應하고 現身하여 證聽하였으므로, 문인으로 하여금 그 수 대로 나무를 심게 하여 그 祥異함을 나타내게 하고, 因하여 知識樹라 불렀다(『삼국유사』 권4, 慈藏定律조).

자장의 생가라는 인연으로 창건된 원녕사元寧寺가 화엄신앙과 연결되었던 것은 많은 의미를 갖는다. 원녕사에서 강연한 화엄만게華嚴萬偈는 이미 앞에서 문수진신으로부터 받은 것이거나 또는 문수신앙이 중심을 이루는 내용의 게송인 것이 분명하다. 그것을 증득하기 위해 나타난 52녀 역시 화엄신앙과 깊은 연관을 가졌으며,[24] 그러한 이적을 상징적으로 나타내기 위해 심은 나무를 지식수知識樹라 불렀다. 적어도 지식수라는 명칭은 문수신앙과 떨어져 생각할 수 없다. 뒷날 자장의 신행信行이 오대산사적五臺山事蹟

的인 성격으로 파악하였다. 여기서는 다만 그 내용이 大乘的이며 華嚴敎理에 입각한 것으로 생각한다.

23 卓萬植,「華嚴經에 나타난 菩薩思想 硏究」, 東國大學校 碩士學位論文, 1971, p. 12.

24 이때의 52女가 감응하여 證聽한 사실은 釋迦가 涅槃會上의 52類 중생을 원용한 것으로 이해하기도 한다(辛鍾遠,「慈藏의 佛敎思想에 대한 再檢討－新羅 佛敎 初期戒律의 意義－」,『韓國史硏究』 39, 1982, pp. 17～18). 또한 이 史料가 풍겨 주는 의미는 華嚴偈의 證聽에 있기 때문에, 52女의 感應은 華嚴信仰과 연관하여 상징적으로 나타났을 법하다. 그렇다면 그것은 화엄신앙에서 52位의 수행 단계를 나타내는 것이라고 생각한다.

과 연결되면서 화엄사상을 펴는 것으로 이해하는 이유를 바로 이러한 데에서 찾을 수 있다.[25]

신라중고대에 불교가 공인되면서 주로 미륵신앙이 유행하였는데,[26] 자장의 불교신앙에서는 그것보다 문수를 중시하였다. 문수신앙은 석가불신앙이나 제석신앙과 밀접한 관련을 갖고 등장하였지만 불교신앙을 대중 속으로 확산시켰을 뿐만 아니라 화엄신앙의 형성에도 기여하였다. 그리하여 문수신앙은 신라중고대 신앙 위주의 불교가 지식知識이나 논리를 체계화하면서 신라중대의 이론 불교로 나아가는 교량적 역할을 담당하였다.

3. 대승보살계의 강조

자장 불교에서 가장 중시한 것은 계율이다. 다만 비슷한 시기의 신라 사회에서 자장만이 계율을 강조하지 않았으며, 원광圓光이나 지명智明 등도 계행戒行을 닦았다. 따라서 이들과의 관계에서 자장의 계율이 갖는 의미를 추구하고자 한다. 자장의 계행을 생각할 때 우선 그것과 이미 앞에서 살핀 문수신앙과는 밀접한 관련이 있음을 유념해야 할 것이다.

자장은 불문에 들면서 계행부터 익혔을 듯하다. 다음 기록을 참고해 보기로 하자.

① 홀로 幽險한 곳에 있으면서 狼虎를 피하지 않고 枯骨觀을 닦았다. 그러나

25 자장은 華嚴思想家로 이해되며 그러한 論考로 다음과 같은 것이 있다.
金煐泰, 「華嚴思想家로서의 慈藏法師」, 『法施』 44, 1971.
蔡印幻, 『新羅佛敎戒律思想硏究』, 國書刊行會, 1977.
林奉俊, 「新羅 慈藏法師 硏究」, 東國大 碩士學位論文, 1980.
鎌田茂雄, 『新羅佛敎史序說』, 東京大 東洋文化硏究所, 1988.

26 김두진, 「新羅中古時代의 彌勒信仰」, 『한국학논총』 9, 1987. pp. 25~30.

혹 倦弊한 마음이 생기므로 小室을 만들고 주위를 荊棘으로 막아, 그중에 벗은 몸으로 앉아서 조금만 움직여도 찔리게 하고, 머리를 대들보에 매어 졸음을 없게 했다.

② 때마침 台輔의 자리가 비어, 문벌로써 의논한 결과 마땅히 후보로 올라, 여러 번 불렀으나 나아가지 않았다. 王이 詔勅을 내려 말하기를 "취임하지 않으면 斬하리라"고 하였다. 慈藏이 이를 듣고 말하기를 "나는 一日 동안 戒를 지켜 죽을지언정, 破戒하여 백년을 살기를 원하지 않는다"고 하였다. 이런 사실을 아뢰니 왕이 출가하도록 허락하였다.

③ 이에 岩叢에 깊이 숨어 살면서 식량도 救恤할 수 없었다. 때에 이상한 새가 있어 과실을 따와서 공양하니, 손을 뻗어 받아먹었다. 얼마 뒤 꿈에 天人이 와서 五戒를 내려 줌으로, 바야흐로 산에서 내려오니 鄕邑의 士女들이 다투어 와서 계를 받았다(『삼국유사』 권4, 慈藏定律조).

상기한 계행은 자장이 입당하기 전에 수행한 것이다. 인용한 앞의 두 내용(①, ②)의 성격은 비슷하지만, 이에 비해 마지막의 내용(③)은 약간 성격을 달리 한다.

우선 자장은 고골관枯骨觀 혹은 백골관白骨觀을 닦았다.[27] 백골관은 살점이 떨어져 나가고 피육皮肉을 다 드러내어, 백골만 앙상하게 남게 되기까지의 고된 수행이다. 자장이 소실小室에서 가시를 사방에 두르고 머리를 대들보에 매는 수행은 가혹한 것임이 틀림없다. 그것은 철저하게 자기중심적인 수련이며 소승적 성격을 지녔다. 백 년 동안 파계破戒하면서 살기보다는 하루 동안 계를 지키고 죽는다는 사고는 이러한 성격을 보다 더 노골적으로 드러내 준다. 자장이 출가하여 처음에 익힌 계율은 소승적인 것이고 엄격한

27 慧皎, 『梁高僧傳』 권24, 護法篇 하, 釋慈藏전에 "時或弊睡 心行將徵 遂居小室 周障棘刺 露身直坐 動便勑肉 懸髮在樑 用袪昏漠 修白骨觀"이라 하여, 枯骨觀을 白骨觀이라고 記錄하였다.

것이다.

신라중고대 초기 계율의 엄격한 면은 가혹한 수련을 요구하는 토착신앙의 신비주의적 경향에서 오는 것인데,[28] 당시에는 이러한 엄격한 계율 외에도 세속을 가르칠 계율이 따로 존재하였다. 원광圓光 법사가 수나라에서 돌아와 가실사加悉寺에 주석하고 있을 때에, 귀산貴山 등의 청년이 찾아와 종신 동안 지니면서 지켜 갈 계를 청하였다.

원광은 "불계佛戒에는 보살계菩薩戒가 있어 그 종류가 10가지나 되지만, 그대들은 남의 신자臣子가 되었으니 능히 감당하지 못할 것이다"라고 하면서, 따로 세속 5계를 내렸다. 자장이 계율에 정진할 시기에는 세속인을 위한 계율이 있었고, 출가자들을 위한 보살계는 남의 신하나 자식이 된 몸으로서는 도저히 감당하기 힘든 것이었다.

자장이 처음 추구한 계행은 아주 엄격해서 원광의 보살계를 방불케 하는 것이다.[29] 자신은 그러한 엄격한 고행 과정을 겪었지만, 점차 자장의 계율은 출가자뿐만 아니라 세속인에게까지 적용되는 포괄적인 성격을 지녀 갔다. 신인神人이 내려 준 계를 받은 것이 계기가 되어, 이후 자장은 향읍鄕邑의 사녀士女들에게까지 광범하게 계율을 전수하였다. 자장이 입당한 이후 추구한 계행의 성격은 바로 이런 것이었다. 다음 기록을 참고하기로 하자.

① 慈藏이 그 번거로움을 싫어해서 啓表를 올리고, 終南山 雲際寺의 동쪽으로 가서 바위에 의지하여 집을 짓고 3년을 거주했는데, 人神이 戒를 받아 靈應이 날로 많았다.

② 一夏에 궁중으로 청하여 大乘論을 講하게 하고 또 皇龍寺에서 菩薩戒本을

28 辛鍾遠, 「慈藏의 佛敎思想에 대한 再檢討—新羅 佛敎 初期戒律의 意義—」, 『韓國史研究』 39, 1982, pp. 7~8.

29 慈藏의 枯骨觀은 圓光의 懺滅法과 통할 수 있는 엄격한 戒行이었을 것이다.

七日七夜 동안 講演하니, 하늘에서 甘澍가 내리고 雲霧가 은은하게 강당을 덮어, 四衆이 그 神異함을 감탄하였다.

③ 자장이 이런 좋은 때를 만나 용기를 내어 弘通시키고자 하여, 僧尼 五部로 하여금 각각 舊學을 증진하게 하였다. 반달 동안 계를 說하고 冬春으로 응시하게 하여 持戒를 알게 하며, 사람을 두어 관리하고 유지하게 하였다. 또 巡使를 파견하여 外寺를 歷檢하고 승려의 과실을 礪誡하며, 經像을 엄히 모시는 것을 恒式으로 삼으니, 일대의 護法이 이에 盛하였다.

④ 이때에 國人이 戒를 받고 奉佛하는 자가 十室 중 八·九가 되었으며, 머리를 깎고 불법을 청하는 이가 해마다 늘었다. 이에 通度寺를 창건하고 戒壇을 증축하여 사방에서 오는 이를 제도하였다(『삼국유사』 권4, 慈藏定律조).

자장은 출가하면서 심취하였던 계율이 소승 율전律典에 의한 것이겠지만, 입당하고 난 이후 대승보살계大乘菩薩戒를 추구하였다.[30] 중국 종남산終南山에서 도선道宣의 계율에 접하게 된 것을 계기로 자장은 점차 대승보살계에 몰입하였다. 도선은 법화·열반·성실成實 및 섭대승攝大乘 등에 기초한 율종律宗을 개창했으며, 특히 『석가방지釋迦方志』 2권 및 『석가씨보釋迦氏譜』 1권 등을 찬술하였다.

도선의 율학律學은 석가불신앙과 무언가 연관되고 있어서, 엄격하다기보다는 감통적感通的인 것이었다.[31] 이 점은 자장의 율학에 바로 영향을 주었다고 생각한다. 같은 내용의 기사를 『양고승전梁高僧傳』에는

(二丈夫가) 이에 慈藏에게 五戒를 내려 주면서, 장차 이 5계로써 중생을 이

30 辛鍾遠, 「慈藏의 佛教思想에 대한 再檢討—新羅 佛教 初期戒律의 意義—」(『韓國史研究』 39, 1982, p. 15) 및 安啓賢, 「新羅人의 菩薩戒思想」(『韓國佛教思想研究』, 東國大出版部, 1983, p. 78).

31 蔡印幻, 『新羅佛教戒律思想研究』, 國書刊行會, 1977, pp. 260~261.

롭게 할 수 있다고 하였다. 또 자장에게 告하기를 "우리들은 당신에게 戒를 줄려고 忉利天으로부터 왔다"고 하였다[32]

라고 기록하였다. 자장은 제석帝釋으로부터 계를 받았다.[33] 제석신앙은 석가불신앙이나 문수신앙과 연관되어 있었는데, 이러한 신앙을 밑바탕으로 하여 자장의 계행은 중생을 이롭게 하는 것으로 나타났다.

출가 당시 고골관枯骨觀과 같은 엄격한 계율을 수행하던 자장에게, 중생을 위한 대승적 계율사상을 가지게끔 한 계기를 마련해 준 것은 제석신앙으로부터 이어지는 문수신앙이었다. 그러면 그의 대승보살계가 어떤 성격의 것이었는지를 생각해 보기로 하자. 우선 그것이 엄격하였다는 면에서 유가보살계瑜伽菩薩戒로 파악될 소지를 가졌지만,[34] 그 내용은 대국적인 면에서 범망보살계梵網菩薩戒였을 것이다.[35] 왜냐하면 그의 계행은 일반 대중의 제도를 위한 것이었기 때문이다.

자장의 계율은 인신人神 또는 사중四衆을 위한 것이었으며, 그리하여 나라 사람으로서 계를 받은 자가 열의 여덟아홉은 되게 만들었다. 그가 대국통大國統이 되고 난 후에는 승니僧尼 오부五部로 하여금 구학舊學을 증진하

32 道宣, 『續高僧傳』 권28, 讀誦篇 8, 慈藏전에 "乃授藏五戒訖曰 可將此五戒利益衆生 又告藏曰 五從忉利天來 故授汝戒"라고 하였다.

33 입당하기 전 자장은 天人으로부터 五戒를 받았는데, 이때의 天人 역시 帝釋天과 연관시켜 이해할 수 있을 법하다. 물론 이때의 천인이 반드시 帝釋天人이라고 단정할 수는 없다. 그러나 眞平王 代에는 "天"이 자주 나타나는데, 그것은 대체로 제석천과 연관되고 있다.

34 慈藏이 『四分律羯磨記』와 『十誦律木叉記』 등 小乘律典을 저술하였는데, 그것은 출가자 一身을 위한 가혹한 苦行을 강조할 수 있다는 면에서 瑜伽菩薩戒와의 연관을 추측하게 한다. 또 궁중에서 說한 大乘論이 攝大乘이라는 점에서 그의 戒行은 瑜伽菩薩戒를 외면하지 않은 것이라고 생각한다.

35 蔡印幻, 『新羅佛敎戒律思想硏究』, 國書刊行會, 1977, pp. 259~260.
또한 비슷한 시기에 귀국한 圓勝은 자장과 친밀한 사이였는데, 『梵網經記』를 저술하였다. 『續高僧傳』의 慈藏전이나 『삼국유사』 慈藏定律조의 付傳으로 圓勝을 기록하였기 때문에 그는 자장의 弟子라고 하였다(安啓賢, 「新羅人의 菩薩戒思想」, 『韓國佛敎思想硏究』, 東國大出版部, 1983, p. 101). 이로 보면 자장의 계율은 梵網菩薩戒였을 것이다.

게 하면서 반달 동안 계를 설하였다. 이때 행한 계율은 세속적이며 일반적 선행善行인 구학, 즉 구계舊戒를 일으키면서 15일마다 승니들이 회합하여 참회하는 보살의 엄한 계행을 아울러 행하는 것이라고 생각한다.[36]

승니를 위한 계와 일반 대중을 위한 계를 함께 묶어 설했다는 점에서 자장이 정한 계행의 특색을 찾을 수 있다. 바로 이런 점에서 자장의 율학은 범망보살계로 이해된다. 유가보살계가 출가자를 위한 가장 엄격한 계율임에 비해, 범망보살계는 10중계重戒와 48경계輕戒로 구성되어 있다. 10중계는 10파라이波羅夷라 하는데, 이 계를 범했을 때에는 파문죄破門罪에 해당되는 가장 무거운 벌을 받게 된다. 48경계는 경구죄輕垢罪를 구제하려는 것인데, 이를 범하는 것은 가벼운 죄에 해당된다.[37]

범망계의 중계와 경계 사상은 세속적인 구계나 대중을 위한 계율과 출가자를 위한 엄격한 보살계를 함께 펴려는 자장의 계율사상으로 통하는 것이다. 원광 때에 신라 사회에서는 출가자를 위한 멸참법滅懺法과 같은 엄격한 계율과 재가의 신자臣子를 위한 세속계世俗戒가 있었으며, 그것을 따로 구별하여 수행하였다. 그런데 자장은 그것을 함께 묶어 수행하는 계행을 정립시켰다.

『삼국유사』에서 그의 사상을 자장정율慈藏定律조로 정리하였다. '정율定律'은 엄격한 계율을 정립시켰다는 의미가 아니라 계율을 생활화한다는 의미를 가졌다. 그의 계행의 상징은 통도사通度寺 계단戒壇의 조성으로 나타났는데, 통도사라는 이름은 불법을 홍통弘通시켜 생활화한다는 뜻을 담고 있다.

자장은 계율을 통해 출가자의 규범을 엄격히 지키게 하거나 그로 인한 전국 사찰을 효율적으로 통할統割하면서도, 계행이 일반 대중 속으로 파고들

---

36 安啓賢, 「新羅人의 菩薩戒思想」, 『韓國佛教思想研究』, 東國大出版部, 1983, p. 101.

37 안계현, 위의 논문, pp. 78~82.

어 넓게 퍼지는 계기를 마련하였다. 그의 계행이 대중 속으로 파고들 수 있게 하는 데에는 석가불이나 문수 신앙이 크게 작용하였다. 문수신앙이 유행하면서 미륵 중심의 신라 불교는 서서히 석가를 중시하는 경향을 보편화시켜 갔고, 불법이 대중 속으로 확산되어 갔다. 그리하여 자장은 출가자나 재가자는 물론 교단이나 각 사찰을 구별하지 않고, 그것을 계율로써 묶으려 하였다.

4. 자장의 불교신앙과 화엄종과의 관계

자장의 계율신앙은 화엄사상과 연관된 것으로 생각한다.[38] 자장은 중국 오대산五臺山에서 문수의 진신眞身을 친견하였으며, 그의 부탁으로 귀국 후 신라의 오대산을 찾았다. 오대산신앙 내지 문수신앙이 『화엄경』에 의한 것이고 보면, 자장의 불교신앙을 화엄종과의 관계에서 검토하여야 한다.[39]

자장은 만년에 서울을 떠나 강릉군江陵郡에서 수다사水多寺를 창건하여 거주하였다. 마침 꿈에 북대北臺에서 보았던 이승異僧이 나타나 고하기를 "내일 대송정大松汀에서 당신을 보자"라고 하였다. 놀라 깨어 아침 일찍이 송정에 갔더니 과연 문수가 감응하여 왔다. 이때 자장이 문수에게 법요法要를 물으니 다시 태백산太伯山 갈반지葛蟠地에서 만나기를 기약하고 사라졌다. 자장은 태백산에 가서 그곳을 찾았는데, 큰 이무기〔蟒蟠〕가 나무 밑에 서리고 있는 것을 보고는, 시자에게 말하기를 이곳이 소위 갈반지라고 하였다. 이에 석남원石南院을 창건하고 문수진신을 기다렸다.

자장은 수다사에서 태백산으로 옮겨 거기서 석남원을 창건하고 거주하였

38 蔡印幻, 『新羅佛教戒律思想研究』, 國書刊行會, 1977, pp. 258~259.
39 安啓賢, 「慈藏의 佛教思想」, 『韓國佛教思想研究』, 東國大出版部, 1983, p. 97.

다. 여기서 자장은 생을 마쳤다. 석남원은 정암사淨岩寺인데 정선군旌善郡에 있었다.[40] 정암사는 뒤에 창건되는 월정사月精寺 사적事蹟과 얽히게 됨으로써 자장의 불교신앙을 오대산신앙으로 이어지게 하지만, 처음에는 오히려 문수신앙의 중심 도량이었다. 다음 기록을 참고해 보기로 하자.

> 師(자장)가 貞觀 17년에 이 산에 이르러 眞身을 보려하였으나, 三日 동안 날씨가 흐려 뜻을 이루지 못하고 돌아갔다. 다시 元寧寺에 住錫하면서 이내 文殊를 謁見하니, (문수가) 말하기를 "葛蟠處로 간다"라고 하였는데, 지금의 淨岩寺가 이곳이다. 후에 頭陁 信義가 있었는데 梵日의 문인이었으며, 藏師가 휴식하던 곳을 찾아 암자를 세우고 살았다. 신의가 이미 죽고 암자도 폐허가 된 지 오래였는데, 水多寺의 長老인 有緣이 있어 중창하여 거주하였다. 지금의 月精寺가 이곳이다(『삼국유사』 권3, 臺山五萬眞身조).

정암사와 월정사月精寺는 분명히 다른 절이다. 아마 월정사는 정암사에 딸린 암자였으며 범일梵日의 문인인 신의信義가 세운 듯하다. 신의의 사후 황폐해졌는데 수다사水多寺의 장로인 유연有緣이 중창함으로써, 월정사는 점점 큰 절이 되었다.

신라중대 이후에는 정암사보다 월정사가 더 큰 절이 되었던 듯하다. 월정사에는 신의나 유연이 주석하였다.[41] 이런 점에 비추어 볼 때 정암사나 월정

---

40 이 점은 이미 『삼국유사』 慈藏定律조에서 註記되어 있다. 또 같은 자장정율조에는 太伯山의 葛蟠地에 石南院을 창건한 것으로 기록하였는데, 現傳하는 「淨岩寺事蹟」에는 淨岩寺가 江原道 旌善郡 태백산에 있다고 하였다. 「정암사사적」에는 "忽有梵僧日 再見卿於太白山 云云 卽滅 遂入此山蟒蟠樹下 說戒移蟒於山下 因建下薩邦 今淨岩是也 南去十里 建上薩邦 今祖殿是也"라고 하였다. 자장이 창건한 정암사의 전신인 石南院은 곧 薩邦이거나 上薩邦이었음이 분명하다. 왜냐하면 『삼국유사』에 자장이 석남원에서 문수를 기다렸다고 기록하였기 때문이다. 아마 뒷날 정암사가 된 것은 薩邦이었으며, 上薩邦인 祖殿은 그에 딸린 庵子였을 것으로 생각한다.

41 『삼국유사』 권3, 臺山月精寺 五類聖衆조에 "此月精寺 慈藏初結茅 次信孝居士來住 次梵日門人信義頭陁來 創庵而住 後有水多寺長老有緣 來住而漸成大寺 寺之五類聖衆 九層石塔 皆聖跡也"

사는 모두 자장의 행적과 얽혀 있어서, 자장이 포용한 불교신앙과 불가분의 관계에 있었다.[42] 그러나 자장의 문수신앙이나 오대산신앙이 두 사원과 연관되는 데에는 미묘한 차이를 가졌다. 그런 차이를 부각시킴으로써 만년의 자장과 그가 포용한 문수신앙에 대한 이해를 돕고자 한다.

자장은 문수신앙 내지 오대산신앙을 정암사 중심으로 펴려 하였던 것이 분명하다. 그곳에서 문수진신을 만나려 했음이 이를 알려 준다. 그러나 뒷날 문수신앙 내지 오대산신앙의 중심은 월정사로 옮겨졌다. 오대의 중앙인 중대中臺에 비로사나毗盧舍那를 위시한 문수를 모신 진여원眞如院은 역시 후의 월정사이거나 또는 이와 깊이 연관되었을 것으로 생각한다.[43] 그런가 하면 신의는 대산臺山의 오류성중五類聖衆을 월정사 중심으로 형성시킨 장본인이다. 반면 자장은 정암사에서 문수의 진신을 만나지 못하였다. 이러한 사정에 대해 다음 기록을 살펴봄으로써 좀 더 접근하기로 하자.

> 한 老居士가 襤褸한 方袍를 입고 칡 삼태기〔葛簣〕에 죽은 강아지를 담고 와서, 侍者에게 慈藏을 뵈러 왔노라고 했다. 門人이 "스승을 모신 이래 감히 우리 스승의 이름을 부르는 자를 보지 못했는데, 너는 누구이기에 이런 미친 말을 하느냐"라고 물었다. 居士는 "다만 너희 스승에게 고하기나 하라"고 하였다. 드디어 들어가 告하니 자장이 깨닫지 못하고 "아마 미친 사람인가 보다"라고 하였

라고 하였다. 여기서도 月精寺는 信義가 창건한 것으로 되어 있다.

42 우선 月精寺터는 慈藏이 처음 結茅한 곳이다. 혹은 자장이 水多寺에서 淨岩寺로 가기 전에 잠깐 쉬면서 머무른 곳으로 기록하였다. 이런 점은 월정사가 자장의 행적과 얽히어 있음을 알려 준다. 그러나 처음 그곳에 주석한 信孝가 자장과 특별한 인연을 가진 인물로 생각되지 않는다. 또 처음으로 그곳에 庵子를 지어 머무른 信義는 오히려 梵日의 문인이다. 그렇다면 신의도 자장과는 깊은 인연을 맺지 않았다. 다만 有緣은 慈藏系에 속한 인물이었음이 분명하다. 이 점은 월정사와 정암사가 오히려 유연 이후에 더 깊이 얽히게 되는 것이 아닌가 생각한다. 그리하여 「淨岩寺事蹟」에는 비록 사실이 아니기는 하지만, 월정사의 13層塔을 자장이 세웠다는 緣起說話가 실렸을 법하다.

43 眞如院은 지금의 上院寺인데(『삼국유사』 권3, 臺山五萬眞身조), 그곳은 바로 月精寺의 경내에 있었다. 혹은 본래 상원사가 월정사의 본사였는지도 모른다.

다. 문인이 그를 꾸짖어 쫓아내니, 거사는 말하기를 "돌아갈지어다. 돌아갈지어다. 我相이 있는 자가 어찌 나를 알아보리오"라 하며, 이에 삼태기를 거꾸로 쏟으니, 강아지가 獅子寶座로 변하고 거기에 올라앉아 빛을 발하며 가 버렸다. 자장이 이를 듣고 바야흐로 威儀를 갖추어 빛을 따라 南嶺에 올랐으나, 이미 杳然하여 미치지 못하고 마침내 殞身하여 죽었다(『삼국유사』 권4, 자장정율조).

장년의 화려했던 승려 생활과 비교하여 자장은 너무나 쓸쓸히 죽어 갔다. 그는 신앙 면에서 심혈을 기울였던 문수진신을 마지막으로 접견하는 데 실패하였고, 오히려 그로부터 아상我相을 가진 자라고 비난을 받았다. 이 점은 자장이 문수로부터 외면을 당하는 느낌을 준다. 뒷날 문수도량의 중심이 정암사가 되지 못하고 월정사로 옮겨진 사실과 자장이 문수에게서 따돌림을 당하는 것은 무언가 깊이 연관되는 듯하다.[44] 또한 그것은 자장의 불교신앙과 연관하여 살펴야겠지만, 한편으로 자장과 대립할 수 있는 다른 신앙 집단과의 관계에서 생각할 문제이기도 하다.

자장 당시 불교계 내에 다른 신앙 집단의 존재를 이끌어 내는 작업은 대단히 중요하지만, 그것에 관한 분명한 자료가 있지는 않다. 다음 기록은 자장과 친근하지 않은 신앙 집단이 있었지 않았나 생각하게 한다.

師(자장)가 文殊를 추적했으나 미치지 못하여 몸을 버리고 가면서 말하기를 "나의 몸이 3개월 동안 방 안에 있으면 돌아올 것이다. 마땅히 外道가 와서 (나의 몸을) 태우려 하거든 따르지 말고 기다려라"고 하였다. 1개월이 지나기 전에 異僧이 와서 크게 꾸짖으니, 그를 태웠다. 3개월 후에 空中에서 請하여 말

44 후에 五臺山信仰을 月精寺 중심으로 성립시킨 緣起說話는 臺山月精寺 五類聖衆조(『三國遺事』 卷3」인데, 여기에서는 淨岩寺가 太伯山과 다른 妙梵山에 있었다고 하였다. 이것은 石南院과 오대산신앙의 관계를 애써 인정하지 않으려는 의도에서 나왔을 법하다.

하기를 "가히 맡길 만한 몸이 없으니 어찌하랴! 나의 遺骨은 岩穴에 두라"고 하였다.[45]

이 설화는 비록 사료적 가치가 다소 떨어지기는 하지만, 문수를 뵙지 못한 자장이 몸을 버려 죽고 암혈石穴 중에 유골을 안치하는 『삼국유사』의 기록을 보충 설명해 주어 주목된다. 뒤에 가식되었다 하더라도 이 설화가 당대의 분위기와 동떨어져서 만들어졌을 것 같지는 않다.

여기서 외도外道로 나타난 이승異僧은 자장과 대립된 세력임이 분명하다. 외도의 등장과 자장이 문수로부터 외면당하는 사실은 표리 관계에 있다. 자장은 3개월 후에 환생할 수 있었는데, 외도인 이승이 그를 태우게 함으로써 그것이 좌절되었다. 이러한 사실은 어쩌면 자장이 외도로 표현된 반대세력에 의해 거세되는 것이 아니었나 하는 의심을 일으키게 한다. 이렇게 생각하고 보면 앞에서 제시한 정암사와 월정사의 관계는 이러한 추론에 무언가 실마리를 제공해 준다.

월정사에는 신효信孝·신의信義·유연有緣이 거주한 것으로 나타나 있다. 그중 월정사의 터를 닦은 자는 신효라 할 수 있다. 그는 어떤 인물인지 자세히는 알 수 없으나, 공주公州 사람이었다. 혹은 유동보살幼童菩薩의 화신化身으로 불릴 정도로 신효는 어머니를 잘 모셨으며, 자기의 집을 희사喜捨하여 효가원孝家院이라 불렀다. 그가 월정사에 주석하는 사정에 대해서는 다음 기록을 유념할 필요가 있다.

士(信孝)가 慶州界로부터 河率(江陵)에 이르러 사람을 보니, 모두 人形으로

45 『江原道旋善郡太伯山 淨岩寺事跡』에 "師追之不及 舍身而去曰 我身在室中三月則還來矣 應有外道來欲燒之 不從留待 未過一月 有異僧大責 燒之 三月後空請曰 無身可托已矣 奈何 吾之遺骨藏置嵓穴……"라고 하였다.

> 보였다. 因하여 거주할 뜻을 가졌는데 길에서 老婦를 만나 가히 거주할 만한 곳을 물었다. 婦가 말하기를 "西嶺을 넘으면 北向洞이 있는데 가히 거주할 만하다"라고 하였다. 말을 마치자 보이지 않았다. 士는 觀音의 가르침인 것을 알았다. 因하여 省烏坪을 넘어 慈藏이 처음 結茅한 곳에 거주하였다(『삼국유사』 권3, 臺山月精寺 五類聖衆조).

자장이 처음 머물렀던 곳에 월정사가 세워졌다. 그곳은 강릉江陵에서 성오평省烏坪을 넘어 들어간 오대산五臺山이다.[46]

신효가 오대산 월정사에 머물게 되는 데에는 관음이 깊이 관여하였다. 또 그는 관음의 가르침임을 바로 알 정도로 관음신앙과 연관된 인물이다. 다만 신효가 관음신앙과 연결된 문수신앙을 포용하였던 것은 중요하게 생각한다. 왜냐하면 신라중대 이후 문수신앙은 관음신앙과 밀착하어 믿어졌기 때문이다.[47] 신효가 관음신앙을 가진 인물이어서인지는 알 수 없으나 오대산신앙의 중심은 문수신앙이지만 그 속에 관음신앙이 강하게 흡수되어 있었다.

오대의 동대東臺에는 관음진신觀音眞身을 모셨는데, 그것을 오만진신五萬眞身 중 가장 처음으로 소개하였다. 바로 이 점은 자장의 문수신앙이 오대산신앙과 차이를 갖게 한다. 적어도 자장에게서 관음신앙의 흔적을 찾아보기는 힘들 것이다. 자장은 정암사에서 문수의 진신을 접견하지 못하였지만,

---

46 『삼국유사』 권3, 臺山五萬眞身조에 "淨神大王 太子寶川·孝明二昆弟 世獻角干之家留一宿 翌日過大嶺 各領千徒 到省烏坪 遊覽累日 忽一夕昆第二人 密約方外之志 不令人知 逃隱入五臺山"이라 하였다.

47 『삼국유사』 권5, 憬興遇聖條에 "一日將入王宮 從者先備於東門之外 鞍騎甚都 靴笠斯陳 行路爲之辟易 一居士形儀疎率 手杖背筐 來憩于下馬臺上 視筐中乾魚也 從者呵之曰 爾着緇奚負觸物耶 僧日 與其挾生肉於兩股間 背負三市之枯魚 有何所嫌 言訖起去 興方出門 聞其言 使人追之至南山文殊寺之門外"라고 하였다. 神文王 代의 憬興法師는 文殊로부터 깨우침을 받는 과정이 자장의 그것과 너무 비슷하다. 그런데 경홍은 觀音의 가르침으로써 自己의 病을 고치는, 말하자면 觀音信仰을 표방하였다. 또 元聖王 代의 緣會는 老叟로 나타난 문수의 가르침을 깨닫지 못했으나 辯才天女의 도움으로 그 가르침을 따르고 있다(『삼국유사』 권5, 緣會逃名 文殊岾조).

바로 그 전에 머물렀던 송정松汀에서는 직접 진신을 만나 뵈었다. 그것은 북대北臺에서 만난 이승異僧의 가르침에 의해 가능하였다. 송정에서 자장이 문수진신을 접견한 데에는 석가불신앙이 깔려 있다.[48]

자장은 석가불과 연관하여 문수진신을 만나 뵈었다. 그러면 석남원石南院에서 그가 문수진신을 만나는 데 실패한 이유는 그의 문수신앙이 관음신앙과는 무관한 데서 찾아야 할 것이다. 이렇게 생각하고 보면 월정사에 주석한 신효信孝는 물론이거니와 신의信義나 유연有緣도 관음신앙과 상당한 인연을 가졌을 법하다. 특히 그들은 강릉 지역과 연고를 가진 화엄신앙을 가졌던 인물이라고 생각한다.[49]

강릉 지역에는 뒤에 의상계 화엄종이 자리하게 된다. 의상은 낙산사洛山寺에 관음을 모시고 화엄도량을 열었다. 의상계 화엄종에서는 관음신앙을 중요하게 받아들였다. 의상계 화엄종의 주 도량인 부석사浮石寺도 주존을 아미타불로 모심으로써, 관음신앙을 깔면서 구조되었다. 특히 낙산洛山·강릉 지역에는 유난히 관음신앙이 유행하였다.

그래서인지 신라하대에 이 지역에서 크게 일어난 굴산선종崛山禪宗은 의상계 화엄사상과 교섭을 가지면서 형성될[50] 정도로 화엄종의 영향을 강하게 받았다. 신라상대 말에 이미 문수신앙은 관음신앙과 관련되었고, 뒷날 이는 화엄종, 특히 의상계 화엄종의 상징으로서의 자리를 굳건히 하였다.[51]

---

48 五臺山의 五萬眞身 중 북대에는 석가여래를 우두머리로 하여 五百의 大阿羅漢이 상주하고 있다. 따라서 慈藏이 북대에서 본 異僧은 釋迦佛과 연관을 가졌다.

49 辛鍾遠, 「慈藏의 佛敎思想에 대한 再檢討 - 新羅 佛敎 初期戒律의 意義 - 」(『韓國史硏究』 39, 1982, p. 19). 다만 有緣이 江陵의 水多寺에 주석하였지만 화엄사상을 가진 인물인지는 분명하지 않다. 그러나 그 이름인 有緣은 어쩌면 華嚴緣起를 생각하게 하므로, 그는 華嚴信行과 관계된 인물로 생각된다.

50 김두진, 「新羅下代 崛山門의 形成과 그 思想」, 『省谷論叢』 17, 1986, pp. 29~30.

51 이 점과 연관하여 신라하대 문수에 관한 禮塔은 주로 華嚴宗에서 건립되었다. 眞聖女王 9년(895년)에 五臺山寺에 吉祥塔을 건립하였으며, 진성여왕 8년에는 海印寺의 "妙吉祥塔記"와 "雲陽臺吉祥塔記"가 기록되었다.

이렇게 되면 관음신앙과 연결되지 않은 자장의 문수신앙은 의상계 화엄종의 형성과는 거리를 두었던 것으로 이해된다.[52]

자장은 문수신앙을 내세워 계율을 생활화하였을 뿐만 아니라 원녕사元寧寺에서 화엄사상을 펴고 있었다. 자장의 문수신앙은 관음신앙과 연관되어 화엄종을 성립시키는 데에 능동적으로 대처하지 못하였다. 자장은 정암사淨岩寺에서 석가불과 제석을 표방하는 신라중고대 말 왕실불교적 문수신앙의 범주를 벗어나지 못하였다.

관음신앙과 연관된 문수신앙은 신라중대의 시작과 함께 오히려 월정사를 중심으로 꽃을 피웠다. 신라중고대에 왕실 내지 귀족 중심으로 수용된 불교가 신라중대에 민중 속으로 파고들면서 정토신앙이 유행하였다. 정토신앙의 밑바탕에는 관음신앙이 크게 자리하고 있었다. 불교가 일반 대중 속으로 퍼져 나가면서 관음신앙이 유행하였다. 자장의 불교사상은 관음신앙의 수용에 소극적이어서 결코 신라중고대 불교의 특성을 벗어나지 못한 셈이다. 따라서 자장은 그 뒤 관음신앙과 연관하여 화엄종이 정립되어 가는 신라 불교계의 변화에 적응하지 못하고 그 일생을 마쳤다.

신라중고대에 왕실불교는 자장에 의해 상당히 논리적인 교학 체계를 수립하였다. 그러나 그의 불교신앙은 뒤의 의상義湘이나 원효元曉에서와 같이 사상적인 논리체계를 구축하는 데에는 한계성을 지녔다. 계율을 모든 신라인들에게 생활화시켰지만 그의 문수신앙은 뒷날 의상계 화엄종과는 달리

52 『삼국유사』 권4, 慈藏定律조에는 石南院에 거주하기 이전에 자장이 송정에서 文殊眞身을 접하는 사실을 北臺의 異僧과 연결시켜 기록하였다. 그러나 『삼국유사』 권3, 臺山五萬眞身조에는 元寧寺에서 문수진신을 接見하는 것으로 기록하였다. 이 두 기록은 같은 사실을 달리 기술한 것으로 생각한다. 그중 전자의 기술이 더 사실에 가깝다고 판단된다. 그러면 후자의 기록을 어떻게 이해해야 할지가 문제가 된다. 元寧寺는 그의 華嚴思想을 펴려는 道場이었다. 때문에 釋迦佛과 연관된 문수의 접견 사실을 臺山五萬眞身조에서는 화엄과 연관된 사원에서 접견한 것으로 바꾸어 기록하였을 법하다. 그렇다면 원녕사에서 문수를 접한 사실로 자장이 화엄종을 성립시킨 것으로 파악할 수는 없다.

관음觀音신앙을 흡수하는 데 소극적이었다. 그런 만큼 자장의 문수신앙이 민중 속으로 파고들면서 대중화하는 데에는 불리할 수밖에 없었다.

제6장
결론

제1절 삼국시대 불교 수용과 공인불교신앙

삼국시대에 불교는 비교적 일찍부터 왕실 중심으로 전래되어 있었고, 공인 과정을 거쳐 귀족에게까지 폭넓게 수용되었다. 삼국시대 말의 귀족불교는 점차 대중화되면서 논리체계를 갖추어 갔다. 그리하여 신라의 원효元曉와 의상義湘에 의한 이론불교로 정립되었다. 불교의 대중화에 정토淨土신앙이 영향을 주었고, 이와 아울러 불교는 종파별로 교리를 갖추면서 심화된 사상의 발전을 거듭하였다. 이 책은 삼국에 불교가 수용된 이후 이론불교로 성립되기 이전의 불교신앙사를 다룬 것이다. 곧 왕실 내지 귀족 중심으로 수용된 불교신앙의 구체적인 모습을 이끌어 내고자 했다.

삼국시대 불교신앙사에서 우선 중요한 것은 불교의 전래와 공인과정이다. 다만 늦게 전래되었으나 비교적 기록이 풍부한 신라의 불교 전래와 공인 과정을 먼저 이해하고, 이를 통해 고구려와 백제의 국가불교에 대해 접근하였다. 이런 문제를 밝히기 위해 주로 『삼국유사三國遺事』 등 문헌에 나와 있는 불교의 전래 전설을 집중적으로 분석하면서, 신라상고대 말에 김씨 왕실이 왕권을 강화해 나가는 과정 속에 초전불교初傳佛教를 홍포해야 할 필요성을 살펴보았다.

초전불교가 수용되는 과정에 대한 접근은 다음 두 가지 측면으로 시도할 수 있다. 우선 받아들이는 원시불교의 성격이 어떠했느냐의 문제이다. 인도에서 성립될 당시 원시불교가 갖는 정치·사회적 의미를 추구하여, 그것이 삼국 사회에서 수용될 수 있는 성격을 가졌는지 생각해 보았다. 다음으로 불교가 처음으로 전래될 당시 삼국의 국가 체제나 사회 상황에 대해 천착해서 밝혔다. 그리하여 불교를 받아들이려는 절실한 필요를 먼저 신라 사회의 내부에서 찾고자 하였다.

인도에서 성립될 당시의 원시불교는 왕자王者 계급의 우월을 내세우거나 그들의 정복사업을 정당화하는 성격을 지녔다. 인도에서는 전통적 계급인 사성四姓이 존재하였다. 그중 가장 높은 계급은 파라문婆羅門이었으며, 이들을 중심으로 영위되는 종교가 브라만교였다. 제정일치祭政一致 단계의 성읍국가城邑國家시대를 지나 전 인도가 마갈타국摩竭陀國이나 교살라국憍薩羅國 중심으로 통일되어 가고 있을 당시, 통일의 주체세력인 찰제리刹帝利 계급이 파라문 계급보다 더 유력해졌다. 불교는 이러한 사회 상황 속에서 찰제리 계급을 위한 종교로 성립되었다.

불교는 신라중고대에 공인되지만, 이미 그 이전에 들어와 수용되었다. 신라 사회에 불교가 전래되는 것은 김씨왕실이 왕권을 강화해 가는 시기에 이루어졌다. 초전불교의 전래 전설이 미추니사금 대 및 눌지마립간·소지마립간 대를 배경으로 나타났는데, 이러한 시기에는 김씨왕실이 세습되면서 점차 왕권을 안정시켜 갔다. 다만 일연一然은 문물이 갖추어져 있지 않아서 미추니사금 대에 불교가 전래되었다는 사실에 대해서는 회의적이었다.

미추니사금 대의 초전불교 전래 전설은 김씨왕실이 세습되는 것과 연관하여 상징적인 의미를 지녔다. 김씨왕실은 고구려와의 교섭 과정을 통해, 그 군사력을 등에 업으면서 왕권을 세습시킬 수 있었다. 신라에 불교가 전래되는 것은 내물마립간 이후 고구려와의 교섭이 잦아지는 시기에 이루어졌다. 들어와 알려진 초전불교를 홍포하려는 것은 왕실의 정치적 의도에서 추진되었는데, 그 시기는 대체로 소지마립간 대를 전후한 때였다.

초전불교는 왕실에 유리하였고 귀족들에게는 환영을 받지 못하였다. 왕실이 불교를 홍포하려는 데 대해 귀족들은 반대 입장을 분명히 취하였다. 본래 귀족들은 성읍국가의 지배자로서의 기반을 가졌는데, 신라 연맹왕국 내에 편입되면서 왕 밑의 신하로 등장하였다. 비록 왕과는 신분상 상하의 종속 관계가 되었지만, 귀족들은 왕과 마찬가지로 무교신앙의 제사장이었다. 그런데 불교가 수용되면서 귀족들은 관념적으로도 왕 밑에 종속되는 과정을 밟아 갔다. 초전불교는 무교신앙을 대치하는 성격을 가졌다. 때문에 귀족은 불교의 홍포를 반대하는 입장에 설 수밖에 없었다.

신라상고대 말에 수용된 불교를 홍포하려는 정책은 김씨왕실이 왕권을 강화해 가는 제도 개혁을 단행하면서, 다른 귀족 일반의 지지를 못 받는 상황 속에 강행되었다. 김씨왕실은 고구려 군사력을 배제하면서 한편으로는 왕권을 강화시켜 가려는 이중의 어려움을 안고 있었다. 소지마립간 대가 되면 경도京都 지역을 중심으로 한 육부체제六部體制의 개편을 서둘렀고, 그러한 일환으로 경도의 방리명坊里名을 새로 정하면서 부락공동체를 과감하게 해체시킬 수 있는 교통망을 정비하였다.

그동안 왕실은 김씨 왕비를 맞을 정도로 족내혼族內婚을 강화하면서도, 스스로의 군사적 기반을 다지지 못하였고 다른 귀족세력의 확고한 지지를 얻지도 못하였다. 강압적으로 개혁을 서둘러 온 소지마립간은 귀족세력의 비난을 받으면서, 오히려 왕위는 눌지계訥祗系로부터 박씨족과 연합한 습보계習寶系인 지증왕에게 넘어갔다. 소지마립간 대 왕실 중심의 일방적인 불교 홍포정책은 실패로 기울었고, 처음 공인 과정에서도 불교는 역시 귀족들로부터 냉대를 받았다.

이전의 토착신앙, 곧 무교신앙의 구조나 그 사회적 역할 등을 먼저 밝힌 연후에야 초전불교가 수용되는 과정을 보다 용이하게 이해할 수 있다. 신라 불교의 공인은 법흥왕을 전후한 시기에 행해지는 체제 정비의 일환으로 이루어졌기 때문에, 이 시기의 율령 반포가 갖는 성격을 규명하여 불교 공인과 어떻게 연결되느냐에 관심을 가졌다. 아울러 법흥왕 14년(527년)에 불교 공인이 실패하였으나 법흥왕 22년(535년)에 이르러 성공하게 되는 데 대해, 정치 정세의 변화에서뿐만 아니라 공인할 당시 불교의 성격이 어떻게 달라졌는가라는 측면에서 추구하였다.

공인 이후 신라 불교는 귀족이나 서민들에게까지 넓게 수용되면서, 사상면으로도 발전을 거듭하였다. 법흥왕에서부터 진덕여왕 대까지를 불교왕명佛敎王名시대로 파악하지만, 진평왕은 이전의 왕들과는 달리 석가족釋迦族의 이름을 따와서 그대로 왕명으로 사용하였다. 신라 불교가 사상적으로 심화되는 것은 의상과 원효가 나오면서부터였다. 그러나 진평왕 대에서 진덕여왕 대에 이르는 시기에 자장慈藏과 원광圓光 등의 고승이 활동하고 있었다. 말하자면 공인불교가 이 시대에 오면서 다시 변모하게 되는 것은 분명하다.

불교 공인은 이전 초전불교를 홍포하려는 과정의 연장이라 할 수 있으나, 그것과는 달리 왕실의 일방적인 강요에 의해서가 아니라 귀족들의 협조를 얻어 이루어졌다. 불교 공인은 신앙 면에서 왕실과 귀족의 타협으로 이루어졌겠지만, 어디까지나 그것을 강행하려는 주체는 왕실이었다. 왕실 중심으로 수용된 불교를 귀족에게까지 홍포하려는 목적에서 창사創寺를 계획하였다. 불교 공인 과정에서 창사를 주관하다 순교한 이차돈은 왕족이거나 왕실의 측근이다. 그가 사전에 법흥왕과 충분히 모의하여 세우기로 계획한 홍륜사興輪寺는 법흥왕 14년에 시공되었으나 이루지 못하였고, 법흥왕 21년(534년)에 창건되었다.

흥륜사의 창건 시기는 불교의 공인 시기와 밀접하게 연결되었다. 법흥왕 14년에 추진된 불교 공인은 귀족의 강한 반발을 불러일으켜 실패하였다. 그 후 귀족까지도 불교를 수용하려는 분위기가 무르익으면서, 불교는 법흥왕 22년에 비로소 공인되었다. 공인불교는 구세보살救世菩薩신앙을 표방하였다. 왕법王法과 불법佛法의 일치 내지 조화를 모색하려는 구세보살신앙은 왕즉불王卽佛신앙을 내세우는 중국 북조北朝에서보다는, 남조 불교에서 특징적으로 나타난 것이다. 지증왕 대 이후 신라는 주로 중국 남조와 교류하였으며, 고승 각덕覺德이나 명관明觀 등이 양梁이나 진陳나라에 유학하고는 귀국하였다.

신라 공인불교의 구세보살신앙은 남조 불교로부터 상당한 영향을 받아 형성되었다. 구세보살신앙은 왕즉보살王卽菩薩인 황제보살皇帝菩薩신앙을 지칭한다. 공인 이후 법흥왕과 진흥왕은 물론 두 왕비가 모두 출가하여 승니僧尼가 되었다. 구세보살신앙은 왕을 절대시하고 완전무결하게 생각하는 북중국의 과인불타果人佛陀, 곧 왕즉불王卽佛신앙과는 달라서, 왕은 인인보살因人菩薩로 간주되었다. 따라서 불교 공인 이후 왕은 수도 과정에 있게 되며 스스로 출가한 보살로서 귀족이나 백성을 제도한다고 한다.

공인불교에는 전륜성왕轉輪聖王 관념이 강하게 반영되어 있다. 그것은 인도에서 성립될 당시의 원시불교사상에 빈번하게 나타나 있으며, 이웃 소국을 정복하고 그 땅을 정법正法으로 통치하려는 정복국가에 합당한 신앙이다. 그런데 전륜성왕의 치세에는 미륵이 출세하여 교화함으로써, 그의 정법 통치를 돕는다. 공인 이후 진흥왕은 두 아들을 동륜銅輪과 사륜鐵輪(舍輪)으로 불러 왕실은 전륜성왕 관념을 포용하였다. 또한 진흥왕은 화랑도를 개창改創하고 화랑을 미륵선화彌勒仙花로 받듦으로써, 스스로 전륜성왕임을 자처하였다.

왕실이 포용한 전륜성왕 관념은 신라가 정복국가로 변모해 가는 모습과 관련된 것이다. 다만 미륵신앙은 귀족에게 수용될 가능성을 가졌기 때문에 공인과 더불어 신라 불교가 귀족에게까지 수용되게 만들었다. 공인불교는 법흥왕을 전후한 시기에 행해진 국가 체제 정비를 위한 관념 체계로 작용하였다. 이 시기의 체제 정비는 왕권을 강화하면서 중앙집권적 귀족국가를 이룩하려는 것이며, 특히 각 가문별로 산재해 있던 군사력을 일률적으로 중앙에 흡수하려는 의도를 지녔다.

법흥왕 14년에 이차돈이 순교해야 할 정도로 귀족으로부터 강한 반발을 받았던 불교는 귀족의 입장을 상당히 고려하는 구세보살신앙이나 전륜성왕 관념을 포용하였던 것이라기보다는, 오히려 초전불교의 성격을 많이 지니고 있었다. 처음 공인을 시도할 당시의 불교는 고구려를 통해 들어온 북방 불교의 요소를 많이 가지고 있었기 때문에 귀족의 반발을 불러일으켰다. 이로부터 8년 뒤에 불교가 공인되는 것은 그 사이 귀족연합을 위한 정치 체제의 정비가 순조롭게 진행되었을 뿐만 아니라 신라 불교가 중국 남조 불교의 영향을 받으면서 귀족연합 정권에 합당한 성격으로 변모해 갔기 때문에 가능해졌다.

신라에 비해 고구려에는 불교가 일찍 전래되어 있었다. 신라는 초전불교의 전래 전승을 비롯해서 불교가 공인되기까지의 비교적 많은 내용을 기록으로 남겼다. 고구려의 경우 그러한 사정이 자세하게 전하지 않는다. 소수림왕 때에 순도順道가 고구려에 처음으로 불교를 전하였다고 하지만 승려 망명亡名은 중국 진晋나라 승려인 지둔支遁 법사 도림道林과 서신을 주고받았다. 도림은 동진東晋 때의 학승으로 격의格義불교의 우두머리였다. 그는 백마사白馬寺에 머물면서 유계지劉系之 등과 『장자莊子』 소요유편逍遙篇에 대해 담론하였으며, 이를 계기로 그것에 대한 주해註解를 저술하였다.

동진 애제哀帝 때에 조정에 나아간 도림은 동안사東安寺에 머물면서 도행반야道行般若를 강론하였다. 도림은 366년에 입적하였기 때문에 소수림왕 이전의 고구려에 이미 불교가 전래되어 있었다. 망명은 중국 불교계와 교류할 정도로 성숙한 불교신앙을 가졌다. 고구려의 초전불교는 도교의 '무위無爲'로써 불교의 공관空觀을 이해하려던 당시 중국의 격의불교를 충분히 이해하였다. 다만 『해동고승전』은 물론 『삼국유사』에 고구려 불교의 전래 시기로 기록된 소수림왕 2년은 초전불교가 국가불교로 공인되는 때라고 생각한다.

황제 만만세萬萬歲를 주창하는 도교와 융섭된 북방의 격의불교는 왕실의 관심에 합당한 모습을 가졌다. 전진왕 부견符堅이 순도를 시켜 불상과 경전을 전하자, 고구려왕실과 신하들이 예의를 갖추어 성문省門까지 나아가 그를 맞았다. 이에 고구려왕은 감사의 뜻으로 전진에 사신을 파견하였다. 또한 담시曇始는 근기根機에 따라 삼승법三乘法으로 교화하였으며, 특히 귀계법歸戒法을 세워 삼귀오계三歸五戒를 지니게 하였다. 이는 소승 계율을 강조한 것이다. 이러한 성격의 초전불교는 고구려왕실 중심으로 수용되었다.

고구려에 초전불교가 넓게 펴져 있었던 것은 아니다. 아직도 세상이 질박하고 사람들이 소박하여 불교신앙의 이치나 그 교화하는 뜻을 알 수 없어서, 순도는 비록 학식이 깊고 박식하였으나 불교를 넓게 펴지 못하였다고 한다. 한편 불교 수용에 반대하는 사람들도 있었기 때문에 순도의 교화가 널리 펴지지 못했다. 왕실과는 달리 귀족들은 토착신앙의 제사장으로서 왕과 동등한 기반을 가졌으므로, 초전불교의 수용에 대해 대체로 반대하였다. 초전불교는 궁중에서 분수하는 모습으로 받아들여지거나 또는 왕실과 연결된 인물에 의해 수용되었다.

소수림왕 때에 초전불교가 공인을 거쳐 국가불교로 이루어지는 과정에서 초문사肖門寺(省門寺)나 이불란사伊弗蘭寺를 창건하였다. 초문사는 흥국사興

國寺이며 이불란사는 홍복사興福寺라고 하였다. 홍국이나 홍복이라는 절 이름 자체가 불교와 국가와의 연관을 생각하게 한다. 공인불교를 주도한 고구려왕은 신라의 법흥왕이나 진흥왕과 같은 전륜성왕轉輪聖王을 표방하였다. 때문에 초문사나 이불란사는 신라의 흥륜사와 같은 목적으로 창건되었다.

요동성遼東城 육왕탑育王塔을 건립한 성왕은 이름으로 미루어 전륜성왕으로 유추되며, 불교 공인을 주도하고 국가불교를 표방하면서 정복국가 체제를 확립시킨 광개토왕廣開土王이라고 주장되었다. 성왕이 7층목탑을 세우고는 이를 육왕탑이라 불렀던 사실 자체도, 고구려에 불교가 공인되는 과정에서 전륜성왕의 존재를 분명하게 알려 준다. 전륜성왕으로 자처한 아육왕은 염부제주閻浮提洲 내에 8만 4천 개의 탑을 세워 곳곳에 감추어 두었다.

고구려 성왕이 국경을 순행하는 중에 스님과 그 옆에 마치 솥을 덮어 쓰고 있는 것 같은 3층토탑土塔의 환상을 보고, 그 자리를 파서 스님의 지팡이와 신발 및 범서로 적힌 명문銘文을 얻었다. 곧 아육왕의 불탑이 나타난 것이라 하여 7층목탑을 건립하였다. 땅속에서 솥을 머리에 쓴 모습으로 나타난 육왕탑의 연기설화는 신이한 토착신앙과 혼합된 것이다. 솥은 고구려 부정씨負鼎氏 부족의 제기였으며, 만물을 생육시키는 지모신신앙과 연관되어 있었다. 공인불교는 신이한 토착신앙을 다소 흡수하였다.

북위의 태무제 탁발도拓拔燾는 도교를 숭상하고 불교를 박해하였다. 탁발도에게 나아간 담시曇始는 불교의 인과응보신앙과 함께 신이한 영험을 보여 주었다. 이에 탁발도는 구겸지寇謙之의 죄를 물어, 그 집안을 멸족시키고는 다시 불교를 크게 일으켰다. 이렇듯 공인불교는 인과응보를 강조한 신이신앙을 흡수하였으며, 아울러 도교에 대항하기 위해 초전의 격의불교에서 벗어나려는 성격을 지녔다. 이는 공인 이후 고구려 불교가 공관空觀에 대해 깊이 이해할 수 있도록 하였다. 공인불교는 전륜성왕 관념이나 토착의 신이신앙을 포용하였을 뿐만 아니라 선악의 업보에 의한 인과응보신앙을 가졌다.

왕실 중심으로 수용된 초전불교는 격의불교에 머물지라도 신이신앙을 애써 내세우지는 않았다. 반면 공인불교에서 신이신앙이 나타나는 모습은 귀족불교의 양상을 예견하게 하지만, 한편으로 업보業報신앙과 깊이 연관되어 있다. 인과응보에 의한 업보신앙은 선악에 기인한 윤회전생輪廻轉生신앙으로 이어진다. 고구려의 불교 공인 이후 구복求福신앙의 구현도 이런 면에서 이해된다. 고국양왕 8년(391년)에는 교서를 내려 불교를 믿고 복을 구하게 하면서, 다음 해인 광개토왕 2년에는 9개의 절을 평양平壤에 창건하였다. 불교가 공인된 이후에 강조된 구복신앙은 선악에 바탕을 둔 인과응보신앙과 짝하여 퍼져 나갔다.

고구려 공인불교 속에는 미륵과 석가불 신앙이 나타나 있다. 후기의 사실이지만 돌아가신 어머니의 명복을 빌고자 미륵존상을 조성하였다. 나루那婁·천노賤奴·아왕阿王·아거阿琚 등 5인이 비구 도道〔須〕와 함께 돌아가신 스승과 부모를 위해 아미타불상을 조성하면서도, 현실적으로는 미륵을 만나기를 원하였다. 또한 청신녀淸信女 아엄兒奄 등이 석가문상釋迦文像을 만들었다. 미륵뿐만 아니라 아미타상은 서방정토나 미래의 현실정토신앙을 뚜렷하게 표방하지 않으면서, 오히려 석가불신앙과도 연결되어 있었다.

망자를 위해 미륵이나 아미타불 또는 석가불상을 조상하였지만 그것은 정토로의 왕생에 초점을 맞추지 않고 윤회전생신앙을 나타내었다. 어머니의 명복을 빌기 위해 미륵상을 조상하였으며, 그 진정한 뜻은 미륵정토에 왕생하는 데에만 두지 않았다. 어머니가 도솔천에서 미륵의 삼회三會 설법에 참가함으로써, 무생無生을 깨달아 구경의 보리, 즉 선연善緣을 반드시 이루려는 것이다. 바로 이런 뜻에서 망자를 위해 아미타불상을 조상함으로써 미륵을 만나고자 하였다. 이는 선악의 업보를 바탕에 깐 윤회전생신앙의 모습을 알려 준다. 때문에 만약 죄업이 있으면 일시에 소멸되기를 바랐다.

공인 이후 고구려 불교에 나타난 전륜성왕이나 석가불 및 미륵신앙은 왕실과 귀족에게 수용되었다. 석가불신앙과 전륜성왕 관념이 왕실 중심으로 받아들여졌다면, 미륵신앙은 귀족에게 보다 가깝게 다가왔다. 국가불교를 성립시키면서 왕실과 귀족이 불교신앙 면에서 서로 타협함으로써, 고구려는 귀족연합 정권을 창출시키고 정복국가 체제를 갖추면서 밖으로 뻗어 나갔다. 소수림왕 때에 불교를 공인하고는 중앙집권적 귀족국가 체제를 정비하였고, 이가 바탕이 되어 광개토왕 대의 정복사업이 순조롭게 진행되었다.

공인 이전 고구려의 초전불교는 남방 불교와도 다소 연관을 가졌지만 북방 불교가 주류를 이룬 것이다. 중국 북방 불교가 왕즉불王卽佛신앙을 내세웠다면 남방 불교는 왕즉보살王卽菩薩신앙을 포용하였다. 불교가 공인되기 위해서는 귀족의 반대를 무마하는 것이 중요하기 때문에 귀족의 입장에서도 호의적인 불교신앙을 모색할 수밖에 없었다. 그런 것으로 왕즉보살을 표방하는 구세보살신앙 및 윤회전생이나 미륵신앙 등을 들 수 있다.

고구려 초전불교의 공인 과정에서 석가불신앙이 국왕을 상징하여 받들어진 것인지도 명확하지 않다. 광개토왕 18년(408년)에 축조된 덕흥리德興里고분의 묘주 진鎭은 석가문불釋迦文佛의 제자로 자처하였고, 영양왕 때에 상부上部 출신의 여신도 아엄兒奄이 석가문상을 조성하였다. 이는 석가불이 미륵신앙과 연관된 흔적을 보여 준다. 아엄이 조성한 건흥명금동석가불상建興銘金銅釋迦佛像의 협시불이 미륵보살로 추정된다. 고구려 국왕은 전륜성왕 관념을 강하게 견지하였고, 귀족세력도 윤회전생과 연결시켜 미륵신앙을 포용하였다.

신라와 비교하여 고구려 공인불교가 북방 불교의 전통을 더 강하게 지닌 이유는 귀족세력의 성격이나 국가 체제 정비의 모습이 달랐던 데에서 찾을 수 있다. 신라에서는 유이流移해 들어온 왕실에 비해 토착 귀족이 상대적으로 강한 세력을 유지하였다면, 고구려는 귀족이나 왕실이 문화 경험을 같이

하면서 비슷한 세력을 이루었다. 때문에 중앙집권적 귀족국가 체제를 성립시키는 과정에서, 왕실이 귀족을 비교적 순조롭게 편제함으로써 고구려는 사회 갈등을 표출하지 않으면서 단조로운 신분제 사회를 이루었다.

고구려 연맹왕국은 산간에 흩어진 읍락邑落이나 부족으로 구성되어 있었는데, 험한 지리는 방어에 유리할지라도 중앙의 행정조직을 원활하게 가동하는 데에는 장애 요인으로 작용하였다. 소규모의 전쟁에서는 패한 경험을 가지고 있지 않던 고구려는 진을 치고 장기적으로 대처하는 대규모의 전쟁에서 실패할 수밖에 없었다. 초전불교가 전래되었던 고국원왕 때의 고구려는 전연의 침입으로 수도가 함락되었을 뿐만 아니라 왕비와 왕의 어머니가 사로잡혀 가는 수모를 겪었다. 소수림왕 때의 불교 공인과 중앙집권적 귀족국가로의 체제 정비를 거치면서, 광개토왕 대의 막강한 정복국가가 부활하였다.

공인 이후 고구려 국가불교는 비록 구세보살신앙을 다소 포용하였을지라도 여전히 정복국가의 성격과 잘 어울릴 수 있는 요소를 지녔다. 공인불교에서 내세운 전륜성왕 관념은 구세보살신앙에 초점을 둔 것이라기보다는 전제왕권이 정복 전쟁을 수행해 나가는 면을 강조하려는 의도를 지녔다. 현재 남겨진 사료상으로는 고구려 초전불교와 공인불교의 성격을 분명하게 제시하는 것은 쉽지 않다. 공인 이후 고구려 국가불교가 청담적清談的 성격에서 벗어나면서 공관空觀을 이해하는 등 논리적으로 발전해 가는 모습을 추구하는 것이 중요하다.

백제의 불교는 침류왕 원년(384년) 호승胡僧 마라난타摩羅難陀에 의해 동진東晋으로부터 전래된 것으로 기록되어 있다. 이 기사는 신라 법흥왕 대 이차돈異次頓의 순교나 고구려 소수림왕 대 순도順道의 전교傳敎 사실과 비견될 수 있으며, 백제에 불교가 공인된 것을 알려 준다. 때문에 침류왕 이전에 이미 불교는 백제 사회에 유입되어 있었다. 백제에 불교는 북방의 대륙으로부터 전래되기도 하였지만, 주로 남중국이나 해양을 통해 남방 불교도 유입되어 있었다. 한성시대 백제 사회에 전남의 영광 지역으로 불교가 처음 전래되었다고 한다.

나주 불회사佛會寺의 초창주初創主가 마라난타라거나 또는 불갑사佛甲寺나 영광이 마라난타와 연관되는 모습은 백제 사회에, 초전불교가 대체로 바다를 통해 전해졌을 것으로 생각하게 한다. 금관국金官國 호계사虎溪寺에 세운 파사석탑婆娑石塔은 수로왕비인 허황옥許黃玉이 서기 48년에 인도의 아유타국阿踰陁國으로부터 싣고 온 것이며, 신라 울주蔚州 하곡현河曲縣의 동축사東竺寺는 서천축西天竺의 아육왕이 보낸 불상과 두 보살상을 모시기 위해 세운 절이다. 이는 초기 백제시대에 남방 불교가 해양으로 전래되었던 것을 추측하게 한다.

초전불교신앙은 토착신앙을 대체하려는 성격을 지녔다. 처음에 수로왕은 나찰녀羅刹女와 독룡毒龍으로 인한 재해를 주술로 물리치고자 하였으나 실패하였다. 대신 부처의 설법으로 그들의 재해를 없앨 수 있었다. 토착신앙에서 가장 중시되던 주술을 대치하고 있는 것이 부처의 설법으로 나타난 셈이다. 또한 허왕후가 아유타국에서 해로를 이용하여 금관국으로 들어오면서, 입었던 치마를 벗어 산신령에게 예물로 드렸다. 이런 모습은 토착신앙의 전통을 강하게 풍긴다. 허왕후는 바다신의 노여움을 사서 동쪽으로 항해할 수 없는 처지에 이르렀는데, 파사석탑의 조성은 바다신의 노여움을 제압하려는 의미를 지녔다.

백제의 초전불교는 중국 남조나 고구려를 통해서도 전해졌다. 서진西晋 때에 성행한 노장학老莊學은 북방의 전란을 피해 산수山水간에 묻혀 고요히 도道를 즐기려는 명사들 사이에서 퍼져 나갔다. 북방 불교가 불도징佛圖澄의 문하인 도안道安과 나집羅什을 중심으로 성행한 반면, 남방 불교는 혜원慧遠을 중심으로 발전하였다. 혜원의 문하에는 고답일사高踏逸士가 모여들어 무위담론無爲談論하는 학풍을 이루었다. 노장사상을 빌려서 불경을 이해하려는 격의불교가 남방을 중심으로 중국 불교계를 풍미하였다. 고구려 불교는 물론 중국의 남방 불교가 전해지면서, 백제의 초전불교는 격의불교의 성격을 다분히 포함하고 있었다.

마라난타의 전교 기록은 공인불교의 모습을 보이면서도 초전불교의 잔영을 알려 준다. 침류왕 원년(384년)에 마라난타가 동진으로부터 들어오자, 왕은 그를 극진히 맞아 궁중에 모시고 경배했으며, 이로 말미암아 상하가 교화되어 크게 불사를 일으켰다고 한다. 그중 처음에 왕실이 마라난타를 공경하는 모습은 초전불교가 왕실 중심으로 수용된 과정의 실마리를 생각하게 한다. 반면 상하의 신하들이 불교의 수용으로 말미암아 교화되는 사실이나 다음 해(385년)에 10명의 승려를 출가시키면서 한산漢山에 절을 창건하는 내용은 공인 이후 국가불교가 정착되어 가는 사정을 나타낸다.

초전불교는 왕실에 의해 임의로 수용되었을지라도 국가불교로 공인되는 데에는 귀족의 호응을 얻지 않으면 안 된다. 중앙집권적 귀족국가로의 체제 정비와 맞물려 진행된 왕실의 불교 공인은 의례히 귀족의 반대에 부딪히기 마련이다. 신라와는 달리 백제의 불교 공인에 대해 귀족들이 공공연하게 반대한 것 같지는 않다. 고구려는 물론 백제의 불교 공인에 대한 귀족의 반대는 기록으로 남지 않았다. 그렇게 된 이유는 고구려나 백제의 불교 공인 과정에서 귀족들의 반대가 신라의 그것과 비교하여 미미한 데에서 찾아야 한다.

불교는 전래되어 공인되는 과정에서 백성들의 성격을 거스른 경향을 많이 지녔기 때문에, 왕의 명령이나 국가의 법령에 복종하지 않은 사실이 있었다고 한다. 이는 왕실의 불교 공인을 반대하는 귀족세력의 존재를 생각하게 한다. 마라난타는 선善을 행하면 천리 밖의 사람도 감동시켜 호응하게 만들며, 아울러 여러 근기根機의 사람을 포섭하기 위한 도道는 반드시 때를 잘 타야 한다고 하였다. 다양한 근기를 가진 사람들을 포섭하려는 노력이 기울어졌다는 것은 백제의 불교 공인 과정에서도 귀족들의 반대가 다소 있었다는 사실을 알려 준다.

신라는 물론 고구려왕실과 비교하여도 백제왕실은 상대적으로 귀족과의 사이에 큰 마찰을 일으키지 않으면서 불교를 공인하였다. 초전불교가 해양을 통해 전해진 사실 역시, 공인 이후 국가불교의 성립을 순조롭게 만들었다. 그 속에는 중국 남조 불교로 이어지는 구세보살救世菩薩신앙은 물론 인도로부터 해양을 통해 전해진 부파部派불교신앙도 다소 포함되어 있었다.

백제의 초전불교신앙은 귀족의 비위를 건드리지 않으면서, 왕실 중심의 계급 사회를 정립시키는 데 도움을 주었다. 초전불교는 격의불교의 성격을 강하게 지녔기 때문에 공인불교는 우선 이에서 벗어나 이론불교로 성숙하는 계기를 만들었다. 마라난타는 물에 들어가도 젖지 않고 불에 들어가도 타지 않으며, 금과 돌을 서로 변환시켰다고 한다. 마라난타가 터득한 여환삼매如幻三昧를 관음신앙과 연관하여 기술한 점은 법화삼매法華三昧로 이어지는, 백제 이론불교의 토대를 마련해 주었다. 공인불교가 법화신앙을 막연하게 수용하였다. 때문에 격의불교의 성격을 탈피하려던 백제 국가불교는 우선 석가불신앙을 강하게 내세웠다.

법화신앙은 석가불을 중시하는데, 백제에는 석가불상을 많이 조상하였다. 일본 국가불교의 상징으로 조성된 향원사向原寺에 백제가 보낸 석가불상을 모신 것을 보아도 백제 공인불교에서 석가불을 중요하게 받들었음을 알 수 있다. 백제가 석가불상과 함께 불경 등을 전하자, 일본왕실은 불교의 수용을 신하들에게 물었다. 왕실과 총신寵臣인 소아도목蘇我稻目 가문은 물미흥物尾輿·중겸자中鎌子 등 여러 신하들의 반대를 누르고 불교를 공인하였고, 국가불교의 상징으로 백제의 석가불을 존숭하였다.

일본 공인불교에서 숭상하였던 석가불신앙은 공인 이후 백제 불교에서도 왕실 중심으로 계속해서 유행하였다. 백제 공인불교는 석가불신앙과 함께 전륜성왕 관념을 수용하였다. 「미륵불광사사적彌勒佛光寺事蹟」에는 성왕 때의 홍륜사興輪寺가 기록되어 있다. 성왕은 전륜성왕을 표방하였다. 겸익이 머무른 홍륜사가 미륵불광사와 연관되었다. 또한 무왕 때에 창건되는 미륵사는 본래 왕홍사였다.

귀족 중심으로 수용되었는지는 분명하지 않으나 백제 사회에는 미륵신앙이 광범하게 유행하였다. 미륵사의 창건뿐만 아니라 진지왕 때에 홍륜사의 승려 진자眞慈가 미륵대성彌勒大聖을 만나기 위해 웅천熊川의 수원사水源寺로 나아간 사실이 이를 알려 준다. 웅진시대 이후이긴 하지만 백제 불교에서 유행한 전륜성왕과 미륵신앙은 공인 이후 국가불교에서도 어느 정도 나타나 있었다. 그러나 백제 공인불교에서의 미륵신앙은 전륜성왕과 연관을 가지면서 유행하였을지라도, 신라 불교에서와는 달리 그의 치세를 돕기보다는 엄격한 계율을 내세우는 성격을 가졌다.

웅진시대 이후 백제의 미륵신앙 속에는 계율이 매우 강조되었다. 미륵사의 창건을 발의한 법왕은 형식에 흐를 정도로 엄격한 계율을 내세웠다. 일본 흠명欽命천왕의 총신으로 불교를 공인하는 데 주동적인 역할을 담당하였던 소아도목의 아들인 소마자蘇馬子는 불법을 숭상하면서, 집의 동쪽에 사원을 조성하고 백제에서 보낸 미륵석상을 거기에 안치하였다. 이때에 선신니善信尼의 출가와 연관하여 미륵상을 모셨다. 미륵상을 모신 불전이 이루어지자, 소마자는 선신니를 포함한 세 여승을 불러 도량을 배설하고 재회齋會를 열었다. 선신니 등은 백제로부터 계율은 물론, 수계의식受戒儀式까지를 받아 간 승려였다.

위덕왕 때의 백제 불교는 십계나 6법 및 구계具戒 등의 계율을 갖추었을 뿐만 아니라 승중僧衆이나 니중尼衆을 구별할 정도로 수계의식을 거행하였다. 백제 승려인 관륵觀勒과 혜총惠聰도 일본에 계율을 전하였다. 웅진시대 이후 백제 불교 또는 일본 국가불교 속에 나타난 미륵과 계율의 모습은 공인 이후 백제 국가불교의 전통과 연결이 가능한 것이다. 미륵신앙에서 계율을 강조하는 점은 웅진시대 이후 더 심해졌지만, 한성漢城시대의 국가불교 속에서도 나타나 있었다.

불교의 공인은 중앙집권적 귀족국가로의 체제 정비와 짝하여 이루어졌다. 백제는 침류왕 때에 중앙집권적 귀족국가 체제를 정비하였을지라도, 그 이전의 근초고왕은 정복왕조를 성립시키고 이웃의 영토를 점령하여 전성기를 누렸다. 전성기를 거치고 난 뒤에 넓혀진 판도나 문화를 조직하고 유지하려는 목적에서 국가 체제를 정비하였다. 이러한 시기에 불교가 공인되었다. 때문에 중앙집권적 귀족국가 체제의 정비와 그에 따른 불교의 공인이 왕실의 주도로 이루어졌다. 백제 사회에 왕실을 견제할 만한 토착 귀족세력이 지방에 근거하여 강잉하게 뿌리를 내리고 있지 않은 점도 왕실 주도의 불교 공인을 용이하게 만들었다.

공인 이후 백제의 국가불교는 전륜성왕 관념과 석가불신앙이 다소 강하게 나타났지만, 미륵신앙을 강조하였고 엄격한 계율을 내세우는 성격을 지녔다. 계율의 강조는 한성시대의 백제 사회에 넓혀진 판도나 문화 영역을 거느리기 위해 필요한 것이었다. 뒤에 그것은 고구려에 의해 차령 이남으로 밀리는 과정에서 발생한 혼란을 극복하기 위해 더 강화되었을지라도, 초기 백제 사회의 통합을 바라는 염원을 함께 담고 있었다. 아울러 백제 불교에서의 계율은 한성시대에 밖으로 뻗어 나가려던 백제의 웅지를 내포한 것이기도 하다. 웅진시대 이후 백제문화에서 망각되어 소홀하게 다루어 질 수 있는 통합과 패기를 초기의 공인불교 속에서 발견하려는 노력은 중요한 것이다.

우리나라의 미륵신앙은 불교가 공인되면서부터 바로 유행하여, 어쩌면 지금까지도 결코 식지 않고 민족의 감정 속에 연연히 이어져 왔다. 불교 공인과 더불어 전륜성왕의 치세를 돕는 모습으로 나타난 미륵신앙은 불교적 메시아신앙으로 변모되기도 하였다. 이상향을 추구하려는 사회개혁세력이 미륵신앙을 포용함으로써, 그것은 비밀결사秘密結社와 연결되어 민중반란을 유발시키는 요인으로 작용하였다. 그리하여 고려 후기에서 조선시대 말기까지 일어난 민중반란의 주동자는 흔히 미륵도彌勒徒를 사칭하였다. 이렇듯 우리나라의 전통적 불교신앙으로 크게 부각시킬 수 있는 미륵신앙이 처음으로 정착되는 모습에 대한 이해는 매우 중요하다.

왕실 중심으로 수용된 초전불교는 귀족들이 본래 믿어 온 토착의 무교신앙을 대치하려는 성격을 지녔다. 그러다 보니 불교신앙이 토착신앙의 자리를 대신하였고, 불교도 무교신앙의 모습으로 믿어지기에 이르렀다. 공인 이후 초기 왕실불교도 무불교대巫佛交代에서 무불융합巫佛融合의 신앙 경향을 가진 것으로 변화되어 갔다. 그런가 하면 귀족들은 무교신앙의 전통을 고수하였기 때문에, 불교 공인 과정에서 반대의 입장에 서 있었다. 따라서 이후 귀족 중심으로 수용되는 불교는 무불융합적 성격을 띠기에 이르렀다.

미륵신앙은 불교 공인 과정에서 나타난 왕실과 귀족 사이에 입장의 차이를 완화하면서, 불교가 왕법王法을 펴는 한편 귀족 중심으로도 수용되게끔 하였다. 미륵은 파라문婆羅門 출신의 하생下生설화를 가졌다. 제사장 계급인 파라문이 신라 귀족의 입장과 통할 수 있는 면을 지녀서, 죽지竹旨 등 진골 귀족의 윤회전생에 미륵신앙이 깊이 관련되어 있었다. 미륵은 진골 귀족의 자제인 화랑으로 출현하였다. 다만 미륵의 하생설화는 왕실의 전륜성왕 관념과 밀접하게 연관하여 전개되었다.

미륵신앙은 귀족들에게 호감을 줄 수 있을지라도 어디까지나 왕실에 협조적인 면을 지녔다. 그렇기 때문에 불교 공인과 함께 왕실에서 창건한 흥륜사의 주존이 미륵불상이었다. 귀족 중심으로 수용되면서 미륵신앙은 무불융합적인 성격을 포용하였다. 미륵을 받든 진자眞慈는 종래 제사장적인 무격巫覡의 전통을 많이 지니고 있었다. 미륵선화彌勒仙花는 신선神仙으로 불려 무교신앙의 신격神格임을 알려 주는데, 일방으로는 화랑인 미시未尸로 출현하였다.

미시는 신성神聖과 사람, 곧 신과 제사장을 연결시켜 주는 역할을 담당하였다. 미시가 발견된 노방수路傍樹는 무교신앙에서 신의 강림지降臨地와 다를 바 없다. 신성이 미시를 통해 사람과 연결되는 미륵신앙은 무교신앙의 제의 모습을 그대로 보여 준다. 미륵은 알지閼智처럼 건국신화에서 조령祖靈이 출현하듯이, 동자童子의 모습으로 화생化生하고 있다. 이렇게 되면 무불융합적 성격을 수용하였다고 하지만 진자의 미륵신앙은 미륵을 신성으로 바꾸고는 오히려 무교신앙의 모습을 그대로 재현시킨 것이다.

미륵신앙의 전통은 신라중고대 말에서부터 유행한 밀교密敎신앙과 그 맥이 닿을 수 있다. 흥륜사 금당金堂의 십성十聖에 모셔진 안함安含이 밀교적 신앙과 연관되었고, 밀교 승려인 밀본密本은 미륵신앙과 어느 정도 인연을 맺고 있었다. 신라에 전래된 밀교신앙은 주술적 불교이지만, 사실은 토착의 무교와 불교 신앙을 융합하면서 보편성을 추구한 것으로 이해된다. 그런 면에서 신라중고대 미륵신앙이 밀교의 성립을 도와 주었다.

미륵신앙으로부터 이어지는 무불융합신앙은 신라중고대 사회에서 유력한 진골 귀족세력이 온존하였을 뿐만 아니라 이들이 세력을 키워 나갔기 때문에 유행한 것이었다. 그래서인지 진지왕이 폐위되었는가 하면, 신라중고대 말에도 화백회의和白會議가 국가대사를 집행하였다. 신라중대 전제주의가 강화되는 사회분위기 속에서 토착적 성격이 강한 미륵신앙은 약화되었으며, 밀교신앙의 유행과 함께 그 안에 흡수되어 갔다. 그리하여 전륜성왕치세의 교화와 연관된 미륵신앙은 법상종신앙으로 흡수되었다.

신라중고대의 미륵신앙은 백제의 공주 지역에서 유행한 미륵신앙과 밀접한 연관을 가졌다. 백제뿐만 아니라 고구려에서도 공인될 당시의 불교신앙

내에는 미륵신앙이 유행하였다. 공인 이후 신라 불교신앙의 전개에 변화가 나타났다. 신라중고대 초기에는 미륵존상을 주로 안치하였으나 신라중고대 말기에는 석가장륙상釋迦丈六像을 조성하는 등 석가불신앙이 크게 유행하였다.

석가불신앙이 일어나는 시기는 진흥왕 대부터이지만, 크게 유행하는 때는 진평왕 대이다. 왕실, 특히 동륜계銅輪系가 석가불신앙을 능동적으로 포용하였다. 그렇지만 그것은 엄밀히 말해 불교 공인 이후 왕실이 전륜성왕 관념을 가진 것에서 비롯되었다. 석가와 전륜성왕은 같은 찰체리종刹帝利種 신분이었고, 왕족을 찰제리종으로 생각하는 진종眞種의식은 전륜성왕 관념에서 석가불신앙으로 몰입하게 만들었다. 석가불신앙을 크게 유행시키는데 중요한 역할을 담당한 것은 제석帝釋이다. 제석신앙은 진평왕 대 초기에서부터 등장하였다.

진평왕 대에는 옥대玉帶라든가 불상이라든가, 유난히 하늘에서 내리는 물건이 많이 나타났다. 이러한 하늘은 도리천忉利天으로 제석과 연관되었다. 다만 석가는 전생에서 제석과 밀접하게 연관되었으며, 혹은 바로 제석으로서 천상에 태어나기도 하였다. 그렇지만 석가불과 제석은 엄연히 구별되었다. 진평왕 대에 석가불신앙의 유행을 돕기 위해 제석신앙이 등장하였는데, 왕실은 석가불신앙에 더 매료되어 있었다. 오히려 진평왕 대 말기에서부터 시대가 내려가면서 제석신앙은 더 부각되었고, 석가불신앙과 혼재되는 경향을 보여 주었다.

진평왕 대에 왕실은 석가불신앙이나 계율의 강조를 통해 스스로 석종의식釋宗意識을 가졌다. 진지왕 대에 이르기까지 전륜성왕 관념을 표명하던 왕실은 진평왕 대에 바로 석가족의 이름을 사용하면서, 스스로 석종釋宗이라는 혈연의식을 표방하였다. 미륵신앙을 배경으로 사륜계舍輪系가 전륜성왕 관념을 내세웠다면, 석가불신앙을 배경으로 동륜계는 석종의식을 성립시킴으로써 여타의 다른 왕족과 구별하려는 폐쇄적인 혈연의식을 가졌다. 진평왕 대에 동륜계의 왕실 가계집단이 가진 이러한 혈연의식이 이른바 성골聖骨 관념을 낳았다. 한편 진평왕 대의 동륜계는 사륜계와 연합하여 왕권의 안정을 꾀하고자 하였던 사정이 왕족의 다른 가계 혈연집단보다는 오히려 우월하다는, 석종의식을 성립시키는 배경으로 작용하였다.

석가불신앙을 중심으로 진평왕 대 초기와 말기의 불교신앙에 상당한 변화가 일어났다. 석종의식은 진평왕 대 초기에 강하게 나타났고, 진평왕 대 말기나 선덕왕 대에는 흐려지고 있다. 아울러 진평왕 대 초기에는 석가불신앙이 크게 유행하는 가운데 곁들여 제석신앙이 나타났으나, 진평왕 대 말기로 내려가면서 그 둘은 혼재되기에 이르렀다. 아울러 진평왕 대 초기에는 세속오계와 보살계가 구별되었으나, 진평왕 대 말기로 내려가면서 그들은 혼유混有되었다.

그러고 보면 진평왕 대에는 초기와 후기의 사회에 뚜렷한 변화가 나타났다. 진평왕 대를 주도해 갔던 사회세력은 처음에는 동륜계였으나 적어도 진평왕 43년(621년) 이후에는 사륜계, 즉 김춘추金春秋·김유신金庾信 일파였다. 따라서 진평왕 43년 이전과 그 이후의 체제 정비는 성격상 구별될 수 있다. 불교신앙 내에서 석종의식이 희미하게 되어 가는 변화는 김춘추·김유신 세력이 등장하면서, 전제주의로의 개혁을 모색하고 있는 과정과 연관시켜 이해하여야 한다.

석가불신앙이 고조되는 진평왕 대에는 계율을 강조하였다. 이 시기를 전후한 때에 활동한 원광圓光·지명智明·자장慈藏이 모두 계율을 중시하였다. 그러나 진평왕 대 초기에는 세속오계世俗五戒와 보살계菩薩戒가 구별되고 있었다. 미륵신앙이 유행하는 신라중고대에 이미 세속오계와 같은 현실적인 계율이 존재하였다. 세속오계는 충忠·효孝·신信 등을 강조함으로써 신라 사회에 왕실을 중심으로 횡적·종적 연대감을 조성하려는 것이었다. 그러다가 진평왕 대 말기나 선덕여왕 대 초기에 보살계를 더 내세우는 분위기 속에서, 자장은 그것을 세속오계와 혼합함으로써 신라인을 전체적으로 계행戒行 속에 묶으려 하였다.

제2절 귀족불교신앙의 전개

격의불교에서 출발한 고구려 불교가 삼론三論사상을 수용하면서 사상적으로 성숙하게 되는 데에는 의연義淵이 중요한 역할을 담당하였다. 고구려 대승상 왕고득王高得의 종용을 받은 그는 북제北齊의 수도 업鄴으로 들어가, 정국사定國寺의 법상法上에게 나아갔다. 법상은 지론종地論宗의 대가였는데 534년(安原王 4년)에 위魏의 대장군 고징高澄의 부름을 받아 업에 머무르고 있었다. 당시 법상의 명성은 이미 고구려에까지 알려졌다.

의연은 법상에게 『십지론十地論』과 『지도론智度論』·『지지론地持論』 및 『금강반야론金剛般若論』 등의 저자와 저술의 유래에 관하여 질문하였다. 『십지론』과 『금강반야론』은 모두 무착無著의 동생인 세친世親이 지었으며, 보리류지菩提留支가 처음으로 번역한 것이다. 『금강반야론』은 『금강경』을 해설하면서 공空에 대한 이해를 강조하였고, 『십지론』은 보살이 부처의 경지에 이르는 과정을 방편으로 설법한 것이지만 또한 『화엄경』에서 보살 수행의 중심 사상으로 채용되었다.

무착이 미륵보살로부터 받아서 담마참曇摩讖이 번역한 『지지론』은 보살의 수행 방편을 설한 것이다. 미륵과 무착 및 세친은 인도에서 유식학파를 체계화한 장본인들이다. 그중 미륵이 실존 인물인지는 분명하지 않지만, 실제로 유식학을 정립시킨 무착과 세친 형제는 대승불교의 이론 정립에 크게 공헌하였다. 초기의 유식학은 중관中觀불교의 공관空觀이 허무론에 머무는 것을 비판하여 실상론實相論을 강조하였다. 반면 실상을 마음 작용에 의한 것으로 이해하면서, 유식학은 융섭적인 공관을 수용하기에 이르렀다.

용수龍樹가 지었고 구마라집鳩摩羅什이 번역한 『지도론』은 연기의緣起義를 나타내려는 것이다. 용수는 대승불교의 이론을 대성시킴으로써, 불교사에 큰 족적을 남긴 인물이며 공관의 논리를 체계화한 중관파의 시조로 추앙받고 있다. 용수는 멸滅과 불멸不滅이 따로 없다고 함으로써 공空과 가假를 같이 파악하였다. 『지도론』을 번역하면서 용수의 전기를 지은 구마라집은 역경 사업을 주도하였고, 공관과 용수의 중관사상을 처음으로 중국에 소개하였다.

의연은 법상의 문하에 나아가 지론종地論宗을 전수받았다. 이를 통해 고구려 불교계가 공관에 대한 이해를 심화시켰다. 『금강반야론』에 의거한 공관으로 무착이나 세친 형제는 유식학파를 성립시켰는가 하면, 용수는 중관학파를 성립시켰다. 의연 이후 논리 체계를 수립해 감으로써, 고구려 불교는 성실론적인 유식론에서부터 중관론까지 공관에 대한 이해의 폭을 넓혀갔다.

유식학파가 중시하였지만, 『십지론』은 중관학파에게 전폭적으로 수용되었다. 북위北魏의 선무제宣武帝 때에 보리류지가 번역한 『십지론』은 지론종 북도파北道派에 의해 수용되었다. 반면 중인도 출신의 늑나마제勒那摩提는 지론종 남도파의 성립에 관여하였다. 그의 제자인 혜광慧光이 남도파의 지론종을 개창하였는데, 법상은 혜광의 제자이다. 때문에 의연은 지론종 남도파의 교학에 접하였다. 지론종이 남도파와 북도파로 나뉘게 된 것은 유식의 제8 아뢰야식阿賴耶識에 대한 해석의 차이로 말미암아 나타났다. 북도파는 이를 망식妄識으로 보았지만, 남도파는 진식眞識(眞如)으로 보았다. 십지는 수행해 가는 보살도이기 때문에 법상은 세간법世間法이 곧 불법이 된다고 하였다.

의연 당시의 고구려 불교는 세속법과 불법을 같이 파악할 정도로 융합적인 사상 경향을 나타냈고, 삼론사상도 융합적인 성격을 지녔다. 고구려 삼론사상의 발전에 크게 기여한 인물이 승랑僧朗이다. 혜원慧遠으로부터 나집羅什 문하의 승도僧導에 이르는 삼론사상은 성실론적成實論的 성격을 가졌다. 이를 고삼론古三論이라 부르는 데 비해 승랑은 신삼론新三論사상을 제창하였다. 그것은 길장吉藏에 이르러 완성되었다. 승랑의 교학은 이체시교론二諦是敎論으로 대표되며, 그 외 중가의中假義나 어교이체설於敎二諦說 및 삼중이체설三重二諦說·사중이체설四重二諦說 등을 통해 이체를 보다 자세하게 논하였다.

이체는 부처가 중생을 위해 설법하는 것으로 세체世諦와 제일의체第一義諦(眞諦)를 말한다. 승랑은 이체를 경리境理와 관계가 없고 교敎로 파악하였다. 경리로서의 이체는 성실론적 고삼론을 나타낸 것이다. 이체를 교로 파악하려는 것은 삼론사상이 중도를 추구하게 하였다. 이는 성실론적인 이체시리二諦是理를 극복하려는 것이다. 또한 이체를 둘로 나누면 어이체於二諦와 교이체敎二諦가 된다. 그중 교이체가 중도를 표방하였다. 곧 유무의 둘이 비유비무의 둘로 되어, 둘이면서 둘이 아니요 둘이 아니면서 둘로 된다.

승랑은 이체를 3중 또는 4중으로 나누었다. 4중 이체는 3중 이체에 하나를 더 첨가한 데 불과하다. 첫째와 둘째 이체는 성실론적 경향을 지녔다. 그러나 셋째 이체는 유무의 이二와 비유비무非有非無의 불이不二를 설정하는 세체와 이二도 아니요 불이도 아니라는 진체로 나누었다. 다음으로 넷째 이체는 앞의 세 가지 이체가 셋이 아니라 무소의無所依라고 하였다. 그리하여 승랑은 이체를 중도로 이해하였다.

승랑은 3종 중도를 주장하였다. 곧 세체중도世諦中道와 진체眞諦중도 및 이체합명二諦合明중도를 말한다. 이는 신삼론사상이 중도 공관으로 전개되게끔 하였다. 다만 고구려의 신삼론사상이 비록 중도 공관으로 나아갔지만, 신라의 화엄사상과 같은 융섭적인 통합사상으로 발전하지는 못하였다. 이체에서 보이는 중도를 단계적으로 발전시켰을지라도, 신삼론사상이 가假와 공空을 중도 속에 통합하여 통일적인 논리를 전개하지는 못하였다.

고구려의 신삼론사상은 강력한 융섭사상으로 발전하지는 못하였다고 하더라도, 이체를 설명하면서 일관되게 중도를 강조하였다. 중도가 바로 부동不動한 정법正法이고 중도 정법이 열반涅槃의 체體가 된다. 부동이면서 생멸을 초월하였을 뿐만 아니라, 하나가 아니면서도 둘도 아닌 중도 공관이 나아갈 바는 정토淨土, 곧 열반이 된다. 공空한 본성의 청정한 마음은 불성신앙으로 이어진다. 불성과 열반은 서로 달리 추구될 수 없다.

중도의中道義를 강조한 신삼론사상은 고구려 불교가 불성신앙을 내세우고 열반을 중시하게 만들었다. 의연義淵은 법상法上에게 나아가 불멸佛滅 이후에 언제 불교가 동쪽으로 전해졌는가라고 질문하였다. 그의 물음은 이제 비로소 고구려에 불교가 이해되는 것으로만 생각할 수 없다. 의연의 관심은 석가 멸도 후의 사실에 초점을 맞춘 것이다. 고구려 불교가 석가의 열반을 중시함으로써 불성신앙에 대해 이해하게 만들었다고 볼 수 있다.

불성을 추구한 고구려 불교는 열반의 문제를 해결하려고 하였다. 담무참曇無讖(曇摩讖)이 주도한 『열반경』의 번역에 동참한 승랑은 『열반의소涅槃義疏』를 짓고는 불성이 곧 중도라고 하였다. 고구려 말에 보덕普德은 『열반경』을 강론하였다. 법석을 마친 후 그는 평양의 서쪽 대보산大寶山의 바위굴 아래에 영탑사靈塔寺를 창건하고는, 거기에 거주하면서 아울러 선관禪觀을 닦았다. 당시 보덕은 『열반경』과 『방등경方等經』에 모두 밝아, 두 경전은 그로부터 전수되었다. 때문에 신라의 원효와 의상은 보덕에게 나아가 그 두 경전의 교의를 터득하였다.

불성인 제일의공第一義空은 공空이면서 공이 아니요, 또한 공이 아닌 것이 아니라고 한다. 때문에 이를 '공공空空'이라 부른다. 불성은 물론 열반도 공이면서 공이 아니며 공이 아닌 것도 아니다. 『열반경』의 사자후품獅子吼品에 나타난 불성신앙은 공관에 보다 기초를 둔 것이다. 이는 선관禪觀으로의 연결이 가능한 것이다. 보덕은 공관에 보다 비중을 둠으로써 불성신앙을 더욱 발전시켰다. 그는 중관학파와는 달리 '진공묘유眞空妙有'의 공관을 전개시켜 『열반경』의 불성신앙을 이끌어내었다. 보덕은 『열반경』을 강의하면서 아울러 선관을 닦았다.

선정禪定으로 이어질 수 있는 공관에 의거한 불성신앙이 고구려 말에 유행하였다. 중도 공관은 차별을 설정할 수 없다. 보덕이 전수한 『방등경』의 명칭은 평등의 진리를 설명하는 의미를 가졌다. 공관에 의한 평등사상은 '법신상주法身常住'의 보편성을 강조한다. 여래의 법신法身은 편만遍滿하여 존재하므로 모든 중생이 불성을 갖게 한다. 그리하여 성문승聲聞乘과 연각승緣覺乘은 물론 불법을 비방하는 일천제一闡提까지도 성불할 수 있다고 한다.

석가의 열반은 불교의 이상을 추구하는 불타론佛陀論으로 설립되어, 그 속에 여래장의 상주 불성을 갖추었다. 여래장은 고苦의 과보果報가 모두 없어져 분별심分別心인 각관覺觀을 벗어나기 때문에 종국에는 열반에 이르게 한다. 이는 저근底根의 반야 공관에서 발전하여 극치의 본원本願, 곧 정토사상으로 나아간 것이다. 고구려 신삼론의 반야 공관이 성립시킨 융섭적인 중도사상은 불성신앙을 낳았다. 보덕은 중도 공관과 함께 선정禪定을 추구함으로써 고구려의 불성신앙이 열반을 수반하게 하였다.

보덕은 중생이 모두 갖추고 있다는 불성의 보편성을 내세워 열반사상을 형성시켰다. 원래 열반의 도道는 따로 도라 할 것이 없으나 도가 아닌 것이 없고, 머무는 데가 없으나 머물지 않는 곳이 없다. 열반의 도는 삼라만상에 편만하여, 있지 않는 것이 아닐 뿐만 아니라 또한 일체의 법상에서 떠나 진여와 같은 것이다. 중관의 논리를 심화하면서 나타난 융섭적 중도사상은 왕실이나 중앙 귀족 중심으로 수용되었다.

고구려의 불성신앙이 신라의 화엄사상에서처럼 통합적인 융섭사상을 강하게 지니지는 않았다. 다만 평양성에 있으면서 『열반경』을 강의할 때까지만 하여도, 보덕은 왕실이나 귀족의 불교 취향에 편승하여 환영을 받았다. 그러나 강의를 마친 그는 평양성의 서쪽 대보산 아래의 바위굴로 물러나 거기서 선관을 닦았다. 이어 평양성에 거주하지 못하고 용강군의 반룡사盤龍寺로 퇴거하였다. 보덕은 고명한 11명을 비롯하여 많은 제자를 두었지만, 방장을 완산주의 고대산으로 옮겨 거주하였다.

비슷한 시기의 혜량惠亮은 신라로 망명하였다. 승랑이나 영양왕 때의 인印법사와 실實법사는 끝내 귀국하지 못하고 중국에서 활동하였다. 혜관慧灌은 영류왕 8년(625년) 당나라에 사신으로 파견되었는데, 가상사嘉祥寺의 길장吉藏 대사에게서 삼론을 배우고는 바로 일본으로 들어가 삼론종의 시조가 되었다. 또한 도등道登은 영류왕 10년(627년)경 당나라에 들어가 길장에게서 삼론을 배웠으며, 629년경에 당 사신을 따라 일본으로 들어가 머물면서 공종空宗을 전하였다. 그 외 혜자慧慈·혜관慧觀 등도 일찍이 일본에 들어가 삼론을 전하였다.

신삼론사상이나 불성신앙을 성립시키는 데 기여한 고구려 승려들이 국내에서 정착하지 못하고, 대부분 해외로 나가 활동하였다. 고구려의 불성신앙은 당대 사회에 정착하지 못한 셈이다. 보덕은 도교의 융성으로 나라가 위태롭게 된다는 것을 강경하게 간하였다. 열반의 도는 도교의 도와 서로 근접한 성격을 갖는다. 보덕의 열반신앙은 도교의 불로장생不老長生신앙에 대항하는 데 가장 적합한 것이기도 했다. 그러나 왕은 보덕의 간언을 듣지 않았다.

연개소문淵蓋蘇文은 영류왕을 비롯한 중앙 귀족세력 및 이들과 연결된 불교세력을 압박하는 한편, 무단적인 독재 체제를 구축하기 위해 보장왕에게 도교진흥책을 건의하였다. 고구려 불교계는 직접적으로는 연개소문의 도교진흥책으로 타격을 받았지만, 이전에도 서서히 위축되면서 붕괴되어 갔다. 안장왕 이후에는 왕의 존재가 무력해지면서 귀족 간의 권력다툼이 격렬해졌다. 그런 과정에서 전통 귀족의 기반 자체가 무너져감으로써 삼론종 승려를 위시한 불교계가 국내 지지 기반을 상실하였다.

백제 불교의 특성으로 지적할 수 있는 미륵신앙이나 계율 및 법화신앙 등의 내용은 대체로 웅진시대 이후의 사실을 담은 것이다. 공인 이후 한성시대 백제 불교의 사상이나 신앙을 알려 줄 기록이 거의 남아 있지 않다. 한성시대 백제가 왕실 중심으로 중앙집권적 귀족국가 체제를 정비하면서 웅비하려던 모습 속에, 미륵신앙이나 계율을 강조하는 불교신앙이 자리하고 있었다. 반면 법화신앙은 초기의 국가불교 속에 존재하지 않는 것은 아니지만 웅진시대 이후에 크게 유행하였다. 법화도량과 연관된 백제의 승려들이 모두 웅진이나 사비 시대에 활동하였다.

불교의 모든 신앙이 부처의 설법에 의하지 않는 것은 아니지만 특히 법화신앙은 석가불을 중심으로 전개되며, 그 근본 도량은 영취산靈鷲山에 상설되어 있다. 『법화경』은 성문聲聞·연각緣覺·보살菩薩의 삼승을 통해 일승, 즉 불성을 깨치려는 목적을 지녔다. 중국은 물론 일본으로 전해진 초기의 대승불교에서 법화신앙이 성행하였다. 중국에서는 일찍이 법화의 회삼귀일會三歸一사상에 기초하여 일심삼관법一心三觀法을 제시함으로써 천태종이 성립되었으며, 일본에서도 법화신앙이 종파를 형성시킬 수 있을 정도로 성행하였다.

삼국시대의 우리나라에는 법화신앙이 크게 유행한 것 같지는 않지만 미약하게나마 유입되었고, 그에 따른 영험을 내세우는 관음신앙은 비교적 광범하게 퍼져 있었다. 문무왕이 즉위할 무렵 신라에는 낭지朗智가 양주良州 아곡현阿曲縣의 영취산에서 법화신앙을 펴고 있었다. 낭지의 법화도량은 보현행을 중시하였으며, 그 외에도 관음신앙을 아울러 추구하였다.

신라에 법화신앙을 전한 자로 법융法融·이응理應·순영純英 등이 알려져 있다. 그들은 천태종 8조 좌계左溪 현명玄明의 문하에 들었다. 신라 승려 연광緣光은 지자의 문인으로 『법화경』을 염송念誦하는 것으로 업業을 삼았다. 원효는 낭지로부터 『법화경』 강의를 들었고, 이를 바탕으로 『법화경종요法

華經宗要』를 저술하였다. 또한 유식학승으로 경흥憬興·순영順璟·현일玄一·의적義寂·도륜道倫·태현太賢·혜운惠雲·현범玄範 등이 『법화경』과 관련된 저술을 남겼다.

고구려에도 법화신앙은 일찍 전해졌다. 고구려 파약波若은 중국의 천태산에 들어가 지자智者의 교관敎觀을 전수받았으며 아울러 선법禪法을 구하였다. 때문에 한적한 곳에 거주하면서 묘행妙行을 닦았다. 국청사國淸寺로부터 60~70리 정도 떨어진 천태산 최고봉인 화정華頂에서 파약은 무려 16년간이나 두타행頭陀行을 수행하였다.

고구려 승려 혜자慧慈는 영양왕 6년(595년)에 일본으로 가서 성덕聖德태자의 스승이 되어 『법화경』의 내용에 대해 문답하였다. 이미 그는 고구려에 전해졌던 『법화경』의 내용을 검토하여 이해하고 있었다. 고구려 사회의 법화신앙에도 영험적인 관음신앙이 내재되어 있었다. 일본 승려 행선行善은 고구려에 유학할 당시에 관음의 도움을 받아 홍수로 다리가 끊긴 강을 건넜다.

삼국 중 백제 불교가 법화신앙의 전통을 가장 많이 지닌 것으로 연구되었다. 중국 천태종의 종조宗祖라고 할 수 있는 혜사慧思의 문하에서 수학한 백제 승려 현광玄光은 『법화경』 안락행품安樂行品을 가만히 전수받아 선수행禪修行에 몰두하였는데, 어느 날 갑자기 법화삼매를 깨달았다. 『법화경』 안락행품을 중심으로 선관禪觀을 추구한 나머지 법화삼매에 이르렀다. 혜사의 법인을 전해 받은 현광은 강남江南에 이르러 돌아가는 본국의 배에 승선하여 귀국 길에 올랐다.

도중에 현광은 용궁에 들려 친히 증득證得한 법화삼매를 강설하였다. 불교에서 흔히 용궁은 홍교興敎와 연관되어 있다. 웅주熊州로 돌아온 현광은 옹산翁山에 기거하면서 절을 창건하고 교화에 힘썼다. 6세기 후반 남악에서 선풍을 떨친 혜사를 위해 무려 2세기가 흐른 8세기 전반에 회양懷讓이 영당을 세우고는, 그곳에 현광을 포함한 그의 제자 28인의 화상을 봉안하였다. 법화삼매에 밝았을 뿐만 아니라 일찍이 선관을 추구한 혜사의 수행 과정은 선종이나 천태종에서 모두 중시되었다.

백제 말에 혜현惠現은 북부北部의 수덕사修德寺에 거주하면서 법화신앙을 펴고 있었다. 그는 법화신앙에 대해 일가견을 가졌지만 중국에 유학하지는 않았다. 그런데도 『속고승전續高僧傳』에 그의 전기가 실렸다. 번거로움을 싫어한 혜현은 매우 험준해서 사람의 내왕이 힘든 달라산達拏山에 가서 거주하였고, 거기서 고요히 앉아 생각을 잊고 생을 마쳤다. 승려 발정發正은 중국으로 건너가 30여 년 동안 수행하고는, 백제로 귀국하면서 월주계越州界에 설치된 관음도량에 참가하였다.

웅진시대에 대통사大通寺의 창건과 사택지적砂宅智積의 활동을 백제 법화신앙의 유행과 연관하여 이해하였다. 대통사는 『법화경』의 대통지승여래大通智勝如來의 이름에서 유래한 것이다. 『법화경』 화성유품化城喩品에는 대통불이 16명의 아들을 낳았는데, 그중 장자가 지적이고 석가는 막내로 나와 있다. 대통불의 장자 이름을 딴 사택지적은 일본에 사신으로 가서 활동하였다. 이는 백제의 법화신앙이 일본에 전해진 사실을 짐작하게 한다. 위덕왕 30년(583년)에 백제 승려 일라日羅가 일본에 건너가 성덕聖德태자를 뵙고 관음영험신앙을 폈다. 관음의 영험신앙과 삼매의 추구가 백제 법화신앙의 특성이라 할 수 있다.

백제 사회에는 동진을 통해 격의불교가 들어와 있었고, 이와는 달리 바다를 통해 남방 불교도 다소 전래되었다. 바다를 통해 들어온 불교는 공인 이후 백제의 법화신앙이 영험적인 관음신앙을 형성시키는 데 영향을 주었다. 백제의 초전불교를 알려 주는 『해동고승전』의 마라난타摩羅難陀전은 관음신앙을 기록하였고, 그 속에서 진단국震旦國 등을 설명하면서 『문수사리현보장경文殊舍利賢寶藏經』을 인용하였다. 진단국과 연결시킨 관음정토는 동북방 해변에 있는데, 이를 백제의 성주산聖住山, 곧 월악月岳으로 비정하였다.

혜현은 『법화경』을 염송하는 것을 일과로 삼았다. 『법화경』의 조성이나 염송은 그 자체만으로도 큰 공덕으로 여겨졌다. 혜현이 입적한 후에 호랑이가 그 시체를 먹었지만, 혀만 여전히 붉은 채로 남아 있었다는 영이신앙도 생전에 선정禪定을 수행하면서 『법화경』을 염송한 사실과 연결된다. 때문에 법화영험신앙 내에는 썩지 않는 혀와 연관된 신이신앙이 광범하게 퍼져 나갔다.

발정發正의 법화신앙은 영이한 관음신앙으로 나타났다. 발정은 중국에서 유학하고 돌아오는 길에 본국의 관음도량에 참여하였다. 마침 그곳에는 『화엄경』을 염송하는 자와 『법화경』을 염송하는 자가 있었다. 그 두 사람과 관세음보살과의 관계는 시사성을 준다. 『화엄경』을 독송한 사람은 『법화경』을 염송한 사람보다 수행의 경지가 낮을 뿐만 아니라, 오히려 관세음보살로부터 외면당한 것으로 기록되었다. 발정의 관음신앙은 법화영험신앙을 근간으로 성립한 것이다. 관음신앙은 『법화경』의 보문품普門品과 『화엄경』의 입법계품入法界品에 모두 나오지만, 백제의 관음신앙은 『법화경』의 보문품에 근거하여 형성되었다.

백제 사회에는 『화엄경』에 의거한 실천 수행을 강조하는 관음신앙이 대두한 것 같지는 않다. 백제에 유행한 관음신앙은 법화영험신앙과 연관하여 오히려 서민에게 친숙하게 다가갔다. 법화신앙 속에는 수행을 강조하는 보현신앙이 들어 있게 마련이다. 신라 낭지의 법화도량에는 보현신앙이 강하게 나타나 있다. 그런데 백제의 법화영험신앙에서는 보현이 등장하지는 않는다. 이 점은 신라 법화신앙과 차이를 보여 준다.

백제 법화신앙 속에는 삼매를 추구하는 경향이 있다. 백제의 법화신앙 속에서 삼매의 추구와 관음영험신앙은 분리되어 생각할 수 있는 것이 아니다. 혜현은 수덕사에서 『법화경』을 염송하면서 선정을 닦았다. 이는 백제 법화신앙의 특성으로 이어질 수 있다. 현광玄光의 교학에 바로 그런 면이 나타난다. 그는 혜사慧思 문하에서 『법화경』 안락행품을 수학하고는, 그로 말미암아 법화삼매法華三昧를 증득하였다.

『법화경』 제14 안락행품은 신身·구口·의意·서원誓願의 4안락행으로 나누어 설명되었다. 안락행품의 대표적 구도자는 문수보살이다. 공空을 증득하는 것이 반야 즉 지혜이고, 안락행품에서 수행하는 문수는 공관空觀을 추구하는 모습을 보여 준다. 이는 법화삼매를 증득하는 것으로 나타났다. 4안락행에서 가장 중시된 것은 처음에 설한 신안락행身安樂行인데, 그것을 행처行處와 친근처親近處로 나누어 설명하였다.

행처는 사바세계에 순응하면서 제법의 실상을 관觀하려는 것이다. 또한 친근처는 가까이 할 사람이나 거처할 곳을 구체적으로 들면서도, 궁극적으로는 일체의 법상法相이 모두 공이라는, 곧 공관을 깨치려는 것이다. 그리하여 허공과 같지만 성품을 갖지 않아 도도 끊기고, 이름도 상相도 나아가 소유도 헤아릴 수도 없으며, 장애도 없는 경지를 추구한다.

안락행품을 통해 얻은 법화삼매는 선정에 이르게 한다. 현광의 문하 제자로 중국 사람인 혜민慧旻 선사 외에 승당升堂 수별受莂한 1인과 화광火光삼매에 든 1인 및 수광水光삼매에 든 2인이 있었다. 그중 혜민은 중국에서 혜사로부터 이어받은 현광의 선관을 정통으로 계승하였다. 백제에서 현광의 법화신앙을 계승한 자로 그의 법인을 정통으로 수기受記한 사람 외에 화광삼매와 수광삼매에 든 사람이 있었다.

백제의 법화삼매 내에는 화광삼매와 수광삼매의 구별이 있었다. 화광삼매와 수광삼매의 차이는 수행자의 근기根機에 따라 설정한 것이다. 곧 화광삼매는 이근利根을 가진 수행자를 대상으로 설정되었다면, 수광삼매는 둔근鈍根을 가진 수행자에게 부과되었다. 법화도량에서 삼매를 추구하면서 근기에 따라 수행 방법을 나누는 경우는 이후에도 계속해서 전승되었다.

고구려의 남하에 밀려 웅진으로 쫓기면서 백제는 무너진 집권 체제를 재정비하였다. 피난 수도에서의 혼란을 가능한 빨리 잠재우면서 강력한 중앙 집권 체제를 구축하려는 것이 백제 사회의 현안이 되었다. 그러기 위해 왕실은 군사력을 중앙에서 통제할 수 있는 지방통치 체제를 보다 신속하게 마련하면서, 한편으로 수도권 지역을 배경으로 성장한 귀족세력을 제압하거나 또는 연합하려는 방도를 모색하였다. 이러한 사회 분위기 속에 법화신앙이 유행하였다.

백제 법화신앙에는 석가불신앙이 비교적 강하게 나타나 있다. 성왕은 일본에 불법을 전하면서, 노리사치怒利斯致를 파견하여 불교 전적과 함께 유독 석가불상을 보내 주었다. 일본 불교의 공인과정에 백제가 석가불상을 전한 사실은 여러 문헌에 기록되었고, 일본 공인불교의 상징으로 건립된 향원사向原寺에 백제 성왕이 전해 준 석가불상을 모셨다. 석가불이 관음신앙과 연관하여 강조되었다는 데에서 백제 불교는 법화신앙을 능동적으로 형성시켰다.

일본에 전하는 「선광사연기善光寺緣起」에는 백제에 『청관음경請觀音經』 및 그에 따른 생신여래生身如來신앙을 기록하였다. 생신여래는 무량수불과 관음·세지勢至 보살을 이르는데, 인도의 중생을 제도한 다음에 백제의 왕궁으로 날아와 중생을 교화한다고 하였다. 인도의 월개月盖장자가 석가불에게 청하여 생신여래를 초청함으로써 나쁜 병을 물리친다고 하는 생신여래 연기설화는 백제왕실이 과거의 월개장자임을 표방한 것이다. 백제 사회에 존재한 생신여래신앙은 중생을 구원하는 관세음보살보문품의 신앙을 함께 갖춘 것이어서 법화영험신앙으로 이어질 수 있었다.

법화도량은 실천과 수행을 강조하는 성격을 지녔다. 고려 후기 요세了世는 백련결사白蓮結社에 보현普賢도량을 개설하였고, 신라 낭지의 법화결사에서도 보현도량이 설치되어 있었다. 그러나 백제 법화도량에 보현신앙이 강하게 영향을 주지는 않았다. 백제 법화도량에서는 신라와는 달리 문수신앙이 중요한 역할을 담당하였다. 이는 바로 문수보살이 중심이 되어 안락행의 선정을 추구하는 백제 법화신앙의 전통으로 이어지는 것이다.

천태 지자는 『법화경』의 회삼귀일會三歸一사상에 기초한 삼관법三觀法을 제시하였고, 삼관법을 하나로 통합하여 파악함으로써 천태사상을 성립시켰다. 우리나라에서 삼관법을 하나로 파악하려는 천태교관은 고려 초에 나타나 의천義天에 의해 천태종으로 개창되었다. 그러나 회삼귀일사상은 신라통일기에 삼국을 하나로 통합하려는 분위기에 편승하여 원효의 교학 등에서도 나타나 있었다.

백제의 현광은 지자와는 동학으로 서로 영향을 주고받았겠지만, 천태관법을 도입하지는 않았다. 백제 불교에서 신라의 화엄사상과 같은 융섭적인 사상을 쉽게 찾아내기는 어렵다. 백제의 법화신앙은 삼관법을 하나로 파악하려는 강력한 융합사상으로 나아간 것은 아니라 하더라도 『법화경』에서 표방된 회삼귀일사상의 전통을 지녔다. 또한 관음의 영험신앙과 삼매를 함께 추구한 백제 법화신앙은 다소 통합적인 사상 경향을 가졌다.

웅진시대 이후 법화신앙의 통합적인 성격은 피난 수도에서의 중앙집권적 귀족국가 체제를 성공적으로 재정비하면서, 다소 유연한 사회 체제를 이루는 것과 연관시켜 파악해야 한다. 사비시대의 중흥된 백제 사회가 바로 와해되는 과정에서 융합적인 사상 경향의 의미는 축소될 수밖에 없다. 당시 법화신앙의 통합적인 모습은 그 뒤에 보다 위축된 모습으로 전해졌다. 이 점은 법화신앙과 연관된 호국적인 사천왕신앙이나 사방불신앙 등 다른 불교신앙과의 관계에서 이해해야 한다.

백제는 침류왕 대에 불교를 공인하였으나 한성漢城시대의 불교관계 기록이 많이 남아 있는 것은 아니다. 웅진시대 이후 백제 불교에는 미륵신앙이 강하게 나타나 있다. 그러나 그 이전에도 미륵신앙은 상당히 유행하였을 것이다. 백제의 수도 웅진은 당시 삼국 사회에서 미륵신앙의 중심지라는 상징적 의미를 지니고 있었다. 신라 승려 진자眞慈가 미륵선화彌勒仙花를 구하기 위해 공주의 수원사水源寺로 나아가고 있는 사실이 이를 알려 준다.

백제에 유행한 미륵신앙의 모습은 사비시대에 미륵사彌勒寺의 창건으로 나타났다. 미륵사는 본래 법왕이 창건한 왕흥사王興寺이거나 또는 그것과 밀접한 관련이 있는 것으로 무왕에 의해 창건되었다. 미륵사가 세워지는 용화산龍華山은 미륵이 사람들을 위해 세 번 설법하는 용화수龍華樹를 상징한다. 또한 미륵사의 창건에 깊이 연관된 사자사師子寺는 도솔천兜率天 내의 사자보상師子寶床을 상징하는 것으로써, 여기서 천중天衆을 위해 설법한 미륵이 화생化生하고 있다. 무왕 대의 미륵사는 백제에 미륵 이상세계를 건설하려는 현실적 욕구를 반영하여 창건되었다.

백제 불교에서는 계율을 강조하였는데, 이는 백제 미륵신앙의 독특한 성격으로 이해된다. 미륵사의 창건에 깊이 관여하였던 법왕은 살생을 금하였으며 고기잡이나 사냥도구를 불태웠고 새매를 방생放生하였다. 곧 백제 불교는 형식에 흐를 정도로 엄격한 계율을 중시한 셈이다. 비록 자료적 가치가 다소 떨어지긴 하지만 미륵불광사사적彌勒佛光寺事蹟에는 성왕 대에 겸익이 계율을 구하기 위해 중인도中印度에 이른 사실을 기록하였다. 그는 귀국할 때에 인도승 배달다삼장倍達多三藏과 함께 범본梵本 오부율五部律을 가지고 왔으며, 흥륜사興輪寺에서 그것을 번역하여 율부律部 72권을 저술하였다. 또 담욱曇旭·혜인惠仁 법사가 율소律疏 36권을 저술하였다.

백제 불교의 전통을 이었다고 생각되는 진표眞表의 교학에서 백제 미륵신앙 속에 나타난 계율의 성격을 끌어내었다. 진표는 금산사金山寺에서 망신참亡身懺을 닦을 정도로 가혹한 계행戒行을 수행하였고, 미륵으로부터 계를 받기 원하였다. 처음 지장으로부터 계를 받았으나 이에 만족하지 않고 정진한 진표는 미륵으로부터 189개의 간자簡子를 받았다. 미륵은 그중 제8 신득묘계新得妙戒와 제9 증득구계曾得俱戒의 두 간자를 자신의 손가락뼈로 만들었고, 나머지는 침단목沈檀木으로 만들었다고 하였다. 이 두 간자는 진표가 미륵신앙을 내세우면서, 특별히 미륵이 내린 계율을 강조한 것이다.

진표의 교학은 미륵신앙의 계율주의를 내세우는 백제 불교의 전통에서 오는 것이다. 백제 미륵신앙에서 내세우는 계율은 미륵이 설한 유가보살계瑜伽菩薩戒이며, 출가하여 득도한 보살이 지켜야 할 정도의 엄격한 것이었다. 백제 미륵신앙은 미륵이 전륜성왕의 치세를 돕는 면을 강하게 보여 주지는 않는다. 전륜성왕과 미륵의 조화는 신라중고대의 미륵신앙에서처럼 뚜렷하게 나타나지는 않았다. 미륵신앙 속에는 일반적으로 계율을 강조할 소지가 충분히 들어 있으며, 이상 사회를 건설하기 위해 이 사회는 혼란을 겪는다거나 아울러 그것을 개혁하려는 면 등이 포함되어 있다.

백제의 미륵신앙은 이상 사회를 건설하려는 면을 보여 주지만 그에 따른 웅진시대 이후의 혼란상을 문제시하거나 사회 체제를 개혁하려는 면을 내세우지는 않았다. 그러면서도 사람들을 이상세계로 제도하기 위한 계율을 내세우고 있다. 말하자면 백제 미륵신앙은 계율을 크게 내세웠고, 그것에 따른 사회의 혼란을 부각하거나 체제의 모순을 개혁하려는 의지를 감춘 채 이상 사회의 건설을 암암리에 내세우고 있다.

백제 미륵신앙이 계율주의로 흐른 것은 일찍부터 율령 사회를 성립시킨 백제국가의 체제 정비와 밀접한 관련을 가졌다. 백제는 고구려나 신라에 비해 토착귀족세력보다는 왕권이 강한 사회를 이루었다. 또한 근초고왕 대를 지나면서 이미 넓혀진 판도를 유지하는 측면에서의 제도 정비가 요망되던 시기에 불교를 공인하였다. 확대된 제도를 유지하기 위해서는 계율통치가 필요하였다. 그런가 하면 웅진시대 이후 혼란한 사회 체제를 왕실 중심으로 재정비하면서 지방을 군사적으로 확실하게 장악하려는 방方-군郡-성城의 체제가 성립되어 갔다.

미륵신앙은 웅진 이후의 시대 분위기와 짝하여 널리 유행하였다. 한편으로 백제는 중국 남조와 빈번하게 교류하면서 그곳에 만개한 유교문화의 '예禮'를 받아들여 계를 정비하였다. 웅진熊津시대 이후 미륵신앙이 한창 유행하던 시기의 백제 불교에는 천태天台나 법화法華 사상 등이 나타나 있었다. 위덕왕 대를 전후해서 활동한 현광玄光이나 혜현 등은 모두 법화사상을 접하였다.

원광은 신라 불교 교학을 정립하는 데 기여하였지만, 그의 생애와 교학 활동 및 사상 경향은 기록자나 연구자에 따라 다소 혼동되어 있다. 지금까지의 연구는 원광에 대해 다르게 기록한 『속고승전』이나 『고본수이전』의 내용을 상호 대조하고, 그중 어느 것이 옳은지를 판단하여 원광의 교학을 부각하였다. 따라서 옳지 않게 생각되는 다른 기록을 전혀 고려하지 않고 버렸다. 그 결과 원광의 교학에 대한 연구가 서로 맞지 않거나 다른 결론을 끌어낸 것이 허다하다.

원광에 대한 기록이 서로 달리 나타났다고는 하지만, 그것을 자세하게 검토하면 공통되는 부분과 일치하는 내용을 상당히 찾을 수 있다. 그러한 공통성이나 일치하는 기록을 중심으로 삼아 그의 교학을 복원해야 한다. 원광은 진흥왕 15년(554년)에 태어났으며 13세가 되던 진흥왕 27년(566년)에서 멀지 않는 시기에 출가하였다. 30세가 되던 진평왕 5년(583년)에 그는 삼기산三岐山에 들어가 수도하였다. 그곳에 6년을 머문 후 진평왕 11년(589년)에 중국으로 유학하였다.

중국에서 그는 성실成實이나 열반·섭론攝論 등의 여러 교학에 접하고는 47세 때인 진평왕 22년(600년)에 조반사인 제문諸文과 횡천橫川을 따라 귀국하였다. 귀국 후 그는 가슬사嘉瑟寺에 머물렀는데, 진평왕 24년(602년)에 귀산貴山과 추항箒項 두 청년이 찾아와 지닐 계율을 구하자 세속오계를 내렸다. 국내에서 원광은 왕실이나 신하들로부터 돈독한 귀의를 받았다. 55세가 되던 진평왕 30년(608년)에 그는 걸사표乞師表를 작성하였고, 중국으로 가는 문서는 대개 그의 손을 거쳐 완성되었다. 진평왕 35년(613년)에 그는 황룡사에서 백고좌를 주관하였다. 84세가 되던 선덕왕 6년(637년)에 입적하였다.

원광 교학이 계참회戒懺悔신앙을 가진 데에서 그 특징을 찾을 수 있다. 계참회는 엄격한 계법을 지니고 점찰법회를 행하는 것이다. 원광 교학에서 계법을 매우 강조하였다. 그는 세속오계를 베푼 것으로 알려졌지만, 정작 자신은 남의 신하된 자로서 감히 행하기 어려운 보살계를 지녔다. 그것은 자장이 출가하면서 행한 고골관枯骨觀과 같은 성격을 가졌다.

처음 원광은 소승율小乘律과 같은 고행을 닦는 계율을 가졌는데, 이타행利他行을 추구하면서 출가자를 위한 보살계를 지녔다. 그는 계율과 함께 죄업을 멸하려는 점찰법회를 개최하였다. 비슷한 시기에 점찰법회가 자주 행해졌다. 원광은 미륵과 지장 신앙을 강하게 내세우지는 않았으나, 그의 점찰법회는 미륵과 지장 신앙을 용납하였다. 이 점은 그의 점찰법회가 말법末法신앙을 배경으로 성립된 것이 아님을 알려 준다.

불교 공인 이후 원광이 활동하던 시기까지 신라 사회에는 토착신앙과 불교신앙이 대립과 절충을 반복하고 있었다. 그런 속에 원광은 정법불교 교학을 정립시키려 하였다. 그러기 위해 원광은 주술불교를 배격하면서, 오히려 신라 토착신앙에 대해 호의적인 태도를 가졌다. 그가 용납한 토착적인 신이신앙은 초기에 성실론적인 유식사상을 성립시키는 데 유용한 것이었다. 외도外道의 인명론因明論이 유식사상으로 성립될 당시 인도에는 토착신앙을 강조하였다. 원광은 뒤에 삼론에 접하였으며 염정念定과 각관覺觀을 닦았고, 반야나 섭론攝論에 익숙해지면서 신라 법상종 교학을 태동시키는 데 헌신하였다.

신라중대에 법상종 교파로는 진표계眞表系 외에 태현계太賢系가 있었다. 원광의 법맥이 진표로 이어지는 것을 쉽게 찾을 수는 없다. 그러나 원광의 교학은 진표계로 이어져 신라 법상종을 성립시키는 데 기여하였다. 원광의 계참회신앙은 진표의 점찰계법과 연결이 가능하다. 반면 원광의 교학은 정토신앙을 곁들인 태현계 법상종과는 차이를 가졌다. 고려 이후 태현계 법상종의 법맥은 분명하게 전하지 않지만, 진표계 법상종의 문하는 융성하였다. 원광의 교학은 고려시대 운문사雲門寺 계통의 선종과 연결이 가능한 것이다. 그의 교학과 고려 초의 법상종이나 운문사가 속한 가지산문迦智山門의 사상 경향과의 관계에 대해서는 보다 천착해서 밝혀야 한다.

자장은 신라중고대 말기에 활동하였으며, 당시의 왕실 특히 선덕여왕과 친밀하였던 인물이다. 그는 법흥왕 이후 귀족 중심의 불교신앙이 원효元曉나 의상義湘의 이론불교로 성숙되어 가는 과도기에 활동했다. 그에 관한 기록은 『삼국유사』와 『양고승전梁高僧傳』에 비교적 자세하게 나와 있고, 그 외 「황룡사구층목탑찰주본기皇龍寺九層木塔刹柱本記」와 후대에 편찬된 「정암사사적淨岩寺事蹟」 등에 보이는데, 이를 중심으로 그의 생애와 사상 등을 대체로 정리하였다.

자장은 진골 신분이었으며 그의 부친 무림茂林은 화백회의의 구성원이었다. 가문으로 따져 그는 태보台輔에 오를 수 있을 정도의 반열에 속하였다. 그의 집안은 불교와 돈독한 인연을 맺고 있었으며, 그의 출가도 이러한 집안 분위기와 연관하여 이루어졌다. 출가 후 그는 선덕여왕 7년(638년)에 입당하여 선덕여왕 12년(643년)에 귀국하였다. 중국에서 자장은 종남산終南山 운제사雲際寺로 나아가 계율을 수학하고 문수文殊신앙을 접하였으며, 귀국할 때에는 대장경을 싣고 왔다.

귀국 후에는 황룡사 구층탑의 건립, 통도사 계단戒壇의 설치 등 많은 사원과 불탑을 세웠다. 아울러 그는 대국통大國統이 되어 전국의 사찰을 통할統割하였는가 하면, 진덕여왕 대에는 중국식 의관과 연호를 사용하도록 정책을 건의하였다. 자장은 문수신앙을 창도하였다. 물론 그가 내세운 문수신앙은 입당하여 중국에서 주로 추구한 것이지만, 그 이전 신라왕실이 석종의식釋宗意識을 표방할 때에 유행한 석가불신앙 및 그것과 밀착하여 내세운 제석帝釋신앙과 연관을 가졌다.

문수신앙을 창도한 자장은 석가와 같은 날에 태어났다고 하며, 실제 중국에서 석가의 진신사리眞身舍利 등을 구해 왔다. 또한 그와 친밀하였던 선덕여왕은 도리천忉利天신앙을 표방하였다. 이런 연고로 자장은 문수신앙을 크게 내세웠지만, 한편으로 자성自性을 고집하지 않으려는 대승법大乘法을 주창하고 화엄신행華嚴信行을 닦았다.

문수신앙과 연관된 자장의 계행은 대승보살계大乘菩薩戒를 강조한 것이다. 자장 이전의 신라 사회에는 출가자를 위한 엄격한 보살계와 재가자를 위한 세속계가 따로 존재하였다. 자장이 출가하면서 익힌 계행은 오히려 전자에 속하였고 엄격한 고골관枯骨觀을 닦는 것이었다. 그렇지만 그는 출가자나 재가자에게 모두 적용될 수 있는 대승보살계를 주창하여, 신라인들로 하여금 열의 여덟아홉은 계를 알게 하는, 말하자면 계율을 생활화하였다. 그런 면에서 자장이 정립한 대승보살계는 범망보살계梵網菩薩戒였으며, 이전 승니僧尼를 위해 따로 존재한 계율과 일반 대중을 위한 계율을 함께 묶은 것이었다.

자장은 만년에 석남원石南院에서 문수 진신을 맞으려 하였으나 오히려 문수로부터 따돌림을 당하였다. 이러한 사실은 오대산五臺山신앙의 중심이 정암사淨岩寺가 되지 못하고 신효信孝가 창건한 월정사月精寺로 옮겨간 것과 깊은 연관을 가졌다. 자장이 본래 접한 문수신앙과는 달리 월정사를 중심으로 한 오대산신앙 속의 문수신앙은 관음신앙과 특별한 연관을 가졌다. 자장은 관음신앙과 친밀하였던 문수신앙을 주목하지 않았으며, 바로 이러한 신앙을 내세우는 세력으로부터 따돌림을 당하였다. 그런 면에서 자장은 강릉江陵이나 낙산洛山을 중심으로 관음신앙을 크게 내세운, 곧 의상계 화엄종을 형성시킨 불교세력으로부터 배척을 받았다.

만년에 자장은 서울을 떠나 태백산太伯山에 은거하였으며 결국 그곳에서 쓸쓸히 죽어 갔다. 문수신앙을 편 그는 신라중고대 말 특히 선덕여왕 대의 왕실과 특별한 인연을 맺었지만, 그 뒤 신라중대에 무열왕계가 등장하면서 정치적 생명력을 계속 유지할 수 없었다. 아마 그는 선덕여왕 대에 용춘계龍春系와도 밀접한 관련을 가진 인물이었지만, 끝내는 신라중고대 왕실과 운명을 같이할 수밖에 없었다.

삼국에 왕실 중심으로 전해진 초전불교는 공인 과정을 거쳐 귀족불교로 나아갔다. 이후 왕실은 물론 귀족에게까지 수용되면서 불교가 융성하였다. 석가불신앙이나 불성佛性신앙의 성행은 귀족불교가 통합적 성격을 가지면서 사상 면으로 발전하게 하였다. 그러다가 귀족불교는 대중화되면서, 정토신앙을 성립시키는 한편으로 사상 면에서 논리 체계를 정립하였다. 그리하여 원광과 자장의 과도기를 거쳐 원효와 의상의 불교 교학이 융섭적融攝的인 논리체계를 구축하는 데 이르게 되었다.

참고문헌

1. 기본사료

(1) 한국사료

覺訓,『海東高僧傳』
姜仁求 등,『譯註 三國遺事』(5책, 以會文化社, 2003)
金富軾 等(1145),『三國史記』(景仁文化社, 1969)
朴居勿,「新羅皇龍寺九層木塔刹柱本記」
栢庵 性聰,「江南潭陽法雲山玉泉寺事蹟」(『한국불교전서』 권8, 동국대학교, 1987)
了圓,『法華靈驗傳』
義天,『大覺國師文集』
元曉,『涅槃經宗要』
李奎報,『東國李相國集』
李能和,『朝鮮佛教通史』(3책, 新文館, 1919)
李丙燾,『譯註 三國遺事』(東國文化社, 1965)
李蘭暎,『韓國金石文遺補』(중앙대 출판부, 1968)
一然(1268년경),『三國遺事』(民衆書館, 1946)
朝鮮總督府,『朝鮮金石總覽』(2책, 日韓印刷所, 1919)
黃壽永 編著,『韓國金石遺文』(一志社, 1976)
未詳,「江原道旌善郡 太伯山淨岩寺事蹟」(『葛萊塔事蹟』)

(2) 외국사료

高楠順次郎 等,『大正新修大藏經』(大正新修大藏經刊行會, 1928)

吉藏,『二諦義』
吉藏,『大乘玄論』
曇噩,『新修科分六學僧傳』
道宣,『續高僧傳』
師蠻,『本朝高僧傳』
師鍊,『元亨釋書』
僧詳,『法華傳記』
陸杲,『觀世音靈驗記』
凝然,『三國佛法傳通緣起』
志盤,『佛祖統記』
贊寧,『宋高僧傳』
慧皎,『高僧傳』
惠詳,『弘贊法華傳』
『三論祖師傳』
『長阿含經』

2. 단행본

(1) 국내편

高翊晋,『한국의 사상』, 열음사, 1984.
金杜珍,『均如華嚴思想研究』, 一潮閣, 1983.
______,『義湘 그의 생애와 화엄사상』, 민음사, 1995.
______,『韓國古代의 建國神話와 祭儀』, 일조각, 1999.
______,『백제의 정신세계』, 주류성, 2006.
______,『고려전기 교종과 선종의 교섭사상사 연구』, 일조각, 2006.
______,『고려시대 사상사 산책』, 국민대학교 출판부, 2009.
金三龍,『韓國 彌勒信仰의 研究』, 同和出版社, 1983.
金周成,『百濟 사비시대 政治史研究』, 全南大學校 박사학위논문, 1990.
盧重國,『百濟政治史研究—國家形成과 支配體制의 變遷을 中心으로—』, 一潮閣, 1988.
辛鍾遠,『新羅初期佛敎史研究』, 民族社, 1992.
安啓賢,『韓國佛敎思想研究』, 東國大學校出版部, 1983.
李基東,『新羅骨品制社會와 花郎徒』, 韓國研究院, 1980.
李基白,『新羅思想史研究』, 一潮閣, 1986.
______,『新羅政治社會史研究』, 一潮閣, 1974.
李箕永,『석가』, 知文閣, 1967.
李丙燾,『韓國古代史研究』, 博英社, 1976.

李春寧, 『韓國農業技術史』, 『韓國文化史大系』 Ⅲ, 科學·技術史, 高大 民族文化研究所, 1970.
李弘稙, 『韓國古代史의 硏究』, 新丘文化社, 1971.
張元圭, 『中國佛敎史』, 동국역경원, 1976.
鄭善如, 『고구려 불교사 연구』, 서경문화사, 2007.
秦弘燮, 『韓國의 佛像』, 一志社, 1976.
蔡印幻, 『新羅佛敎 戒律思想史硏究』, 國書刊行會, 1977.

(2) 국외편
金岡秀友, 『密教の哲學』, 平樂寺書店, 1969.
鎌田茂雄, 『新羅佛教史序說』, 東京大 東洋文化硏究所, 1988.
末松保和, 『新羅史の諸問題』, 東洋文庫, 1954.
牧田諦亮, 『六朝古逸觀世音應驗記の硏究』, 平樂寺書店, 1970.
山崎宏, 『支那中世佛教の展開』, 清水書店, 1942.
山口益, 『般若思想史』, 法藏館, 1951.
三品彰英, 『古代祭政と穀靈信仰』(『三品彰英論文集』 第5巻, 平凡社, 1973.
小川一乘, 『佛性思想』, 文栄堂書店, 1982.
水野弘元, 『釋尊の生涯』, 春秋社, 1976.
田村圓澄, 『古代朝鮮佛教と日本佛教』, 吉川弘文館, 1980.
中村元, 『インド思想史』, 『岩波全書』 213, 岩波書店, 1956.
______, 『原始佛教―その思想と生活―』, NHKブックス, 1970.
平川彰, 『律義の硏究』, 山喜房仏書林, 1960.
横山紘一, 『唯識の哲學』, 平樂寺書店, 1979.

3. 연구논문

(1) 국내편
姜英卿, 「韓國古代의 市와 井에 대한 일연구―市場의 起源과 관련하여―」, 『원우논총』 2, 淑大大學院, 1984.
權奇悰, 「隋唐시대 불교사상과 정치권력―仁王護國般若經을 중심으로―」, 『역사상의 국가권력과 종교』, 일조각, 2000.
高翊晋, 「고구려 僧朗의 三論學과 그 영향」, 『韓國古代 佛教思想史』, 동국대학교 출판부, 1989.
金杜珍, 「新羅上古代末 初傳佛教의 受容」, 『千寬宇先生還曆記念 韓國史學論叢』, 正音文化社, 1986.
______, 「신라 公認佛教의 사상과 그 정치사적 의미」, 『斗溪李丙燾博士九旬記念 韓國史

學論叢』, 지식산업사, 1987.
_____, 「신라 진평왕대의 釋迦佛신앙」, 『한국학논총』 10, 1988.
_____, 「신라 眞平王代 초기의 정치개혁—삼국유사 所載 桃花女·鼻荊郎조의 분석을 중심으로—」, 『진단학보』 69, 1990.
_____, 「백제의 彌勒信仰과 戒律」, 『百濟硏究叢書』 3, 1993.
_____, 「신라 六村長신화의 모습과 그 의미」, 『신라문화』 21, 2003.
_____, 「고구려 초기의 沛者와 국가 체제」, 『한국학논총』 31, 2009.
_____, 「백제 法華신앙 유행과 그 의미」, 『百濟論叢』 9, 2010.
_____, 「고구려 初傳佛敎의 공인과 그 의미」, 『한국학논총』 36, 2012.
金理那, 「慶州 堀佛寺址의 四面石佛에 대하여」, 『진단학보』 39, 1975.
김삼용, 「百濟 彌勒思想의 歷史的 位置」, 『馬韓·百濟文化』 4·5合, 1982.
金庠基, 「花郞과 彌勒信仰에 대하여」, 『李弘稙回甲紀念 韓國史學論叢』, 新丘文化社, 1969.
金相鉉, 「新羅 三寶의 成立과 그 意義」, 『東國史學』 14, 1980.
金善淑, 「三國遺事 遼東城育王塔條의 '聖王'에 대한 一考」, 『新羅史學報』 창간호, 2004.
金暎遂, 「五敎兩宗에 대하야」, 『震檀學報』 8, 1937.
金煐泰, 「彌勒仙花攷」, 『佛敎學報』 3·4合, 1966.
_____, 「新羅 占察法會와 眞表의 敎法硏究」, 『佛敎學報』 9, 1972.
_____, 「新羅 佛敎天神考」, 『佛敎學報』 15, 1978.
_____, 「고구려 佛敎傳來의 諸問題」, 『불교학보』 23, 1986.
金龍善, 「新羅 法興王代의 律令頒布를 둘러싼 몇 가지 問題」, 『加羅文化』 1, 1982.
金仁德, 「高句麗 三論思想의 展開」, 『伽山李智冠스님華甲紀念論叢 韓國佛敎文化思想史』 권상, 伽山文庫, 1992.
金芿石, 「高句麗 僧朗과 三論學」, 『白性郁博士頌壽記念 佛敎學論叢』, 東國大學校, 1959.
金哲埈, 「新羅 上代社會의 Dual Organization(下)」, 『歷史學報』 2, 1952.
南武熙, 「高句麗後期 佛敎思想 硏究—義淵의 地論宗思想 수용을 중심으로—」, 『國史館論叢』 95, 2001.
_____, 「고구려 僧朗의 생애와 新三論사상」, 『북악사론』 4, 1997.
_____, 「安原王·陽原王代 정치변동과 고구려 불교계 동향」, 『한국고대사연구』 45, 2007.
盧鏞弼, 「普德의 사상과 활동」, 『韓國上古史學報』 2, 1989.
文明大, 「신라 法相宗(瑜伽宗)의 성립문제와 그 미술—甘山寺 彌勒菩薩像 및 阿彌陀佛像과 그 銘文을 중심으로—」, 『역사학보』 62·63, 1974.
閔泳珪 「新羅章疏 長編(不分卷)」, 『白性郁博士頌壽記念 佛敎學論文集』, 東國大學校, 1959.
박광연, 「원광의 점찰법회 시행과 그 의미」, 『역사와 현실』 43, 2002.
朴美先, 「신라 원광법사의 여래장사상과 교화활동」, 『한국사상사학』 11, 1998.

박윤선,「고구려의 불교 수용」,『한국고대사연구』 35, 2004.
朴泰華「新羅時代의 密教傳來考」,『趙明基博士華甲紀念 佛教史學論叢』, 中央圖書出版社, 1965.
辛鍾遠,「新羅의 佛教傳來와 그 受容過程에 대한 再檢討」,『白山學報』 22, 1977.
______,「慈藏의 佛教思想에 대한 再檢討—新羅佛教 初期戒律의 意義—」,『韓國史研究』 39, 1982.
申瀅植,「新羅 軍主考」,『白山學報』 19, 1975.
安啓賢,「百濟佛教에 관한 諸問題」,『百濟研究』 8, 1977.
______,「三國遺事와 佛教 宗派」,『三國遺事의 新研究』(新羅文化祭學術發表會論文集 創刊號), 1980.
吳亨根,「彌勒思想研究—彌勒六部經을 中心으로—」,『佛教學報』 21, 1984.
李基東,「新羅 奈勿王系의 血緣意識」,『歷史學報』 53·54 合, 1972.
______,「新羅 花郎徒의 起源에 대한 一考察」,『歷史學報』 69, 1976.
李基白,「三國時代 佛教 受容과 그 사회적 意義」,『歷史學報』 6, 1954.
______,「景德王과 斷俗寺·怨歌」,『韓國思想』 5, 1962.
______,「신라 六頭品 연구」,『省谷論叢』 2, 1971.
______,「新羅 初期 佛教와 貴族세력」,『震檀學報』 40, 1975.
李乃沃,「淵蓋蘇文의 執權과 道教」,『역사학보』 99·100 합본, 1983.
李丙燾,「壬申誓記石에 관하여」,『서울대논문집』 5, 1975.
李永子,「한국 天台思想의 展開」,『日本學』 2, 1982.
李晶淑,「新羅 眞平王代의 政治的 性格—所謂 專制王權의 成立과 關聯하여—」,『韓國史研究』 52, 1986.
林炳泰,「新羅 小京考」,『歷史學報』 35·36合, 1967.
丁仲煥,「新羅의 佛教傳來와 그 現世思想」,『趙明基博士華甲紀念 佛教史論叢』, 中央圖書出版社, 1965.
鄭永鎬,「원광법사의 三岐山 金谷寺」,『史叢』 17·18 합집, 1973.
張戒環,「北魏佛教의 사상적 특징—地論學派를 중심으로—」,『불교학보』 35, 1998.
田美姬,「원효의 신분과 그의 활동」,『한국사연구』 63, 1988.
趙景徹,「백제의 支配勢力과 法華思想」, 韓國思想史學』 12, 1999.
______,「백제 사택지적비에 나타난 불교신앙」,『역사와 현실』 52, 2004.
______,「백제 한성시기 영광 불법초전 전설의 비판적 검토」,『향토서울』 65, 2005.
秦弘燮,「四佛山 四佛岩과 妙寂庵磨崖如來坐像—新羅五岳 綜合學術調査記 第七—」,『考古美術』 74호, 1996.
千寬宇,「三韓의 國家形成(上)」,『韓國學報』 2, 1976.
崔鉛植,「원광의 생애와 사상—삼국유사 원광전의 분석을 중심으로—」,『泰東古典研究』 12, 1995.
洪思俊,「虎岩寺址와 王興寺址考」,『百濟研究』 5, 1974.

洪潤植「新羅 皇龍寺經營의 文化的 意味一百濟 彌勒寺 經營과의 比較論的 考察一」,『馬韓·百濟文化』7, 1984.

(2) 국외편

江田俊雄,「新羅の佛教受容に關すろ諸問題」,『文化』21～5, 1957.
高埼直道「古代インドにおける身分と階級」,『古代史講座』7, 學生社, 1963.
田村圓澄,「百濟の彌勒信仰」,『馬韓·百濟文化』제4·5합집, 1982.
中井眞孝,「新羅における佛教統制機關について」,『朝鮮學報』59, 1971.

찾아보기

ㄴ

ㅂ

ㅅ

ㅇ

ㅈ

ㅊ

ㅋ

ㅌ

ㅍ

ㅎ

삼국시대 불교신앙사 연구

1판 1쇄 펴낸날 2016년 7월 8일

지은이 | 김두진
펴낸이 | 김시연

펴낸곳 | (주)일조각
등록 | 1953년 9월 3일 제300-1953-1호(구 : 제1-298호)
주소 | 03176 서울시 종로구 경희궁길 39
전화 | 734-3545 / 733-8811(편집부)
733-5430 / 733-5431(영업부)
팩스 | 735-9994(편집부) / 738-5857(영업부)
이메일 | ilchokak@hanmail.net
홈페이지 | www.ilchokak.co.kr

ISBN 978-89-337-0713-5 93910
값 35,000원

* 이 도서의 국립중앙도서관 출판예정도서목록(CIP)은
서지정보유통지원시스템 홈페이지(http://seoji.nl.go.kr)와
국가자료공동목록시스템(http://www.nl.go.kr/kolisnet)에서
이용하실 수 있습니다. (CIP제어번호 : CIP2016015080)